광주광역시
공공기관
통합채용

최신상식 + 일반상식 + NCS

SD에듀
(주)시대고시기획

Always **with you**

사람이 길에서 우연하게 만나거나 함께 살아가는 것만이 인연은 아니라고 생각합니다.
책을 펴내는 출판사와 그 책을 읽는 독자의 만남도 소중한 인연입니다.
SD에듀는 항상 독자의 마음을 헤아리기 위해 노력하고 있습니다.
늘 독자와 함께하겠습니다.

합격의 공식
SD에듀

잠깐!

자격증 · 공무원 · 금융/보험 · 면허증 · 언어/외국어 · 검정고시/독학사 · 기업체/취업
이 시대의 모든 합격! SD에듀에서 합격하세요!
www.youtube.com → SD에듀 → 구독

PREFACE
머리글

광주광역시 공공기관 통합채용, 합격으로 나아가도록 준비했습니다!

호남의 중심도시 빛고을 광주광역시가 산하 공공기관의 채용 공정성과 투명성을 높이고 종합 채용홍보를 강화하기 위해 2022년 공공기관 직원 통합채용을 실시합니다. 채용은 상반기와 하반기로 나누어 실시될 예정이며, 이번 상반기 통합채용의 규모는 18개 기관 총 106명입니다. 상세한 채용일정과 내용은 광주광역시 홈페이지 등을 통해 확인할 수 있고, 지원서는 광주광역시의 통합채용 홈페이지(gwangju.incruit.com)에서 접수할 수 있습니다. 각 기관별 중복 지원은 불가하며 하나의 기관에 1개의 분야에만 지원 가능합니다.

필기시험 과목은 일반상식, 한국사, 영어, NCS 직업기초능력평가, 직렬별 전공과목으로 채용기관별 모집 직렬에 따라 다르게 출제하므로, 응시자들은 기관별 공고문을 자세히 살펴봐야 합니다. 최종 합격자는 광주광역시 홈페이지 등을 통해 발표될 예정입니다.

통합채용 합격을 위한 내용을 정성껏 담았습니다!

필기시험의 공통과목은 다양하고, 직렬에 따라 공부해야 할 내용도 다릅니다. 시간과 비용이 부족한 수험생들이 해당 사항들을 일일이 확인하고 찾아 공부하기는 어렵습니다. 그래서 광주광역시 공공기관 통합채용을 준비하는 수험생들이 이 책 한 권만으로 필기시험 과목을 충분히 학습할 수 있도록 알차게 만들었습니다. NCS와 일반상식 대비를 위한 최신기출복원문제를 담았고, 최신시사용어와 분야별 적중예상문제를 수록했습니다. 더불어 NCS 유형별 기출예상문제를 수록하여 실전 감각을 기르도록 하였습니다. 끝으로 일반상식과 NCS의 실전모의고사를 풀며 완벽 대비할 수 있도록 했습니다.

> ### 본서의 특징
>
> **첫 째** 주요 공공기관에서 출제되었던 NCS 직업기초능력평가와 일반상식 기출복원문제를 학습하며, 필기시험 유형을 파악할 수 있도록 했습니다.
>
> **둘 째** 자주 출제되는 최신시사상식은 물론, 출제될만한 국제 수상 내역과 용어 등을 한눈에 확인하기 쉽도록 정리해 낯선 시사분야도 쉽게 학습할 수 있습니다.
>
> **셋 째** 시험에 출제될 만한 분야별 일반상식 적중예상문제와 NCS 기출예상문제를 수록하여, 시험 대비를 더욱 탄탄하게 할 수 있도록 했습니다.
>
> **넷 째** 끝으로 일반상식과 NCS 직업기초능력평가의 실전모의고사를 수록하여, 시험 전 최종점검을 할 수 있도록 했습니다.

모쪼록 수험생 여러분들이 본서를 통해 합격의 길로 나아가시길 진심으로 기원합니다.

SD적성검사연구소 씀

이 책의 구성과 특징

Part 1 | 최신기출복원문제
2021년 공공기관 NCS 기출문제/2022~2021년 공공기관 일반상식 기출문제

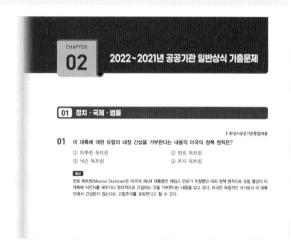

공공기관에서 최근 출제된 NCS 직업기초능력평가와 분야별 일반상식 기출복원문제를 선별 수록하여 최신 출제경향과 트렌드를 한눈에 파악할 수 있도록 하였습니다.

Part 2 | 최신상식
주요 국제 Awards/최신시사용어

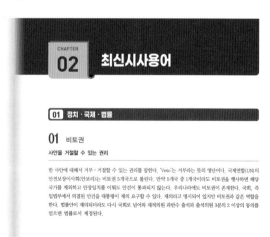

공공기관의 상식문제들은 일반상식은 물론이고 최신시사상식의 출제빈도도 높습니다. 하지만 매일 쏟아져 나오는 많은 이슈들을 다 공부할 수는 없기 때문에 단기간에 빠르게 학습할 수 있도록 꼭 필요한 최신상식만을 선별하여 정리하였습니다.

Part 3 | 분야별 일반상식 적중예상문제

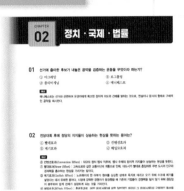

공공기관 일반상식 시험에 자주 출제되는 적중예상문제를 엄선하여 분야별로 정리하였습니다. 문제를 풀며 전 범위의 상식 출제형태를 점검하고 유형을 충분히 익힐 수 있도록 구성했습니다.

Part 4 | NCS 유형별 기출예상문제

NCS 직업기초능력평가 시험에서 출제될만한 기출예상문제를 유형별로 알차게 담아, 출제유형과 경향을 파악하고 대비할 수 있도록 하였습니다.

Part 5 | 실전모의고사

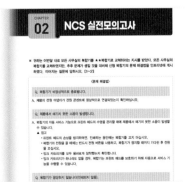

일반상식과 NCS 직업기초능력평가의 실전모의고사를 담아 마무리 학습과 함께 시험 전 최종점검을 할 수 있도록 하였습니다.

시험안내

❖ 2022년 상반기 광주광역시 공공기관 통합 채용시험 계획 기준

📌 선발예정인원

구 분	내 용
기 관	광주광역시도시공사, 광주도시철도공사, 김대중컨벤션센터, 광주환경공단, 광주여성가족재단, 광주평생교육진흥원, 광주문화재단, 광주정보문화산업진흥원, 광주광역시경제고용진흥원, 광주신용보증재단, 광주테크노파크, 광주디자인진흥원, 광주그린카진흥원, 광주영어방송, 광주광역시교통약자이동지원센터, 광주광역시장애인종합지원센터, 광주광역시체육회, 광주광역시장애인체육회 등 총 18개 기관
인 원	상반기 18개 기관 총 106명

📌 시험일정

구 분	공 고	필기시험	합격자 발표
상반기 채용	4월 18일(월)~22일(금)	5월 7일(토)	5월 19일(목)
하반기 채용	9월 중	10월 중	10~11월 중

※ 필기시험 이후 서류전형, 면접시험 등은 기관별 진행

📌 접수방법

❶ 4월 18일~22일 광주광역시 통합채용 홈페이지 접속 후 접수

❷ 각 기관별 중복지원 불가(1개 기관만 지원 가능)

📌 응시자격

채용 기관별 자격요건에 따름

※ 거주지 제한요건이 있으므로 응시 희망자는 반드시 채용예정기관 홈페이지에 게시된 공고문의 응시자격 요건을 확인 후 지원하여야 함

📌 시험과목

시험명	필기시험과목	문항수
2022년 광주광역시 공공기관 직원통합채용	일반상식, 한국사, 영어, NCS 직업기초능력평가, 전공과목(직렬별),	NCS 60문항, 일반상식 20문항, 전공과목별 20문항

※ 일반상식은 국어 30%, 한국사 30%, 시사경제문화 40%로 구성
※ 필기시험 장소는 광주광역시 통합채용 홈페이지 내 기관별 홈페이지에 공고

📌 응시자 유의사항

❶ 채용기관·분야별 시험과목, 응시자격, 가산점 등 세부사항이 상이하므로 반드시 채용 기관별 홈페이지에 게재된 공고문을 확인한 후 접수하시기 바랍니다.

❷ 동일 날짜에 시행하는 「2022년도 광주광역시 공공기관 통합채용 시험」의 참여기관에 중복 또는 복수로 접수할 수 없으며, 중복 또는 복수 접수로 인한 불이익은 본인의 책임입니다.
　※ 중복 접수 시 해당 접수자의 모든 접수 사항이 무효처리 될 수 있음

❸ 응시원서 접수 시 연락 가능한 휴대전화 번호를 반드시 입력하시기 바라며, 착오입력으로 인한 연락불능 및 불이익은 응시자 책임입니다.

❹ 접수완료 건에 대한 수정은 불가하므로 자격요건 등을 정확히 확인하여 지원하시기 바라며, 부득이 지원 내용을 수정, 취소 시 원서접수사이트 운영사로 연락하시어 조치해야 합니다.

❺ 필기시험 이후 일정(서류전형, 면접시험 등)은 채용예정기관별 일정에 따릅니다.

❻ 기타 궁금한 사항은 광주광역시 및 채용예정 기관별 담당자에게 문의하시기 바랍니다.

※ 본 시험안내는 광주광역시 공공기관 통합채용 계획을 바탕으로 정리한 것으로 세부 내용은 반드시 광주광역시 홈페이지(www.gwangju.go.kr)나 광주광역시 통합채용 홈페이지(gwangju.incruit.com/)의 채용 기관별 홈페이지에 공고된 내용을 확인하시기 바랍니다.

이 책의 차례

PART

1
최신기출복원문제

| 코레일 한국철도공사 / 의사소통능력

01 다음 글의 핵심 내용으로 옳은 것은?

> BMO 금속 및 광업 관련 리서치 보고서에 따르면 최근 가격 강세를 지속해 온 알루미늄, 구리, 니켈 등 산업금속들의 4분기 중 공급부족 심화와 가격 상승세가 전망된다. 산업금속이란 산업에 필수적으로 사용되는 금속들을 말하는데, 앞서 제시한 알루미늄, 구리, 니켈뿐만 아니라 비교적 단단한 금속에 속하는 은이나 금 등도 모두 산업에 많이 사용될 수 있는 금속이므로 산업금속의 카테고리에 속한다고 할 수 있다. 이러한 산업금속은 물품을 생산하는 기계의 부품으로서 필요하기도 하고, 전자제품 등의 소재로 쓰이기도 하기 때문에 특정 분야의 산업이 활성화되면 특정 금속의 가격이 뛰거나 심각한 공급난을 겪기도 한다.
>
> 지난 4일 금융투자업계에 따르면 최근 전세계적인 경제 회복 조짐과 함께 탈 탄소 트렌드, 즉 '그린 열풍'에 따른 수요 증가로 산업금속 가격이 초강세이다. 런던금속거래소에서 발표한 자료에 따르면 올해 들어 지난달까지 알루미늄은 20.7%, 구리는 47.8%, 니켈은 15.9% 각각 가격이 상승했다. 자료에서도 알 수 있듯이 구리 수요를 필두로 알루미늄, 니켈 등 전반적인 산업금속 섹터의 수요량이 증가하였다. 이는 전기자동차 산업의 확충과 관련이 있다. 전기자동차의 핵심적인 부품인 배터리를 만드는 데 구리와 니켈이 사용되기 때문이다. 이때, 배터리 소재 중 니켈의 비중을 높이면 배터리의 용량을 키울 수 있으나 배터리의 안정성이 저하된다. 기존의 전기자동차 배터리는 니켈의 사용량이 높았기 때문에 더욱 안정성 문제가 제기되어 왔다. 그래서 연구 끝에 적정량의 구리를 배합하는 것이 배터리 성능과 안정성을 모두 향상시키기 위해서 중요하다는 것을 밝혀내었다. 구리가 전기자동차 산업의 핵심 금속인 셈이다.
>
> 이처럼 전기자동차와 배터리 등 친환경 산업에 필수적인 금속들의 수요는 증가하는 반면, 세계 각국의 환경 규제 강화로 인해 금속의 생산은 오히려 감소하고 있기 때문에 산업금속에 대한 공급난과 가격 인상이 우려되고 있다.

① 전기자동차의 배터리 성능을 향상하는 기술
② 세계적인 '그린 열풍' 현상 발생의 원인
③ 필수적인 산업금속 공급난으로 인한 문제
④ 전기자동차 산업 확충에 따른 산업금속 수요의 증가 상황
⑤ 탈 탄소 산업의 대표 주자인 전기자동차 산업

해설

제시문의 두 번째 문단에서 전기자동차 산업이 확충되고 있음을 언급하면서 구리와 같은 산업금속이 전기자동차의 배터리를 만드는 데 핵심 재료임을 설명하고 있기 때문에 전기자동차 산업 확충에 따른 산업금속 수요의 증가 상황이 글의 핵심 내용으로 적절하다.

오답분석

①·⑤ 제시문에서 언급하고 있는 내용이나 핵심 내용으로 보기는 어렵다.
② 제시문에서 '그린 열풍'을 언급하고 있으나 그 이유는 제시되어 있지 않다.
③ 제시문에서 산업금속 공급난이 우려된다고 언급하고 있으나, 그로 인한 문제가 제시되어 있지는 않다.

02 다음 글에서 공공재 · 공공자원의 실패에 대한 해결책으로 옳지 않은 것은?

재화와 서비스는 소비를 막을 수 있는지에 따라 배제성이 있는 재화와 배제성이 없는 재화로 분류한다. 또 어떤 사람이 소비하면 다른 사람이 소비할 기회가 줄어드는지에 따라 경합성이 있는 재화와 경합성이 없는 재화로 구분한다. 공공재는 배제성과 경합성이 없는 재화이며, 공공자원은 배제성이 없으면서 경합성이 있는 재화이다.

공공재는 수많은 사람에게 일정한 혜택을 주는 것으로 사회적으로 반드시 생산돼야 하는 재화이다. 하지만 공공재는 '무임 승차' 문제를 낳는다. 무임 승차 문제란 사람들이 어떤 재화와 서비스의 소비로 일정한 혜택을 보지만, 어떤 비용도 지불하지 않는 것을 말한다. 이런 공공재가 가진 무임 승차 문제 때문에 공공재는 사회 전체가 필요로 하는 수준보다 부족하게 생산되거나 아예 생산되지 않을 수 있다. 어떤 사람이 막대한 비용을 들여 누구나 공짜로 소비할 수 있는 국방 서비스, 치안 서비스 같은 공공재를 제공하려고 하겠는가.

공공재와 마찬가지로 공공자원 역시 원하는 사람이면 누구나 공짜로 사용할 수 있다. 그러나 어떤 사람이 공공자원을 사용하면 다른 사람은 사용에 제한을 받는다. 배제성은 없으나 재화의 경합성만이 존재하는 이러한 특성 때문에 공공자원은 '공공자원의 비극'이라는 새로운 형태의 문제를 낳는다. 공공자원의 비극이란 모두가 함께 사용할 수 있는 공공자원을 아무도 아껴 쓰려고 노력하지 않기 때문에 머지않아 황폐해지고 마는 현상이다.

바닷속의 물고기는 어느 특정한 사람의 소유가 아니기 때문에 누구나 잡을 수 있다. 먼저 잡는 사람이 임자인 셈이다. 하지만 물고기의 수량이 한정돼 있다면 나중에 잡는 사람은 잡을 물고기가 없을 수도 있다. 이런 생각에 너도 나도 앞다투어 물고기를 잡게 되면 얼마 가지 않아 물고기는 사라지고 말 것이다. 이른바 공공자원의 비극이 발생하는 것이다. 공공자원은 사회 전체가 필요로 하는 수준보다 지나치게 많이 자원을 낭비하는 결과를 초래한다.

이와 같은 공공재와 공공자원이 가지는 문제를 해결하는 방안은 무엇일까? 공공재는 사회적으로 매우 필요한 재화와 서비스인데도 시장에서 생산되지 않는다. 정부는 공공재의 특성을 가지는 재화와 서비스를 직접 생산해 공급한다. 예를 들어 정부는 국방, 치안 서비스 등을 비롯해 철도, 도로, 항만, 댐 등 원활한 경제 활동을 간접적으로 뒷받침해 주는 사회간접자본을 생산한다. 이때 사회간접자본의 생산량은 일반적인 상품의 생산량보다 예측이 까다로울 수 있는데, 이용하는 사람이 국민 전체이기 때문에 그 수가 절대적으로 많을 뿐만 아니라 배제성과 경합성이 없는 공공재로서의 성격을 띠기 때문에 그러한 면도 있다. 이러한 문제를 해결하기 위해서 국가는 공공투자사업 전 사회적 편익과 비용을 분석하여 적절한 사업의 투자 규모 및 진행 여부를 결정한다.

공공자원은 어느 누구의 소유도 아니다. 너도 나도 공공자원을 사용하면 금세 고갈되고 말 것이다. 정부는 각종 규제로 공공자원을 보호한다. 공공자원을 보호하기 위한 규제는 크게 사용 제한과 사용 할당으로 구분할 수 있다. 사용 제한은 공공자원을 민간이 이용할 수 없도록 막아두는 것이다. 예를 들면 주인이 없는 산을 개발 제한 구역으로 설정하여 벌목을 하거나 개발하여 수익을 창출하는 행위를 할 수 없도록 하는 것이다. 사용 할당은 모두가 사용하는 것이 아닌, 일정 기간에 일정한 사람만 사용할 수 있도록 이용 설정을 해두는 것을 말한다. 예를 들어 어부가 포획할 수 있는 수산물의 수량과 시기를 정해 놓는 법이 있다. 이렇게 되면 무분별하게 공공자원이 사용되는 것을 피하고 사회적으로 필요한 수준에서 공공자원을 사용할 수 있다.

① 항상 붐비는 공용 주차장을 요일별로 이용 가능한 자동차를 정하여 사용한다.
② 주인 없는 목초지에서 풀을 먹일 수 있는 소의 마릿수를 제한한다.
③ 치안 불안 해소를 위해 지역마다 CCTV를 설치한다.
④ 가로수의 은행을 따는 사람들에게 벌금을 부과한다.
⑤ 국립공원에 사는 야생동물을 사냥하지 못하도록 하는 법을 제정한다.

해설

치안 불안 해소를 위해 CCTV를 설치하는 것은 정부가 사회간접자본인 치안 서비스를 제공하는 것이지, 공공재·공공자원 실패의 해결책이라고 보기는 어렵다.

오답분석

①·② 공공재·공공자원 실패의 해결책 중에서 사용 할당을 위한 정책이라고 볼 수 있다.
④·⑤ 공공재·공공자원 실패의 해결책 중에서 사용 제한을 위한 정책이라고 볼 수 있다.

03 다음 글의 논지를 강화하기 위한 내용으로 옳지 않은 것은?

> 뉴턴은 이렇게 말했다. "플라톤은 내 친구이다. 아리스토텔레스는 내 친구이다. 하지만 진리야말로 누구보다 소중한 내 친구이다." 케임브리지에서 뉴턴에게 새로운 전환점을 준 사람이 있다. 수학자이며 당대 최고의 교수였던 아이작 배로우(Isaac Barrow)였다. 배로우는 뉴턴에게 수학과 기하학을 가르치고 그의 탁월함을 발견하여 후원자가 됐다. 이처럼 뉴턴은 타고난 천재가 아니라, 자신의 피나는 노력과 위대한 스승들의 도움을 통해 후천적으로 키워진 것이다.
>
> 뉴턴이 시대를 관통하는 천재로 여겨진 것은 "사과는 왜 땅에 수직으로 떨어질까?"라는 질문에서 시작했다. 이 질문을 던진 지 20여 년이 지나고 마침내 모든 물체가 땅으로 떨어지는 것은 지구 중력에 의한 만유인력이라는 개념을 발견한 것이 계기가 되었다. 사과가 떨어지는 것을 관찰하여 온갖 질문을 던지고, 새로운 가설을 만든 후에 그것을 증명하기 위해 오랜 시간 연구하고 실험을 한 결과가 위대한 발견으로 이어진 것이다. 위대한 발명이나 발견은 어느 한 순간 섬광처럼 오는 것이 아니다. 시작 단계의 작은 아이디어가 질문과 논쟁을 통해 점차 다른 아이디어들과 충돌하고 합쳐지면서 숙성의 시간을 갖고, 그런 후에야 세상에 유익한 발명이나 발견이 나오는 것이다.
>
> 이전부터 천재가 선천적인 것인지, 후천적인 것인지에 관한 논란은 계속되어 왔다. 과거에는 천재가 신적인 영감을 받아 선천적으로 탄생한다는 주장이 힘을 얻었다. 플라톤의 저서 『이온』에도 음유 시인이 기술이나 지식이 아닌 신적인 힘과 영감을 받는 존재임이 언급된다. 그러나 아리스토텔레스의 『시학』은 『이온』과 조금 다른 관점을 취하고 있다. 기본적으로 시가 모방미학이라는 입장은 같지만, 아리스토텔레스는 이것이 신적인 힘을 모방한 것이 아닌 인간의 모방이라고 믿었다.
>
> 최근 연구에 의하면 천재라 불리는 모든 사람들이 선천적으로 타고난 것이 아니고 후천적인 학습을 통해 수준을 점차 더 높은 단계로 발전시켰다고 한다. 선천적 재능과 후천적 학습을 모두 거친 절충적 천재가 각광받는 것이다. 이것이 우리에게 주는 시사점은 비록 지금은 창의적이지 않더라도 꾸준히 포기하지 말고 창의성을 개발하고 실현하는 방법을 배워서 실천한다면 모두가 창의적인 사람이 될 수 있다는 교훈이다. 타고난 천재가 아니고 훈련과 노력으로 새롭게 태어나는 창재(창의적인 인재)로 거듭나야 한다.

① 칸트는 천재가 선천적인 것이라고 하였다.

② 세계적인 발레리나 강수진은 고된 연습으로 발이 기형적으로 변해버렸다.

③ 1만 시간의 법칙은 한 분야에서 전문가가 되기 위해서는 최소 1만 시간의 훈련이 필요하다는 것이다.

④ 뉴턴뿐만 아니라 아인슈타인 역시 끊임없는 연구와 노력을 통해 천재로 인정받았다.

⑤ 신적인 것보다 연습이 영감을 가져다주는 경우가 있다.

해설

제시문에서는 천재가 선천적인 재능뿐만 아니라 후천적인 노력에 의해서 만들어지는 존재라는 주장을 하고 있기 때문에 ①은 옳지 않다.

오답분석

②·③·④ 제시문에서 언급된 절충적 천재(선천적 재능과 후천적 노력이 결합한 천재)에 대한 내용이다.

⑤ 영감을 가져다주는 것은 신적인 힘보다도 연습이라는 논지이므로 제시문과 같은 입장이다.

| 코레일 한국철도공사 / 의사소통능력

04 (가) ~ (마)에 들어갈 말로 적절하지 않은 것은?

"언론의 잘못된 보도나 마음에 들지 않는 논조조차도 그것이 토론되는 과정에서 옳은 방향으로 흘러가게끔 하는 것이 옳은 방향이다." 문재인 대통령이 야당 정치인이었던 2014년, 서울외신기자클럽(SFCC) 토론회에 나와 마이크에 대고 밝힌 공개 입장이다. 언론은 ____(가)____ 해야 한다. 이것이 지역 신문이라 할지라도 언론이 표준어를 사용하는 이유이다.

2021년 8월 25일, 언론중재법 개정안이 국회 본회의를 통과할 것이 확실시된다. 정부는 침묵으로 일관해 왔다. 청와대 핵심 관계자들은 이 개정안에 대한 입장을 묻는 국내 일부 매체에 영어 표현인 "None of My Business"라는 답을 내놨다고 한다.

그사이 이 개정안에 대한 국제 사회의 ____(나)____ 은/는 높아지고 있다. 이 개정안이 시대착오적이며 대권의 오남용이고 더 나아가 아이들에게 좋지 않은 영향을 줄 수 있다는 것이 논란의 요지이다. SFCC는 지난 20일 이사회 전체 명의로 성명을 냈다. 그 내용을 그대로 옮기자면 다음과 같다. "____(다)____ 내용을 담은 언론중재법 개정안을 국회에서 강행 처리하려는 움직임에 깊은 우려를 표한다."며 "이 법안이 국회에서 전광석화로 처리되기보다 '돌다리도 두들겨 보고 건너라.'는 한국 속담처럼 심사숙고하며 ____(라)____ 을/를 기대한다."고 밝혔다.

다만, 언론이 우리 사회에서 발생하는 다양한 전투만을 중계하는 것으로 기능하는 건 ____(마)____ 우리나라뿐만 아니라 일본 헌법, 독일 헌법 등에서 공통적으로 말하는 것처럼 언론이 자유를 가지고 대중에게 생각할 거리를 끊임없이 던져주어야 한다. 이러한 언론의 기능을 잘 수행하기 위해서는 언론의 힘과 언론에 가해지는 규제의 정도가 항상 적절하도록 절제하는 법칙이 필요하다.

① (가) – 모두가 읽기 쉽고 편향된 어조를 사용하는 것을 지양
② (나) – 규탄의 목소리
③ (다) – 언론의 자유를 심각하게 위축시킬 수 있는
④ (라) – 보편화된 언어 사용
⑤ (마) – 바람직하지 않다.

해설

(라)의 빈칸에는 글의 내용상 보편화된 언어 사용은 적절하지 않다.

오답분석

① 표준어를 사용하는 이유에 대한 상세한 설명이 들어가야 하므로 적절하다.
② · ③ 지문에서 개정안에 대한 부정적인 입장을 취하고 있으므로 적절하다.
⑤ '다만' 이후로 언론이 지양해야 할 방향을 제시하는 것이 자연스러우므로 적절하다.

05 다음 중 (가) ~ (마) 문단에 대한 설명으로 옳은 것은?

> (가) 현재 각종 SNS 및 동영상 게재 사이트에서 흔하게 접할 수 있는 콘텐츠 중 하나가 ASMR이다. 그러다 보니 자주 접하는 ASMR의 이름의 뜻에 대해 다수의 네티즌들이 궁금해 하고 있다. ASMR은 자율감각 쾌락반응으로, 뇌를 자극해 심리적인 안정을 유도하는 것을 말한다.
>
> (나) 힐링을 얻고자 하는 청취자들이 ASMR의 특정 소리를 들으면 이 소리가 일종의 트리거 (Trigger)로 작용해 팅글(Tingle : 기분 좋게 소름 돋는 느낌)을 느끼게 한다. 트리거로 작용하는 소리는 사람에 따라 다를 수 있다. 이는 청취자마다 삶의 경험이나 취향 등에서 뚜렷한 차이를 보이기 때문이다.
>
> (다) ASMR 현상은 시각적, 청각적 혹은 인지적 자극에 반응한 뇌가 신체 뒷부분에 분포하는 자율 신경계에 신경 전달 물질을 촉진하며 심리적 안정감을 느끼게 한다. 일상생활에서 편안하게 느꼈던 소리를 들으면, 그때 느낀 긍정적인 감정을 다시 느끼면서 스트레스 정도를 낮출 수 있고 불면증과 흥분 상태 개선에 도움이 되며 안정감을 받을 수 있다. 소곤소곤 귓속말하는 소리, 자연의 소리, 특정 사물을 반복적으로 두드리는 소리 등이 담긴 영상 속 소리 등을 예로 들 수 있다.
>
> (라) 최근 유튜버를 비롯한 연예인들이 ASMR 코너를 만들어 대중과 소통 중이다. 요즘은 청포도 젤리나 쿄효 젤리 등 식감이나 씹는 소리가 좋은 음식으로 먹방 ASMR을 하기도 한다. 많은 사람들이 ASMR을 진행하기 때문에 인기 있는 ASMR 콘텐츠가 되기 위해서는 세분화된 분야를 공략하거나 다른 사람들과 차별화하는 전략이 필요하게 되었다.
>
> (마) 독특한 ASMR 채널로 대중의 사랑을 받고 있는 것은 공감각적인 ASMR이다. 공감각은 시각, 청각, 촉각 등 우리의 오감 중에서 하나의 감각만을 자극하는 것이 아니라, 2개 이상의 감각이 결합하여 자극받을 수 있도록 하는 것이다. 공감각적인 ASMR이 많은 인기를 끌고 있는 만큼 앞으로의 ASMR 콘텐츠들은 공감각적인 콘텐츠로 대체될 것이라는 이야기가 대두되었다.

① (가) - ASMR을 자주 접하는 사람들의 특징은 일상에 지친 현대인이다.
② (나) - 많은 사람들이 선호하는 트리거는 소곤거리는 소리이다.
③ (다) - 신체의 자율 신경계가 뇌에 특정 신경 전달 물질을 전달한다.
④ (라) - 연예인들은 일반인보다 ASMR에 많이 도전하는 경향이 있다.
⑤ (마) - 앞으로 ASMR 콘텐츠들은 공감각적인 ASMR로 대체될 전망이다.

해설

(마) 문단은 앞으로 ASMR 콘텐츠들이 공감각적인 콘텐츠로 대체될 것이라는 내용을 담고 있다.

오답분석

① ASMR을 자주 접하는 사람들에 대한 내용은 찾을 수 없다.
② 트리거로 작용하는 소리는 사람에 따라 다를 수 있다.
③ 청각적 혹은 인지적 자극에 반응한 뇌가 신체 뒷부분에 분포하는 자율 신경계에 신경 전달 물질을 촉진하며 심리적 안정감을 느끼게 된다.
④ 연예인이 일반인보다 ASMR을 많이 하는지는 제시문에서 알 수 없다.

06 다음 중 그리스 수학에 대한 내용으로 옳은 것은?

'20세기 최고의 수학자'로 불리는 프랑스의 장피에르 세르 명예교수는 경북 포항시 효자동에 위치한 포스텍 수리과학관 3층 교수 휴게실에서 '수학이 우리에게 왜 필요한가.'를 묻는 첫 질문에 이같이 대답했다.

"교수님은 평생 수학의 즐거움, 학문(공부)하는 기쁨에 빠져 있었죠. 후회는 없나요? 수학자가 안 됐으면 어떤 인생을 살았을까요?"

"내가 굉장히 좋아했던 선배 수학자가 있었어요. 지금은 돌아가셨죠. 그분은 라틴어와 그리스어 등 언어에 굉장히 뛰어났습니다. 그만큼 재능이 풍부했지만 본인은 수학 외엔 다른 일을 안 하셨어요. 나보다 스무 살 위의 앙드레 베유 같은 이는 뛰어난 수학적 재능을 타고 태어났습니다. 하지만 나는 수학적 재능은 없는 대신 호기심이 많았습니다. 누가 써놓은 걸 이해하려 하기보다 새로운 걸 발견하는 데 관심이 있었죠. 남이 이미 해놓은 것에는 별로 흥미가 없었어요. 수학 논문들도 재미있어 보이는 것만 골라서 읽었으니까요."

"학문이란 과거의 거인들로부터 받은 선물을 미래의 아이들에게 전달하는 일이라고 누군가 이야기했습니다. 그 비유에 대해 어떻게 생각하세요?"

"학자의 첫 번째 임무는 새로운 것을 발견하려는 진리의 추구입니다. 전달(교육)은 그다음이죠. 우리는 발견한 진리를 혼자만 알고 있을 게 아니라, 출판(Publish : 넓은 의미의 '보급'에 해당하는 원로학자의 비유)해서 퍼트릴 의무는 갖고 있습니다."

장피에르 교수는 고대부터 이어져 온 고대 그리스 수학자의 정신을 잘 나타내고 있다고 볼 수 있다. 그가 생각하는 학자에 대한 입장처럼 고대 그리스 수학자들에게 수학과 과학은 사람들에게 새로운 진리를 알려주고 놀라움을 주는 것이었다. 이때의 수학자들에게 수학이라는 학문은 순수한 앎의 기쁨을 깨닫게 해 주는 것이었다. 그래서 고대 그리스에서는 수학을 연구하는 다양한 학파가 등장했을 뿐만 아니라 많은 사람의 연구를 통해 짧은 시간에 폭발적인 혁신을 이룩할 수 있었다.

① 그리스 수학을 연구하는 학파는 그리 많지 않았다.
② 그리스의 수학자들은 학문적 성취보다는 교육을 통해 후대를 양성하는 것에 집중했다.
③ 그리스 수학은 장기간에 걸쳐 점진적으로 발전하였다.
④ 고대 수학자들에게 수학은 새로운 사실을 발견하는 순수한 학문적 기쁨이었다.
⑤ 그리스 수학은 도형 위주로 특히 폭발적인 발전을 했다.

해설

장피에르 교수와 고대 그리스 수학자들의 학문에 대한 공통적 입장은 새로운 진리를 찾는 기쁨이라는 것이다.

오답분석

①·③ 제시문과 반대되는 내용이므로 옳지 않다.
②·⑤ 제시문에 언급되어 있지 않아 알 수 없다.

안심Touch

※ 다음은 N스크린(스마트폰, VOD, PC)의 영향력을 파악하기 위한 방송사별 통합시청점유율과 기존시청점유율에 대한 자료이다. 자료를 보고 이어지는 질문에 답하시오. [7~8]

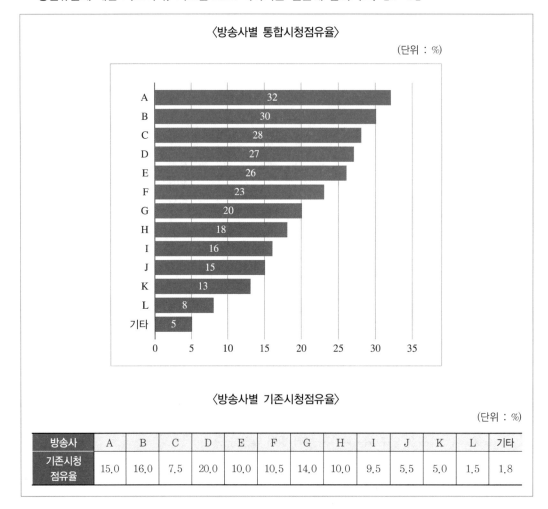

〈방송사별 통합시청점유율〉

(단위 : %)

〈방송사별 기존시청점유율〉

(단위 : %)

방송사	A	B	C	D	E	F	G	H	I	J	K	L	기타
기존시청점유율	15.0	16.0	7.5	20.0	10.0	10.5	14.0	10.0	9.5	5.5	5.0	1.5	1.8

┃ 코레일 한국철도공사 / 수리능력

07 다음 중 방송사별 시청점유율에 대한 설명으로 옳지 않은 것은?

① 통합시청점유율 순위와 기존시청점유율 순위가 같은 방송사는 B, J, K이다.

② 기존시청점유율이 가장 높은 방송사는 D이다.

③ 기존시청점유율이 다섯 번째로 높은 방송사는 F이다.

④ 기타를 제외한 통합시청점유율과 기존시청점유율의 차이가 가장 작은 방송사는 G이다.

⑤ 기타를 제외한 통합시청점유율과 기존시청점유율의 차이가 가장 큰 방송사는 A이다.

해설

기타를 제외한 통합시청점유율과 기존시청점유율의 차이는 C방송사가 20.5%로 가장 크다. A방송사는 17%이다.

오답분석

① B는 2위, J는 10위, K는 11위로 모두 순위가 같다.
② 기존시청점유율은 D가 20%로 가장 높다.
③ F의 기존시청점유율은 10.5%로 다섯 번째로 높다.
④ G의 차이는 6%로, 기타를 제외하면 차이가 가장 작다.

| 코레일 한국철도공사 / 수리능력

08 다음은 N스크린 영향력의 범위를 표시한 그래프이다. (가) ~ (마)의 범위에 들어갈 방송국이 옳게 짝지어진 것은?

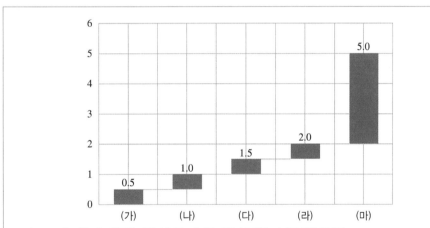

※ (N스크린 영향력)=[(통합시청점유율)-(기존시청점유율)]÷(기존시청점유율)
※ 단, 소수점 둘째 자리에서 반올림한다.

① (가)=A
② (나)=C
③ (다)=F
④ (라)=H
⑤ (마)=K

해설

N스크린 영향력에 대한 방송국을 정리하면 다음과 같다.

방송사	A	B	C	D	E	F	G	H	I	J	K	L	기타
N스크린 영향력	1.1	0.9	2.7	0.4	1.6	1.2	0.4	0.8	0.7	1.7	1.6	4.3	1.8
구분	다	나	마	가	라	다	가	나	나	라	라	마	라

따라서 옳게 짝지어진 것은 (다)=F이다.

09 오늘 철도씨는 종합병원에 방문하여 A ~ C과 진료를 모두 받아야 한다. 〈조건〉이 다음과 같을 때, 가장 빠르게 진료를 받을 수 있는 순서는?(단, 주어진 조건 외에는 고려하지 않는다)

> **조건**
> • 모든 과의 진료와 예약은 오전 9시 시작이다.
> • 모든 과의 점심시간은 오후 12시 30분부터 1시 30분이다.
> • A과와 C과는 본관에 있고 B과는 별관동에 있다. 본관과 별관동 이동에는 셔틀로 약 30분이 소요되며, 점심시간에는 셔틀이 운행하지 않는다.
> • A과는 오전 10시부터 오후 3시까지만 진료를 한다.
> • B과는 점심시간 후에 사람이 몰려 약 1시간의 대기시간이 필요하다.
> • A과 진료는 단순 진료로 30분 정도 소요될 예정이다.
> • B과 진료는 치료가 필요하여 1시간 정도 소요될 예정이다.
> • C과 진료는 정밀 검사가 필요하여 2시간 정도 소요될 예정이다.

① A – B – C   ② A – C – B
③ B – C – A   ④ C – B – A
⑤ C – A – B

해설

오전 9시에 B과 진료를 본다면 10시에 진료가 끝나고, 셔틀을 타고 이동하면 10시 30분이 된다. 이후 C과 진료를 이어보면 12시 30분이 되고, 점심시간 이후 바로 A과 진료를 본다면 오후 2시에 진료를 다 받을 수 있다. 따라서 가장 빠른 순서는 B – C – A이다.

10 다음 사례에서 나타난 논리적 오류는?

<사례>

A : 내가 어제 귀신과 싸워서 이겼다.

B : 귀신이 있어야 귀신과 싸우지.

A : 내가 봤다니까. 귀신 없는 거 증명할 수 있어?

① 성급한 일반화의 오류

② 무지에 호소하는 오류

③ 거짓 딜레마의 오류

④ 대중에 호소하는 오류

⑤ 인신공격의 오류

해설

무지에 호소하는 오류는 어떤 주장에 대해 증명할 수 없거나 결코 알 수 없음을 들어 거짓이라고 반박하는 오류로, 귀신이 없다는 것을 증명할 수 없으니 귀신이 있다는 주장은 무지에 호소하는 오류이다.

오답분석

① 성급한 일반화의 오류 : 제한된 정보, 부적합한 증거, 대표성을 결여한 사례를 근거로 일반화하는 오류이다.

③ 거짓 딜레마의 오류 : 어떠한 문제 상황에서 제3의 선택지가 있음에도 두 가지 선택지가 있는 것처럼 상대에게 둘 중 하나를 강요하는 오류이다.

④ 대중에 호소하는 오류 : 많은 사람이 그렇게 행동하거나 생각한다는 것을 내세워 군중심리를 자극하는 오류이다.

⑤ 인신공격의 오류 : 주장을 제시한 자의 비일관성이나 도덕성의 문제를 이유로 제시된 주장을 잘못이라고 판단하는 오류이다.

안심Touch

11 신종 감염병을 해결하기 위해 한 제약사에서 신약 A ~ E를 연구 중에 있다. 최종 임상실험에 가 ~ 마 5명이 지원하였고, 그 결과가 다음과 같을 때 개발에 성공한 신약은?(단, 성공한 신약을 먹으면 반드시 병이 치료된다)

> 가 : A와 B를 먹었고 C는 먹지 않았다. 나머지는 먹었을 수도, 안 먹었을 수도 있다.
> 나 : C와 D를 먹었다. 나머지는 먹었을 수도, 안 먹었을 수도 있다.
> 다 : A와 B를 먹었고 E는 먹지 않았다. 나머지는 먹었을 수도, 안 먹었을 수도 있다.
> 라 : B를 먹었고 A와 D는 먹지 않았다. 나머지는 먹었을 수도, 안 먹었을 수도 있다.
> 마 : A와 D를 먹었고 B, E는 먹지 않았다. 나머지는 먹었을 수도, 안 먹었을 수도 있다.
> ※ 두 명만 병이 치료되었다.
> ※ '나'는 병이 치료되지 않았다.

① A　　　　　　　　　　　　　　② B
③ C　　　　　　　　　　　　　　④ D
⑤ E

해설

구분	A	B	C	D	E
가	○	○	×	?	?
나	?	?	○	○	?
다	○	○	?	?	×
라	×	○	?	×	?
마	○	×	?	○	×

먼저 '나'는 병이 치료되지 않았기 때문에 C와 D는 성공한 신약이 아니므로 제외하고 나머지를 확인한다.
• A가 성공한 경우

구분	A(성공)	B	C	D	E
가	○	○	×	?	?
나	×	?	○	○	×
다	○	○	?	?	×
라	×	○	?	×	?
마	○	×	?	○	×

세 명이 치료되므로 성공한 신약이 될 수 없다.
• B가 성공한 경우

구분	A	B(성공)	C	D	E
가	○	○	×	?	?
나	?	×	○	○	×
다	○	○	?	?	×
라	×	○	?	×	?
마	○	×	?	○	×

세 명이 치료되므로 성공한 신약이 될 수 없다.

• E가 성공한 경우

구분	A	B	C	D	E(성공)
가	○	○	×	?	?
나	?	?	○	○	×
다	○	○	?	?	×
라	×	○	?	×	?
마	○	×	?	○	×

가와 라 두 명이 치료될 수 있으므로 성공한 신약이다.

┃ 한국전력공사 / 문제해결능력

12 한국전력공사의 A팀 가 대리, 나 사원, 다 사원, 라 사원, 마 대리 중 1명이 어제 출근하지 않았다. 이와 관련하여 5명의 직원이 다음과 같이 말했고, 이들 중 2명이 거짓말을 한다고 할 때, 다음 중 출근하지 않은 사람은 누구인가?(단, 출근을 하였어도, 결근 사유를 듣지 못할 수도 있다)

> 가 대리 : 나는 출근했고, 마 대리도 출근했다. 누가 왜 출근하지 않았는지는 알지 못한다.
> 나 사원 : 다 사원은 출근하였다. 가 대리님의 말은 모두 사실이다.
> 다 사원 : 라 사원은 출근하지 않았다.
> 라 사원 : 나 사원의 말은 모두 사실이다.
> 마 대리 : 출근하지 않은 사람은 라 사원이다. 라 사원이 개인 사정으로 인해 출석하지 못한다고
> 가 대리님에게 전했다.

① 가 대리
② 나 사원
③ 다 사원
④ 라 사원
⑤ 마 대리

해설

가 대리와 마 대리의 진술이 서로 모순이므로, 둘 중 한 사람은 거짓을 말하고 있다.
ⅰ) 가 대리의 진술이 거짓인 경우
　　가 대리의 말이 거짓이라면 나 사원의 말도 거짓이 되고, 라 사원의 말도 거짓이 되므로 모순이 된다.
ⅱ) 가 대리의 진술이 진실인 경우
　　가 대리, 나 사원, 라 사원의 말이 진실이 되고, 다 사원과 마 대리의 말이 거짓이 된다.

진실
가 대리 : 가 대리, 마 대리 출근, 결근 사유 모름
나 사원 : 다 사원 출근, 가 대리의 진술은 진실
라 사원 : 나 사원의 진술은 진실

거짓
다 사원 : 라 사원 결근 → 라 사원 출근
마 대리 : 라 사원 결근, 라 사원이 가 대리님께 결근 사유 전함 → 라 사원 출근, 가 대리는 결근 사유를 듣지 못함
따라서 나 사원이 출근하지 않았다.

※ 다음 자료를 바탕으로 이어지는 질문에 답하시오. [13~14]

〈지역별 폐기물 현황〉

지역	1일 폐기물 배출량	인구수
용산구	305.2톤/일	132,259명
중구	413.7톤/일	394,679명
종로구	339.9톤/일	240,665명
서대문구	240.1톤/일	155,106명
마포구	477.5톤/일	295,767명

〈지역별 폐기물 집하장 위치 및 이동시간〉

다음은 각 지역별 폐기물 집하장 간 이동에 걸리는 시간을 표시한 것이다.

지역	용산구	중구	종로구	서대문구	마포구
용산구		50분	200분	150분	100분
중구	50분		60분	70분	100분
종로구	200분	60분		50분	100분
서대문구	150분	70분	50분		80분
마포구	100분	100분	100분	80분	

┃ 한국전력공사 / 수리능력

13 1인당 1일 폐기물 배출량이 가장 많은 곳에 폐기물 처리장을 만든다고 할 때, 어느 구에 설치해야 하는가?(단, 소수점 셋째 자리에서 반올림한다)

① 용산구
② 중구
③ 종로구
④ 서대문구
⑤ 마포구

해설

1인당 1일 폐기물 배출량을 정리하면 다음과 같다.

구분	1일 폐기물 배출량(톤)	인구수(명)	1인당 1일 폐기물 배출량
용산구	305.2	132,259	2.31kg/일
중구	413.7	394,679	1.05kg/일
종로구	339.9	240,665	1.41kg/일
서대문구	240.1	155,106	1.55kg/일
마포구	477.5	295,767	1.61kg/일

따라서 1인당 1일 폐기물 배출량이 가장 큰 구인 용산구(2.31kg/일)에 폐기물 처리장을 만들어야 한다.

┃ 한국전력공사 / 수리능력

14 13번 문제의 결과를 참고하여 폐기물 처리장이 설치된 구에서 폐기물 수집 차량이 출발하여 1인당 1일 폐기물 배출량이 많은 순서대로 수거하고 다시 돌아올 때, 걸리는 최소 시간은?

① 3시간 10분
② 4시간 20분
③ 5시간 40분
④ 6시간 00분
⑤ 7시간 10분

해설

폐기물 처리장이 설치되는 용산구에서 출발하여 1인당 1일 폐기물 배출량이 많은 지역을 순서대로 나열하면 용산구 → 마포구 → 서대문구 → 종로구 → 중구 → 용산구 순서이다. 따라서 폐기물 수집에 걸리는 최소시간은 $100+80+50+60+50=340=5$시간 40분이다.

15 다음 주 당직 근무에 대한 일정표를 작성하고 있는데, 작성하고 봤더니 잘못된 점이 보여 수정을 하려 한다. 한 사람만 옮겨 일정표를 완성하려고 할 때, 일정을 변경해야 하는 사람은?

〈당직 근무 규칙〉

- 낮에 2명, 야간에 2명은 항상 당직을 서야 하고, 더 많은 사람이 당직을 설 수도 있다.
- 낮과 야간을 합하여 하루에 최대 6명까지 당직을 설 수 있다.
- 같은 날에 낮과 야간 당직 근무는 함께 설 수 없다.
- 낮과 야간 당직을 합하여 주에 세 번 이상 다섯 번 미만으로 당직을 서야 한다.
- 월요일부터 일요일까지 모두 당직을 선다.

〈당직 근무 일정〉

직원	낮	야간	직원	낮	야간
가	월요일	수요일, 목요일	바	금요일, 일요일	화요일, 수요일
나	월요일, 화요일	수요일, 금요일	사	토요일	수요일, 목요일
다	화요일, 수요일	금요일, 일요일	아	목요일	화요일, 금요일
라	토요일	월요일, 수요일	자	목요일, 금요일	화요일, 토요일
마	월요일, 수요일	화요일, 토요일	차	토요일	목요일, 일요일

① 나　　　　　　　　　　　　　② 라
③ 마　　　　　　　　　　　　　④ 바
⑤ 사

해설

구분	월요일	화요일	수요일	목요일	금요일	토요일	일요일
낮	가, 나, 마	나, 다	다, 마	아, 자	바, 자	라, 사, 차	바
야간	라	마, 바, 아, 자	가, 나, 라, 바, 사	가, 사, 차	나, 다, 아	마, 자	다, 차

일정표를 보면 일요일 낮에 한 명, 월요일 야간에 한 명이 필요하고, 수요일 야간에 한 명이 빠져야 한다. 따라서 가, 나, 라, 바, 사 중 한 명이 당직 일정을 옮겨야 한다. 이때 세 번째 당직 근무 규칙에 따라 같은 날에 낮과 야간 당직 근무는 함께 설 수 없으므로 월요일에 근무하는 '가, 나, 라, 마'와 일요일에 근무하는 '다, 바, 차'는 제외된다. 따라서 '사'의 당직 근무 일정을 변경하여 일요일 낮과 월요일 야간에 당직 근무를 서게 해야 한다.

16 H팀은 정기행사를 진행하기 위해 공연장을 대여하려 한다. H팀의 상황을 고려하여 공연장을 대여한다고 할 때, 비용은 얼마인가?

<공연장 대여비용>

구분	공연 준비비	공연장 대여비	소품 대여비	보조진행요원 고용비
단가	50만 원	20만 원(1시간)	5만 원(1세트)	5만 원(1인, 1시간)
할인	총비용 150만 원 이상 : 10%	2시간 이상 : 3% 5시간 이상 : 10% 12시간 이상 : 20%	3세트 : 4% 6세트 : 10% 10세트 : 25%	2시간 이상 : 5% 4시간 이상 : 12% 8시간 이상 : 25%

※ 할인은 각 품목마다 개별적으로 적용된다.

<H팀 상황>

A : 저희 총예산은 수입보다 많으면 안 됩니다. 티켓은 4만 원이고, 50명 정도 관람할 것으로 예상됩니다.
B : 공연은 2시간이고, 리허설 시간 2시간이 필요하며, 공연 준비 및 정리를 위해 공연 앞뒤로 1시간씩은 필요합니다.
C : 소품은 공연 때 2세트 필요한데, 예비로 1세트 더 준비하도록 하죠.
D : 진행은 저희끼리 다 못하니까 주차장을 관리할 인원 1명을 고용해서 공연 시간 동안과 공연 앞뒤로 1시간씩은 공연장 주변을 정리하게 하죠. 총예산이 모자라면 예비 소품 1세트 취소, 보조진행요원 미고용, 리허설 시간 1시간 축소 순서로 줄이도록 하죠.

① 1,800,000원
② 1,850,000원
③ 1,900,000원
④ 2,050,000원
⑤ 2,100,000원

해설

- 예상 수입 : 40,000×50=2,000,000원
- 공연 준비비 : 500,000원
- 공연장 대여비 : 6×200,000×0.9=1,080,000원
- 소품 대여비 : 50,000×3×0.96=144,000원
- 보조진행요원 고용비 : 50,000×4×0.88=176,000원
- 총비용 : 500,000+1,080,000+144,000+176,000=1,900,000원

총비용이 150만 원 이상이므로 공연 준비비의 10%인 50,000원이 할인된다. 따라서 할인이 적용된 비용은 1,900,000-50,000=1,850,000원이다.

※ 다음은 A기업이 1분기에 해외로부터 반도체를 수입한 거래내역과 거래일의 환율이다. 이어지는 질문에 답하시오. [17~18]

날짜	수입	환율
1월	4달러	1,000원/달러
2월	3달러	1,120원/달러
3월	2달러	1,180원/달러

※ (평균환율)= $\dfrac{(총\ 원화금액)}{(환전된\ 총\ 달러금액)}$

❙ 국민건강보험공단 / 수리능력

17 1분기 평균환율은 얼마인가?

① 1,180원/달러　　　　　　　　② 1,120원/달러

③ 1,100원/달러　　　　　　　　④ 1,080원/달러

해설

ⅰ) 총 원화금액 : $(4 \times 1,000)+(3 \times 1,120)+(2 \times 1,180)=9,720$원

ⅱ) 평균환율 : $\dfrac{9,720}{9}=1,080$원/달러

❙ 국민건강보험공단 / 수리능력

18 현재 창고에 A기업이 수입한 반도체 재고가 200달러만큼 존재할 때, 17번 문제에서 구한 평균환율로 환산한 창고 재고 금액은 얼마인가?

① 200,000원　　　　　　　　② 216,000원

③ 245,000원　　　　　　　　④ 268,000원

해설

$200 \times 1,080=216,000$원

┃ 국민건강보험공단 / 수리능력

19 둘레길이가 456m인 호수 둘레를 따라 가로수가 4m 간격으로 일정하게 심어져 있다. 출입구에 심어져 있는 가로수를 기준으로 6m 간격으로 재배치하려고 할 때, 새롭게 옮겨 심어야 하는 가로수는 최소 몇 그루인가?(단, 불필요한 가로수는 제거한다)

① 38그루
② 37그루
③ 36그루
④ 35그루

해설

입구와 출구가 같고, 둘레의 길이가 456m인 타원 모양의 호수 둘레를 따라 4m 간격으로 일정하게 심어져 있는 가로수는 456÷4=114그루이며, 입구에 심어져 있는 가로수를 기준으로 6m 간격으로 가로수를 옮겨 심으려고 할 때, 4m와 6m의 최소공배수인 12m 간격의 가로수 456÷12=38그루는 그 자리를 유지하게 된다. 이때 호수 둘레를 따라 6m 간격으로 일정하게 가로수를 심을 때, 필요한 가로수는 456÷6=76그루이므로 그대로 두는 가로수 38그루를 제외한 76−38=38 그루를 새롭게 옮겨 심어야 한다.

※ 다음은 국민건강보험공단의 여비규정에 대한 자료이다. 이어지는 질문에 답하시오. [20~21]

〈국내여비 정액표〉

구분		대상	가군	나군	다군
운임	항공운임		실비(1등석 / 비지니스)	실비(2등석 / 이코노미)	
	철도운임		실비(특실)		실비(일반실)
	선박운임		실비(1등급)	실비(2등급)	
	자동차운임	버스운임	실비		
		자가용승용차운임	실비		
일비(1일당)			2만 원		
식비(1일당)			2만 5천 원	2만 원	
숙박비(1박당)			실비	실비(상한액 : 서울특별시 7만 원, 광역시·제주도 6만 원, 그 밖의 지역 5만 원)	

〈실비 단가(1일당 상한액)〉

구분	가군	나군	다군
항공운임	100만 원	50만 원	
철도운임	7만 원		3만 원
선박운임	50만 원	20만 원	
버스운임	1,500원		
자가용승용차운임	20만 원		
숙박비	15만 원	–	–

┃ 국민건강보험공단 / 문제해결능력

20 지난 주 출장을 다녀온 A부장의 출장 내역이 다음과 같을 때, A부장이 받을 수 있는 최대 여비는?

〈A부장 출장 내역〉

- 2박 3일 동안 가군으로 출장을 간다.
- 항공은 첫째 날과 셋째 날에 이용한다.
- 철도는 첫째 날과 둘째 날에 이용한다.
- 자가용은 출장 기간 동안 매일 이용한다.

① 315만 5천 원
② 317만 원
③ 317만 5천 원
④ 318만 원

해설

- 일비 : 2만×3=6만 원
- 철도운임 : 7만×2=14만 원
- 숙박비 : 15만×2=30만 원
- 항공운임 : 100만×2=200만 원
- 자가용승용차운임 : 20만×3=60만 원
- 식비 : 2.5만×3=7.5만 원

따라서 A부장이 받을 수 있는 최대 여비는 6+200+14+60+30+7.5=317만 5천 원이다.

21 영업팀 3명이 각각 다른 군으로 출장을 간다면, 영업팀이 받는 총 여비는?

〈영업팀 출장 내역〉

- 1박 2일 동안 출장을 간다.
- 비용은 최대로 받는다.
- 항공은 첫째 날에 이용한다.
- 선박은 둘째 날에 이용한다.
- 기차는 출장 기간 동안 매일 이용한다.
- 버스는 출장 기간 동안 매일 이용한다.
- 자가용은 출장 기간 동안 매일 이용한다.
- 나군은 서울에 해당한다.
- 다군은 제주도에 해당한다.

---

① 485만 9천 원
② 488만 6천 원
③ 491만 6천 원
④ 497만 9천 원

해설

- 가군
  - 일비 : 2만×2=4만 원
  - 선박운임 : 50만×1=50만 원
  - 버스운임 : 1,500×2=3,000원
  - 숙박비 : 15만×1=15만 원
  - 항공운임 : 100만×1=100만 원
  - 철도운임 : 7만×2=14만 원
  - 자가용승용차운임 : 20만×2=40만 원
  - 식비 : 2.5만 원×2=5만 원

  그러므로 4+100+50+14+0.3+40+15+5=228만 3천 원이다.
- 나군
  - 일비 : 2만×2=4만 원
  - 선박운임 : 20만×1=20만 원
  - 버스운임 : 1,500×2=3,000원
  - 숙박비 : 7만×1=7만 원
  - 항공운임 : 50만×1=50만 원
  - 철도운임 : 7만×2=14만 원
  - 자가용승용차운임 : 20만×2=40만 원
  - 식비 : 2만×2=4만 원

  그러므로 4+50+20+14+0.3+40+7+4=139만 3천 원이다.
- 다군
  - 일비 : 2만×2=4만 원
  - 선박운임 : 20만×1=20만 원
  - 버스운임 : 1,500×2=3,000원
  - 숙박비 : 6만×1=6만 원
  - 항공운임 : 50만×1=50만 원
  - 철도운임 : 3만×2=6만 원
  - 자가용승용차운임 : 20만×2=40만 원
  - 식비 : 2만×2=4만 원

  그러므로 4+50+20+6+0.3+40+6+4=130만 3천 원이다.

따라서 총 여비는 228.3+139.3+130.3=497만 9천 원이다.

※ 다음은 국민건강보험공단의 조직도와 2022년도 개편기준에 대한 자료이다. 이어지는 질문에 답하시오. **[22~23]**

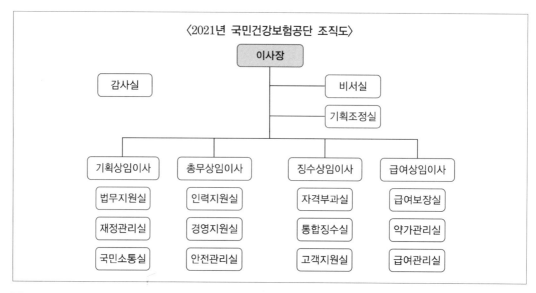

〈2022년 조직 개편기준〉

• 급여상임이사 소속으로 의료기관지원실, 건강관리실, 보장지원실을 추가한다.
• 정보화 시대에 맞춰 빅데이터 전략본부를 조직한다.
• 이사장 직속인 기획조정실을 기획상임이사 소속으로 이동한다.
• 총무상임이사 소속인 안전관리실을 안전관리본부로 새롭게 개편한다.
• 인재개발원을 신설 부서로 만들어 이사장 직속 부서로 추가한다.
• 급여상임이사 소속인 급여보장실과 급여관리실은 하나의 부서인 급여지원실로 통합한다.

┃ 국민건강보험공단 / 문제해결능력

22 다음 중 2021년 국민건강보험공단 조직도를 잘못 이해한 직원은?

① A사원 : 각 상임이사 소속으로는 3개의 부서가 있다.
② B사원 : 우리 공단 이사장 직속 부서로는 비서실, 기획조정실, 감사실이 있다.
③ C대리 : 급여보장실은 급여관리실과 같은 소속이다.
④ D대리 : 자격부과실과 고객지원실은 이사장에게 바로 보고하지 않는다.

해설

감사실은 이사장 직속 부서가 아니라 따로 분리된 독립 부서이다.

오답분석

① 각 상임이사는 모두 3개의 부서를 가지고 있다.
③ 급여보장실과 급여관리실은 급여상임이사 소속이다.
④ 자격부과실과 고객지원실은 징수상임이사 소속으로, 징수상임이사를 통해 보고한다.

| 국민건강보험공단 / 문제해결능력

23 다음 중 2022년 조직 개편기준에 따라 개편한 내용으로 옳지 않은 것은?

① 급여상임이사 소속 부서는 5개가 될 것이다.

② 징수상임이사 소속 부서는 개편이 되어도 변하는 내용이 없을 것이다.

③ 기획상임이사 소속으로 기획조정실이 추가될 것이다.

④ 총무상임이사 소속 부서는 인력지원실, 경영지원실, 안전관리실이 될 것이다.

해설

안전관리실이 안전관리본부로 새롭게 개편되므로 총무상임이사 소속부서는 인력지원실, 경영지원실이 될 것이다.

오답분석

① 급여상임이사 소속 부서는 급여지원실(급여보장실, 급여관리실 통합), 약가관리실, 의료기관지원실, 건강관리실, 보장지원실로 총 5개로 개편될 것이다.

② 개편기준에 징수상임이사 소속 부서는 포함되지 않는다.

③ 개편기준에 따라 이사장 직속 부서였던 기획조정실이 기획상임이사 소속으로 추가되었다.

24 다음은 국민건강보험공단의 재난적 의료비 지원사업에 대한 자료이다. 이에 대해 바르게 알고 있는 사람을 〈보기〉에서 모두 고르면?

〈재난적 의료비 지원사업〉

- 개요 : 질병·부상 등으로 인한 치료·재활 과정에서 소득·재산 수준 등에 비추어 과도한 의료비가 발생해 경제적 어려움을 겪게 되는 상황으로 의료비 지원이 필요하다고 인정된 사람에게 지원합니다.
- 대상질환
  1. 모든 질환으로 인한 입원환자
  2. 중증질환으로 외래진료를 받은 환자
  ※ 중증질환 : 암, 뇌혈관, 심장, 희귀, 중증난치, 중증화상질환
- 소득기준
  − 기준중위소득 100% 이하 : 지원 원칙(건보료 기준)
  − 기준중위소득 100∼200% 이하 : 연소득 대비 의료비부담비율을 고려해 개별심사 후 지원
  ※ 재산 과표 5.4억 원 초과 고액재산보유자는 지원 제외
- 의료비기준 : 1회 입원에 따른 가구의 연소득 대비 의료비 발생액[법정본인부담, 비급여 및 예비 (선별)급여 본인부담]기준금액 초과 시 지원
  − 기초생활수급자, 차상위계층 : 80만 원 초과 시 지원
  − 기준중위소득 50% 이하 : 160만 원 초과 시 지원
  − 기준중위소득 100% 이하 : 연소득의 15% 초과 시 지원

보기

가 : 18세로 뇌혈관 치료 때문에 외래진료를 받은 학생에게 이 사업에 대해 알려주었어. 학생의 집 은 기준중위소득 100%에 해당되기 때문에 지원을 받을 수 있을 거야.

나 : 이번에 개인 질환으로 입원했는데, 200만 원이 나왔어. 기준중위소득 50%에 해당되는데 지원 금을 받을 수 있어 다행이야.

다 : 어머니가 심장이 안 좋으셔서 외래진료를 받고 있는데 돈이 많이 들어. 기준중위소득 200%에 속하는데 현금은 없지만 재산이 5.4억 원이어서 공단에서 지원하는 사업에 지원도 못하고 요 즘 힘드네.

라 : 요즘 열이 많이 나서 근처 병원으로 통원 치료를 하고 있어. 기초생활수급자인 내 형편으로 볼 때, 지원금을 받는 데 문제없겠지?

① 가, 나 　　　　　　　　　　② 가, 다

③ 나, 다 　　　　　　　　　　④ 다, 라

해설

가. 뇌혈관은 중증질환에 해당되고, 소득수준도 조건에 해당되기 때문에 이 사업의 지원금을 받을 수 있다.

나. 기준중위소득 50% 이하는 의료비가 160만 원 초과 시 지원할 수 있다.

오답분석

다. 기준중위소득 200%는 연소득 대비 의료비부담비율을 고려해 개별심사 후 지원받을 수 있다. 이때 재산 과표 5.4억 원을 초과하는 고액재산보유자는 지원이 제외되므로 재산이 5.4억 원인 다의 어머니는 심사에 지원할 수 있다.

라. 통원 치료는 대상질환에 해당하지 않는다.

┃ 한국산업인력공단 / 자원관리능력

25 Q운송업체는 A ~ I지점에서 물건을 운반한다. 본사에서 출발하여 B지점과 D지점에서 물건을 수거하고, 본사로 돌아와 물건을 하차하는 데 걸리는 최소시간은?(단, 모든 지점을 다 거칠 필요는 없다)

〈지점 간 운송 시간〉

※ 물건을 수거하는 데 10분이 소요된다.
※ 물건을 하차하는 데 10분이 소요된다.

① 1시간 50분
② 2시간
③ 2시간 5분
④ 2시간 10분
⑤ 2시간 15분

해설

본사에서 출발하여 B지점과 D지점의 물건을 수거하고, 본사로 돌아와 물건을 하차하는 시간이 가장 짧은 루트는 다음과 같다.
본사 → (10분) A지점 → (15분) B지점(수거 10분) → (15분) C지점 → (10분) D지점(수거 10분) → (10분) C지점 → (15분) F지점 → (10분) A지점 → (10분) 본사(하차 10분)
따라서 10+15+10+15+10+10+10+15+10+10+10=125분 → 2시간 5분이다.

※ 다음은 노트북 상품에 대한 자료이다. 이어지는 질문에 답하시오. [26~27]

〈노트북별 정보〉

노트북	가격	속도	모니터	메모리	제조년도
TR-103	150만 원	1.8GHz	13.3인치	4GB	2021년 5월
EY-305	200만 원	1.9GHz	14.5인치	6GB	2021년 4월
WS-508	110만 원	1.7GHz	14인치	3GB	2021년 1월
YG-912	160만 원	2GHz	15인치	5GB	2021년 3월
NJ-648	130만 원	2.1GHz	15인치	2GB	2021년 4월

※ 속도가 높을수록 성능이 좋다.
※ 메모리 용량이 클수록 성능이 좋다.

〈노트북 평가 점수〉

1위	2위	3위	4위	5위
5점	4점	3점	2점	1점

〈노트북 구입 조건〉

• 같은 순위가 있을 경우 동순위로 하고 차순위는 다다음 순위로 한다.
  예 1위가 TR-103, 2위가 EY-305이고 3위가 WS-508와 YG-912로 동점일 때, 마지막 NJ-648는 5위이다.
• 가격은 낮을수록 점수가 높다.
• 속도는 빠를수록 점수가 높다.
• 모니터는 크기가 클수록 점수가 높다.
• 메모리는 용량이 클수록 점수가 높다.
• 제조년도는 최근 것일수록 점수가 높다.
• 순위가 높은 순서대로 점수를 높게 측정한다.

| 한국산업인력공단 / 자원관리능력

26 A사원은 평가 점수의 합이 가장 높은 노트북을 구입하려고 한다. 다음 중 어떤 노트북을 구입하겠는가?

① TR-103
② EY-305
③ WS-508
④ YG-912
⑤ NJ-648

해설

노트북	가격	속도	모니터	메모리	제조년도	합계
TR-103	3점	2점	1점	3점	5점	14점
EY-305	1점	3점	3점	5점	4점	16점
WS-508	5점	1점	2점	2점	1점	11점
YG-912	2점	4점	5점	4점	2점	17점
NJ-648	4점	5점	5점	1점	4점	19점

따라서 A사원이 구입할 노트북은 NJ-648이다.

┃ 한국산업인력공단 / 자원관리능력

27 한국산업인력공단은 총 600만 원의 예산으로 5대의 노트북을 구입하려 한다. 노트북 구입 시 모니터 크기 대신 노트북 무게를 기준으로 삼는다고 할 때, 노트북의 무게는 YG-912, TR-103, NJ-648, EY-305, WS-508 순서로 가볍다. 무게가 가벼울수록 점수가 높을 경우, 공단에서 구입할 노트북은?(단, 5대 이상의 노트북을 구입할 경우 노트북별 할인율에 따라 할인을 제공한다)

〈할인율〉				
TR-103	EY-305	WS-508	YG-912	NJ-648
10%	할인 없음	10%	10%	30%

① TR-103
② EY-305
③ WS-508
④ YG-912
⑤ NJ-648

해설

노트북	가격	속도	무게	메모리	제조년도	합계
TR-103	3점	2점	4점	3점	5점	17점
EY-305	1점	3점	2점	5점	4점	15점
WS-508	5점	1점	1점	2점	1점	10점
YG-912	2점	4점	5점	4점	2점	17점
NJ-648	4점	5점	3점	1점	4점	17점

TR-103, YG-912, NJ-648의 평가점수는 모두 17점으로 동일하지만, 할인율을 적용할 경우 YG-912와 TR-103가 각각 720만 원, 675만 원으로 예산인 600만 원을 초과한다. 따라서 한국산업인력공단에서 구입할 노트북은 최종 가격이 455만 원인 NJ-648이다.

28 다음은 한국산업인력공단의 임직원행동강령 제25조의 일부이다. 이를 근거로 올바르게 말한 사람을 〈보기〉에서 모두 고르면?

제25조[금품 등의 수수(收受) 금지]

① 임직원은 직무 관련 여부 및 기부·후원·증여 등 그 명목에 관계없이 동일인으로부터 1회에 100만 원 또는 매 회계연도에 300만 원을 초과하는 금품 등을 받거나 요구 또는 약속해서는 아니 된다.

② 임직원은 직무와 관련하여 대가성 여부를 불문하고 제1항에서 정한 금액 이하의 금품 등을 받거나 요구 또는 약속해서는 아니 된다.

③ 제37조의 외부강의 등에 관한 사례금 또는 다음 각 호의 어느 하나에 해당하는 금품 등은 제1항 또는 제2항에서 수수(收受)를 금지하는 금품 등에 해당하지 아니한다.

  1. 공공기관의 장이 소속 임직원이나 파견 임직원에게 지급하거나 상급자가 위로·격려·포상 등의 목적으로 하급자에게 제공하는 금품 등

  2. 원활한 직무수행 또는 사교·의례 또는 부조의 목적으로 제공되는 음식물·경조사비·선물 등으로서 별표 2-2에서 정하는 가액 범위 안의 금품 등

  3. 사적 거래(증여는 제외한다)로 인한 채무의 이행 등 정당한 권원(權原)에 의하여 제공되는 금품 등

  4. 임직원의 친족(민법 제777조에 따른 친족을 말한다)이 제공하는 금품 등

  5. 임직원과 관련된 직원상조회·동호인회·동창회·향우회·친목회·종교단체·사회단체 등이 정하는 기준에 따라 구성원에게 제공하는 금품 등 및 그 소속 구성원 등 임직원과 특별히 장기적·지속적인 친분관계를 맺고 있는 자가 질병·재난 등으로 어려운 처지에 있는 임직원에게 제공하는 금품 등

  6. 임직원의 직무와 관련된 공식적인 행사에서 주최자가 참석자에게 통상적인 범위에서 일률적으로 제공하는 교통, 숙박, 음식물 등의 금품 등

  7. 불특정 다수인에게 배포하기 위한 기념품 또는 홍보용품 등이나 경연·추첨을 통하여 받는 보상 또는 상품 등

  8. 그 밖에 사회상규(社會常規)에 따라 허용되는 금품 등

④ 임직원은 제3항 제5호에도 불구하고 같은 호에 따라 특별히 장기적·지속적인 친분관계를 맺고 있는 자가 직무관련자 또는 직무관련임직원으로서 금품 등을 제공한 경우에는 그 수수 사실을 별지 제10호 서식에 따라 소속기관의 장에게 신고하여야 한다.

> **보기**

A : 대가성 여부나 직무와 상관없이 매년 300만 원을 초과하는 금품을 받을 수 없어.

B : 장기적·지속적으로 친분관계를 맺고 있고, 같은 공단에 근무하는 친우로부터 개인 질병에 대한 지원금을 400만 원을 받은 경우는 신고하지 않아도 돼.

C : 상업자 G씨에게 1년 동안 단 한 번, 150만 원을 받은 경우에는 문제가 되지 않아.

D : 작년에 같은 공단에 근무하는 사촌을 금전적으로 도와주었고, 지난 달 사촌으로부터 200만 원을 받았어. 그러나 직무와 상관없어 신고하지는 않았어.

① A, B   ② A, C
③ A, D   ④ B, D
⑤ C, D

해설

· A : 매 회계연도에 300만 원을 초과하는 금품 등을 받거나 요구 또는 약속해서는 아니 된다.
· D : 임직원의 친족이 제공하는 금품 등은 금품 등의 수수 금지에 해당되지 않는다.

오답분석

· B : 제25조 제4항에 따라 소속기관의 장에게 신고하여야 한다.
· C : 동일인으로부터 1회에 100만 원을 초과하는 금품 등을 받거나 요구 또는 약속해서는 아니 된다.

| 한국산업인력공단 / 수리능력

29 A씨는 기간제로 6년을 일하였고, 시간제로 6개월을 근무하였다. 다음과 같은 연차 계산법을 활용하였을 때, A씨의 연차는 며칠인가?(단, 소수점 첫째 자리에서 올림한다)

〈연차 계산법〉

· 기간제 : [(근무 연수)×(연간 근무 일수)]÷365일×15
· 시간제 : (근무 총 시간)÷365
※ 근무는 1개월을 30일, 1년을 365일로, 1일 8시간 근무로 계산한다.

① 86일   ② 88일
③ 92일   ④ 94일
⑤ 100일

해설

· 기간제 : $(6×365)÷365$일$×15=90$일
· 시간제 : $(8×30×6)÷365≒4$일
따라서 $90+4=94$일이다.

30 다음은 한국산업인력공단 일학습병행 운영규칙이다. 자료에 대한 설명으로 옳지 않은 것은?

〈한국산업인력공단 일학습병행 운영규칙〉

제2조(정의)

이 규칙에서 사용하는 용어의 뜻은 다음과 같다.

1. '사업주'란 고용보험 성립신고 적용 단위의 학습기업 사업주를 말하며, 개인 또는 법인이 될 수 있다.

2. '사업장'이란 고용보험 성립신고 적용 개별 단위사업장으로서 학습기업의 지정단위가 되며 동일한 사업주하에 2개 이상의 사업장이 존재할 수 있다.

3. '훈련과정'이란 학습기업으로 지정된 이후 법 제11조 제1항에 따른 일학습병행을 실시할 수 있는 직종(이하 '일학습병행 직종'이라 한다) 및 해당 직종별 교육훈련기준(이하 '교육훈련기준'이라 한다)을 활용하여 학습기업에 맞게 개발된 규정 제2조 제5호에 따른 일학습병행과정을 말한다.

4. '학습도구'란 학습근로자의 훈련내용, 평가사항 등을 정리하여 제시한 자료를 말한다.

5. '훈련과정 개발ㆍ인정시스템(이하 'PDMS'라 한다)'이란 훈련과정 개발신청, 개발, 인정신청, 인정 등 절차를 관리할 수 있도록 운영하는 전산시스템을 말한다.

6. '모니터링'이란 훈련현장 방문, 전화, 면담, 훈련진단, 컨설팅 및 근로자직업능력 개발법 제6조에 따른 직업능력개발정보망(이하 'HRD-Net'이라 한다) 등을 통하여 얻은 훈련 관련 자료의 조사ㆍ분석으로 훈련실태 및 직업능력개발훈련 사업의 부정ㆍ부실 등 문제점을 파악하고 이를 시정하거나 연구용역ㆍ제도개선 등에 활용하는 일련의 업무를 말한다.

7. '일학습병행 지원기관'이란 일학습병행 기업 발굴, 컨설팅, 홍보 등을 지원하는 일학습전문지원센터, 특화업종(특구) 지원센터, 관계부처전담기관을 말한다.

① 학습도구는 학습근로자의 훈련내용이 정리된 자료여야 한다.
② PDMS는 훈련과정 개발신청부터 인정까지 모든 절차를 관리한다.
③ 특화업종(특구) 지원센터는 일학습병행 지원기관에 속한다.
④ 본사와 지사가 있는 사업장은 신청할 수 없다.
⑤ 한 사업주가 10개의 사업장을 가질 수 있다.

해설

본사와 지사가 있는 사업장은 신청할 수 없다는 내용은 자료에서 찾을 수 없다.

오답분석

① 한국산업인력공단 일학습병행 운영규칙 제2조 제4항
② 한국산업인력공단 일학습병행 운영규칙 제2조 제5항
③ 한국산업인력공단 일학습병행 운영규칙 제2조 제7항
⑤ 한국산업인력공단 일학습병행 운영규칙 제2조 제2항

31 다음은 NCS의 정의와 도입 영향에 대한 글이다. 이를 근거로 추론 가능한 효과가 아닌 것은?

> • NCS(National Competency Standards : 국가직무능력표준)란?
> 산업현장에서 직무를 수행하는 데 필요한 능력(지식, 기술, 태도)을 국가가 표준화한 것으로, 교육
> 훈련・자격에 NCS를 활용하여 현장중심의 인재를 양성할 수 있도록 지원하고 있다.
> • NCS 도입 영향
> 1. 직업훈련으로 이직률이 감소하였다.
> 2. 교육훈련 프로그램으로 숙련도는 증가하였고, 이직률은 감소하였다.
> 3. 교육훈련 프로그램으로 현장기반 실무를 익힐 수 있게 되었고, 로열티를 지급하는 관행을 깰
> 수 있게 되었다.
> 4. NCS를 활용하여 교육과정을 설계함으로써 체계적으로 교육훈련과정을 운영할 수 있고, 이를
> 통해 산업현장에서 필요로 하는 실무형 인재를 양성할 수 있게 되었다.
> 5. 국가기술자격을 직무중심(NCS 활용)으로 개선해서 실제로 그 일을 잘할 수 있는 사람이 자격
> 증을 취득할 수 있도록 도와준다.
> 6. NCS로 직무를 나누고 직무별로, 수준별로 교육하기 시작하면서 신입들의 업무적응력이 눈에
> 띄게 빨라졌다.
> 7. NCS기반 자격을 설계하여 현장과 교육, 자격의 미스매치가 줄어들었다.

① 높은 이직률을 해소하는 데 도움이 된다.
② 로열티를 지급해야 훈련을 받을 수 있다.
③ 업무에 적합한 실무를 익힐 수 있다.
④ 신입사원 교육이 더 쉬워질 수 있다.
⑤ 실무에 필요한 자격을 취득할 수 있다.

해설
교육훈련을 통해 로열티를 지급하는 관행을 깰 수 있으므로 로열티를 지급해야 훈련을 받을 수 있다는 것은 옳지 않다.

오답분석
① 직업 및 교육훈련으로 이직률이 감소하였다.
③ 교육훈련 등을 통해 현장기반 실무를 향상시킬 수 있다.
④ 직무별, 수준별 교육으로 신입들의 업무적응력이 향상되었다.
⑤ 현장과 교육, 자격이 미스매치가 되는 경우가 줄어들었다.

32 다음은 한국산업인력공단의 HRD 동향 3월호 일부이다. 이를 토대로 마련할 수 있는 고용지원 대책으로 옳지 않은 것은?

---

1. 우선 당장 소득이 없어 생계가 불안정한 취약계층 약 81만 명에게 소득안정지원금을 늦어도 3월 초까지 신속하게 지급하기로 했다. 택배, 배달, 프리랜서 긴급고용안정지원금의 경우 기 수혜자 56.7만 명은 2월 초 지급이 완료됐고, 신규 신청한 17만 명에 대해 소득심사 등을 거쳐 3월 초 일괄 지급할 계획이다.

2. 코로나19 장기화로 고용유지에 어려움을 겪고 있는 사업주를 지원하기 위해 올해 계획된 고용유지지원금 지원인원(78만 명)의 52%(40만 명)를 1분기 내 집중적으로 지원하기로 했다. 아울러 자금 여력 부족으로 무급휴직을 선택한 기업에 종사하는 근로자의 생계안정을 위해 올해 한시로 무급휴직지원금 지급기간을 90일 연장(180 → 270일)하여 지원하는 한편, 파견·용역 및 10인 미만 사업장 등 취약사업장 근로자에 대한 고용유지지원도 강화해 나가기로 했다.

3. 고용충격이 가장 클 1분기에 실업자 등 취약계층 보호를 위해 공공·민간부문 일자리사업과 직업훈련도 속도감 있게 추진한다. 1분기에 디지털·신기술 분야 2,000명, 국가기간·전략산업 분야 등 11.5만 명에게 직업훈련을 제공하고, 저소득층 생계비 대부(1 → 2천만 원) 및 훈련수당 (11.6 → 30만 원) 확대를 통해 훈련기간 중 저소득층의 생계안정도 함께 지원하기로 했다.

4. 저소득, 청년 등 고용충격 집중계층의 고용안전망 강화도 차질 없이 추진한다. 올해 계획된 국민 취업지원제도 목표인원(59만 명)의 32%(18.9만 명)를 1분기에 신속하게 지원하고, 비경제활동 인구로 유입되는 청년층의 구직활동을 촉진하기 위해 1분기에 청년층 5만 명에게 구직 촉진수당 (50만 원×6개월) 및 일 경험 프로그램 등 맞춤형 취업지원서비스를 적극 제공할 계획이다.

---

① 중장년층의 일자리를 확대하기 위한 고용정책을 논의해야 한다.
② 당장 소득이 없어 생계가 불안전한 계층을 조사해야 한다.
③ 코로나19의 장기화로 인한 기업의 피해 규모를 파악해야 한다.
④ 실업자에게 맞춤 훈련을 할 수 있는 프로그램을 기획해야 한다.
⑤ 청년들이 구직하는 데 직접적으로 도움이 되는 일자리 마련을 논의해야 한다.

해설

제시문에서 중장년층의 고용정책과 관련된 내용은 찾을 수 없다.

오답분석

② 당장 소득이 없어 생계가 불안정한 취약계층에게 지원금을 주기 위해 이들에 대한 조사가 필요하다.
③ 코로나19 장기화로 고용유지에 어려움을 겪고 있는 사업주를 지원하기 위해 피해 규모 등을 파악해야 한다.
④ 실업자 등 취약계층 보호를 위해 공공·민간부문 일자리사업과 직업훈련을 속도감 있게 추진하기 위해 이들을 위한 맞춤 훈련 프로그램을 기획해야 한다.
⑤ 저소득, 청년 등 고용충격 집중계층의 고용안전망 강화도 차질 없이 추진하기 위해서 도움이 되는 일자리를 마련해야 한다.

33 다음과 같은 상황에서 A의 의사소통을 저해하는 요소로 가장 적절한 것은?

〈상황〉

A : B씨, 회의 자료 인쇄했어요?
B : 네? 말씀 안 하셔서 몰랐어요.
A : 아니, 사람이 이렇게 센스가 없어서야. 그런 건 알아서 해야지.

① 상호작용 부족　　　　　　　　② 경쟁적인 메시지
③ 감정의 억제 부족　　　　　　　④ 잘못된 선입견
⑤ 복잡한 메시지

해설

A는 직접적인 대화보다 눈치를 중요시하고 있으므로 '말하지 않아도 아는 문화'에 안주하고 있다. 따라서 A는 의사소통에 대한 잘못된 선입견을 가지고 있다.

의사소통을 저해하는 요소
• '일방적으로 말하고', '일방적으로 듣는' 무책임한 마음 → 의사소통 과정에서의 상호작용 부족
• '그래서 하고 싶은 말이 정확히 뭐야?' 분명하지 않은 메시지 → 복잡한 메시지, 경쟁적인 메시지
• '말하지 않아도 아는 문화'에 안주하는 마음 → 의사소통에 대한 잘못된 선입견, 편견

34 다음 중 업무상 명함 예절로 옳지 않은 것은?

① 명함은 악수하기 전에 건네주어야 한다.
② 명함은 아랫사람이 윗사람에게 먼저 준다.
③ 명함은 오른손으로 준다.
④ 명함을 계속 만지지 않는다.
⑤ 명함을 받으면 바로 명함지갑에 넣지 않고 몇 마디 나눈다.

해설

명함은 악수를 한 이후에 건네주어야 한다.

※ 다음 상황을 보고 이어지는 질문에 답하시오. [35~36]

〈상황〉

갑, 을, 병, 정, 무가 서로 가위바위보를 한 번씩 해서 이기면 2점, 비기면 1점, 지면 0점인 게임을 하였다. 갑은 유일하게 한 번도 안 졌고, 무는 유일하게 한 번도 못 이겼다.

| 한전KPS / 자원관리능력

35 갑, 을, 병, 정, 무 순서대로 점수가 높았고, 총점이 각각 2점씩 차이가 났다면 갑 ~ 무의 점수를 모두 합한 점수로 옳은 것은?

① 19점　　　　　　　　　　　② 20점
③ 21점　　　　　　　　　　　④ 22점
⑤ 23점

해설

가위바위보를 해서 이기는 경우는 다음과 같다.

승자	갑	을	병	정	무
갑		갑	갑	갑	갑
을	갑		을	을	을
병	갑	을		병	병
정	갑	을	병		정
무	갑	을	병	정	

갑 ~ 무의 점수를 구하면 다음과 같다.

- 갑 : 2+2+2+2=8점
- 을 : 2+2+2+0=6점
- 병 : 2+2+0+0=4점
- 정 : 2+0+0+0=2점
- 무 : 0+0+0+0=0점

따라서 갑 ~ 무의 점수를 모두 합하면 8+6+4+2+0=20점이다.

| 한전KPS / 자원관리능력

36 다음 중 게임에서 결과가 결정되는 판은 몇 번째 판인가?

① 6번째 판　　　　　　　　　② 7번째 판
③ 8번째 판　　　　　　　　　④ 9번째 판
⑤ 10번째 판

해설

10번째 판에서 결과가 결정된다.

37 다음은 물품을 효과적으로 관리하기 위한 물적자원관리 과정이다. ⊙, ⓒ에 들어갈 단어로 적절한 것은?

> 사용 물품과 보관 물품의 구분 → ___⊙___ 및 ___ⓒ___ 물품으로의 분류 → 물품 특성에 맞는 보관 장소 선정

	⊙	ⓒ		⊙	ⓒ
①	가치	귀중	②	동일	유사
③	진가	쓸모	④	유용	중요
⑤	무게	재질			

> **해설**
> 동일 및 유사 물품의 분류는 보관의 원칙 중 동일성의 원칙과 유사성의 원칙에 따른 것이다. 동일성의 원칙은 '같은 품종은 같은 장소'에 보관한다는 것이며, 유사성의 원칙은 '유사품은 인접한 장소'에 보관한다는 것을 말한다.

38 다음 중 상향식 기술선택과 하향식 기술선택에 대한 설명으로 옳지 않은 것은?

① 상향식 기술선택은 연구자나 엔지니어들이 자율적으로 기술을 선택한다.
② 상향식 기술선택은 기술 개발자들의 창의적인 아이디어를 활용할 수 있다.
③ 상향식 기술선택은 기업 간 경쟁에서 승리할 수 없는 기술이 선택될 수 있다.
④ 하향식 기술선택은 단기적인 목표를 설정하고 달성하기 위해 노력한다.
⑤ 하향식 기술선택은 기업이 획득해야 하는 대상 기술과 목표기술수준을 결정한다.

> **해설**
> 하향식 기술선택은 중장기적인 목표를 설정하고, 이를 달성하기 위해 핵심고객층 등에 제공하는 제품 및 서비스를 결정한다.

39 다음 중 노하우(Know-how)와 노와이(Know-why)에 대한 설명으로 옳은 것은?

① 노와이는 과학자, 엔지니어 등이 가지고 있는 체화된 기술이다.

② 노하우는 이론적인 지식으로서 과학적인 탐구에 의해 얻어진다.

③ 노하우는 Technique 혹은 Art라고도 부른다.

④ 기술은 원래 노와이의 개념이 강했으나, 시간이 지나면서 노와이와 노하우가 결합하게 되었다.

⑤ 노와이는 기술을 설계하고, 생산하고, 사용하기 위해 필요한 정보, 기술, 절차 등을 갖는 데 필요하다.

해설

노하우는 경험적이고 반복적인 행위에 의해 얻어지는 것이며, 이러한 성격의 지식을 흔히 Technique 혹은 Art라고 부른다.

오답분석

① 노하우에 대한 설명이다.

② 노와이에 대한 설명이다.

④ 기술은 원래 노하우의 개념이 강했으나, 시간이 지나면서 노와이와 노하우가 결합하게 되었다.

⑤ 노하우에 대한 설명이다.

※ K부서는 보안을 위해 부서원들만 알 수 있는 비밀번호를 생성하려고 한다. 이를 위해 부서원에게 다음과 같은 메일을 보냈다. 이어지는 질문에 답하시오. **[40~41]**

〈신규 비밀번호 생성방법〉

• 각자의 컴퓨터에 보안을 위해 새로운 비밀번호를 생성하십시오.
• 비밀번호 생성방법은 다음과 같습니다.
  1. 앞 두 자리는 성을 제외한 이름의 첫 자음으로 합니다. → 마동석=ㄷㅅ
  2. 한글의 경우 대응되는 경우 알파벳으로 변형합니다. → ㄷ=C, ㅅ=G
  3. 세 번째와 네 번째 자리는 생년월일의 일로 합니다. → 10월 3일=03
  4. 다섯 번째와 여섯 번째 자리는 첫 번째와 두 번째 자리의 알파벳에 3을 더한 알파벳으로 합니다. → C=F, G=J
  5. 가장 마지막 자리에는 직급의 번호로 합니다. → (사원=01, 대리=11, 과장=12, 차장=22, 부장=03)

Ⅰ 건강보험심사평가원 / 문제해결능력

40 새로 발령을 받은 공효주 사원은 9월 13일생이다. 이 사원이 생성할 비밀번호로 옳은 것은?

① NI13QL11 ② NI13QL01
③ NI13JV01 ④ NI45QL01
⑤ WK13QL01

해설
• 앞 두 자리 : ㅎ, ㅈ → N, I
• 세 번째, 네 번째 자리 : 1, 3
• 다섯 번째, 여섯 번째 자리 : Q, L
• 마지막 자리 : 01
따라서 생성할 비밀번호는 'NI13QL01'이다.

Ⅰ 건강보험심사평가원 / 문제해결능력

41 부서원들이 만든 비밀번호 중 잘못 만들어진 비밀번호는?

① 김민경 사원(12월 6일생) → EA06HD01
② 유오성 대리(2월 25일생) → HG25KJ11
③ 손흥민 과장(3월 30일생) → NE30QH12
④ 김연경 차장(11월 14일생) → HA14KD22
⑤ 황희찬 부장(4월 8일생) → NJ08QN03

해설
황희찬 부장(4월 8일생)의 비밀번호는 'NJ08QM03'이다.

※ 약품 공급을 위해 관련 업체들을 사전조사한 후 가장 좋은 높은 점수의 업체와 계약을 맺으려고 한다.
이어지는 질문에 답하시오. **[42~43]**

〈후보 업체 사전조사 결과〉

구분	가격 점수	유통성 점수	안정성 점수
A업체	4	7	9
B업체	5	4	8
C업체	6	10	3
D업체	9	6	7
E업체	7	5	8

조건

• 점수는 선정 위원들이 준 점수를 10점 만점으로 부여한 점수의 평균값이다.
• 각 점수를 모두 합하여 1차 점수를 산정하고, 1차 점수가 높은 후보 업체 3개를 1차 선정한다.
• 안정성이 가장 중요하다고 생각되어 1차 선정된 후보 업체 중 안정성 점수에 1 : 1 : 2 가중치로 합산하여 2차 점수를 산정한다.
• 2차 점수가 가장 높은 1개의 업체를 최종적으로 선정한다. 만일 2차 선정된 후보 업체들의 점수가 동일한 경우, 가격 점수가 가장 높은 후보업체를 선정한다.

┃ 건강보험심사평가원 / 문제해결능력

42 다음 중 최종적으로 선정될 업체는 어디인가?

① A업체   ② B업체
③ C업체   ④ D업체
⑤ E업체

해설

조건에 따라 점수를 산정하면 다음과 같다.

업체명	1차	2차	최종
A	4+7+9=20	4+7+18=29	–
B	5+4+8=17	–	–
C	6+10+3=19	–	–
D	9+6+7=22	9+6+14=29	선정
E	7+5+8=20	7+5+16=28	–

따라서 A업체와 D업체 중 가격 점수가 높은 D업체가 선정된다.

❘ 건강보험심사평가원 / 문제해결능력

43 처음 조사를 할 때 인지도 점수 부분이 빠진 것을 알고 다시 선정하였다. 업체별 인지도 점수가 다음과 같을 때, 최종적으로 선정될 업체는?

〈업체별 인지도 점수〉

구분	A	B	C	D	E
인지도 점수	6	7	9	5	8

① A업체   ② B업체
③ C업체   ④ D업체
⑤ E업체

해설

조건에 따라 점수를 산정하면 다음과 같다.

업체명	1차	2차	최종
A	4+7+9+6=26	–	–
B	5+4+8+7=24	–	–
C	6+10+3+9=28	6+10+6+9=31	–
D	9+6+7+5=27	9+6+14+5=34	–
E	7+5+8+8=28	7+5+16+8=36	선정

따라서 최종적으로 선정될 업체는 E업체이다.

44 건강보험심사평가원 A팀은 9월 연차 계획을 짜고 있다. A팀의 팀장 B는 업무에 지장이 가지 않는 범위 내에서 남은 연차 3일을 연속으로 사용해 가족과 여행을 가고자 한다. 〈조건〉을 토대로 다음 중 B가 여행을 갈 수 있는 날짜는?

> **조건**
> • 첫째 주에는 팀원이 연차이므로 연차를 사용할 수 없다.
> • 연차는 추석연휴에 붙일 수 없다.
> • 매주 월요일에는 부서회의가 있어 연차를 사용할 수 없다.
> • 이번 달 안으로 해결해야 하는 프로젝트가 있다. 둘째 주에 2일, 셋째 주에 1일, 넷째 주에 1일 동안 팀장이 포함되어 작업해야 한다. 이 작업은 부서회의가 있는 날에는 하지 않는다.

〈9월 달력〉

일요일	월요일	화요일	수요일	목요일	금요일	토요일
			1	2	3	4
5	6	7	8	9	10	11
12	13	14	15	16	17	18
19	20	21	22	23	24	25
26	27	28	29	30		

※ 주중에만 근무함
※ 20 ~ 22일은 추석 연휴
※ 주말은 휴일이므로 연차는 주중에 사용함

① 8 ~ 10일
② 14 ~ 16일
③ 16 ~ 18일
④ 22 ~ 24일
⑤ 27 ~ 29일

> **해설**

일요일	월요일	화요일	수요일	목요일	금요일	토요일
			1	2	3	4
5	6	7	8	9	10	11
12	13	14	15	16	17	18
19	20	21	22	23	24	25
26	27	28	29	30		

첫째 주와 주말, 매주 월요일, 추석 다음 날인 23일은 연차를 사용할 수 없다. 또한, 프로젝트를 둘째 주에 2일, 셋째 주에 1일, 넷째 주에 1일 동안 작업하므로 연차를 쓸 수 있는 날은 셋째 주(프로젝트 작업 없는 날)와 마지막 주에 가능하다. 따라서 가능한 날짜는 14 ~ 16일이다.

45 다음 기사문을 읽고 한국동서발전에서 시행하는 사업에 대한 설명으로 옳지 않은 것은?

> 한국동서발전이 울산광역시 울주군과 손잡고 친환경 신재생에너지 사업에 나선다. 앞서 한국동서발전은 작년 9월 경기도 파주시에 8MW급 생활 SOC형 연료전지 1호 사업을 성공적으로 준공한 바 있다.
>
> 한국동서발전은 울주군청에서 한국동서발전 사장과 울주군수, 울주군 경제산업국장 등이 참석한 가운데 '울주 미래 희망에너지 타운 조성' 공동추진 상호협력 협약을 체결했다고 밝혔다.
>
> 미래 희망에너지 타운은 탄소중립시대 울주군이 청정에너지 도시로 도약할 수 있도록 울주군 내 유휴부지에 친환경에너지 사업을 추진하는 사업이다. 앞서 한국동서발전은 작년에 경기도 파주시에 8MW급 생활 SOC형 연료전지 1호 사업을 성공적으로 준공한 바 있다.
>
> 이번 협약에 따라 울주군은 사업추진에 필요한 유휴부지 정보 제공 등 행정적 지원을 맡고, 한국동서발전은 태양광·풍력·수소융복합·미래 등 테마별 신재생에너지 사업 추진을 담당한다.
>
> 1단계로 울주군 상천리 지역의 도로 유휴부지를 활용해 태양광(0.6MW)과 연료전지(8MW급)를 융합한 '햇빛상생 발전사업'을 내년 3월 착공을 목표로 추진한다. 이 사업은 도시가스 미공급지역인 상천리 주민 117세대에 도시가스 배관 설치를 지원해 주는 '생활 SOC(사회간접자본)형' 연료전지 발전사업이다.
>
> 한국동서발전은 울주군의 약 70%가 산지임을 감안해 자연환경 훼손이 없도록 건물 지붕 등 입체공간과 장기간 유휴부지를 활용해 신재생에너지 설비를 설치한다. 또 사업 추진 시 지역주민을 대상으로 상시 정보를 공개하고, 이익공유와 지역일자리 창출 등 지역사회와의 상생 방안도 적극 모색할 방침이다.

① 한국동서발전은 연료전지 1호 사업을 울주군에 성공적으로 유치하였다.

② 미래 희망에너지 타운 건설 사업은 친환경적인 목적을 가지고 있다.

③ 여러 가지 신재생에너지 사업 중 가장 먼저 활용될 기술은 태양광이다.

④ 미래 희망에너지 타운 건설은 울주군의 자연환경을 고려하여 자연 파괴가 최소화되는 방향으로 시행될 예정이다.

해설

연료전지 1호 사업은 경기도 파주시에 유치하였다.

오답분석

② 미래 희망에너지 타운은 신재생에너지 등 친환경적인 지방 도시 건설을 목적으로 하는 사업이다.

③ 1단계로 태양광을 이용한 '햇빛상생 발전사업'을 기획하고 있으므로, 태양광이 가장 먼저 활용된다고 할 수 있다.

④ 산지가 많은 울주군의 특성을 고려하여 자연환경을 보전할 것이라고 언급하였다.

46 다음 중 대기오염에 대한 설명으로 옳지 않은 것은?

공장 굴뚝에서 방출된 연기나 자동차의 배기가스 등의 대기오염물질은 기상이나 지형 조건에 의해 다른 지역으로 이동·확산되거나 한 지역에 농축된다. 대기권 중 가장 아래층인 대류권 안에서 기온의 일반적인 연직 분포는 위쪽이 차갑고 아래쪽이 따뜻한 불안정한 상태를 보인다. 이러한 상황에서, 따뜻한 공기는 위로, 차가운 공기는 아래로 이동하는 대류 운동이 일어나게 되고, 이 대류 운동에 의해 대기오염물질이 대류권에 확산된다.

반면, 아래쪽이 차갑고 위쪽이 따뜻한 경우에는 공기층이 매우 안정되기 때문에 대류 운동이 일어나지 않는다. 이와 같이 대류권의 정상적인 기온 분포와 다른 현상을 '기온 역전 현상'이라 하며, 이로 인해 형성된 공기층을 역전층이라 한다. 기온 역전 현상은 일교차가 큰 계절이나, 지표가 눈으로 덮이는 겨울, 호수나 댐 주변 등에서 많이 발생한다. 또한 역전층 상황에서는 지표의 기온이 낮기 때문에 공기 중의 수증기가 응결하여 안개가 형성되는데, 여기에 오염물질이 많이 포함되어 있으면 스모그가 된다. 안개는 해가 뜨면 태양의 복사열로 지표가 데워지면서 곧 사라지지만, 스모그는 오염물질이 포함되어 있어 오래 지속되기도 한다.

자동차 배기가스는 잘 보이지 않기 때문에 이동 양상을 관찰하기 어렵지만, 공장의 오염물질은 연기 형태로 대량 방출되므로 이동 양상을 관찰하기 쉽다. 연기의 형태는 기온과 바람의 연직 분포에 따라 다른 모양을 보이기 때문이다. 즉, 대기가 불안정하고 강한 바람이 불어 대류 혼합이 심할 때에는 연기의 형태가 환상형을 이룬다. 또, 날씨가 맑고 따뜻할수록 대류 운동이 활발하게 일어나기 때문에 연기가 빨리 분산된다. 반면, 평평하고 반듯한 부채형은 밤이나 이른 새벽에 많이 나타난다. 밤이나 새벽에는 지표가 흡수하는 태양 복사열이 거의 없으므로 지표의 온도가 내려가 역전층이 형성되고 대기가 안정되기 때문이다.

지형이나 건물로 인해 발생하는 난류도 대기오염물질의 이동 양상과 밀접한 관계가 있다. 바람이 건물에 부딪쳐 분리되면 건물 뒤에는 소용돌이가 생기면서 공동(Cavity)이 형성된다. 공동 부분과 바람의 주 흐름 간에는 혼합이 별로 없기 때문에 공동 부분에 오염물질이 흘러 들어가면 장기간 머물게 되고, 그 결과 오염 농도가 증가하게 된다. 이러한 공동은 높은 언덕의 뒷부분에서도 생길 수 있다.

오염물질의 이동 양상은 공장 굴뚝의 높이에 따라서도 달라질 수 있다. 건물 앞에 굴뚝이 위치하고 있다고 하자. 굴뚝이 건물보다 높으면 연기가 건물에 부딪치지 않으므로 오염물질이 멀리까지 날려가지만, 굴뚝이 건물보다 낮으면 오염물질이 건물 뒤편의 공동 부분에 갇히게 된다. 따라서 건물이나 건물 가까이에 굴뚝을 세울 때에는 통상적으로 건물 높이의 2.5배 이상으로 세워야 한다.

① 대기오염물질은 발생 지역에만 있는 것이 아니라 이동을 하기도 한다.

② 공장 굴뚝에서 발생하는 오염물질은 굴뚝의 높이에 따라 이동하는 양상이 달라질 수 있다.

③ 대기가 안정적일 때는 공장의 연기 형태가 환상형을 이룬다.

④ 아래쪽에 차가운 공기가 모이고, 위쪽에 뜨거운 공기가 모이면 그렇지 않은 경우보다 스모그가 생기기 쉽다.

해설

공장의 연기 형태가 환상형을 이룰 때는 대기가 불안정할 때이다.

오답분석

① 대기오염물질은 기상이나 지형 조건에 의해 다른 지역으로 이동·확산되거나 한 지역에 농축된다.
② 마지막 문단에 따르면 굴뚝이 건물보다 높을 때와 높지 않을 때에 따라 이동 양상이 달라질 수 있다고 하였다.
④ 아래쪽이 차갑고, 위쪽이 뜨거우면 공기의 대류가 발생하지 않아, 오염물질이 모여 스모그가 생기기 쉽다.

| 한국동서발전 / 의사소통능력

47 다음 중 기사문의 내용과 상반된 입장인 것은?

이산화탄소 감축 목표 달성을 위해 신재생에너지를 활용·확산해야 한다는 목소리가 나왔다. 한국산업인력공단과 한국직업능력연구원은 이런 내용을 담은 'ESG(환경·사회·지배구조)를 통한 녹색기술 인력양성 대응 전략'에 대한 2021년 3분기 이슈브리프를 발간했다. 18개 산업별 인적자원개발위원회(ISC)가 발간한 이슈리포트를 토대로 만들어진 이번 이슈브리프는 친환경 산업 구조의 변화를 살펴보고, 이에 대응하기 위한 인력 양성 방안 등이 담겼다. 이슈브리프는 먼저 "세계 각국의 이산화탄소 감축 목표 달성을 위한 실행 전략의 핵심은 신재생에너지를 활용·확산하는 것이므로 다양한 분야에서 기술 개발이 필요하다."고 강조하며 "현장 중심의 실무형 인재 양성을 위해 국가직무능력표준(NCS)을 개발·개선해야 한다."고 제안했다. 그러면서 시멘트 산업에 대해서는 "대표적인 에너지 다소비 업종 중 하나로, 업계는 친환경 원료 개발 등을 통해 온실가스 감축을 위해 노력하고 있다."며 "재학생·재직자를 대상으로 한 탄소중립 특화 교육프로그램 등 정부 지원 교육 사업을 활성화해야 한다."고 강조했다.

이외에도 이슈브리프는 섬유 패션산업과 관련해 "정규교육과정에 친환경 섬유 교육 프로그램을 도입해야 한다."며 "4차 산업혁명에 발맞춰 원·부자재 수급부터 생산, 최종제품 판매, 소비까지 전 과정을 분석해 제품 개발에 반영할 수 있는 인력을 양성해야 한다."고 조언했다.

① 화석에너지 사용을 줄이고 신재생에너지로 대체할 때 이산화탄소를 감축할 수 있다.
② 신재생에너지 기술 개발과 더불어, 친환경 산업 구조에 적합한 인재를 양성하는 것도 중요하다.
③ 에너지를 많이 소비하는 산업에서는 특히나 친환경 산업 교육을 할 필요성이 있다.
④ 경쟁이 치열한 산업 분야에서는 이산화탄소 감축보다 산업 규모 성장을 우선 목표로 해야 한다.

해설

제시문에서는 신재생에너지를 통한 이산화탄소 감축 등 환경 보호를 더 중요한 목표로 본다. 따라서 산업 규모 성장을 우선 목표로 해야 한다는 주장은 제시문의 주장에 부합하지 않는다.

오답분석

① 신재생에너지가 이산화탄소 감축 목표 달성을 위해 필요하다고 하였다.
② 친환경 산업 구조의 변화를 살펴보고 인력을 양성해야 한다고 언급하였다.
③ 시멘트 산업을 예시로 들며, 에너지 다소비 산업에 대한 정부 지원 교육사업이 활성화되어야 한다고 언급하였다.

안심Touch

48 다음 중 기사문을 읽고 조력발전소에 대한 설명으로 옳지 않은 것은?

조력발전이 다시 주목받고 있다. 민주당 의원은 2021년 10월 18일 환경부 산하기관 대상 국정감사에서 시화호 사례를 들어 새만금 조력발전 필요성을 제기했다. 수질 악화로 몸살을 앓고 있는 새만금호에 조력발전소를 설치해 해수 유통을 실시하여 전기를 생산한다면 환경도 살리고 깨끗한 에너지도 얻을 수 있다는 논리이다. 6월 4일 환경부 장관은 시화호에서 열린 환경의 날 기념식에서 "중기 계획 중 하나로 조력발전을 확대하는 것에 대한 예비타당성조사가 계획된 상태"라며, "타당성 조사 등을 검토한 후에 진행해 나갈 것"이라고 말했다.

하지만 조력발전이 해양생태계를 파괴한다는 상반된 주장도 제기된 바 있다. 2010년 시화호에 조력발전소를 설치할 당시 환경단체들은 "조력발전소가 갯벌을 죽이고 해양생태계를 파괴한다."고 주장한 바 있다. 어업으로 생활을 영위하는 주민들도 설립 초기에 생태계 파괴 우려로 반대의 목소리가 높았다.

1994년, 6년 7개월간의 공사 끝에 방조제 끝막이 공사가 완료되고 시화호는 바다로부터 분리됐다. 그로부터 2년 후 인근 공단 지역에서 흘러든 오염물질로 인해 시화호는 죽음의 호수로 전락했다. 착공 전부터 수질오염에 대한 우려가 끊임없이 제기됐지만 개발 위주의 정책을 바꾸기엔 역부족이었다. 착공 당시 중동 건설경기 침체로 인해 갈 곳을 잃은 건설근로자와 장비들을 놀리지 않고, 국내 경기를 활성화하며 대규모 산업단지가 들어설 '새 땅'을 확보하겠다는 목표를 세웠기 때문에 환경피해에 대한 고려는 우선순위에 들어가지 않았다.

정부는 부랴부랴 담수 방류를 결정하고 하수처리장 신·증설 등 수질개선 대책을 내놨지만 눈에 띄는 성과가 나타나지 않았다. 2000년에는 담수화 계획을 전면 포기했고, 이듬해 해수 상시 유통을 결정했다. 2002년 12월 시화호 방조제에 조력발전소를 건설하기로 확정하고 2004년부터 착공에 들어갔다. 2011년 준공된 시화호 조력발전소는 시설용량 254MW의 세계최대 조력발전소로 기록됐다.

조력발전소의 발전은 밀물이 들어오는 힘으로 수차 발전기를 돌려 전기를 생산하는 방식이다. 썰물때는 수차가 작동하지 않고 배수만 진행되며, 지난해 12월까지 44억kWh의 전기를 생산했다. 이발전소에서 연간 생산되는 전력량은 인구 40만~50만 명의 도시 소비량과 맞먹는다.

제방을 터 바다로 물을 흘려내고 밀물이 들어오게 하면서 수질은 개선됐다. 상류 주거지역과 공단지역의 하수처리 시설을 확충하면서 오염물질 유입량이 줄어든 것도 수질 개선을 도왔다.

현재 시화호 지역은 눈에 띄게 환경이 개선됐다. 1997년에 17.4mg/L에 이르던 연도별 평균 COD는 해수 유통 이후 낮아졌고, 2020년엔 2.31mg/L를 기록했다. 수질평가지(WQI)에 의한 수질 등급은 정점 및 시기별로 변화가 있지만 2020년의 연평균 수질은 II 등급으로 개선됐다. 수질이 개선되면서 시화호 지역의 생태계도 살아나고 있다.

조력발전이 생태계를 살려냈다고 하기보다는 담수화 포기, 해수유통의 영향이라고 보는 것이 타당하다. 조력발전은 해수유통을 결정한 이후 배수 갑문으로 흘러 나가는 물의 흐름을 이용해 전기를 생산하는 것으로 해수유통의 부차적 결과물이기 때문이다.

① 조력발전소에서는 밀물을 통해 전기를 생산하고 있으며, 최근 주목받고 있는 발전소이다.

② 시화호 발전소의 1년 전기 생산량으로 인구 40만의 도시에 전기 공급이 가능하다.

③ 조력발전소가 설치된 이후 시화호의 수질이 악화되었으나, 해수유통을 통해 다시 수질을 회복할 수 있었다.

④ 우리나라에 세계 최대 규모의 조력발전소가 있다.

해설

조력발전소가 설치되면서 발전소의 해수유통으로 인해 시화호의 수질이 개선되었다.

오답분석

① 조력발전소는 밀물의 힘으로 발전기를 돌려 전기를 생산하며, 글의 도입부에 조력발전이 주목을 받고 있다고 언급하였다.

② 시화호 발전소의 연간 생산량이 40만 ~ 50만 도시의 소비량과 맞먹는다고 하였으므로, 1년 동안 전기 공급이 가능하다.

④ 글에서 우리나라에 위치한 시화호 발전소가 세계 최대 규모임을 밝혔다.

49 다음은 이번 달 O사원의 초과 근무 기록이다. O사원의 연봉은 3,600만 원이고, 시급 산정 시 월평균 근무시간은 200시간이다. O사원이 받는 야근 및 특근 수당은 모두 얼마인가?(단, 소득세는 고려하지 않는다)

〈이번 달 초과 근무 기록〉

일요일	월요일	화요일	수요일	목요일	금요일	토요일
			1	2 18:00 ~ 19:00	3	4
5 09:00 ~ 11:00	6	7 19:00 ~ 21:00	8	9	10	11
12	13	14	15 18:00 ~ 22:00	16	17	18 13:00 ~ 16:00
19	20 19:00 ~ 20:00	21	22	23	24	25
26	27	28	29 19:00 ~ 23:00	30 18:00 ~ 21:00	31	

〈초과 근무 수당 규정〉

• 평일 야근 수당은 시급에 1.2배를 한다.
• 주말 특근 수당은 시급에 1.5배를 한다.
• 식대는 10,000원을 지급하며(야근·특근 수당에 포함되지 않는다), 평일 야근 시 20시 이상 근무할 경우에 지급한다(주말 특근에는 지급하지 않는다).
• 야근시간은 오후 7 ~ 10시이다(초과시간 수당 미지급).

① 265,500원 ② 285,500원
③ 300,000원 ④ 310,500원
⑤ 330,500원

해설

ⅰ) 연봉 3,600만 원인 O사원의 월 수령액을 구하면 3,600만÷12=3,000,000원이다.
월평균 근무시간은 200시간이므로 시급은 300만÷200=15,000원/시간이다.

ⅱ) 야근 수당
O사원이 평일에 야근한 시간은 2+3+1+3+2=11시간이므로 야근 수당은 15,000×11×1.2=198,000원이다.

ⅲ) 특근 수당
O사원이 주말에 특근한 시간은 2+3=5시간이므로 특근 수당은 15,000×5×1.5=112,500원이다.

식대는 야근·특근 수당에 포함되지 않으므로 O사원의 이번 달 야근·특근 근무 수당의 총액은 198,000+112,500=310,500원이다.

| 한국보훈복지의료공단 / 의사소통능력

50 다음 글을 읽고 시력 저하 예방 사업과 그 핵심 내용의 연결로 옳지 않은 것은?

예전에 비해 안경이나 콘택트렌즈 등 일상생활을 영위하기 위해 시력 보조 도구를 사용해야 하는 사람들이 증가하고 있는 추세이다. 이는 모니터나 서류 같은 시각 자료들을 오랫동안 보아야 하는 현대인들의 생활 패턴과도 관계가 있다고 할 수 있다. 근시와 난시 같은 시력 저하의 문제도 심각하지만, 그와 별개로 안압 증가 등의 이유로 시력에 영구적인 손상을 입어 시각 장애 판정을 받거나, 사고로 실명이 될 수도 있다. 옛말에 몸이 천 냥이라면 눈이 구백 냥이라는 말이 있듯이, 시력은 우리 생활에서 중요한 부분을 차지하기 때문에 문제가 생겼을 때, 그만큼 일상생활조차 힘들어질 수 있다. 그래서 한국실명예방재단에서는 다양한 이유로 생길 수 있는 시력 저하에 대해서 예방할 수 있는 여러 사업을 시행하고 있다.

첫 번째로 '눈 건강 교육'을 시행하고 있다. 눈 건강 교육 사업이란 흔히 노안이라고 하는 노인 저시력 현상 원인에 대한 교육과 전문가들의 상담을 제공함으로써, 노인 집단에서 저시력 위험군을 선별하여 미리 적절한 치료를 받을 수 있도록 하고 개안 수술, 재활 기구 및 재활 훈련을 지원하는 사업이다. 노인분들을 대상으로 하는 사업이기 때문에 어르신들의 영구적인 시각 장애나 실명 등을 예방할 수 있고, 특히 의료 서비스에서 소외되어 있는 취약 계층의 어르신들께 큰 도움이 될 수 있다.

또한, 비슷한 맥락에서 취약 계층의 눈 건강 보호를 위하여 '안과 취약지역 눈 검진' 사업 또한 시행하고 있다. 안과 관련 진료를 받기 힘든 의료 사각지대에 있는 취약계층에 해당하는 어르신과 어린이, 외국인 근로자를 대상으로 안과의사 등 전문 인력을 포함한 이동검진팀이 지역을 순회하면서 무료 안과검진을 실시하고 있다. 눈 관련 질병은 조기에 발견하여 치료를 받으면 치료의 효과가 극대화될 수 있기 때문에 정기적인 안과검진이 더욱 중요하다. 그러나 정기적인 검진을 받기 힘든 분들을 위하여 이동검진을 통한 조기발견과 적기 치료를 추구하고 있다. 재단은 전국 시·군·구 보건소로부터 검진신청을 받아 안과의사를 포함한 이동 안과 검진팀이 의료장비와 안약, 돋보기를 준비하여 환자에게 치료 및 상담과 수술이 필요한 저소득층에게는 지역 안과와 연계하여 수술비를 지원하고 있다. 안과 취약지역 눈 검진 일정은 매년 초 지역 시·군·구보건소에서 재단에 신청, 일정을 편성하고 있으며, 개별신청은 받지 않는다.

① 눈 건강 교육 – 저시력 문제에 취약한 노인층을 사업의 대상으로 한다.
② 눈 건강 교육 – 사업을 통해 개안 수술과 재활 훈련을 지원받을 수 있다.
③ 안과 취약지역 눈 검진 – 취약 계층 안구 질환의 조기발견과 적기 치료가 사업의 목표이다.
④ 안과 취약지역 눈 검진 – 수술이 필요한 경우 서울에 위치한 재단 연계 병원에서 수술받게 된다.
⑤ 안과 취약지역 눈 검진 – 보건소를 통하지 않고 개인이 직접 신청할 수는 없다.

해설

수술이 필요한 경우 지역에 위치한 안과와 연계하는 것이지 무조건 서울에 위치한 병원에서 수술받아야 하는 것은 아니다.

오답분석

① 노인층을 사업의 대상으로 한다고 하였다.
② 저시력 위험군에 선정되면 개안 수술과 재활 훈련을 지원해 준다.
③ 정기적인 검진을 받기 힘든 계층의 안구 질환 조기 발견과 적기 치료가 목적이다.
⑤ 보건소가 재단에 신청하는 것이며, 개별 신청은 받지 않는다.

01 정치 · 국제 · 법률

▎화성시공공기관통합채용

01 미 대륙에 대한 유럽의 내정 간섭을 거부한다는 내용의 미국의 정책 원칙은?

① 트루먼 독트린   ② 먼로 독트린

③ 닉슨 독트린   ④ 부시 독트린

해설

먼로 독트린(Monroe Doctrine)은 미국의 제5대 대통령인 제임스 먼로가 주창했던 대외 정책 원칙으로 유럽 열강이 미 대륙에 식민지를 세우거나 정치적으로 간섭하는 것을 거부한다는 내용을 담고 있다. 미국은 독립적인 국가로서 미 대륙 안에서 간섭받지 않는다는 고립주의를 표방한다고 할 수 있다.

▎부산교통공사

02 국가예산이 수반되는 법안을 낼 때 그 재원을 확보하는 방안도 함께 제출하는 것은?

① 네포티즘   ② 치킨호크

③ 페이고 원칙   ④ 추가경정예산

해설

페이고(Pay-Go)는 'Pay as you go(번만큼 쓴다)'의 약자로 국가의 예산이 쓰이는 입법을 할 때, 여기에 필요한 재정조달 방안도 동시에 입법할 수 있도록 법제화하는 것을 말한다. 국가의 재정건전성을 높이고 정부의 무분별한 재정예산지출을 방지하기 위함이다.

▎영화진흥위원회

03 미국에서 연 매출 10억달러 미만의 신생기업들의 기업공개 절차 · 규제를 대폭 간소화한 법률은?

① 산마리노법   ② 잡스법

③ 실리콘밸리법   ④ 휠러 · 리 개정법

해설

잡스법은 미국의 신생기업을 지원하기 위해 2012년 4월에 제정되었다. 'Jumpstart Our Business Startups Act'의 앞 글자를 따 '잡스법(JOBS Act)'이라고 칭한다. 잡스법에 따르면 연 매출 10억달러 미만의 신생기업들은 대기업에 적용되는 회계공시기준을 면제받을 수 있다. 또한 투자자금유치와 기업공개(IPO)에 대한 절차 및 규제도 대폭 간소화해 스타트업 기업이 증시에 진입할 수 있도록 통로를 크게 개방했다.

┃ 한국수력원자력

04 우리나라 헌법이 보장하는 기본권 중 하나로 안락하고 만족스러운 삶을 추구할 수 있는 권리는?

① 행복기본권 ② 평등권
③ 행복추구권 ④ 기본생활영위권

해설

행복추구권(幸福追求權)은 고통이 없는 상태나 만족감을 느낄 수 있는 상태를 실현할 권리를 말한다. 우리나라 「헌법」 제10조는 "모든 국민은 인간으로서의 존엄과 가치를 가지며, 행복을 추구할 권리를 가진다"라고 규정하고 있다. 고통과 불쾌감이 없는 상태를 추구하며, 더 나아가 안락하고 만족스러운 삶을 영위할 권리이다. 행복추구권은 행동의 자유권과 인격의 자유발현권 및 생존권의 의미를 포함하고 있다.

┃ 전라남도공공기관통합채용

05 핵확산금지조약에서 인정하는 핵보유국에 해당하는 나라는?

① 러시아 ② 독 일
③ 캐나다 ④ 이탈리아

해설

핵확산금지조약(NPT : Non Proliferation Treaty)은 핵무기가 무분별하게 제작·사용되는 것을 막기 위해 1966년 유엔 총회에서 채택된 조약이다. 핵무기를 가지지 않은 나라가 핵무기를 보유하는 것을 금지하고, 핵무기를 가진 나라가 비보유국에 제공하는 것을 방지하기 위함이다. 우리나라는 1975년 정식 비준국이 되었다. 현재 NPT에서 인정하는 핵보유국은 미국, 영국, 프랑스, 러시아, 중국이다.

┃ 한국보훈복지의료공단

06 다음 중 범죄와 형벌에 대해 미리 법률로서 정해놓아야 한다는 원칙은?

① 죄형법정주의 ② 특별법우선주의
③ 법률유보원칙 ④ 법률우위의 원칙

해설

죄형법정주의는 범죄와 형벌에 대하여 미리 법률로 정해놓아야 한다는 기본원칙으로, 법적 안정성을 보호하고 형벌권의 자의적 행사로부터 개인의 권리를 보장하기 위한 것이다.

▌폴리텍

07 다음 중 국교가 이슬람교가 아닌 국가는?

① 사우디아라비아   ② 예 멘
③ 터 키   ④ 파키스탄

해설

터키에서는 이슬람교가 가장 영향력 있는 종교이기는 하나, 1928년부터 헌법상으로 국교를 정하고 있지 않다. 또한 정치와 종교를 분리하는 세속주의 중심의 국가로서 공식적인 이슬람 국가는 아니다. 제도적으로 이슬람 국가임을 표방하는 국가에는 모리타니, 사우디아라비아, 아랍에미리트, 아프가니스탄, 예멘, 파키스탄, 이란, 이라크가 있다.

▌의정부시설관리공단

08 다음 중 기밀정보 동맹체인 '파이브 아이즈'의 회원국이 아닌 나라는?

① 뉴질랜드   ② 영 국
③ 캐나다   ④ 일 본

해설

파이브 아이즈(Five Eyes)는 미국, 영국, 캐나다, 호주, 뉴질랜드 등 영어권 5개국이 참여하고 있는 기밀정보 동맹체다. 1946년 미국과 영국이 공산권과의 냉전에 대응하기 위해 비밀 정보교류 협정을 맺은 것이 시초로 1960년에 개발된 에셜론(Echelon)이라는 프로그램을 통해 전 세계 통신망을 취합한 정보를 공유하는 것으로 알려져 있다.

▌폴리텍

09 다음 중 '쿼드'라고 불리는 4자 안보 대화에 포함된 국가가 아닌 것은?

① 호 주   ② 중 국
③ 인 도   ④ 미 국

해설

쿼드(Quad ; Quadrilateral Security Dialogue)는 미국, 일본, 인도, 호주로 구성된 안보협의체다. 2007년 당시 아베 신조 일본총리의 주도로 시작됐으며 2020년 8월 미국의 제안 아래 공식적인 국제기구로 출범했다. '법치를 기반으로 한 자유롭고 개방된 인도·태평양(FOIP ; Free and Open Indo-Pacific)' 전략의 일환으로 시진핑 중국주석이 이끄는 일대일로를 견제하기 위한 목적도 갖고 있다. 이 때문에 반(反)중국의 성격을 가지고 있는데, 당시 미국은 쿼드를 인도-태평양판 나토(NATO, 북대서양조약기구)로 추진했다.

┃ 동대문구시설관리공단

10 술이나 마약, 도박 등에 부과되는 세금은?

① 피구세   ② 준조세

③ 역진세   ④ 죄악세

해설

죄악세는 악행세라고도 하며 술이나 담배, 도박, 경마나 마약 등과 같이 사회에 부정적인 영향을 끼칠 수 있는 요소에 부과하는 세금을 일컫는 말이다. 수입이나 소득에 관계없이 부과되는 일종의 간접세라고 할 수 있다. 음주와 흡연, 마약, 도박 등으로 인한 사회적 손실 비용을 충당하고 국민의 복지와 건강을 보전하기 위한 목적으로 부과된다.

┃ 영화진흥위원회

11 다음 중 가석방 제도에 대한 설명으로 옳은 것은?

① 수형자의 개전과 관계없이 심사하여 집행할 수 있다.

② 무기징역의 경우는 30년이 경과한 후에 집행이 가능하다.

③ 소년범의 경우에는 집행하지 않는다.

④ 벌금이 있는 때에는 그 금액을 완납하여야 한다.

해설

가석방 제도는 징역 또는 금고형을 받고 수감 중인 사람이 자신의 죄를 반성하고 있음이 뚜렷하다고 판단될 때 무기형에 있어서는 20년, 유기에 있어서는 형기의 3분의 1을 경과한 후에 행정처분에 의하여 미리 석방하는 제도다. 소년범에 대해서도 집행할 수 있으며, 벌금이나 과료의 병과가 있으면 금액을 모두 납부해야 한다.

┃ 천안시시설관리공단

12 여러 가지 죄가 동시에 형량에 적용되는 것을 의미하는 법률 용어는?

① 실체적 경합   ② 상상적 경합

③ 포괄적 경합   ④ 동시적 경합

해설

실체적 경합은 여러 가지 행위로 여러 가지의 범죄를 일으켜 이 범죄들이 동시에 형량에 적용되는 것을 의미한다. 가령 1월에 사기죄를 저지르고, 2월에 횡령죄를 저질렀다고 했을 때, 3월에 재판을 받게 되면 앞선 두 범죄가 한꺼번에 형량에 영향을 미치게 된다. 반면 상상적 경합은 한 가지 행위가 여러 가지 죄명에 해당하는 경우를 말한다.

13 판결 이외의 재판인 결정, 명령에 대한 독립적인 불복신청은?

① 항 소 　　　　　　　　　② 상 고
③ 항 고 　　　　　　　　　④ 상 소

해설

① 항소(抗訴) : 지방법원의 제1심 종국판결에 대하여 제2심 법원에 하는 불복신청
② 상고(上告) : 판결에 대해 대법원에 상소하는 것
④ 상소(上訴) : 미확정인 재판에 대하여 상급법원에 하는 불복신청

14 다음 중 재산형의 일종이며 경미한 범죄에 적용되고 그 금액이 적은 형벌은?

① 과 료 　　　　　　　　　② 벌 금
③ 과태료 　　　　　　　　　④ 몰 수

해설

과료는 재산형의 하나로서 벌금과 같으나 납입할 금액이 2,000원 이상 5만원 미만으로 소액이며 경미한 범죄에 적용된다. 판결확정일로부터 30일 이내에 납입하여야 하며, 납입하지 아니한 경우 1일 이상 ~ 30일 미만의 기간 동안 노역장에 유치하여 작업에 복무하게 하여야 한다. 과태료는 형벌이 아닌 행정상 제재에 해당한다.

15 다음 중 정치행정이원론에 대한 설명으로 옳은 것은?

① 엽관주의를 지향한다.
② 행정을 정치와는 다른 중립적이고 전문적인 업무로 본다.
③ 기능적 행정학이라고도 한다.
④ 정치가 정책 결정과 집행을 담당해야 한다고 본다.

해설

정치행정이원론은 미국의 28대 대통령이었던 우드로 윌슨(W. Wilson)이 1887년 발표한 논문에 등장한 개념이다. 정치와 행정을 구분하려는 것으로 정치는 정책 결정을, 행정은 정책의 집행을 담당해야 한다고 역설했다. 엽관주의를 지양하며, 행정을 정치와는 다른 중립적이고 전문적인 고유한 영역으로 보았다. 기술적 행정학이라고도 한다.

| 광주광역시공공기관통합채용

16 직위와 연공을 인정받는 조직에서 무능력한 상급자가 대다수를 차지하는 현상은?

① 과두제의 철칙　　　　　　　　② 파킨슨 법칙

③ 딜버트의 법칙　　　　　　　　④ 피터의 법칙

해설

피터의 법칙(Peter's Principle)은 미국 콜롬비아대 로렌스 피터가 1969년 발표한 이론이다. 조직의 상위에 있는 직급일수록 성과가 낮고 무능력한 상급자가 차지하게 된다는 것인데, 처음에는 유능했던 사람도 연공을 인정받아 승진하다 보면 일의 능률이 떨어지고 성과가 저하된다는 이론이다. 무능력한 상급자들은 직위가 보장되어 계속 조직의 윗자리에 머무르게 된다. 관료제의 병폐를 지적한 것이라 볼 수 있다.

| 영화진흥위원회

17 형식적으로는 범죄의 조건을 갖추고 있으나, 실질적으로는 위법이 아니라 판단할 수 있는 사유를 일컫는 용어는?

① 위법성 과잉사유　　　　　　　② 위법성 조각사유

③ 위법성 정당사유　　　　　　　④ 위법성 감경사유

해설

위법성은 범죄가 성립하는 요건의 하나로, 위법성 조각사유란 그러한 위법성에서 배제되는 경우를 가리킨다. 위법성 조각사유에는 정당행위, 정당방위, 긴급피난, 자구행위, 피해자의 승낙이 있다. 행위의 과정과 결과가 형식상 범죄의 조건을 갖추고 있다 하더라도 실질적·사회적으로 이것이 위법에 배제된다고 상당히 판단될 때 위법성 조각사유가 있다고 한다.

| 부천시공공기관통합채용

18 다음 중 형사소송에서 약식기소에 대한 설명으로 옳은 것은?

① 피의자가 저지른 범죄가 징역 또는 금고에 해당한다고 판단될 때 청구한다.

② 피의자가 구속 중인 경우에 약식기소를 청구하면 석방할 수 없다.

③ 약식기소에 의한 재판 시 피의자는 법정에 반드시 출석해야 한다.

④ 피의자와 피해자 모두에게 경제적이고 편리한 절차라 할 수 있다.

해설

약식기소는 피의자가 저지른 범죄가 징역이나 금고가 아닌, 벌금형에 해당된다고 판단될 때 검찰이 청구한다. 보통 재산형 재판에 해당하는 사건이 약식기소가 된다. 재판이 약식절차로 서면 진행되어 피의자는 재판에 출석하지 않아도 되고, 피의자가 구속 중인 경우에는 석방해야 한다. 가벼운 범죄의 소송·재판 절차를 간소화해 피의자와 피해자 모두에게 경제적이고 편리하다 할 수 있다.

02 경제 · 경영 · 금융

┃ 한국보훈복지의료공단

19 초지 · 삼림과 같이 공동체가 사용해야 할 자원을 시장에 맡기게 되면 자원의 고갈과 황폐화를 일으 키다는 이론은?

① 죄수의 딜레마 　　　　　　　　　② 공유지의 비극

③ 침묵의 봄 　　　　　　　　　　　④ 피구 효과

해설

공유지의 비극은 미국의 생태학자 개릿 하딘이 1968년 발표한 논문에서 등장한 이론이다. 모두에게 개방된 목초지가 있다면, 목동들은 자신이 가진 땅이 아닌 공유된 목초지에 소를 방목할 것이고, 그러면 목초지는 끝내 황폐화될 것이라고 설명했다. 이는 초지 · 삼림 · 지하자원과 같이 공동체 모두가 공유해야 할 자원들을 시장 원리에 맡겨두게 되면, 시장 구성원의 이기심 때문에 자원들이 남용되어 고갈되고 황폐화된다는 의미를 담고 있다.

┃ 한국언론진흥재단

20 안건에 대한 반대의견을 차단하기 위해 주위에 찬성 측 인물을 배치해 분위기를 조성하는 효과는?

① 메디치 효과 　　　　　　　　　　② 레밍 효과

③ 스틴저 효과 　　　　　　　　　　④ 간츠펠트 효과

해설

스틴저 효과(Stenger Effect)는 미국의 심리학자 스틴저가 연구한 이론으로 조직의 목표를 결정하고 이끄는 경우, 안건에 대한 찬반 합의를 빠르고 수월하게 도출하기 위한 것이다. 회의 때 안건에 대해 찬성할 인물을 미리 정해두고, 반대의견이 있는 이의 양측에 미리 앉혀 반대의견을 차단한다.

┃ 영화진흥위원회

21 다음 중 분수효과에 대한 설명으로 옳지 않은 것은?

① 영국의 경제학자인 존 케인즈가 처음 주장했다.

② 저소득층의 소득 · 소비증대가 고소득층의 소득도 높이게 된다는 이론이다.

③ 저소득층에 대한 복지는 축소한다.

④ 고소득층보다 저소득층의 한계소비성향이 크다는 것을 고려한 이론이다.

해설

분수효과(Trickle-up effect)는 저소득층의 소득증대와 이에 따른 민간소비증대가 총수요를 진작하고 투자 · 경기활성화 를 불러와 고소득층의 소득까지 상승시킨다는 이론이다. 영국의 경제학자인 존 케인즈(John Maynard Keynes)가 주장 했으며, 낙수효과와 반대되는 개념이다. 저소득층에 대한 복지를 늘리고, 세금을 인하하는 등의 직접 지원이 경기부양에 도움이 된다고 본다. 저소득층의 한계소비성향이 고소득층보다 더 크다는 것을 바탕으로 한 이론이다. 한계소비성향이란 소득이 늘어나는 만큼의 소비가 증가하는 정도를 말한다.

▌충북대학교병원

22 우리나라 생산가능인구의 연령기준은?

① 14 ~ 60세   ② 15 ~ 64세

③ 17 ~ 65세   ④ 20 ~ 67세

해설

생산가능인구는 노동가능인구라고도 불린다. 우리나라의 생산가능인구의 연령기준은 15세에서 64세인데, 급격한 고령화로 생산가능인구수가 빠른 속도로 줄어들고 있는 실정이다. 통계청의 자료에 따르면 지난 2020년 3,738만명이었던 생산가능인구는 2030년에는 3,381만명으로 감소하고, 2070년에는 1,737만명으로 줄어 2020년의 절반 이하 수준일 것으로 전망됐다.

▌기장군도시관리공단

23 세금 납부의 주체와 상관없이 소비자와 생산자 사이에서 세금이 분담되는 현상은?

① 조세귀착의 원리   ② 조세형평의 원리

③ 조세분담의 원리   ④ 조세귀속의 원리

해설

조세귀착은 모든 세금을 소비자와 생산자 어느 한 편에 전가하는 것이 아닌, 납부해야 할 조세를 상대에게 이전하고 난 후 그 나머지를 자신이 부담하는 것이다. 보통 세금 부과로 인해 상품의 가격이 높아졌을 때 발생하게 되는데, 가령 가격이 1,000원인 상품에 500원의 세금이 부과되어 1,500원이 되면 소비자의 희망수요량은 줄어들게 된다. 이때 시장의 균형점이 이동하면서 상품의 가격이 1,200원으로 조정된다면, 소비자는 200원의 세금을 부담하고 생산자는 나머지인 300원을 부담하게 되는 것이다.

▌전라남도공공기관통합채용

24 다음 중 경기불황일 때 소비자 만족도가 높고 가격이 저렴한 상품이 잘 팔리는 현상은?

① 풍요 속의 빈곤   ② 립스틱 효과

③ 무어의 법칙   ④ 스놉 효과

해설

립스틱 효과(Lipstick Effect)는 경기가 좋지 않거나 미래가 불확실할 때 소비자들이 중저가 상품을 구매하는 경향이 강해지는 것이다. 저가제품 선호추세라고도 하며 불황기에 최대한 돈을 아끼면서 저렴한 립스틱만으로도 심리적 만족을 추구하는 성향을 의미한다. 실제로 불황기에는 립스틱과 같은 저가 화장품의 매출이 증가하며 이는 모든 상품 및 서비스에도 적용될 수 있다. 기업에서는 이를 활용하여 경기불황 시 초저가전략을 구사하기도 한다.

25 신용등급이 낮은 기업이 발행하는 고위험 채권을 가리키는 말은?

① 하이브리드채권 ② 수쿠크

③ 후순위채권 ④ 정크본드

> **해설**
>
> '정크(Junk)'는 '쓰레기'라는 뜻으로, '정크본드(Junk Bond)'는 쓰레기 같은 채권을 의미한다. 고위험·고수익 채권으로, 회사채 발행이 불가능한 신용도가 매우 낮은 기업이 발행한 채권이며 열등채라고도 부른다. 본래는 갑자기 경영 악화를 맞은 우량기업이 과거에 발행했던 채권을 일컫는 말이었다. 현재는 열등채나 성장 가능성이 높은 중소기업이 발행한 채권, 기업이 M&A를 하기 위해 자금 조달을 목적으로 발행한 채권 등을 의미한다.

26 금리인하와 같은 통화정책이나 재정지출 확대와 같은 재정정책으로도 경기가 부양되지 않는 상태는?

① 피셔효과 ② 유동성 함정

③ 골디락스 ④ 베블런효과

> **해설**
>
> 유동성 함정(Liquidity Trap)은 경제주체들이 돈을 움켜쥐고 시장에 내놓지 않는 상황으로, 기업의 생산·투자와 가계의 소비가 늘지 않아 경기가 나아지지 않고 저성장의 늪으로 빠지는 것처럼 보이는 현상이다.

27 하나의 문제가 해결되는 즉시 다른 문제가 발생하는 현상은?

① 칵테일파티효과 ② 풍선효과

③ 빨대효과 ④ 바넘효과

> **해설**
>
> 풍선효과(Balloon Effect)는 어떤 문제를 해결하기 위해 정책을 실시하여 그 문제가 해결되고 나면 다른 곳에서 그로 말미암은 또 다른 문제가 발생하는 현상을 말한다. 이러한 현상이 마치 풍선의 한 쪽을 누르면 다른 쪽이 튀어나오는 모습과 같다고 하여 풍선효과라는 이름을 붙였다.

| 부산교통공사

28 기업의 신제품이 기존 제품의 영역을 침범해 매출에 부정적 영향을 끼치는 것을 뜻하는 용어는?

① 사이니지   ② 카니발라이제이션

③ 콘체른   ④ 오픈 이노베이션

해설

카니발라이제이션(Cannibalization)은 '자기잠식효과'라는 뜻으로 식인풍습을 뜻하는 '카니발(Cannibal)'에서 유래했다. 기업에서 새롭게 출시한 제품 또는 기술이 그 기업의 기존 제품과 기술의 영역을 침범해 매출에 부정적인 영향을 끼치게 되는 것을 의미한다. 매년 새롭게 출시되는 휴대전화처럼 비슷한 포지션에 놓인 기존 제품의 매출이 하락하고 사장되는 현상에서 카니발라이제이션을 발견할 수 있다.

| 의정부시설관리공단

29 광고의 제작과정에 직접 참여하는 소비자를 뜻하는 말은?

① 폴리슈머   ② 펀슈머

③ 애드슈머   ④ 모디슈머

해설

애드슈머(Adsumer)는 기업이나 상품의 광고 제작에 직접 의견을 제시하거나 참여하는 소비자를 뜻한다. 광고를 뜻하는 'Advertising'과 소비자를 의미하는 'Consumer'의 합성어. 광고의 결말을 시청자의 뜻을 반영해 후속광고를 제작하거나, 시청자가 광고를 직접 기획하고, 또는 시청자가 만든 영상을 광고로 쓰기도 한다.

| 한국문화예술위원회

30 어떤 산업분야의 생산성 향상으로 임금이 올라가게 되어, 다른 분야의 임금도 상승압박을 받게 되는 현상은?

① 피구효과   ② 그레샴의 법칙

③ 가치의 역설   ④ 비용질병

해설

비용질병은 어떤 산업분야의 생산성이 증가하고 이에 따른 효율성 향상으로 임금이 상승하게 되면, 다른 산업분야의 임금까지 덩달아 상승해야 한다는 압박을 받는 것을 뜻한다. 미국의 경제학자 보몰(Baumol)이 정립한 법칙이다.

안심Touch

31 해외투자자들이 한국채권·주식을 거래할 때 금융자산을 대신 보관하고 관리해주는 서비스는?

① 브로커리지   ② 랩어카운트

③ 커스터디   ④ 백워데이션

해설

커스터디(Custody)는 '수탁'이라는 의미로, 금융자산을 대신 보관하고 관리해주는 서비스를 일컫는다. 해외투자자들이 우리나라의 주식 등을 매수할 때 자금과 주식을 관리해주고, 한편으로는 환전이나 주식 매매를 대행하기도 한다. 최근 암호화폐시장이 팽창하면서, 은행권에서는 가상자산에 대한 커스터디로까지 서비스의 영역을 넓히고 있다.

32 비금융기업이 자사의 상품과 서비스를 판매하는 과정에서 관련된 금융상품을 함께 제공하는 것은?

① 레드칩   ② 프로젝트 파이낸싱

③ 그림자 금융   ④ 임베디드 금융

해설

임베디드 금융(Embedded Finance)은 비금융기업이 자사의 플랫폼에 금융상품을 제공하는 핀테크 기능을 내장하는 것을 의미한다. 코로나19 팬데믹 이후 금융서비스를 비대면·모바일로 이용하려는 수요가 늘면서 임베디드 금융이 기업들 사이에 확대되고 있다. 테슬라는 자동차 시스템에 수집되는 정보로 운전자의 사고 위험과 수리비용을 예측하는 보험 서비스를 제공하고 있다.

33 다음 중 직접세가 아닌 것은?

① 소득세   ② 개별소비세

③ 종합부동산세   ④ 법인세

해설

직접세는 세금을 납부하는 사람(납세자)과 실제 부담하는 사람(담세자)이 같은 조세다. 소득제, 법인세, 상속세, 종합부동산세, 증여세가 있다. 개별소비세는 간접세에 해당한다.

▌서대문구도시관리공단

34 문화산업의 산업 연관효과가 다른 산업에 비해 훨씬 큰 것을 뜻하는 용어는?

① 백로효과

② 피셔효과

③ 전시효과

④ 창구효과

해설

창구효과(Window Effect)는 문화산업에서의 산업 연관효과가 다른 산업에 비해 매우 큰 것을 의미하는 용어다. 문화산업은 상품을 생산하기 위해 초기에 매우 큰 비용이 들지만, 이후의 재생산하는 비용은 거의 들지 않는다. 더욱이 한 장르의 문화상품은 다른 장르의 상품으로 연계되고 시장이 확대될 여지가 높기 때문에 새로운 부가가치를 창출할 수 있다.

▌광주광역시공공기관통합채용

35 대량의 주식을 보유한 매도자와 매수자 간에 주식거래를 체결하는 것은?

① 블록딜

② 숏커버링

③ 스왑딜

④ 윈도드레싱

해설

블록딜(Block Deal)은 대량의 주식을 보유한 매도자와 이를 매수할 수 있는 매수자 간에 거래를 체결시켜 주는 제도를 뜻한다. 주식시장에서 한꺼번에 대량의 주식이 거래될 경우 발생할 수 있는 급격한 가격변동과 물량부담을 줄이기 위한 방안이다. 주로 시장가격에 영향을 미치지 않도록 사전에 매도물량을 인수할 수 있는 매수자를 구해, 장 시작 전이나 마감 후 시간외거래 또는 장외거래를 통해 이루어진다. 가격과 물량을 미리 정해두고 거래하기 때문에 장중 주가에 큰 영향을 주지 않는다는 장점이 있다. 그러나 블록딜 다음 날 해당 회사의 주가가 하락할 확률이 높다.

▌영화진흥위원회

36 신기술에 대한 정보를 원천봉쇄하기 위해 특허출원을 하지 않는 전략은?

① 니블링 전략

② 스키밍 전략

③ 갈라파고스 전략

④ 블랙박스 전략

해설

블랙박스 전략은 신기술을 개발한 기업이 관련된 특허를 출원할 경우 경쟁업체가 이 기술을 참고하여 신기술이 공개되는 것을 막기 위해 아예 특허출원을 하지 않은 채 기술을 숨기는 전략을 말한다. 특허출원으로 인한 수입보다 자신들만이 보유한 기술력으로 시장에서 경쟁하는 것이 더 나은 효과를 얻는다는 판단에서 활용되고 있다.

03 사회 · 노동 · 환경

37 잘못된 것을 알고 있지만 이를 이야기할 경우 닥칠 위험 때문에 누구도 말하지 못하는 큰 문제를 가리키는 말은?

① 하얀 코끼리   ② 검은 백조

③ 샐리의 법칙   ④ 방 안의 코끼리

해설

방 안의 코끼리란 누구나 인식하고 있지만, 이를 지적하거나 이야기했을 때 초래될 위험이 두려워 아무도 선뜻 먼저 이야기를 꺼내지 못하는 큰 문제를 비유적으로 이르는 말이다. 방 안에 코끼리가 있는 상황처럼 누구나 알 수 있고 위험한 상황에서도 모르는 척하며 문제 삼지 않는 것이다.

38 한 개의 손가락에만 매니큐어를 바름으로써 아동학대의 근절을 표현하는 캠페인은?

① 폴리시드맨   ② 미닝아웃

③ 베리어프리   ④ 노멀크러시

해설

폴리시드맨(Polished man)은 호주의 비영리단체 YGAP가 기획한 아동학대 근절 캠페인이다. 캠페인에 참여하는 이들은 다섯 손가락 중 한 손가락에만 매니큐어를 바름으로써 폭력으로 고통 받는 어린이들에 대한 관심을 촉구한다. 이는 아동 다섯 명 중 한 명이 학대 피해자라는 호주의 통계를 근거로 정해진 것이다.

39 2021년 7월 기후변화 대응을 위해 발표한 유럽연합의 탄소배출 감축계획은?

① RE100   ② 유러피언 그린딜

③ 2050 그린정책   ④ 핏 포 55

해설

핏 포 55(Fit for 55)는 유럽연합(EU)의 집행위원회가 2021년 7월 14일 발표한 탄소배출 감축 계획안이다. 이 계획의 핵심은 탄소국경조정제도(CBAM)로서 EU 역내로 수입되는 제품 중 EU에서 생산되는 제품보다 탄소배출량이 많은 제품에 탄소국경세를 부과하는 것이다. 2026년부터 철강 · 시멘트 · 비료 · 알루미늄 · 전기 등에 단계적으로 제도를 적용하게 된다.

▌부산교통공사

40 네덜란드 정부를 상대로 낸 기후 변화 소송에서 승리한 환경단체는?

① 유넵엔젤   ② 지구의 벗

③ 우르헨다   ④ 그린피스

해설

네덜란드의 환경단체인 우르헨다(Urgenda) 재단은 지난 2015년 네덜란드 정부가 기후 위기로부터 국민들을 제대로 보호하지 못한다며, 이는 국가로서의 헌법상 의무를 위반한 것이라 주장하며 소송을 제기했다. 이 소송은 현지 대법원으로까지 진행됐는데, 2020년 12월 대법원은 네덜란드 정부가 기후 변화 위기로부터 시민을 보호할 의무를 다해야 한다며 우르헨다에게 최종 승소판결을 내렸다.

▌서울시공공의료재단

41 일할 의사가 있지만 일자리를 얻지 못해 일어나는 비자발적 실업의 형태는 무엇인가?

① 경기적 실업   ② 구조적 실업

③ 마찰적 실업   ④ 계절적 실업

해설

문제에서 말하는 실업의 형태는 '경기적 실업'이다. '구조적 실업'은 자본주의 경제구조의 변화에서 오는 실업형태로 산업 부문간 노동수급의 불균형으로 발생하는 실업이다. '마찰적 실업'은 산업간 또는 지역간에 노동력이 이동하는 과정에서 일시적 수급불균형으로 인해 생기는 실업이며, '계절적 실업'은 어떠한 산업이 계절적으로 변동했기 때문에 일어나는 단기적인 실업을 말한다.

▌부산대학교병원

42 2021년 품귀 사태를 빚었던 요소수에 대한 설명으로 옳은 것은?

① 가솔린 차량에서 발생하는 질소산화물을 정화시키기 위한 물질이다.

② 유럽의 배출가스 규제인 유로6의 도입으로 사용이 의무화되었다.

③ 질소산화물을 물과 이산화탄소로 환원시킨다.

④ 요소수가 소모되어도 차량 운행에는 문제가 없다.

해설

요소수는 디젤 차량에서 발생하는 질소산화물(NOx)을 정화하기 위한 물질로, 차량에 설치된 정화장치인 SCR에 사용된다. 배기가스가 지나는 통로에 요소수를 뿌리면 질소산화물이 물과 질소로 환원된다. 2015년에 유럽의 배기가스 규제인 유로6이 국내에 도입되면서, 디젤차량에 반드시 SCR을 탑재하고 요소수 소모 시 보충해야 한다. SCR이 설치된 디젤 차량은 요소수가 없으면 시동이 걸리지 않는 등 운행할 수 없다.

안심Touch

43 '용광로'라는 뜻을 갖고 있으며, 다양한 민족과 문화가 융합·동화되는 현상을 뜻하는 용어는?

① 포지 효과   ② 퍼니스 효과
③ 샐러드볼   ④ 멜팅팟

> **해설**
>
> 멜팅팟은 용광로 안에서 다양한 금속들이 융화되어 새로운 물질로 재탄생하는 것처럼, 다양한 민족과 문화가 융합되고 동화되는 사회 또는 현상을 말한다. 반면 샐러드볼은 같은 사회 안에 있더라도 민족이나 문화의 고유한 특징은 섞이거나 결합되지 않는 것을 뜻한다.

44 다음 중 우리나라 법률에서 정하는 촉법소년의 연령은?

① 만 11세 이상 만 15세 미만
② 만 10세 이상 만 14세 미만
③ 만 14세 미만
④ 만 13세 미만

> **해설**
>
> 촉법소년은 형법에 저촉되는 행위를 한 만 10세 이상 만 14세 미만인 소년, 소녀를 말한다. 형사책임능력이 없어 형사처벌을 받지 않고, 가정법원의 처분에 따라 보호처분을 받거나 소년원에 송치된다.

45 사고의 영역을 7개의 키워드로 나누어 최적의 아이디어를 도출하는 브레인스토밍 기법은?

① 컬러배스 발상법   ② 클러스터
③ 마인드맵   ④ 스캠퍼

> **해설**
>
> 스캠퍼(Scamper)는 미국의 교육행정가 밥 에벌이 1971년 개발한 브레인스토밍 기법이다. 사고의 영역을 '대체하기 (Substitute), 결합하기(Combine), 조절하기(Adjust), 변형·확대·축소하기(Modify, Magnify, Minify), 용도 바꾸기 (Put to other uses), 제거하기(Eliminate), 역발상·재정리하기(Reverse, Rearrange) 등 7가지 영역'으로 나누고 여기에 여러 아이디어를 대입하여 최적의 아이디어를 도출해낸다. 신상품이나 새로운 서비스와 프로세스를 고안해내는 창의적 도구라 할 수 있다.

┃ 한국언론진흥재단

46 수입은 많지만 서로 시간이 없어 소비를 못하는 신세대 맞벌이 부부를 이르는 말은?

① 여피족   ② 네스팅족

③ 욘족   ④ 딘트족

해설

딘트족(DINT族)은 'Double Income, No Time'의 약어로 맞벌이를 해서 수입은 두 배이지만 업무가 바쁘고, 서로 시간이 없어 소비를 못하는 신세대 맞벌이 부부를 지칭하는 신조어다.

┃ 한국농수산식품유통공사

47 다음 중 통신망이 갑작스레 정지되는 재난사태를 일컫는 용어는?

① 디지털 저지먼트   ② 디지털 블랙아웃

③ 디지털 참사   ④ 디지털 스커지

해설

디지털 블랙아웃(Digital Blackout)은 사회 곳곳을 연결하는 통신 네트워크가 일순간 마비되는 대규모 재난사태를 일컫는 말이다. 이동통신 서비스가 이미 삶 도처에 일상화된 초연결 사회에서 통신망이 정지되거나 장애를 일으키면 엄청난 혼란을 초래하게 된다. 지난 2021년 발생한 kt의 통신망 장애로 많은 사람들이 카드결제 오류, 인터넷 이용불가 등 큰 불편을 겪었다.

┃ 부산광역시공공기관통합채용

48 길고양이들의 개체수 조절을 위한 중성화 수술 사업을 뜻하는 용어는?

① 동물공존도시 사업   ② 동물복지지원 사업

③ 동물정책청년넷 사업   ④ TNR 사업

해설

TNR 사업은 길고양이의 개체수 조절을 위한 중성화 수술 사업을 말한다. 포획(Trap)해서 중성화수술(Neuter)을 하고 다시 방사(Return)한다고 해서 이러한 이름이 붙었다. 서울, 경기, 부산 등의 지자체에서는 전문기관과 계약하여 길고양이들의 중성화 수술을 신청 받고 지원하고 있다. 중성화 후 방사된 고양이들의 왼쪽 귀끝은 1cm가량 짧게 되어 있다.

┃ 광명도시공사

49 어떤 현상의 인과관계를 설명하기 위해 불필요한 가정은 없애야 한다는 논리 이론은?

① 브레너의 빗자루
② 오컴의 면도날
③ 투키디데스의 함정
④ 피츠의 법칙

> **해설**
>
> 오컴의 면도날은 14세기 영국의 신학자였던 윌리엄 오컴이 주장한 것으로, 특정한 현상을 설명할 때 불필요한 가정은 면도날로 자르듯 걷어내야 한다는 이론이다. 한 가지 현상의 인과관계를 추론하는 두 가지 주장이 있을 때 가정의 수가 적은 것을 선택해야 한다는 것이다. 가정이 들어간다는 것은 그만큼 그럴 확률도 낮아진다는 것인데, 오컴은 가장 단순하고 군더더기 없는 추론이 현상의 인과관계를 가장 명확히 설명한다고 주장했다.

┃ 의정부시설관리공단

50 다음 〈보기〉의 상황과 어울리는 효과는 무엇인가?

> **보기**
>
> A씨는 집 근처에 새로 생긴 카페의 외관이 이상하다고 생각했지만 매일 카페 앞을 지나다니고 익숙해지면서 카페에 호감을 갖게 됐다.

① 에펠탑 효과
② 콜로세움 효과
③ 피사의 사탑 효과
④ 바벨 효과

> **해설**
>
> 에펠탑 효과는 첫인상은 좋지 않으나 자주 접하면서 호감을 갖게 되는 심리효과를 말한다. 프랑스 파리의 에펠탑이 처음 세워질 당시 파리의 많은 예술가와 시민은 거대한 철골구조물의 건립을 반대했지만 에펠탑에 익숙해지면서 점차 호감을 갖는 파리 시민의 모습에서 생겨난 용어다.

┃ 부천시공공기관통합채용

51 다음 중 경제적 자립을 통해 빠른 시기에 은퇴하려는 사람들을 일컫는 말은?

① 킨포크족
② 파이어족
③ 딘트족
④ 여피족

> **해설**
>
> 파이어는 'Financial Independence, Retire Early'의 약자로 젊었을 때 극단적으로 절약한 후 노후자금을 빨리 모아 30대, 늦어도 40대에는 퇴직하고자 하는 사람들을 의미한다.

▌부산항보안공사

52 독일의 사회학자인 퇴니에스가 주장한 사회유형 중 이익사회를 뜻하는 말은?

① 게른샤프트   ② 게마인샤프트

③ 게노센샤프트   ④ 게젤샤프트

해설

게젤샤프트(Gesellschaft)는 독일의 사회학자 퇴니에스(F. Tönnies)가 주장한 사회유형 중 하나로 인위적으로 계약되어 이해타산적 관계에 얽혀 이루어진 '이익사회'를 일컫는다. 회사나 조합, 정당 같은 계약·조약으로 구성된 사회가 게젤샤프트다. 게마인샤프트는 가족과 친족, 마을 같은 '공동사회'를 의미하며, 게노센샤프트는 '협동사회'로 이익사회와 공동사회의 성질을 모두 띠고 있는 사회를 뜻한다.

▌부산대학교병원

53 영국의 철학자로 경험론의 시조이며 '아는 것이 힘이다'라는 명언으로 유명한 인물은?

① 칼 포퍼   ② 버트런드 러셀

③ 프란시스 베이컨   ④ 존 스튜어트 밀

해설

프란시스 베이컨은 영국의 철학자이자 정치가이며 경험론의 선구자로 평가받는다. 그는 종래의 스콜라 철학을 배척하고, 이를 대체할 과학이라는 새로운 학문의 방법론을 주창했다. 그는 사물의 원리를 탐구하기 위해서 관찰과 이에 따른 경험을 기반에 두는 귀납적 추론을 해야 한다고 주장했고, 이 귀납 추론을 방해하는 요소로 종족·동굴·시장·극장의 네 가지 우상을 제시했다. 그의 귀납법은 자연 과학 연구의 토대를 마련했다.

▌광주광역시공공기관통합채용

54 다음 중 우리나라에서 지정한 '발명의 날'은 언제인가?

① 5월 19일   ② 6월 19일

③ 7월 19일   ④ 8월 19일

해설

발명의 날은 국민에게 발명의 중요성을 인식시키고 그 의욕을 고취하기 위해 1957년 지정한 기념일이다. 날짜가 5월 19일이 된 것은 조선시대 세종 때 장영실이 발명한 측우기를 반포한 날이 양력으로 5월 19일인 것에서 연유했다.

04 국어·한자·문학

▮ 부산교통공사

55 다음 중 밑줄 친 단어의 맞춤법이 어긋나는 것은?

① <u>샛노란</u> 개나리가 지천에 피어 있었다.
② 더 이상 문제의 <u>초점</u>을 흐리지 말아주세요.
③ <u>하루만</u>에 머리가 하얗게 세어버렸다.
④ 청소를 해야 하니 <u>쓰레받기</u>를 가져오너라.

해설

'앞말이 가리키는 동안이나 거리'를 나타내는 말을 뜻하는 '만'은 의존 명사로서 '하루 만'으로 앞말과 띄어 써야 한다.
'만'이 보조사로 쓰여 '한정', '비교'와 같은 뜻을 나타낼 때는 '너만 오너라.'와 같이 붙여 쓴다.

▮ 부산교통공사

56 다음에서 설명하는 시인으로 올바른 것은?

> 그의 시는 크게 세 시기로 구분된다. 첫 번째 시기에 그는 모더니즘의 영향을 받아 이미지를 중시하면서도 향토적 정서를 형상화한 순수 서정시의 가능성을 개척했다. 특히 그는 우리말을 아름답게 가다듬은 절제된 표현을 사용하여 다른 시인들에게도 큰 영향을 끼쳤다. 지금까지도 널리 사랑을 받고 있는 〈향수〉가 이 시기의 대표작이다. 두 번째 시기에 그는 가톨릭 신앙에 바탕을 둔 여러 편의 종교적인 시들을 발표했다. 〈그의 반〉, 〈불사조〉 등이 이 시기에 발표된 작품들이다. 세 번째 시기에는 전통적인 미학에 바탕을 둔 자연시들을 발표했다. 〈장수산〉, 〈백록담〉 등이 이 시기를 대표하는 작품들로, 자연을 정교한 언어로 표현하여 한 폭의 산수화를 보는 듯한 인상을 준다고 해서 산수시(山水詩)라고 불리기도 한다.

① 김소월   ② 박목월
③ 조지훈   ④ 정지용

해설

① 김소월 : 짙은 향토성을 바탕으로 한국의 전통적인 한을 노래했다.
② 박목월 : 자연과의 교감을 바탕으로 향토적 서정에 민요적 율조를 재창조했다.
③ 조지훈 : 전통의식과 민족의식을 바탕으로 식민지 치하의 아픔과 전쟁의 비극을 그렸다.

┃ 광주상생일자리재단

57 다음 중 적대관계에 놓인 이들이 외려 사이좋게 지낸다는 뜻의 사자성어는?

① 인유실의(引喩失義) ② 이전투구(泥田鬪狗)

③ 묘서동처(猫鼠同處) ④ 인곤마핍(人困馬乏)

해설

묘서동처(猫鼠同處)는 고양이와 쥐가 같은 곳에 산다는 뜻으로, 서로 적대관계에 있는 이들이 사이좋게 지내는 것을 뜻한다. 곡식을 축내는 쥐를 잡기 위해 고양이를 들여왔는데, 오히려 쥐를 잡지 않고 공존하는 모습에서 나온 사자성어다. 법을 집행하는 사람이 법을 어긴 사람의 잘못을 덮어주거나 함께 나쁜 일을 저지르는 모습을 표현할 때, 이 사자성어를 사용하기도 한다.

┃ 부산교통공사

58 다음 단어 중 표준 발음이 아닌 것은?

① 삼일절[사밀쩔] ② 솜이불[소미불]

③ 담요[담뇨] ④ 꽃잎[꼰닙]

해설

솜이불의 올바른 발음은 [솜니불]이다. 솜이불은 '솜'과 '이불'의 합성어로서, 앞 단어나 접두사의 끝이 자음이고 뒤 단어나 접미사의 첫음절이 '이, 야, 여, 요, 유'인 경우에는, 'ㄴ' 음을 첨가하여 [니, 냐, 녀, 뇨, 뉴]로 발음한다.

┃ 천안시시설관리공단

59 다음 24절기 중 여름에 해당하지 않는 것은?

① 망종(芒種) ② 백로(白露)

③ 대서(大暑) ④ 하지(夏至)

해설

백로는 9월 7일~8일경에 해당하며, 가을의 절기 중 이슬이 내리고 본격적으로 가을 기운이 만연하게 되는 시기를 가리킨다. 망종은 6월 6일경으로 보리가 익고 모를 심기 좋은 때, 대서는 7월 24일경으로 더위가 가장 심한 때를 의미하고, 하지는 6월 21일경 낮이 일 년 중 가장 긴 시기를 뜻한다.

60 다음 중 겉과 속이 다름을 뜻하는 사자성어가 아닌 것은?

① 권상요목(勸上搖木) ② 표리일체(表裏一體)
③ 양두구육(羊頭狗肉) ④ 구밀복검(口蜜腹劍)

해설

권상요목(勸上搖木)은 남을 부추겨 놓고 낭패를 보도록 방해하는 것을 뜻하고, 양두구육(羊頭狗肉)은 양 머리를 걸고 개고기를 판다는 뜻이며, 구밀복검(口蜜腹劍)은 입으로는 꿀처럼 단 말로 상대방을 현혹하다가 배에 숨긴 칼로 해한다는 의미를 갖고 있다. 모두 겉으로 보이는 행동과 속내가 다르다는 의미를 가진 사자성어. 표리일체(表裏一體)는 이와 반대로 겉과 속이 한 덩어리라는 뜻을 갖고 있다.

61 러시아의 대문호 레프 톨스토이의 작품이 아닌 것은?

① 첫사랑 ② 부 활
③ 전쟁과 평화 ④ 안나 카레니나

해설

러시아의 위대한 작가 중 한 사람인 레프 톨스토이(Lev Nikolaevich Tolstoi)는 〈전쟁과 평화〉, 〈안나 카레니나〉, 〈부활〉, 〈이반 일리치의 죽음〉 등의 작품을 남겼다. 사실주의 문학의 대가로 평가받는다. 〈첫사랑〉은 러시아의 작가 이반 투르게네프(Ivan Sergeevich Turge'nev)의 작품이다.

62 다음 문장의 밑줄 친 단어 중 잘못 표기된 것은?

① 할머니 제삿날이라 일가친척이 모두 모였다.
② 고기를 깻잎에 싸서 먹었다.
③ 밤을 새는 것은 이제 예삿일이 되어 버렸다.
④ 집이 싯가보다 비싸게 팔렸다.

해설

④에서 '싯가'가 아닌 '시가(市價)'로 적어야 옳다. 사이시옷은 명사와 명사의 합성어일 경우 쓰이고, 앞 명사가 모음으로 끝나고 뒷말은 예사소리로 시작해야 한다. 또한 앞뒤 명사 중 하나는 우리말이어야 하는데 다만, 습관적으로 굳어진 한자어인 찻간, 곳간, 툇간, 셋방, 숫자, 횟수는 예외로 한다.

┃ 수원시공공기관통합채용

63 다음 문장의 밑줄 친 단어 중 공통된 한자가 쓰이지 않은 것은?

① 그 오류를 <u>수정</u>하려면 오랜 시일이 걸릴 것이다.

② 행사 일정을 <u>조정</u>해야 해서 골치가 아프다.

③ 오탈자가 <u>정정</u>된 부분은 반드시 공지해야 한다.

④ 아버지의 정원이 <u>단정</u>하게 가꾸어져 있었다.

> **해설**
> 수정(修整), 조정(調整), 단정(端整)에는 공통적으로 '整(가지런할 정)'이 쓰였다. 잘못을 고쳐서 바로잡는다는 뜻의 '정정(訂正)'은 바로잡을 정(訂)과 바를 정(正)자가 쓰인다.

┃ 부산교통공사

64 소설에서 작가의 사상이 직접 드러나며, 독자의 상상적 참여가 제한되는 서술 시점은?

① 1인칭 주인공 시점　　　　② 전지적 작가 시점

③ 1인칭 관찰자 시점　　　　④ 작가 관찰적 시점

> **해설**
> 전지적 작가 시점에서는 작품 밖 서술자가 인물의 내면과 사건에 대한 모든 것을 알고 서술하게 된다. 작가의 사상과 인생관이 직접 드러나고, 작품에 대한 독자의 상상적 참여가 제한되는 시점이다.

┃ 부산교통공사

65 발 들여놓을 데가 없을 정도로 많은 사람들이 꽉 들어찬 경우를 비유적으로 이르는 속담은?

① 거미는 작아도 줄만 잘 친다

② 입추의 여지가 없다

③ 벼룩도 낯짝이 있다

④ 바늘구멍으로 하늘 보기

> **해설**
> '입추(立錐)의 여지가 없다'는 속담은 '송곳 끝도 세울 수 없을 정도'라는 뜻으로, 발 들여놓을 데가 없을 정도로 많은 사람들이 꽉 들어찬 경우를 비유적으로 이르는 말이다.

▎부천시공공기관통합채용

66 다음 중 문방사우에 해당하지 않는 것은?

① 붓   ② 책
③ 종 이   ④ 벼 루

해설

문방사우(文房四友)는 옛 문인들이 서재에서 글을 쓸 때 사용했던 붓, 먹, 종이, 벼루의 4가지 도구를 말한다. 글을 쓰고 그림을 그릴 때 곁에 두는 네 친구라는 의미다. 문방사보(文房四寶) 혹은 문방사후(文房四侯)라고도 한다.

▎부천문화재단

67 다음 중 30세를 한자로 이르는 말은?

① 이립(而立)   ② 종심(從心)
③ 약관(弱冠)   ④ 지학(志學)

해설

30세는 한자어로 이립(而立)으로 지칭하며, 모든 기초를 세우는 나이라는 의미이다. 종심(從心)은 70세, 약관(弱冠)은 20세, 지학(志學)은 15세를 가리킨다.

▎광주광역시공공기관통합채용

68 작가 조정래가 지은 대하소설로 한국전쟁 이전과 이후를 배경으로 하는 작품은?

① 혼 불   ② 아리랑
③ 태백산맥   ④ 한 강

해설

소설가 조정래가 쓴 대하 역사소설 〈태백산맥〉은 1983년부터 1989년까지 연재되어 출간되었다. 한국전쟁 전후를 배경으로 하고 있으며, 당시에 치열하게 전개된 이데올로기적 갈등과 혼돈을 그린 대작이다. 〈아리랑〉과 〈한강〉도 조정래의 대하소설이며 각각 일제강점기와 분단 이후를 다루고 있다. 〈혼불〉은 구한말부터 일제강점기를 배경으로 하는 최명희의 대하소설이다.

05 문화 · 미디어 · 스포츠

▌부평구문화재단

69 다음 중 발달장애인이 출전하는 올림픽의 명칭은?

① 핸딜림픽　　　　　　　　　　② 데플림픽
③ 스페셜올림픽　　　　　　　　④ 패럴림픽

해설

스페셜올림픽은 지적장애인과 자폐성 장애인 등의 발달장애인을 위한 국제 스포츠 대회다. 1968년에 시작되었고, 4년마다 하계 · 동계대회를 개최한다. 대회는 미국 워싱턴에 본부가 있는 국제스페셜올림픽위원회가 주관하고 있다.

▌영화진흥위원회

70 미국 프로야구 리그인 MLB에 대한 설명으로 옳지 않은 것은?

① 미국 프로야구의 최상위 리그에 해당한다.
② 내셔널리그와 아메리칸리그로 나뉘며 각각 15구단이 참가하고 있다.
③ 두 리그의 1위 구단이 7전 4선승제의 월드시리즈를 치른다.
④ 캐나다 지역에서는 두 개 구단이 참가한다.

해설

메이저리그 베이스볼(MLB, Major League Baseball)은 미국 프로야구의 최상위권 리그로 내셔널리그와 아메리칸리그로 구성되어 있다. 두 리그에 각각 15구단이 참가하고 있으며, 내셔널리그는 1876년, 아메리칸리그는 1900년에 창설되었다. 각 리그는 동부, 서부, 중부로 구별되어 경기를 치른다. 두 리그의 1위 구단이 7전 4선승제의 월드시리즈를 치러 최종 우승팀을 가리게 된다. MLB에 참가하는 캐나다 연고의 구단은 '토론토 블루제이스' 한 팀으로 아메리칸 리그 동부지구 소속이다.

▌부평구문화재단

71 다음 중 스포츠 팀의 전체 소속 선수의 연봉 총액에 상한선을 두는 제도는?

① 드래프트　　　　　　　　　　② 트라이아웃
③ 샐러리캡　　　　　　　　　　④ 웨이버 공시

해설

샐러리캡(Salary Cap)은 팀에 소속된 전체 선수의 연봉 총액에 상한선을 두는 제도로 미국프로농구협회(NBA)에서 먼저 도입됐다. 스포츠 스타들의 몸값이 과도하게 상승하는 것을 막아 구단이 적자로 운영되는 것을 방지하고, 부유한 구단들이 유명 선수를 독점하여 구단끼리의 격차가 지나치게 벌어지는 것을 막기 위함이다.

72 시리즈의 연속성을 버리고 이야기를 처음부터 다시 만드는 것은?

① 리메이크   ② 프리퀄

③ 리부트   ④ 스핀오프

해설

리부트(Reboot)는 재시동이라는 의미로 영화 등 콘텐츠의 기존 시리즈를 연속해서 이어가는 대신, 새로운 이야기로 다시 시작하는 것이다. 보통 이야기의 전체적인 배경이나 주요 등장인물들만 그대로 이어가고 세부적인 구성은 새롭게 만든다. 리부트의 대표적 사례는 〈배트맨 시리즈〉로 기존 작품이 4편까지 제작되었다가, 2005년에 크리스토퍼 놀란 감독이 시리즈를 리부트한 〈배트맨 비긴즈〉를 선보인 바 있다.

73 1957년 젊은 기자들이 창립하여 현재는 중견 언론인들로 조직된 언론 연구 · 친목단체는?

① 한국언론인협회   ② 한국기자협회

③ 관훈클럽   ④ 한국언론정보학회

해설

관훈클럽은 1957년 언론의 자유를 확립하고 언론인들의 공동이익과 친목을 도모하기 위해 창립된 언론인의 모임이다. 창립 당시에는 일선의 젊은 기자들이 활동을 주도했으나, 현재는 중견 언론인들로 구성되어 있다. 정치 · 경제인이나 학계 주요 인사들을 초청해 관훈토론회를 여는 것으로 유명하다.

74 2022년 베이징 동계 올림픽의 마스코트였던 빙둔둔의 이름은 무엇에서 따 온 것인가?

① 중국인   ② 눈사람

③ 판 다   ④ 어린이

해설

2022년 베이징 동계 올림픽의 마스코트는 빙둔둔(冰墩墩)이다. 판다를 모티브로 한 빙둔둔은 큰 인기를 끌어 관련 캐릭터 상품이 동이 나기도 했고, 대회 당시 시상식에서 선수들에게 매달과 함께 빙둔둔의 인형이 수여되기도 했다. 빙둔둔의 이름인 둔둔은 중국에서 흔히 '어린이'를 부르는 애칭이라고 알려졌다.

┃ 방송통신심의위원회

75 우리나라 최초의 텔레비전 상업 방송국은?

① 동양방송　　　　　　　　　　② 대한방송
③ 한국방송　　　　　　　　　　④ 경성방송

해설

우리나라에서 최초로 개국한 텔레비전 상업 방송국은 대한방송이다. 1956년에 설립되었으며 1961년에 방송이 중단되었다. 처음에는 격일제로 2시간씩 보도·오락 등 방송을 하였으나 적자를 이기지 못해 한국일보에 양도됐다. 이후 방송시간을 확대하고 제작에 안정을 찾게 되었으나 1959년 원인 모를 화재로 사옥과 방송장비를 소실했다. 그리고 주한미군방송의 도움으로 방송을 이어갔으나 결국에 1961년 폐국하고 만다. 한편, 경성방송은 1927년 시작한 우리나라 최초의 라디오 방송이다.

┃ 충북대학교병원

76 중국의 춘추전국시대 당시 겸애를 강조하고 만민평등주의를 주창한 사상은 무엇인가?

① 묵 가　　　　　　　　　　　② 도 가
③ 유 가　　　　　　　　　　　④ 법 가

해설

묵가는 중국 춘추전국시대에 사상가였던 묵자를 계승하는 사상으로 실리주의를 추구하고 중앙집권적인 체제를 지향하는 등 유가와 여러모로 대립적인 사상이었다. 또한 '겸애'를 강조하며 만민평등주의와 박애주의를 실천하는 것을 독려했다.

┃ 광주광역시공공기관통합채용

77 다음 중 세계기록유산으로 등재되지 않은 것은?

① 훈민정음해례본
② 조선통신사기록물
③ KBS특별생방송 '이산가족을 찾습니다' 기록물
④ 부산 임시수도 정부청사

해설

세계기록유산(Memory of the World)은 유네스코가 고문서 등 세계의 의미 있고 귀중한 기록물을 보존하기 위해 1997년부터 2년마다 가치 있는 기록유산을 선정하는 사업이다. 서적이나 문서 등의 여러 동산을 지정한다. 우리나라에서는 현재까지 16건의 기록물이 유산으로 등재되었고, 부산 임시수도 정부청사의 경우 2002년 국가등록문화재 제41호로 지정된 건축물이다.

78 기자가 선입견을 가지고 기사를 제공하는 저널리즘은?

① 브랜드 저널리즘
② 팩 저널리즘
③ 스트리트 저널리즘
④ 파라슈트 저널리즘

해설

파라슈트 저널리즘(Parachute journalism)은 현지에 상주하는 것이 아닌, 취재 지역에 기자를 급파하여 소식을 전하는 형태의 저널리즘을 말한다. 낙하산 저널리즘이라고도 하는데, 현지 사정을 잘 모르는 기자가 선입견을 가지고 기사를 제공하는 것을 의미하기도 한다.

79 미국 출신의 무용가로 현대무용의 시조라고 불리는 인물은?

① 이사도라 던컨
② 루돌프 폰 라반
③ 쿠르트 요스
④ 피나 바우쉬

해설

1878년 미국에서 태어난 이사도라 던컨(Isadora Duncan)은 유럽에서 주로 활동한 여성 무용가다. 그녀는 발레와 같은 고전무용에서 벗어난 자유로운 창작무용으로 명성을 떨쳤다. 고대 그리스 문화에 심취해 주로 영감을 얻어 창작 활동을 했으며, 20세기 현대무용의 시조라고 평가받는다.

80 조선시대 향촌사회의 자치규약인 향약에 해당하지 않는 것은?

① 과실상규(過失相規)
② 예속상교(禮俗相交)
③ 덕업상권(德業相勸)
④ 상부상조(相扶相助)

해설

향약은 향촌규약(鄕村規約)의 약자로 16세기부터 향촌사회의 향인들이 서로 도우며 살아가는 자치규약이다. 유교적 예절과 풍속을 향촌사회에 보급하여, 질서를 세우고 미풍양속을 가꾸는 등 유교적으로 통제하기 위함이었다. 향약의 네 가지 강목에는 덕업상권(좋은 일은 서로 권한다), 과실상규(잘못은 서로 규제한다), 예속상교(예의로 서로 사귄다), 환난상휼(어려운 일은 서로 돕는다)이 있다.

81 헬레니즘 시대 후기의 그리스 건축 양식은?

① 로코코 양식
② 바실리카 양식
③ 코린트 양식
④ 로마네스크 양식

해설

코린트 양식(Corinthian Order)은 마케도니아의 알렉산더 대왕이 광활한 제국을 건설하고 동서양의 문화가 활발히 교류한 헬레니즘 시대 후기의 대표적인 그리스 건축 양식이다. 코린트라는 명칭은 그리스의 교통 요충지인 코린토스에서 따왔으며, 코린트 양식의 건축은 매우 화려하고 기둥의 머리인 주두에 아칸서스 잎 모양의 장식을 달아 놓은 것이 특징이다.

| 부천문화재단

82 고대 로마의 신전으로 '모든 신을 위한 신전'이라는 뜻의 건축물은?

① 판테온   ② 베스타 신전
③ 벨로나 신전   ④ 키르쿠스 막시무스

해설

판테온(Pantheon)은 다신교였던 고대 로마의 모든 신들에게 바치는 신전으로 처음에는 로마 대화재로 소실되었다가 하드리아누스 황제 때 재건되었다. 판테온이라는 명칭은 그리스어로 '모두'를 뜻하는 판(Pan)과 '신'을 의미하는 테온(Theon)이 합쳐져 지어졌다. 르네상스 시대에 판테온은 무덤으로 사용되었고, 현재는 가톨릭 성당으로 이용되고 있다.

| 예술의 전당

83 다음 중 세계 4대 뮤지컬에 해당하지 않는 것은?

① 미스 사이공   ② 지저스 크라이스트 수퍼스타
③ 레미제라블   ④ 오페라의 유령

해설

흔히 세계 4대 뮤지컬이라고 부르는 작품에는 〈미스 사이공〉, 〈레미제라블〉, 〈오페라의 유령〉, 〈캣츠〉가 있다. 이 작품들은 모두 영국 웨스트엔드의 유명 제작자인 카메론 메킨토시에게서 만들어졌고, 그의 작품 중에서도 규모가 큰 것으로 손꼽는다. 그렇기 때문에 해외 언론에서 말하는 이 '메킨토시의 빅4'가 국내에 전해지면서 오역이 되었고 세계 4대 뮤지컬이라 부르게 되었다는 이야기가 있다.

| 의정부시설관리공단

84 14 ~ 16세기에 옛 그리스·로마의 고전 문화를 부흥시키려 했던 문화사조는?

① 르네상스   ② 바로크
③ 신고전주의   ④ 메디치

해설

중세 교회의 권위 몰락과 봉건 사회의 붕괴를 배경으로 이탈리아에서 발원하여 전 유럽으로 퍼져나간 르네상스 운동은 종교에서 탈피하여 그리스·로마의 고전 문화를 부흥시키고, 개인을 존중하며 인간적인 근대 문화 창조(휴머니즘)를 주장했다. 또한 자연에 대한 관심을 증가시킴으로써 근대 과학 발전의 시발점이 되었고, 유럽 근대 문명 발전의 원동력이 되었다.

06 과학 · 컴퓨터 · IT · 우주

┃ 부산교통공사

85 색상의 차이를 이용해 두 개의 영상을 합성하는 기술은?

① 로토브러시
② 크로마 키
③ 루미넌스 키
④ 크로미넌스

해설

크로마 키(Chroma-key)는 영상 합성 기술로 두 영상의 색상 차이를 이용해 특정한 피사체만을 추출하여 다른 영상에 끼워 넣는 기술이다. 추출하고자 하는 피사체가 사람일 경우, 피부색의 보색인 청색이나 녹색의 배경 앞에 사람을 세워 촬영한 후 배경색을 제거하면 배경이 검게 되고 사람만 남게 된다. 그리고 배경 화면을 따로 촬영하여 추출한 사람의 영상을 합성하는 것이다.

┃ 부천시공공기관통합채용

86 지구의 지각 중 가장 오래되고 안정되어 있는 부분을 뜻하는 말은?

① 순상지
② 호 른
③ 케스타
④ 탁상지

해설

순상지(楯狀地)는 '방패 모양의 땅'이라는 뜻으로 지구의 지각 중 오랜 세월 지각변동이 없어 지질학적으로 오래되고 안정된 지역을 말한다. 대표적으로 캐나다의 로렌시아 순상지, 발트 순상지, 안가라 순상지, 에티오피아 순상지, 인도의 레무리스 순상지 등이 있다. 고생대에 생성된 암석이 오랜 시간 침식작용을 받아 낮고 완만한 넓은 대지를 이루고 있다.

┃ 부산교통공사

87 반도체 설계와 기술개발만 하고 생산은 위탁하는 반도체 회사는?

① 퍼실리티
② 팹리스
③ 아이디엠
④ 파운드리

해설

팹리스(Fabless)는 반도체를 직접 생산하지 않고 반도체 설계와 기술개발에만 집중하며 생산은 위탁하는 회사를 말한다. 대표적인 팹리스 업체로는 '엔비디아', '애플', '퀄컴' 등이 있다. 아이디엠(IDM)은 '인텔'이나 '삼성전자'와 같이 생산과 설계를 종합적으로 다루는 회사며, 파운드리(Foundry)는 위탁생산만을 전문으로 한다.

| 폴리텍

88 생물 분류법인 이명법의 기초를 마련한 생물학자는?

① 리차드 오언   ② 리차드 도킨스

③ 루이 파스퇴르   ④ 칼 폰 린네

> **해설**
>
> 1707년 스웨덴에서 태어난 식물학자 칼 폰 린네는 오늘날 사용하는 생물 분류법인 이명법의 기초를 닦는데 큰 역할을 했다. 이명법은 생물의 속명 다음에 종명 형용사를 붙여서 두 단어로 된 학명을 만드는 방법이다.

| 김대중컨벤션센터

89 다음 중 건조주의보는 실효습도가 몇 % 이하로 지속될 것이 예상될 때 발효되는가?

① 25%   ② 30%

③ 35%   ④ 40%

> **해설**
>
> 기상청에서는 산불발생의 가능성을 경고하기 위해 실효습도를 관측·예측하여 건조주의보와 건조경보를 발표하고 있다. 건조주의보는 실효습도 35% 이하가 2일 이상 지속될 것이라 예상될 때, 건조경보는 실효습도 25% 이하가 2일 이상 지속되리라 예상될 때 발효된다.

| 광주광역시공공기관통합채용

90 다음 중 태음력에 대한 설명으로 옳지 않은 것은?

① 달의 위상변화 주기인 삭망월을 기초로 만들어졌다.

② 달이 삭에서 망에 이르는 시간을 삭망월이라 한다.

③ 우리나라에서 설날과 추석의 날짜 등은 태음력을 기준으로 정한다.

④ 아시아권에서는 일반적으로 태음태양력을 가리키며 음력이라고도 불린다.

> **해설**
>
> 태음력은 달이 차고 기우는 위상의 변화를 기초로 만들어진 역법이다. 달의 위상변화 주기를 삭망월이라 하는데 달이 삭에서 다음 삭까지, 또는 망에서 다음 망에 이르는 시간인 29.530588일을 기준으로 하고 있다. 우리나라를 비롯한 동아시아권에서 태음력은 보통 태음태양력을 말하며 음력이라고도 칭한다. 우리나라의 설날이나 추석 등의 명절의 날짜는 음력으로 정하고 있다.

┃ 소상공인시장진흥공단

91 첨단 디지털 기술에 아날로그의 특징을 융합하는 것을 뜻하는 용어는?

① 디지로그
② 그리드컴퓨팅
③ 마이데이터
④ 디지털팜

> **해설**
>
> 디지털 기술에 아날로그적인 정서와 요소들을 반영하는 것을 디지로그라고 한다. 디지털 기기 사용에 익숙하지 못하거나, 아날로그에 향수를 느끼는 사람들을 위함이다. 기술과 감성의 공존이라고 할 수 있는데, 태블릿PC에 키보드 대신 펜으로 글을 쓸 수 있다든지, 필름 카메라처럼 디자인되고 셔터음을 내는 디지털 카메라 등이 디지로그의 사례라 할 수 있다.

┃ 동대문구시설관리공단

92 다음 중 인체의 뼈에서 칼슘이 유출되는 것을 막는 영양소는?

① 칼 륨
② 셀레늄
③ 마그네슘
④ 아 연

> **해설**
>
> 인체 내 마그네슘 총량의 60%는 뼈에 존재한다. 마그네슘은 뼈의 성분인 칼슘이 혈액에 녹을 수 있도록 도와 칼슘 과잉으로 인한 부작용을 방지한다. 또한 뼈에서 칼슘이 빠져나오는 것을 막아주기도 하고, 칼슘을 만들어내는 칼시토닌의 생성을 위해서도 필요하다. 마그네슘은 이 밖에도 근육의 수축이완과 심장박동을 정상적으로 유지하고, 탄수화물의 대사와 지방 · 단백질의 합성에도 관여한다.

┃ 천안시시설관리공단

93 우주에서 블랙홀을 이용해 먼 거리를 지름길로 가로질러 갈 수 있다고 이론상 추정되는 가설적 공간은?

① 웜 홀
② 화이트홀
③ 밴 앨런 구역
④ 퀘이사

> **해설**
>
> 웜홀(Wormhole)은 블랙홀과 또 다른 블랙홀(화이트홀)을 이어 붙인 통로를 지름길로 이용해, 아주 먼 거리도 가로질러 여행할 수 있다고 추정되는 가설적 공간이다. 웜홀은 이론적으로는 가능하나 안정성 등의 문제 때문에 실제로 존재하고 또 인공적으로 만들 수 있을지에 대해서는 많은 의문이 있다.

┃ 화성시공공기관통합채용

94 승인된 사용자로 위장하여 시스템에 접근하는 해킹 방식은?

① 스피어피싱
② 스푸핑
③ 디도스
④ 크래킹

해설

스푸핑(Spoofing)은 해킹을 목표로 하는 시스템이나 네트워크의 호스트를 속여서 접속하는 것을 말한다. 허가 받은 IP를 도용하여 승인받은 사용자인 것처럼 위장해 접근하기도 하고, 가짜 웹사이트를 구성해 일반 이용자의 방문을 유도하기도 하며, 가짜 주소로 이메일을 보내 상대방을 속이기도 한다. 이러한 방식으로 시스템 권한을 획득하거나 상대방의 정보를 탈취한다.

▌ 부천시공공기관통합채용

95 감염 등으로 몸 안의 항체가 말초신경을 파괴해 마비를 유발하는 신경계 질병은?

① 데빅증후군　　　　　　　　② 다발경화증
③ 아나필락시스　　　　　　　　④ 길랑-바레증후군

해설

길랑-바레증후군(Guillain-Barre Syndrome)은 자가면역질환으로 인해 발생하는 것으로 추정되는 질병으로, 면역체계가 말초신경을 파괴해 근육의 마비를 일으키는 신경성 질병이다. 코로나19 백신을 접종한 사람들 가운데 이 길랑-바레증후군이 일어난 것으로 의심되는 사례가 나타난 바 있다.

▌ 광주광역시공공기관통합채용

96 다음 중 2014년 완공된 우리나라의 두 번째 남극과학기지는?

① 세종과학기지　　　　　　　　② 다산과학기지
③ 장보고과학기지　　　　　　　④ 아라온과학기지

해설

장보고과학기지는 남극 테라노바만에 2014년에 지어진 대한민국의 두 번째 남극과학기지이다. 연면적 4,458m²에 연구동과 생활동 등 16개동의 건물로 구성된 장보고과학기지는 겨울철에는 15명, 여름철에는 최대 60명까지 수용할 수 있다. 우리나라의 최초 남극과학기지는 세종과학기지로 킹조지섬 바턴반도에 1988년 세워졌다.

▌ 소상공인시장진흥공단

97 가상공간에 실물과 같은 형태의 물체를 만들어 시뮬레이션을 통해 검증하는 기술은?

① 디지털 샌드박스　　　　　　② 콜 봇
③ 디지털 트윈　　　　　　　　④ 데브옵스

해설

디지털 트윈(Digital Twin)은 미국의 전자기기 기업 '제너럴 일렉트릭'이 만든 개념으로서, 컴퓨터로 가상공간에 실물과 똑같은 물체(쌍둥이)를 만들어 시뮬레이션과 실험을 통해 검증하는 것을 말한다. 디지털 트윈은 다양한 산업분야에서 활용되어 제품 및 자산을 최적화하고 돌발 사고를 줄이는 데 도움을 줄 수 있다.

98 다음 중 옴의 법칙에 대한 설명으로 옳은 것은?

① 스웨덴의 물리학자 옴이 발견했다.

② 전압의 크기는 전류의 세기와 저항을 곱한 것과 같다.

③ 전류는 저항에 비례하여 변화한다.

④ 전류는 전압의 크기에 반비례한다.

해설

옴의 법칙은 독일 물리학자 옴이 발견했다. 전류의 세기를 I, 전압의 크기를 V, 전기저항을 R이라 할 때, V=I·R의 관계가 성립한다. 즉, 전류는 전압의 크기에 비례하고 저항에 반비례한다. 예를 들어 전압이 2배가 되면 전류의 양도 2배 늘어나고, 저항이 3배가 되면 전류의 양은 1/3로 줄어든다.

99 다음 우리나라의 문화재 중 천문관측과 관련이 없는 것은?

① 혼천의　　　　　　　　　　② 간의대

③ 자격루　　　　　　　　　　④ 칠정산

해설

혼천의(渾天儀)는 천체의 운행과 위치를 측정하는 기구로 고대 중국의 혼천설에 기반을 둔 과학기기다. 우리나라는 삼국시대 후기부터 사용한 것으로 추측되며, 조선 세종 때 최초의 제작기록이 드러난다. 간의대(簡儀臺)는 조선 세종 때 경복궁에 설치한 천문관측시설로서 관측기기인 간의에 관원들을 배치하여 천체의 위치를 측정하도록 했다. 칠정산(七政算) 또한 세종 때 저술된 역법서로 정인지, 이순지 등이 천체의 운행과 관련한 우리 실정에 맞는 각종 역법이론들을 두 편의 책으로 정리한 것이다. 자격루(自擊漏)는 장영실이 제작한 시보장치가 탑재된 물시계다.

100 다음 중 환태평양조산대에 대한 설명으로 틀린 것은?

① 지구상에서 일어나는 지진의 대부분이 이 영역에서 발생한다.

② 불의 고리라고도 불린다.

③ 대부분의 영역이 보존형 경계로 이루어져 있다.

④ 태평양판을 중심으로 말발굽 형태를 이루고 있다.

해설

환태평양조산대(Circum-pacific Belt)는 불의 고리라고도 불리며 지구상에서 발생하는 지진의 90%, 화산 활동의 75%가 발생하는 영역이다. 태평양판을 말발굽 형태로 둘러싼 판들이 판 구조운동을 하며 지질 현상을 일으킨다. 남아메리카 남쪽부터 아메리카 대륙 서쪽 해안을 따라 알류산·쿠릴·일본열도를 지나 말레이시아와 뉴질랜드까지 이어진다. 환태평양조산대는 대부분이 판과 판이 마주보고 섭입 및 충돌하는 수렴형 경계를 이루고 있다. 반면 보존형 경계는 판과 판이 변화 없이 서로 수평 이동만 하는 형태를 가리킨다.

07 한국사

┃ 경기도공무직통합채용

101 다음 중 우리나라 신석기 시대부터 사용된 도구에 해당하지 않는 것은?

① 뚜르개   ② 돌 낫
③ 돌보습   ④ 빗살무늬토기

해설

신석기 시대에는 종래의 뗀석기에서 벗어나 농경·수렵·채집용으로 간석기를 제작해 사용하기 시작했다. 간석기는 마제석기라고도 하며 돌칼과 돌도끼, 돌보습, 돌낫 등이 있다. 가죽 등에 구멍을 뚫기 위한 뚜르개는 뗀석기에 해당한다. 또한 이 시기에는 농경을 비롯한 생산경제활동이 시작되면서 빗살무늬토기 등 수확한 작물을 저장·취사하기 위한 도구도 이용되었다.

┃ 한국중부발전

102 다음 중 부여의 행정 조직에 대한 설명으로 옳은 것은?

① 왕 아래 마가, 우가, 저가, 구가가 지방 구획인 사출도를 관할했다.
② 제사장인 천군이 특수행정조직인 소도를 다스렸다.
③ 연맹체를 이루던 다섯 부족이 행정구역으로 발전해 수도와 지방을 5부로 나누었다.
④ 총 5,000여 호를 여러 읍락으로 나누어 읍락의 족장인 삼로가 자치적으로 다스렸다.

해설

부여는 왕 아래 마가, 우가, 저가, 구가의 가(加)들이 각자의 행정 구역인 사출도를 다스렸으며, 왕이 통치하는 중앙과 합쳐 5부를 구성하는 연맹 왕국이었다. 또한, 남의 물건을 훔치면 12배로 갚도록 하는 1책 12법이라는 엄격한 법률이 있었고, 매년 12월에는 풍성한 수확제·감사제의 성격을 지닌 영고라는 제천 행사가 열렸다.

┃ 한국남동발전

103 다음은 어느 나라에 대한 설명인가?

> • 특산물로 단궁이라는 활과 과하마, 반어피 등이 유명하였다.
> • 매년 10월에 무천이라는 제천 행사를 열었다.
> • 동해안에 위치하여 해산물이 풍부하였다.

① 가 야   ② 마 한
③ 옥 저   ④ 동 예

해설

동예는 강원도 북부 동해안 중심에 형성된 나라로 읍군과 삼로라는 군장이 통치하였다. 방직기술이 발달하였고 족외혼과 책화라는 풍속이 있었다.

안심Touch

▌경기도공무직통합채용

104 다음 중 고구려 장수왕의 업적이 아닌 것은?

① 고구려 역사상 가장 넓은 영토를 다스렸다.
② 수도를 국내성에서 평양성으로 옮겼다.
③ 북진정책을 펼쳐 중국의 북위와의 전쟁에서 여러 차례 승리했다.
④ 충주에 중원 고구려비를 건립했다.

해설

고구려 제20대 왕인 장수왕은 중국과의 적극적인 외교활동을 펼쳐 당시 중국을 제패한 북위에 사절을 파견해 외교 관계를 맺고 대체로 긴밀한 사이를 유지했다. 북위뿐 아니라 유연 등 다른 중국 민족·국가와도 다각적으로 외교하며 서방의 안정을 꾀했다. 한편 장수왕은 427년 수도를 국내성에서 평양성으로 옮겨 백제와 신라를 향한 남진정책을 펼쳤고, 백제의 위례성을 함락시키고 개로왕을 사살하는 등 전공을 올리는 데 성공한다. 그는 고구려 역사상 가장 넓은 영토를 다스린 왕이며 충주에 중원 고구려비를 건립하기도 했다.

▌대전광역시공공기관통합채용

105 다음 중 실직주 군주인 이사부를 보내 우산국을 점령한 신라의 왕은?

① 지증왕
② 진흥왕
③ 법흥왕
④ 무열왕

해설

삼국시대 신라의 제22대 왕인 지증왕은 농사에 소를 활용하는 우경을 실시해 생산력을 향상시켰고, 국명을 신라로 확정했다. 전국에 주·군·현을 설치하는 행정제도인 군현제를 실시했고, 이때 지금의 강원도 삼척 지역에 실직주가 탄생하였다. 지증왕은 실직주의 군주로 임명된 이사부를 우산국으로 보내 점령케 했다.

▌한국중부발전

106 다음 중 신라 김헌창의 난에 대한 설명으로 옳지 않은 것은?

① 유력한 왕위 계승 후보였던 아버지 김주원이 왕위에 오르지 못한 것을 구실로 일으켰다.
② 귀족들 간의 왕위계승전이 치열하게 벌어졌던 시기에 일어났다.
③ 무열왕계 귀족의 세력이 더욱 강화되는 계기가 되었다.
④ 난을 일으킨 지 한 달이 못 되어 진압되었다.

해설

통일 신라 헌덕왕 때 무열왕계였던 김주원이 원성왕계 귀족들과의 왕위 쟁탈전에서 패배하자 아들인 웅천주(현재 충남 공주) 도독 김헌창이 반란을 일으켰다. 그러나 한 달이 못 되어 관군에 진압되어 실패하였다. 당시는 귀족들 간의 왕위계승전이 치열하게 벌어지던 시기였는데, 김헌창의 난으로 무열왕계 귀족들은 크게 몰락했다.

▎경기도공무직통합채용

107 다음 중 발해 무왕의 업적으로 맞는 것은?

① 대흥이라는 독자적 연호를 사용했다.
② 고구려의 옛 땅을 대부분 회복했다.
③ 수도를 중경에서 상경으로 옮겼다.
④ 장문휴를 보내어 당의 산둥반도를 공격하도록 했다.

해설

남북국시대 발해의 제2대 왕인 무왕은 독자적 연호인 인안을 사용했고, 장군이었던 장문휴로 하여금 당의 산둥반도를 공격하게 했다. 또한 돌궐과 일본을 연결하는 외교 관계를 수립하는 데에도 힘썼다. ①, ③은 제3대 왕인 문왕, ②는 제4대 왕인 선왕에 대한 내용이다.

▎한국산업인력공단

108 고려 향·부곡·소에 대한 설명으로 틀린 것은?

① 향·부곡은 신라시대부터 있었고 고려 때 소가 신설됐다.
② 향·부곡에는 농업종사자가 거주했다.
③ 소에 거주하는 주민은 수공업에 종사했다.
④ 전민들이 거주하는 특수행정구역이었다.

해설

향·부곡·소는 고려 시대의 지방에 있는 특수행정구역이다. 향·부곡(농업 종사)·소(수공업 종사)에 거주하는 주민이 살았으며 신분은 양민이나 일반 양민에 비해 차별 우대를 받았다. 이곳 주민들이 다른 지역으로 이주하는 것은 원칙적으로 금지되었다.

▎한국수력원자력

109 다음 중 고려시대의 군사제도에 대한 설명으로 옳은 것은?

① 중앙군과 지방군, 별군의 삼원 조직으로 나뉘었다.
② 중앙군은 2군 6위로 구성되었다.
③ 지방군은 5도의 일반 군현에 주둔하는 광군이 중심이 되었다.
④ 중방은 별군의 지휘관들이 구성한 군사회의기관이었다.

해설

고려군은 중앙군과 지방군의 이원 조직으로 구성되었고, 중앙군에는 다시 2군 6위, 지방군에는 주진군·주현군이 배치되었다. 중앙군 2군 6위의 지휘관인 상장군과 대장군들이 중방이라는 회의기관을 구성했고, 이 중방은 고려 후기 무신정권 때 최고 권력기관으로 부상한다. 한편 지방군 중 주진군은 국경지대인 양계에서 수비를 담당했고, 5도의 일반 군현에는 주현군이 주둔하며 지방의 치안과 노역에 동원되었다.

110 다음 중 세종대왕이 재위하던 시기의 업적이 아닌 것은?

① 칠정산 간행　　　　　　　　　② 훈민정음 창제
③ 측우기 발명　　　　　　　　　④ 울릉도 정벌

> **해설**
> 세종대왕 때의 업적으로는 대마도 정벌(1419), 칠정산 간행(1430), 측우기 발명(1441), 훈민정음 창제(1443)가 있다.
> 울릉도는 신라 지증왕 때 신라 땅으로 복속되었다.

111 다음 밑줄 친 전쟁 이후 동아시아의 정세에 대한 설명으로 틀린 것은?

> 적선이 바다를 덮으니 부산 첨사 정발은 마침 절영도에서 사냥을 하다가, 조공하러 오는 왜라 여기고 대비하지 않았는데 미처 진에 돌아오기도 전에 적이 이미 성에 올랐다. 정발은 난병 중에 전사했다. 이튿날 동래부가 함락되고 부사 송상현이 죽었으며, 그의 첩도 죽었다. 적은 드디어 두 갈래로 나누어 진격하여 김해・밀양 등 부(府)를 함락하였는데 병사 이각은 군사를 거느리고 먼저 달아났다. 2백년 동안 <u>전쟁</u>을 모르고 지낸 백성들이라 각 군현(郡縣)들이 풍문만 듣고도 놀라 무너졌다.

① 명나라는 국력 소모를 크게 하여 국가재정이 문란해졌다.
② 조선에서는 비변사의 역할이 크게 축소되고 의정부의 권한이 강화되었다.
③ 만주의 여진이 세력을 확대하는 계기가 되었다.
④ 일본 내의 봉건 세력이 약화되었고 도쿠가와 이에야스가 정권을 장악하였다.

> **해설**
> 동아시아 3국이 참전한 국제전이었던 7년간의 임진왜란 이후 명나라는 원군 출정으로 인한 국력 소모로 국가재정이 문란해졌다. 때문에 만주 지역의 여진이 세력을 확장하는 계기가 되었고, 이후 명나라는 무너지고 청나라가 들어서게 된다. 일본에서는 봉건 제후 세력이 약화되어 도쿠가와 이에야스가 정권을 쉽게 장악할 수 있게 되었다. 조선에서는 전쟁 중 기능이 확대된 비변사의 역할과 권한이 그대로 유지되고, 의정부의 역할이 축소되었다.

┃ 중앙보훈병원

112 정조의 상업정책인 신해통공에 대한 설명으로 옳지 않은 것은?

① 당시 중국에 다녀온 채제공의 건의로 시행된 상업정책이다.

② 육의전을 제외한 시전 상인들의 금난전권을 폐지시켰다.

③ 정조의 탕평정책을 수행하기 위한 정치적 의도도 깔려 있었다.

④ 사상이 시장을 장악하고 독점하면서 일으킨 폐단을 해소하기 위함이었다.

해설

조선 후기에 사상(私商)들이 점차 확대되면서 시전의 상권을 장악하자 시전 상인들은 난전을 단속할 수 있는 권리인 금난전권을 행사하여 사상의 활동을 억압하였다. 그러나 정조 때 채제공의 건의에 따라 신해통공을 시행하여 육의전을 제외한 시전 상인들의 금난전권이 폐지되었다(1791). 신해통공은 사상이라는 신흥자본세력을 부상케 하며 조선 후기 상업 발전에 영향을 주었고, 종래에 노론 세력과 결탁해 있던 시전상인들의 세를 약화시킴으로써 탕평책의 수행을 뒷받침할 수 있게 되었다.

┃ 부산교통공사

113 다음 중 흥선대원군에 대한 설명으로 틀린 것은?

① 세도정치 가문의 인물을 축출하여 인재를 고르게 등용했다.

② 경복궁을 중건하여 왕실의 권위를 회복했다.

③ 전국의 서원을 정리하여 국가 재정을 확충했다.

④ 비변사를 재편하여 의정부와 삼군부의 기능을 약화시켰다.

해설

흥선대원군의 개혁정치

• 세도정치 가문의 인물을 축출하여 고른 인재 등용

• 경복궁을 중건하여 왕실의 권위 회복

• 서원을 47개만 남기고 600여 개를 정리하여 국가 재정을 확충

• 양전 사업을 실시하여 전정의 문란을 바로잡고 군역은 호포제를 실시하고 환곡제는 사창제로 전환하여 삼정의 문란을 개혁

• 비변사를 폐지하고 의정부와 삼군부의 기능 회복

┃ 한국남동발전

114 신미양요 이후에 생긴 일로 적절한 것은?

① 병인박해   ② 척화비 건립

③ 서원 철폐   ④ 법전 편찬

해설

신미양요는 1871년(고종 8)에 미국이 제너럴셔먼호 사건(1866)을 빌미로 조선을 개항시키기 위해 무력으로 침략한 사건이다. 신미양요 이후 흥선대원군은 척화비(1871)를 세우고 쇄국정책을 강화했다.

115 다음 중 을미개혁에 대한 내용으로 옳은 것은?

① 지석영이 소개한 종두법 실시를 위해 종두소를 설치하였다.

② 고종이 대한제국을 선포하며 시작되었다.

③ 청의 연호를 폐지하고 개국 연호를 사용했으며 또한 과거제를 폐지하였다.

④ 을미사변이 발생하기 전 일제에 의해 강제로 시행되었다.

해설

을미사변 이후 일제가 내세운 김홍집 내각에 의해 을미개혁(1895)이 추진되었다. 이 때 지석영이 소개한 천연두를 예방하는 종두법을 실시하기 위해 종두소를 설치하였고, 건양 연호와 태양력을 사용하게 되었으며 단발령이 시행되었다. 단발령은 을미사변으로 격해진 반일 감정의 기폭제가 되어 의병 운동으로 이어지게 되었다. 고종이 대한제국을 선포한 것은 광무개혁(1899)이며 개국 연호를 사용하고 과거제를 폐지한 것은 갑오개혁(1894)이다.

116 의열단에 대한 설명으로 옳지 않은 것은?

① 1919년 11월 만주 지린성에서 조직되었다.

② 부산경찰서 폭파사건을 주도했다.

③ 대한민국 임시정부 산하의 의열투쟁단체였다.

④ 〈조선혁명선언〉을 활동 지침으로 삼았다.

해설

의열단은 1919년 11월 만주 지린성에서 조직된 항일 무력독립운동 단체이다. 신채호의 〈조선혁명선언〉을 활동지침으로 삼았으며, 부산경찰서 폭파사건, 조선총독부 폭탄투척 의거 등의 활동을 했다. 대한민국 임시정부 산하의 의열투쟁단체는 한인애국단이다.

117 다음 시정 방침의 발표 계기로 옳은 것은?

> 정부는 관제를 개혁하여 총독 임용의 범위를 확장하고 경찰제도를 개정하며, 또는 일반 관리나 교원 등의 복제를 폐지함으로써 시대의 흐름에 순응한다.

① 청산리 대첩

② 3 · 1 운동

③ 윤봉길 의거

④ 6 · 10 만세운동

해설

일제는 1919년 3 · 1 운동을 계기로 1910년대 무단통치정책을 1920년대 문화통치정책으로 전환한다.

118 다음 중 1970년대에 일어난 사건이 아닌 것은?

① 민청학련사건

② 5·16군사정변

③ YH무역사건

④ 인민혁명단 재건위 사건

해설

전국민주청년학생총연맹(민청학련)의 학생 180명이 내란 혐의를 받아 구속된 민청학련사건과 북한의 지령을 받아 국가변란을 획책했다는 혐의로 1964년 구속됐던 지하조직 인민혁명당이 이 민청학련의 배후라고 규정한 인민혁명단 재건위 사건(제2차 인혁당사건)은 모두 1974년에 일어났다. 또한 YH무역의 여성노동자 170여 명이 근로자의 생존권 보장을 요구하며 신민당사에서 농성을 벌인 YH무역사건은 1979년에 일어난 사건이다. 박정희의 군부세력이 정변을 일으켜 정권을 장악한 5·16군사정변은 1961년 일어났다.

119 다음 ㉠ ~ ㉣을 일어난 순서대로 옳게 나열한 것은?

㉠ 6월 민주항쟁	㉡ 4·19 혁명
㉢ 부마 민주항쟁	㉣ 5·18 민주화운동

① ㉠ - ㉡ - ㉢ - ㉣

② ㉠ - ㉢ - ㉣ - ㉡

③ ㉡ - ㉢ - ㉣ - ㉠

④ ㉡ - ㉢ - ㉠ - ㉣

해설

㉡ 4·19 혁명 : 1960년 4월, 이승만 정권의 부정선거를 규탄하며 일어난 시민혁명이다.

㉢ 부마 민주항쟁 : 1979년 10월 16일~20일, 박정희 유신체제에 대항하여 부산과 마산에서 일어난 항쟁이다.

㉣ 5·18 민주화운동 : 1980년 5월 18일~27일, 당시 최규하 대통령 아래 전두환 군부세력 퇴진과 계엄령 철폐를 요구하며 광주시민을 중심으로 일어난 민주화운동이다.

㉠ 6월 민주항쟁 : 1987년 6월, 전두환 군부독재에 맞서 일어난 민주화운동이다.

120 다음 ㉠~㉣의 사건들을 시간 순서대로 나열한 것은?

㉠ 10월 유신	㉡ 7·4 남북공동성명
㉢ 10·26 사태	㉣ 5·16 군사정변

① ㉠-㉡-㉢-㉣　　　　　② ㉣-㉡-㉠-㉢

③ ㉠-㉢-㉣-㉡　　　　　④ ㉣-㉢-㉠-㉡

해설

㉣ 5·16 군사정변 : 1961년 5월 16일, 박정희를 중심으로 한 군사들이 정변을 일으켜 정권을 장악했다.

㉡ 7·4 남북공동성명 : 1972년 7월 4일, 남쪽과 북쪽의 정부관계자들이 비밀회담을 가진 후 통일을 위한 공동성명을 발표했다.

㉠ 10월 유신 : 1972년 10월, 박정희 장기 집권을 위해 유신을 선포하고 헌법을 개정했다.

㉢ 10·26 사태 : 1979년 10월 26일, 당시 중앙정보부장 김재규가 박정희 대통령을 살해한 사건이다.

주요 국제 Awards

01 노벨상

수상 부문		생리의학, 물리학, 화학, 경제학, 문학, 평화
주최		스웨덴 왕립과학아카데미, 노르웨이 노벨위원회
시작연도		1901년
시상식 장소		스웨덴 스톡홀름(단, 평화상은 노르웨이 오슬로)
시상식 일정		매년 12월 10일
심사	생리의학	카롤린스카 의학연구소
	물리학, 화학, 경제학	스웨덴 왕립과학아카데미
	문학	스웨덴 아카데미(한림원)
	평화	노르웨이 노벨위원회

01 노벨생리의학상

데이비드 줄리어스   아뎀 파타푸티언

2021년 노벨생리의학상은 데이비드 줄리어스 캘리포니아대 교수와 아뎀 파타푸티언 미국 스크립스연구소 교수 등 두 명의 미국인이 수상했다. 이들은 온도와 압력을 느낄 수 있는 수용체를 발견한 공로를 인정받았다. 줄리어스는 고추의 매운 성분인 캡사이신을 이용해 피부 신경말단에 존재하는 열에 반응하는 감각 수용체를 발견했고, 파타푸티언은 압력에 민감한 세포를 사용해 피부와 내부 장기에서 기계적 자극에 반응하는 새로운 종류의 촉각 수용체를 확인했다. 노벨위원회는 "이 발견이 우리 신경계가 뜨거운 것, 차가운 것, 기계적 자극을 어떻게 감지하는지에 대한 이해의 폭을 넓혔다"고 평가했다.

02 노벨물리학상

슈쿠로 마나베   클라우스 하셀만   조르조 파리시

2021년 노벨물리학상은 일본계 미국인인 슈쿠로 마나베 프린스턴대 교수와 독일의 클라우스 하셀만 막스플랑크 기상학연구소 교수, 이탈리아의 조르조 파리시 로마라사피엔자대 명예교수가 수상했다. 마나베와 하셀만은 기후의 물리학적 모델링과 지구온난화의 수학적 예측 가능성 증진에 기여한 공로로, 파리시는 원자에서 행성 단위에 이르기까지 물리학적 체계에서 무질서와 변동의 상호작용을 발견한 공로로 수상자로 선정됐다. 노벨위원회는 "마나베와 하셀만은 인간이 기후에 어떻게 영향을 미치는지에 대한 우리의 지식의 토대를 마련했고, 파리시는 무질서한 물질들과 무작위적인 과정들에 대한 이론에 혁명적 기여를 했다"고 평가했다.

03 노벨화학상

베냐민 리스트   데이비드 맥밀런

노벨화학상은 독일의 베냐민 리스트 막스플랑크 석탄연구소 교수와 미국의 데이비드 맥밀런 프린스턴대 교수가 수상했다. '비대칭 유기촉매 반응'이라고 하는 분자를 만드는 정밀한 도구를 개발한 공로로 영예를 안았다. 노벨위원회는 이들의 유기촉매 기술이 신약 물질부터 태양빛을 흡수해 전기를 생산하는 태양전지에 사용되는 분자에 이르기까지 다양한 물질을 더 효율적으로 만들어 인류에게 큰 혜택을 줬다고 강조했다. 과거에는 촉매로 금속, 효소 등 2가지를 생각했지만 리스트와 맥밀런이 2000년에 독립적으로 제3의 촉매반응이라고 할 수 있는 유기분자를 기반으로 한 비대칭 유기촉매 반응을 개발하면서 새로운 길이 열렸다.

04 노벨문학상

압둘라자크 구르나

노벨문학상은 탄자니아 국적의 난민 출신 소설가인 압둘라자크 구르나가 수상했다. 아프리카 동해안의 섬 잔지바르에서 자란 그는 1963년 영국의 식민통치가 끝나고 혁명이 일어나자, 대량학살과 박해를 피해 1960년대 말 잉글랜드에 난민 자격으로 도착했다. 그는 아버지가 사망하기 직전인 1984년이 돼서야 잔지바르로 돌아갈 수 있었다. 최근 은퇴하기 전까지 영국 켄트대 교수로 영어와 탈식민주의 문학을 가르치면서 다수의 장・단편소설을 펴냈다. 특히 1990년 전후 동아프리카에서의 탐구 활동을 토대로 1994년 출간한 소설 '낙원(Paradise)'은 작가로서 그가 비약적으로 발전하는 계기가 됐다. 19세기 후반 동아프리카의 폭력적인 식민지화를 상세하게 묘사한 작품이다.

05 노벨평화상

마리아 레사   드미트리 무라토프

2021년 노벨평화상은 필리핀의 마리아 레사, 러시아의 드미트리 무라토프 등 언론인 2명이 수상했다. 레사는 필리핀에서 커지는 권위주의와 폭력의 사용, 권력 남용을 폭로하기 위해 표현의 자유를 활용한 인물로 평가받았다. 그는 온라인 매체 '래플러(Rappler)'의 공동설립자이며, 특히 두테르테 대통령의 '마약과의 전쟁'을 집중적으로 비판했다. 한편 무라토프는 1993년 독립신문인 '노바야 가제타'를 공동설립했다. 이 매체는 팩트에 근거한 저널리즘과 기자 정신을 바탕으로 검열로 비판받는 러시아에서 중요한 정보 제공처로 주목받았다.

안심Touch

06 노벨경제학상

데이비드 카드   조슈아 앵그리스트   휘도 임번스

노벨경제학상은 데이비드 카드 캘리포니아대 교수, 조슈아 앵그리스트 매사추세츠공과대 교수, 휘도 임번스 스탠퍼드대 경영대학원 교수에게 돌아갔다. 카드는 경험적 연구로 노동 경제학 발전에 기여한 점을 인정받았다. 그는 주로 최저임금과 이민, 교육 등이 노동시장에 미치는 영향을 연구해 왔다. 앵그리스트와 임번스는 인과관계 분석에 방법론적으로 공헌한 점을 높이 평가받았다. 그들은 경제학 연구에서도 엄격한 과학적 방법에 따라 확실한 인과관계의 결론을 도출할 수 있도록 방법론적 문제를 해결했다.

02 세계 3대 영화제

01 베니스 영화제

개최 장소	이탈리아 베네치아
개최 시기	매년 8월 말 ~ 9월 초
시작 연도	1932년

〈2021 제78회 수상내역〉

• 황금사자상

〈해프닝〉　　　　오드리 디완

오드리 디완의 〈해프닝〉이 황금사자상을 수상했다. 〈해프닝〉은 1936년 프랑스의 한 여대생이 의도치 않은 임신을 하고 낙태를 하기까지의 갈등을 다룬 작품이다. 〈노매드랜드〉의 클로이 자오 감독에 이어 2년 연속으로 여성 감독이 황금사자상을 수상하게 되었다.

• 심사위원대상/감독상

〈더 핸드 오브 갓〉　　제인 캠피온

심사위원대상은 파울로 소렌티노 감독의 〈더 핸드 오브 갓〉이 차지했고, 감독상은 〈더 파워 오브 더 도그〉를 감독한 제인 캠피온에게 돌아갔다. 〈더 핸드 오브 갓〉은 이탈리아 항구도시 나폴리를 배경으로 감독 자신의 유년시절을 다룬 작품이다. 〈더 파워 오브 더 도그〉는 20세기 초 미국 서부를 배경으로 형제 사이에 나타난 과부와 그녀의 아들을 중심으로 펼쳐지는 서스펜스 영화다.

• 남우주연상/여우주연상

존 아실라　　　페넬로페 크루즈

남우주연상은 〈온 더 잡 : 더 미싱8〉의 존 아실라가, 여우주연상은 〈페러렐 마더스〉의 페넬로페 크루즈가 수상했다. 〈온 더 잡 : 더 미싱8〉는 필리핀의 두테르테 대통령을 둘러싼 부패와 언론검열을 다룬 작품이며, 〈페러렐 마더스〉는 같은 날 출산하게 된 미혼모와 중년 임산부의 교감과 삶의 변화를 그리고 있다.

02 칸 영화제

개최 장소	프랑스 남부의 도시 칸
개최 시기	매년 5월
시작 연도	1946년

〈2021 제74회 수상내역〉

• 황금종려상

〈티탄〉 　　 줄리아 듀코나우

줄리아 듀코나우의 〈티탄〉이 황금종려상을 수상했다. 〈티탄〉은 교통사고로 머리에 티타늄 조각이 박힌 여성이 아들을 잃어버린 아버지를 만나면서 생기는 이야기를 다룬 프랑스-벨기에 합작 스릴러 영화다. 한편 여성감독의 황금종려상 수상은 1993년 제인 캠피온 감독 이후 28년 만의 일이다.

• 심사위원대상/감독상

아쉬가르 파라디 　　 레오 카락스

심사위원대상은 아쉬가르 파라디 감독의 〈어 히어로〉와 주호 쿠오스마넨 감독의 〈컴파트먼트 No.6〉가 차지했다. 감독상은 〈아네트〉의 레오 카락스에게 돌아갔다. 〈어 히어로〉는 부채로 감옥에 갇힌 남성이 빚을 탕감받기 위해 펼치는 이틀 동안의 출소 여정을 담았으며, 〈컴파트먼트 No.6〉는 러시아 모스크바에서 기차를 탄 핀란드 여성이 기차 탑승자들을 만나고 생기는 일을 그려냈다. 〈아네트〉는 세계적인 오페라 가수 앤과 스탠드업 코미디언 헨리에게 특별한 딸 아네트가 생기며 일어나는 이야기를 다룬 작품이다.

• 남우주연상/여우주연상

케일럽 랜드리 존스 　　 르나트 라인제브

남우주연상은 〈니트람〉의 케일럽 랜드리 존스가 여우주연상은 〈더 워스트 펄슨 인 더 월드〉의 르나트 라인제브가 수상했다. 〈니트람〉은 1990년대 호주에서 발생한 최악의 총기사고를 다뤘으며, 〈더 워스트 펄슨 인 더 월드〉는 새로운 사랑과 인생에 대해 고민하는 30대 여성을 그린 영화다.

03 베를린 영화제

개최 장소	독일 베를린
개최 시기	매년 2월 중순
시작 연도	1951년

〈2022 제72회 수상내역〉

• 황금곰상

〈알카라스〉   카를라 시몬

최우수작품상인 황금곰상은 스페인의 영화감독 카를라 시몬이 연출한 〈알카라스〉가 수상했다. 스페인 카탈루냐를 배경으로 복숭아 농장을 경영하는 농부와 그 가족들의 이야기를 아름답게 그려냈다. 심사위원 측은 이 영화가 전문배우를 기용하지 않았음에도 아역부터 노인 배역까지 자연스럽고 훌륭한 연기를 보였다고 호평했다.

• 심사위원대상/감독상

〈소설가의 영화〉   클레르 드니

은곰상 심사위원대상은 홍상수 감독의 〈소설가의 영화〉가 수상했고, 은곰상 감독상은 〈보스 사이드 오브 더 블레이드〉를 감독한 클레르 드니에게 돌아갔다. 〈소설가의 영화〉는 한 소설가가 잠적해버린 후배의 책방을 찾아 먼 길을 떠나오면서 만나는 사람과 사건을 그린 작품으로, 홍상수 감독은 이번 수상으로 베를린 영화제 3년 연속 수상이라는 영광을 안았다. 〈보스 사이드 오브 더 블레이드〉는 파리에서 살아가는 중년 부부를 주인공으로 한 멜로드라마다.

• 주연상/조연상

멜템 캅탄   로라 바수키

2022년 주연상은 〈라비예 쿠르나즈 vs. 조지 W. 부시〉에 출연한 독일 출신 배우 멜템 캅탄이, 조연상은 〈비포, 나우&댄〉의 인도네시아 배우 로라 바수키가 수상했다.

안심Touch

최신시사용어

01 정치 · 국제 · 법률

01 비토권

사안을 거절할 수 있는 권리

한 사안에 대해서 거부·거절할 수 있는 권리를 말한다. 'Veto'는 거부라는 뜻의 영단어다. 국제연합(UN)의 안전보장이사회(안보리)는 비토권 5개국으로 불린다. 만약 5개국 중 1개국이라도 비토권을 행사하면 해당 국가를 제외하고 만장일치를 이뤄도 안건이 통과되지 않는다. 우리나라에도 비토권이 존재한다. 국회, 즉 입법부에서 의결된 안건을 대통령이 재의 요구할 수 있다. 재의라고 명시되어 있지만 비토권과 같은 역할을 한다. 법률안이 재의되더라도 다시 국회로 넘어와 재적의원 과반수 출석과 출석의원 3분의 2 이상의 동의를 얻으면 법률로서 제정된다.

02 대체공휴일법

공휴일과 휴일이 겹치는 경우 다음 비공휴일을 공휴일로 보장하는 법

국정공휴일이 다른 휴일과 겹치는 경우 돌아오는 첫 번째 비공휴일을 공휴일로 보장하는 법을 말한다. 2021년 6월 29일 이러한 내용의 '공휴일에 관한 법률' 제정안이 국회 본회의를 통과했다. 그동안 설날과 추석 연휴, 어린이날에만 대체휴일을 적용했지만 앞으로는 3·1절 등 4개의 국경일에도 적용된다. 대체공휴일법은 이듬해 1월 1일부터 시행되지만 부칙에 따라 2021년에는 광복절부터 시행하여 개천절과 한글날에 대체공휴일이 적용됐다. 다만 공휴일을 유급휴일로 보장하지 않는 근로기준법의 내용과 충돌하는 부분이 있어 5인 미만의 사업장에는 적용하지 않기로 했다.

03 쿼드 Quad

미국, 일본, 인도, 호주 4국가가 모여 구성한 안보협의체

미국, 일본, 인도, 호주로 구성된 안보협의체다. 2007년 당시 아베 신조 일본총리의 주도로 시작됐으며 2020년 8월 미국의 제안 아래 공식적인 국제기구로 출범했다. '법치를 기반으로 한 자유롭고 개방된 인도·태평양(FOIP ; Free and Open Indo-Pacific)' 전략의 일환으로 시진핑 중국주석이 이끄는 일대일로를 견제하기 위한 목적도 갖고 있다. 이 때문에 반(反)중국의 성격을 가지고 있는데 당시, 미국은 쿼드를 인도-태평양판 나토(NATO, 북대서양조약기구)로 추진했다. 한편 쿼드는 한국, 뉴질랜드, 베트남이 추가로 참가하는 쿼드 플러스로 기구를 확대하려는 의지를 내비치기도 했다.

04 김용균법

산업재해 방지를 위해 산업현장안전과 기업의 책임을 대폭 강화하는 법안

2018년에 태안화력발전소 비정규직 노동자였던 고 김용균 씨 사망사건 이후 입법 논의가 시작되어 고인의 이름을 따서 발의된 법안이다. 고 김용균 씨 사망은 원청관리자가 하청노동자에게 직접 업무지시를 내린 불법파견 때문에 발생한 것으로 밝혀져 '죽음의 외주화' 논란을 일으켰다. 이 사건의 원인이 안전관련법안의 한계에서 비롯되었다는 사회적 합의에 따라 산업안전규제 강화를 골자로 하는 산업안전보건법이 2020년에 개정되었고, 이후 산업재해를 발생시킨 기업에 징벌적 책임을 부과하는 중대재해 기업처벌법이 2021년에 입법됐다.

산업안전보건법 개정안(산업안전법)
산업현장의 안전규제를 대폭 강화하는 방안을 골자로 발의된 법안으로 2020년 1월 16일부터 시행됐다. 주요 내용은 노동자 안전보건 조치 의무 위반 시 사업주에 대한 처벌을 강화하고 하청 가능한 사업의 종류를 축소시키는 등이다. 특히 도급인 산재 예방 조치 의무가 확대되고 사업장이 이를 위반할 경우 3년 이하의 징역 또는 3,000만원 이하의 벌금에 처하도록 처벌 수준을 강화해 위험의 외주화를 방지했다.

중대재해 기업처벌법(중대재해법)
산업안전법이 산업현장의 안전규제를 대폭 강화했다면 중대재해법은 더 나아가 경영책임자와 기업에 징벌적 손해배상책임을 부과한다. 중대한 인명피해를 주는 산업재해가 발생했을 경우 경영책임자 등 사업주에 대한 형사처벌을 강화하는 내용이 핵심이다. 노동자가 사망하는 산업재해가 발생했을 때 안전조치 의무를 미흡하게 이행한 경영책임자에게 징역 1년 이상, 벌금 10억원 이하의 처벌을 받도록 했다. 법인이나 기관도 50억원 이하의 벌금형에 처하도록 했다. 2022년부터 시행됐으며 50인 미만 사업장에는 공포된 지 3년 후부터 시행된다.

05 임대차 3법

전월세상한제 · 계약갱신청구권제 · 전월세신고제를 핵심으로 하는 법안

임대차 3법은 계약갱신청구권과 전월세상한제를 담은 '주택임대차보호법' 개정안과 전월세신고제를 담은 '부동산 거래신고 등에 관한 법률' 개정안을 말한다. 이 중 '주택임대차보호법' 개정안은 2020년 7월 31일 본회의를 통과한 당일부터 시행됐다. 이에 따라 세입자는 추가 2년의 계약연장을 요구할 수 있고 집주인은 실거주 등의 특별한 이유가 없으면 이를 받아들여야 하는데, 이때 임대료는 종전 계약액의 5% 이내에서만 인상할 수 있다. 계약 당사자가 계약 30일 이내에 임대차 계약정보를 신고해야 하는 '부동산 거래신고 등에 관한 법률' 개정안은 2020년 8월 4일 본회의를 통과해 2021년 6월 1일부터 시행됐다.

06 연동형 비례대표제

정당의 득표율에 따라 의석을 배분하는 제도

총 의석수는 정당득표율로 정해지고, 지역구에서 몇 명이 당선됐느냐에 따라 비례대표 의석수를 조정하는 방식이다. 정당의 득표율에 연동해 의석을 배정하는 방식으로, 예컨대 A정당이 10%의 정당득표율을 기록했다면 전체 의석의 10%를 A정당이 가져갈 수 있도록 하는 것이다. 연동형 비례대표제는 지역구 후보에게 1표, 정당에게 1표를 던지는 '1인 2표' 투표방식이지만, 소선거구에서의 당선 숫자와 무관하게 전체 의석을 정당득표율에 따라 배분한다. 그리고 정당득표율로 각 정당들이 의석수를 나눈 뒤 배분된 의석수보다 지역구 당선자가 부족할 경우 이를 비례대표 의석으로 채우게 된다. 연동형 비례대표제는 '혼합형 비례대표'로도 불리는데, 이를 택하고 있는 대표적 국가로는 독일, 뉴질랜드 등이 있다.

준연동형 비례대표제
원안은 300명의 의석 중 비례대표를 75석으로 늘리는 것을 골자로 하였으나 가결된 수정안은 현행과 같이 300명의 의석 중 지역구 253명, 비례대표 47석을 유지하되 47석 중 30석에만 '연동형 캡'을 적용하여 연동률 50%를 적용하는 것이다. 연동률이 100%가 아닌 50%만 적용하므로 준연동형 비례대표제라고 부른다.

석패율제
지역구와 비례대표에 동시에 출마한 후보 중에서 가장 높은 득표율로 낙선한 후보를 비례대표로 선출하는 제도다. 일본이 지역구 선거에서 가장 아깝게 떨어진 후보를 구제해주자는 취지로 1996년 도입했다.

07 홍콩 국가보안법(홍콩보안법)

홍콩 내 중국 반(反)정부 행위를 처벌하는 법

홍콩보안법은 외국 세력과 결탁, 국가 분열, 국가정권 전복, 테러리즘 행위 등을 금지·처벌하고, 홍콩 내에 이를 집행할 기관인 국가안전처를 설치하는 내용이 담긴 홍콩의 중국 반(反)정부 행위 처벌법이다. 중국전국인민대표회의 상무위원회에서 2020년 6월 30일에 통과되어 홍콩의 실질적 헌법인 기본법 부칙에 삽입됐으며, 홍콩주권 반환일인 7월 1일부터 공식 시행되었다. 중국과 홍콩은 본래 일국양제(一國兩制)를 택하고 있어 홍콩 의회에서 법안을 발의해야 한다. 하지만 2019년 범죄인 인도법(송환법)에 반대한 시위가 6개월 넘게 지속되며 홍콩 민주화를 요구하는 대규모 시위로 번지자 중국 정부가 이를 대처하기 위해 직접 홍콩보안법을 제정했다.

복면금지법
공공 집회나 시위 때 마스크·가면 등의 착용을 금지하는 법으로, 복면 착용으로 신원 확인을 어렵게 하는 것을 금지하는 것이다. 홍콩 정부는 2019년 10월 5일부터 '범죄인 인도법' 반대 시위대의 마스크 착용을 금지하는 '복면금지법'을 전면 시행했다. 복면금지법을 시행할 것이라는 소식이 전해지자 홍콩 시내 곳곳에는 시민들이 쏟아져 나와 항의 시위를 벌였다.

홍콩인권법
미국 상원에서 만장일치로 통과된 홍콩인권법은 홍콩인권·민주주의법과 홍콩보호법으로 나뉜다. 홍콩인권법은 홍콩의 자치 수준을 미국이 1년에 한 번 평가하고 홍콩의 자유를 억압하는 인물을 제재하는 내용이다. 홍콩보호법은 최루탄과 고무탄, 전기충격기 등 집회·군중을 통제하기 위한 일체의 장비를 홍콩에 수출하는 것을 금지하는 것이다.

08 파이브 아이즈 Five Eyes

영어권 5개국이 참여하고 있는 기밀정보 동맹체

미국, 영국, 캐나다, 호주, 뉴질랜드 등 영어권 5개국이 참여하고 있는 기밀정보 동맹체다. 2013년 6월 미국 국가안보국(NSA) 요원이던 에드워드 스노든에 의해 그 실상이 알려졌다. 당시 스노든이 폭로한 NSA의 도·감청 기밀문서를 통해 미국 NSA가 영국·캐나다·호주·뉴질랜드 정보기관과 협력해 벌인 다양한 첩보활동의 실태가 드러났다. 파이브 아이즈는 1946년 미국과 영국이 공산권과의 냉전에 대응하기 위해 비밀 정보교류 협정을 맺은 것이 시초로 1960년에 개발된 에셜론(Echelon)이라는 프로그램을 통해 전 세계 통신망을 취합한 정보를 공유하는 것으로 알려져 있다.

09 고위공직자범죄수사처(공수처)

고위공직자의 범죄 사실을 수사하는 독립된 기관

대통령을 비롯해 국회의원, 국무총리, 검사, 판사, 경무관급 이상 경찰 등 고위공직자들이 직무와 관련해 저지른 범죄에 대한 수사를 전담하는 기구로, 줄여서 '공수처'로 부른다. 공수처 설치는 1996년 참여연대가 고위공직자비리수사처를 포함한 부패방지법안을 입법 청원한 지 23년, 고(故) 노무현 전 대통령이 2002년 대선공약으로 내건 지 17년 만인 2019년 12월 30일 입법화가 이뤄졌다. 2021년 1월 21일에 공수처가 공식 출범되면서 초대 공수처장으로 김진욱 헌법재판소 전 선임연구관이 임명됐다.

고위공직자범죄수사처 설치 및 운영에 관한 법률 주요 내용

수사대상		대통령, 국회의장·국회의원, 대법원장·대법관, 헌재소장·재판관, 검찰총장, 국무총리, 중앙행정기관·중앙선관위·국회·사법부 소속 정무직 공무원, 대통령비서실·국가안보실·대통령경호처·국정원 소속 3급 이상 공무원, 광역자치단체장·교육감, 판사·검사, 경무관급 이상 경찰, 군 장성 등
수사대상 범죄		직무유기·직권남용죄 등 형법상 공무원 직무 관련 범죄, 횡령·배임죄, 변호사법·정치자금법·국정원법·국회증언감정법·범죄수익은닉규제법 위반 등(수사과정에서 인지한 범죄 포함)
구 성		공수처장 및 차장 각 1명(임기 3년, 중임 불가), 검사 23명(임기 3년, 3번 연임 가능), 수사관 40명(임기 6년, 연임 가능)
권 한	원 칙	수사권, 영장청구권, 검찰 불기소처분에 대한 재정신청권
	예 외	기소권 및 공소유지권(판사·검사, 경무관급 이상 경찰 대상)

10 하이브리드 전쟁

모든 수단을 총동원해 상대국에 혼란과 불안을 일으키는 전쟁

군사적 수단과 비군사적 수단을 동원해 전쟁 상대국의 혼란과 불안을 야기하는 것을 말한다. 재래전을 포함해 가짜뉴스, 정치공작, 사이버 공격, 난민 유입 등 여러 방법으로 상대국에 공포와 혼란을 일으킨다. 모든 수단을 총동원한다는 특징 때문에 '복합전쟁', '비대칭 전쟁'이라고도 한다. 전쟁에는 무력충돌이 반드시 수반되는 데 비해 하이브리드 전쟁은 군사력 사용을 줄임으로써 공격 주체 및 의도가 잘 드러나지 않고 피해자 입장에서는 신속한 방어가 어렵다. 여기에 가능한 모든 수단을 동원해 내부분열, 여론악화, 사회혼란 등을 일으키기 때문에 상대에게 투입한 비용이나 노력보다 훨씬 더 큰 타격을 가할 수 있다.

11 검·경 수사권 조정안

수사·기소를 분리한 검·경 수사권 조정안

검·경 수사권 조정안은 ▲ 검사 수사지휘권 폐지 ▲ 경찰 1차 수사종결권 부여 ▲ 검사 직접 수사범위 제한 등 검찰 권한을 분산하는 내용이 핵심이다. 2020년 1월 13일 이 같은 내용의 검·경 수사권 조정법안 (형사소송법·검찰청법 개정안)이 통과되며 검찰의 수사지휘권은 1954년 형사소송법이 제정된 지 66년 만에 폐지됐다. 그간 형사소송법은 검사를 수사권의 주체로, 사법경찰관은 검사의 지휘를 받는 보조자로 규정해왔다. 그러나 개정안 통과로 검·경 관계는 '지휘'에서 '협력'으로 바뀌었다. 경찰에 1차적 수사종결권 을 부여한 점도 개정안의 핵심이다. 경찰은 혐의가 인정되지 않는다고 판단한 사건을 자체 종결할 수 있다. 2020년 10월 29일 검·경 수사권 조정을 위한 검찰청법과 형사소송법 시행령이 국무회의를 통과해 2021년 1월 1일부터 시행됐다. 검찰의 직접수사 범위도 제한됐다. 시행령에 따르면 검찰 직접 수사 대상은 ▲ 4급 이상 공직자 ▲ 3,000만원 이상의 뇌물 사건 ▲ 5억원 이상의 사기·횡령·배임 등 경제범죄 ▲ 5,000만원 이상의 알선수재·배임수증재·정치자금 범죄 등이다.

국가수사본부(국수본)
검·경 수사권 조정 이후 경찰이 1차적 수사종결권을 갖게 되며 새롭게 설치된 수사기관으로 2021년 출범했 다. 일반 경찰과 수사 경찰을 분리해 경찰의 수사 컨트롤타워 역할을 수행하여 한국판 FBI라 불린다.

국가수사본부 조직도

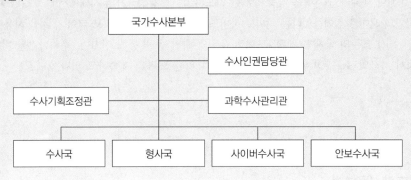

12 슬로벌라이제이션 Slowbalisation

국제 공조와 통상이 점차 느려지는 상황

영국의 경제 전문 주간지 〈이코노미스트〉가 2020년 커버스토리를 통해 진단한 세계경제 흐름이다. 세계화(Globalization)의 속도가 점차 늦어진다(Slow)는 의미를 담고 있다. 2008년 미국발 금융위기로 인해 많은 국가들이 자국 산업의 보호를 위해 부분적 보호무역주의를 실시했고 코로나19 사태 이후 이 같은 경향이 심화되면서 이러한 진단이 나오게 되었다. 개발도상국의 성장으로 무역 시장의 역할 변화가 이뤄지면서 선진국과 개도국의 관계가 상호 호혜적 관계에서 경쟁적 관계로 변화한 것이 큰 요인이라고 평가된다.

13 소프트파워 Soft Power

인간의 이성 및 감성적 능력을 포함하는 문화적 영향력

교육·학문·예술 등 인간의 이성 및 감성적 능력을 포함하는 문화적 영향력을 말한다. 군사력이나 경제력과 같은 하드파워(Hard Power)에 대응하는 개념으로 설득을 통해 자발적 순응을 유도하는 힘을 말한다. 21세기에 들어서며 세계가 군사력을 바탕으로 한 하드파워, 즉 경성국가의 시대에서 소프트파워를 중심으로 한 연성국가의 시대로 접어들었다는 의미로 하버드대 케네디스쿨의 '조지프 나이'가 처음 사용했다. 대중문화의 전파, 특정 표준의 국제적 채택, 도덕적 우위의 확산 등을 통해 커지며, 우리나라를 비롯한 세계 여러 나라에서 자국의 소프트파워를 키우고 활용하기 위한 노력을 계속하고 있다.

14 반도체 특별법

국가첨단전략산업 경쟁력 강화를 위한 법안

국제사회의 첨단산업 주도권 경쟁 심화에 대응하기 위해 마련된 법이다. 정식명칭은 '국가첨단전략산업 경쟁력 강화 및 보호에 관한 특별조치법'으로 2022년 1월 11일 국회 본회의를 통과했다. 반도체, 이차전지 등의 국가첨단전략산업에 대해 인프라, 인력 등을 파격적으로 지원하는 내용을 골자로 한다. 이 법안에는 국가첨단전략기술을 지정하고, 국가첨단전략산업위원회 설치 및 해당 기술들을 육성·보호하기 위한 방안들이 담겨 있다. 뿐만 아니라 첨단산업 투자 확대를 위해 인허가 신속처리 특례, 기반시설 구축비용 지원, 민원사항 조속 처리, 펀드 조성, 세액공제 등을 패키지로 지원하는 내용도 포함됐다.

15 샤리아법 Sharia Law

이슬람의 법체계

이슬람의 법체계다. 아랍어로 샤리아는 '물 마시는 곳으로 이끄는 길'이라는 말로 진리 또는 신께 다가가는 길이라는 뜻을 가지고 있다. 샤리아법은 일반적인 법체계와 달리 종교와 세속의 경계가 없어서 종교적인 측면뿐만 아니라 개인과 국가와의 관계, 가족, 생활관습, 사회, 정치 등 훨씬 포괄적인 영역에 대해 규정한다. 19세기 무슬림 사회의 서구화로 많은 변화가 일어났음에도 불구하고 여전히 무슬림들의 삶의 방식에 큰 영향력을 미치고 있다. 그러나 일부 내용을 해석하는 데 있어 학파마다 법을 적용하는 범위가 달라 일부 극단적인 성향의 집단에서는 인권탄압 등의 문제가 꾸준히 제기되고 있다. 지난 2021년 8월 15일 탈레반이 아프가니스탄의 수도 카불을 점령하며 20여 년 만에 정권을 재장악한 후 외국에 협조했던 이들에 대해 '샤리아법'에 따라 대대적 탄압을 단행했다.

16 부동산 3법

부동산과 관련된 종합부동산세법 · 법인세법 · 소득세법

부동산 3법은 부동산과 관련된 종합부동산세법 · 법인세법 · 소득세법을 통칭하여 부르는 말이다. 2020년 8월에는 7 · 10 부동산 대책에 대한 후속 입법절차로 국회에 개정 부동산 3법이 통과됐다. 개정 부동산 3법은 3주택 이상이나 투기조정대상지역 2주택 소유자의 종합부동산세 최고 세율을 6.0%로 높이고, 2년 미만 단기 보유 주택과 다주택자의 투기조정대상지역 내 주택 양도세 중과세율을 올리는 것이 주요 내용이다.

부동산 3법 주요 내용(2020.12.29. 개정)

종합부동산세법	고액의 부동산 보유자에 대하여 개인의 경우 3주택 이상 및 조정대상지역 2주택에 대해 과세 표준 구간별로 1.2% ~ 6.0%의 세율을 적용하며, 법인은 다주택 보유 법인에 대해 중과 최고 세율인 6%를 적용한다.
법인세법	법인이 보유한 주택을 양도할 때 추가세율이 인상된다. 또 법인의 주택 양도차익에 대해 기본 법인세율(10 ~ 25%)에 더해 추가 과세되는 세율이 기존 10%에서 20%로 인상된다.
소득세법	양도소득세제상 주택 수 계산 시 분양권이 포함된다. 1세대 1주택(고가주택)에 대한 장기보유특별공제율 적용 요건에 거주기간이 추가된다.

안심Touch

17 SLBM(잠수함발사탄도미사일)

잠수함에서 발사되는 탄도미사일

잠수함에 탑재되어 잠항하면서 발사되는 미사일 무기로, 대륙간탄도미사일(ICBM), 다탄두미사일(MIRV), 전략 핵폭격기 등과 함께 어느 곳이든 핵탄두 공격을 감행할 능력을 갖췄는지를 판단하는 기준 중 하나다. 잠수함에서 발사할 수 있기 때문에 목표물이 본국보다 해안에서 더 가까울 때에는 잠수함을 해안에 근접시켜 발사할 수 있으며, 조기에 모든 미사일을 탐지하기가 어렵다는 장점이 있다. 북한은 2021년 초 미국 바이든 행정부 출범을 앞두고 신형 잠수함발사탄도미사일(SLBM) '북극성-5형'을 공개했다. 우리나라는 지난 2021년 9월 15일 독자개발한 SLBM 발사시험에 성공하면서 세계 7번째 SLBM 운용국이 됐다.

> **대륙간탄도미사일(ICBM)**
> 대륙간탄도미사일은 대륙간탄도탄이라고도 한다. 미국보다 러시아가 먼저 1957년 8월에 개발하였고, 미국은 1959년에 실용화하였다. 일반적으로 5,000km 이상의 사정거리를 가진 탄도미사일을 말하며, 보통 메가톤급의 핵탄두를 장착하고 있다.

18 진공폭탄

주변의 산소를 사용해 초고온 폭발을 일으키는 무기

정식명칭은 '열압력탄'으로 주변에 있는 산소를 사용하여 초고온 폭발을 일으키는 무기다. '진공폭탄'이라는 명칭은 폭발 시 주변의 산소를 빨아들여 강력한 폭발을 일으킨다는 점 때문에 붙었다. 일반적인 폭탄에 들어가는 화약이 25%의 연료와 75%의 산화제로 구성되는 데 비해 진공폭탄에 들어가는 화약은 100% 연료로만 구성돼 같은 무게의 일반 폭탄보다 더 큰 에너지를 발산하는 것이 특징이다. 특히 폭발할 때 발생하는 높은 압력파가 인체장기에 손상을 미치기 때문에 비인도적인 무기로 평가받는다. 이에 국제사회는 진공폭탄이 인도적 측면에서 과도한 위해를 가한다고 판단해 국제법상 사용을 금지했다. 2022년 2월 러시아가 우크라이나를 전면적으로 침공했을 당시, 러시아가 전투과정에서 사용이 금지된 대량 살상무기 집속탄과 진공폭탄을 사용했다는 주장이 제기돼 파장이 일었다.

19 오커스 AUKUS

미국, 영국, 호주 등 3국이 출범한 외교안보 3자 협의체

오커스는 미국과 영국, 호주가 2021년 9월 15일 발족한 안보협의체다. 호주(Australia), 영국(United Kingdom), 미국(United States)의 국가명 앞 글자를 따 이름이 붙여졌다. 3국이 정기적으로 교류하며, 인도 태평양 지역의 안보와 평화 구축을 위해 출범했다. 미국과 영국이 호주의 핵잠수함 개발을 지원하는 것이 주요 계획이다. 미국이 태평양 지역에서 중국을 견제하기 위한 목적으로 출범했다는 분석이 나온다.

20 보아오포럼

중국 하이난 보아오에서 개최되는 경제포럼

비영리적·비정부적 기구인 보아오포럼 사무국이 매년 중국 하이난에 위치한 보아오에서 개최하는 경제포럼이다. 스위스 다보스에서 열리는 다보스포럼(WEF ; World Economic Forum)과 비슷한 성격을 가져 아시아판 다보스포럼으로 불리기도 한다. 2001년 처음 개최됐으며, 현재 한국·중국·일본 등 29개의 국가가 보아오포럼에 참여하고 있다. 호크 호주 전 총리와 라모스 필리핀 전 대통령이 함께 아시아판 다보스포럼을 구상한 것이 보아오포럼의 시작이다. 포럼에는 정부 관계자뿐만 아니라 기업, 개인까지 참여하고 있으며 2018년에는 반기문 전 유엔총장이 보아오포럼의 이사장으로 당선됐다.

21 탄소국경세 CBAM ; Carbon Border Adjustment Mechanism

탄소국경조정제도

이산화탄소 배출이 많은 국가에서 생산·수입되는 제품에 부과하는 관세로 '탄소국경조정제도'라고도 한다. 미국 조 바이든 행정부와 유럽연합(EU)이 주도적으로 추진하고 있다. 특히 EU는 2021년 7월, 2030년 유럽의 평균 탄소배출량을 감축하기 위한 입법패키지 '핏포 55(Fit for 55)'를 발표하면서 탄소국경세 입법안도 함께 공개했다. 유럽 역내로 수입되는 제품 가운데 자국 제품보다 탄소배출량이 많은 제품에 관세를 부과하는 조치다. EU는 2023년부터 시멘트, 알루미늄, 전기, 철강, 비료 등 탄소배출이 많은 품목에 탄소국경세를 시범적으로 시행한 뒤 2025년부터 단계적으로 시행한다는 계획이다.

22 B3W Build Back Better for the World

중국에 대항하기 위해 미국이 추진하는 글로벌 인프라 파트너십

조 바이든 미국 대통령이 2021년 6월 영국에서 열린 G7 정상회의에서 제안한 것으로 중국의 '일대일로(一帶一路)'에 대항하는 글로벌 인프라 파트너십을 말한다. 바이든 대통령의 대선 캠페인 '더 나은 건설(Build Back Better)'에서 차용한 명칭이다. 미국은 약화됐던 민주주의 리더십을 회복하여 동맹국들과 함께 중국의 부상을 견제하는 것은 물론, 주요 인프라를 비롯해 기후·보건·디지털 기술·성평등의 분야에도 집중적으로 자본을 조달한다는 계획이다. G7 정상회담에서 합의된 B3W는 중남미와 아프리카 등 지역에서 기후변화 대응과 보건·디지털화·사회적 평등 등과 관련된 대형 프로젝트를 전개한다는 내용을 담고 있다.

02 경제 · 경영 · 금융

23 신용점수제

신용등급제를 대체하는 개인신용평가 점수 제도

개인신용평가 기준을 1 ~ 1,000점까지의 점수로 부여하는 제도이다. 기존 신용등급제를 대체해 2021년 1월 1일부터 전 금융권에서 전면 시행됐다. 신용점수제가 실시되면서 신용평가를 할 때 등급에 따라 평가하는 것이 아니라 실제 신용상태를 적용해 세분화된 점수를 적용한다. 신용평가사(CB사)인 나이스평가정보와 코리아크레딧뷰로(KCB)는 개인의 신용등급을 산정하지 않고 신용점수만 산정해 금융사와 소비자 등에 제공한다. 근소한 차이로 하위 등급을 받은 사람이 대출 등에 제약을 받았던 문턱 효과가 완화되고 좀 더 정교한 여신심사가 가능해진다.

24 분양가상한제

초강력 주택가격 상승 억제책

건설사가 아파트를 짓고 최초 분양할 때 정부가 나서서 매매가를 일정 이상 넘지 못하도록 제한하는 제도이다. 본래 공공주택의 경우 실시했던 분양가상한제를 투기과열지구의 민간주택에까지 확장시키도록 변경되었다. 분양가상한의 기준은 '감정평가된 아파트 부지의 금액 + 정부가 정해놓은 기본형 건축비 + 가산비용'으로 결정된다.

25 더블딥 Double Dip

회복된 경제가 다시 침체기로 들어가는 현상

침체기를 벗어난 경제가 다시 불황에 빠지는 현상이다. '두 번'이라는 뜻의 '더블(Double)'과 '내려가다'라는 뜻의 '딥(Dip)'을 더한 말이다. 경제하강과 상승을 두 번 반복하는 W자형 경제구조라고 볼 수 있다. 우리말로는 이중하강이라고 부른다. 경기침체에 빠진 뒤 다시 회복해도 기업의 경영부진으로 인한 실업률이 올라가며 소비력이 줄어들어 다시 경기침체에 빠지는 구조다. 1930년대 발생한 미국 대공황이 더블딥의 대표적 사례다. 더블딥에서 한 번 더 경기침체에 빠지면 트리플딥이 된다. 불황을 겪고 재빨리 회복하는 V자형 그래프와 불황에서 머문 뒤 천천히 회복하는 U자형 그래프도 있다.

26 만타 MANTA

2021년 미국 증시를 주도한 기업들

미국 증시를 주도하는 마이크로소프트(MS)와 애플(Apple), 엔비디아(NVIDIA), 테슬라(TESLA), 구글 모기업인 알파벳(Alphabet)의 머리글자를 딴 용어다. 글로벌 투자은행 골드만삭스가 팡(FAANG)이 저물고 만타(MANTA)의 시대가 왔다고 분석하면서 사용되기 시작했다. 팡은 미국 IT산업을 선도한 페이스북(현 메타 플랫폼스), 아마존, 애플, 넷플릭스, 구글을 일컫는 말이다. 만타에는 2021년 새롭게 활약한 기업들이 포함됐다.

27 자이낸스 Zinance

디지털 활용 및 모바일 플랫폼 사용에 익숙한 Z세대와 금융을 합한 신조어

디지털 활용 및 모바일 플랫폼 사용에 익숙한 'Z세대'와 '금융(Finance)'을 합한 신조어를 말한다. Z세대는 아직 자산과 소득이 적지만 과감한 레버리지(대출)로 소비와 투자에 적극적인 모습을 보인다. '영끌(영혼을 끌어 모은)대출'로 주식과 암호화폐 상승장을 주도하고 메타버스와 같은 새로운 플랫폼에서 종횡무진하는 등 금융시장에서 매우 큰 영향력을 행사하고 있다. MZ세대를 고객으로 끌어 모은 카카오뱅크, 토스, 카카오 페이, 네이버파이낸셜 등은 앱의 편리성과 친숙함을 앞세워 순식간에 '데카콘 기업(기업가치 100억달러 이상 신생기업)'으로 성장했다.

28 뉴 노멀 New Normal

시대 변화에 따라 새롭게 부상하는 기준이나 표준

뉴 노멀은 2008년 글로벌 경제 위기 이후 등장한 새로운 세계 경제질서를 의미한다. 2003년 벤처투자가인 로저 맥너미가 처음 제시하였고 2008년 세계 최대 채권운용회사 '핌코'의 경영자인 무하마드 앨 에리언이 다시 언급하면서 확산됐다. 주로 과거에 대한 반성과 새로운 질서를 모색하는 시점에 등장하는데 2008년 경제 위기 이후 나타난 저성장, 높은 실업률, 규제 강화, 미국 경제 역할 축소 등이 뉴 노멀로 지목된 바 있다. 최근에는 사회 전반적으로 새로운 기준이나 표준이 보편화되는 현상을 이르기도 하며 우리말로는 '새 일상', '새 기준'으로 대체할 수 있다.

29 그린플레이션 Greenflation

탄소규제 등의 친환경정책으로 원자재 가격이 상승하면서 물가가 오르는 현상

친환경을 뜻하는 '그린(green)'과 화폐가치 하락으로 인한 물가상승을 뜻하는 '인플레이션(Inflation)'의 합성어다. 친환경정책으로 탄소를 많이 배출하는 산업을 규제하면 필수원자재 생산이 어려워지고 이것이 생산감소로 이어져 가격이 상승하는 현상을 가리킨다. 인류가 기후변화에 대응하기 위해 노력할수록 사회 전반적인 비용이 상승하는 역설적인 상황을 일컫는 말이다. 대표적인 예로 재생에너지 발전 장려로 화석연료 발전설비보다 구리가 많이 들어가는 태양광·풍력 발전설비를 구축해야 하는 상황이 해당된다. 이로 인해 금속원자재 수요가 급증했으나 원자재 공급량이 줄어들면서 가격이 치솟았다.

30 DSR(총부채원리금상환비율)

대출자의 소득 대비 전체 금융부채의 원리금 상환액 비율

대출을 받고자 하는 사람의 소득 대비 전체 금융부채의 원리금 상환액을 연간 소득으로 나눈 비율을 말한다. DSR(Debt Service Ratio)은 다른 말로 총체적상환능력비율이라고도 한다. 2016년 금융위원회가 대출 상환능력을 심사하기 위해 마련한 대출심사 지표이며 심사 시 개인의 모든 대출에 대해 원리금 상환부담을 계산한다. 주택담보대출과 신용대출, 카드론 등을 비롯한 모든 금융권에서의 대출원리금 부담을 반영한다. 이 때문에 DSR을 도입하면 연소득은 그대로인 상태에서 금융부채가 커지기 때문에 일반적으로 대출한도가 대폭 축소된다. 우리나라는 2021년 7월 1일부터 개인별 대출규제가 강화되면서 개인 DSR 40%로 규제 적용대상이 확대됐다.

31 슬로플레이션 Slowflation

경기회복 속도가 느린 가운데 물가가 치솟는 현상

경기회복 속도가 둔화되는 상황 속에서도 물가상승이 나타나는 현상이다. 경기회복이 느려진다는 뜻의 'Slow'와 물가상승을 의미하는 '인플레이션(Inflation)'의 합성어다. 일반적으로 경기침체 속에서 나타나는 인플레이션인 '스태그플레이션(Stagfaltion)'보다는 경기침체의 강도가 약할 때 사용한다. 슬로플레이션에 대한 우려는 글로벌 공급망 대란에 따른 원자재가격 폭등에서 비롯된 것으로 스태그플레이션보다는 덜 심각한 상황이지만 경제 전반에는 이 역시 상당한 충격을 미친다.

32 CPTPP(포괄적·점진적 환태평양경제동반자협정)

일본의 주도로 아시아와 태평양 11개국이 참여하는 무역협정

미국이 TPP(환태평양경제동반자협정)에서 탈퇴한 후 일본, 캐나다 등 11개국이 추진해 출범한 무역협정이다. 가입국은 일본, 캐나다, 멕시코, 호주, 뉴질랜드, 베트남, 말레이시아, 싱가포르, 칠레, 페루, 브루나이이다. 2018년 3월 11개국이 공식서명하며 출범했고, 그해 12월 30일부터 공식 발효됐다. CPTPP의 원칙은 다양한 제품의 무역에 대한 관세를 전면적으로 철폐하는 것이고, 외국 자본의 투자 규제를 완화하며 자유로이 고급 인력이 이동하는 것을 허용하는 것이다.

> **RCEP(역내포괄적경제동반자협정)**
> 아세안 10개국과 한·중·일, 호주, 뉴질랜드 등 15개국이 역내무역자유화를 위해 체결한 다자간 자유무역협정(FTA)을 말한다. RCEP는 전세계 인구의 절반, 국내총생산(GDP)의 3분의 1을 차지하는 대규모 자유무역협정으로, 아세안 10개국, 한·중·일, 호주, 뉴질랜드 정상들이 2020년 11월 15일 협정문에 최종서명했다.

33 스팩 SPAC

타 기업과의 합병과 인수를 목적으로 만든 페이퍼컴퍼니

아직 상장하지 않은 타 기업과의 합병 또는 인수를 목적으로 만든 페이퍼컴퍼니를 말한다. 스팩(SPAC)은 'Special Purpose Acquisition Company'의 약자로 특별한 목적을 가진 회사라는 뜻이다. 기업이 몸집을 불리기 위해서는 다른 회사와 인수합병(M&A)이 필요한데 스팩 상장으로 M&A 비용을 조달받는 것이다. 스팩주는 3년 내에 목적을 달성하지 못하면 상장폐지된다. 상장폐지되더라도 투자 원금과 3년 치의 예금이자 수준을 받을 수 있기 때문에 비교적 안전한 투자라는 평가가 있지만, 비우량 기업과 인수합병을 하면 주가하락으로 투자금에 손실이 갈 위험이 존재한다.

34 퀵커머스

유통업계에서 운영하는 즉시배송 서비스

물품을 빠르게 배송한다는 의미의 '퀵(Quick)'과 상거래를 뜻하는 '커머스(Commerce)'의 합성어로 유통업계의 즉시배송, 혹은 빠른배송 서비스를 뜻한다. 소비자가 상품을 주문하는 즉시 배송이 시작되며 일반적으로 30분 이내에 배송을 완료하는 것을 목표로 한다. 식품이나 음료는 물론 신선식품이나 밀키트, 의류, 도서, 애견상품 등을 판매·배송하고 있다. 국내 유통시장에서는 지난 2018년 12월부터 시작한 배달의민족의 'B마트'가 대표적이다. 코로나19의 장기화로 언택트소비가 늘어나면서 퀵커머스 서비스의 수요가 증가하자 관련 기업들이 앞다퉈 퀵커머스 서비스 도입 및 관련 플랫폼 사업을 추진하고 있다.

35 기대 인플레이션

경제주체가 예측하는 미래의 물가상승률

기업, 가계 등의 경제주체가 예측하는 미래 물가상승률을 말한다. 기대 인플레이션은 임금, 투자 등에 영향을 미치는 중요한 지표로 사용되고 있다. 노동자는 임금을 결정할 때 기대 물가수준을 바탕으로 임금상승률을 협상한다. 또한 인플레이션이 돈의 가치가 떨어지는 것이기 때문에 기대 인플레이션이 높아질수록 화폐의 가치가 하락해 부동산, 주식과 같은 실물자산에 돈이 몰릴 확률이 높아진다. 우리나라의 경우 한국은행이 2002년 2월부터 매월 전국 56개 도시 2,200가구를 대상으로, 매 분기 첫째 달에는 약 50명의 경제전문가를 대상으로 소비자물가를 예측하고 있다.

36 쇼퍼블

쇼핑과 결제가 즉시 가능한 온라인 쇼핑 시스템

쇼핑과 결제가 즉시 가능한 온라인 쇼핑 시스템을 말한다. 소비자가 인스타그램, 페이스북과 같은 SNS를 하다가 게시물이나 스토리에 걸린 태그를 통해 상품을 구매하는 것이다. 유튜브 광고 재생 중 바로 구매할 수 있는 링크를 첨부하는 것이 쇼퍼블의 한 예다. 쇼핑몰 홈페이지에 방문하지 않아도 바로 가격을 확인할 수 있고 간편결제 시스템의 발달로 원하는 물건을 쉽게 구매할 수 있는 것이 장점이다. 디지털마케팅이 확대되며 쇼퍼블시장은 더 커질 전망이다.

37 일반특혜관세제도 GSP

개발도상국에서 수입하는 제품에 무관세 또는 낮은 세율을 부과하는 제도

선진국이 개발도상국으로부터 수입하는 농수산품·완제품 및 반제품에 대하여 일반적·무차별적·비상호주의적으로 관세를 철폐 또는 세율을 인하해주는 제도를 의미한다. 여기서 일반적이라 함은 기존특혜가 몇 개 국가에 국한된 데 비하여, 일반특혜관세제도는 범세계적인 것임을 의미한다. 또 무차별적·비상호주의적이란 지역통합·자유무역지역 및 관세동맹으로 동맹에 가입되지 않은 국가들로부터의 수입품에 관세를 부과하는 차별을 배제한다는 것을 내포한다. 특혜관세의 편익은 ① 경제 개발도상 단계에 있는 국가로서, ② 특혜의 편익을 받기를 희망하는 국가 중에서, ③ 공여국이 적당하다고 인정하는 국가에 대해서 공여된다.

38 K자형 회복

코로나19로 심화되는 경제 양극화

코로나19로 경제 양극화가 심화되는 모습을 말한다. 상·하단의 간격이 점차 벌어지는 알파벳 K의 모습처럼 코로나19로 계층과 업종의 격차는 더 뚜렷해져 사회·경제적 불균형이 더 심해지는 것을 의미한다. 코로나19가 장기화되면서 반도체, 바이오 분야와 같은 특정 분야는 호황을 누리는 반면 서비스업, 숙박업, 요식업 등은 경기 침체의 직격탄을 맞고 있다. 또한 고학력·고소득일수록 경제적 타격에 의한 회복 속도가 더 빠른 것으로 나타났다. 이 현상은 국가 간에도 나타나고 있는데 팬데믹에 대응하는 의료·방역 수준이 국가마다 다르기 때문에 글로벌 경기회복 불균형 현상은 더 심해질 것으로 예측하고 있다.

39 캐리트레이드 Carry Trade

국가별 금리 차이를 이용해 수익을 내고자 하는 투자 행위

금리가 낮은 국가에서 자금을 차입해 이를 환전한 후 상대적으로 금리가 높은 국가의 자산에 투자해 수익을 올리고자 하는 거래를 말한다. 이때 저금리국가의 통화를 '조달통화', 고금리국가의 통화를 '투자통화'라고 부른다. 수익은 국가 간의 금리 또는 수익률 차에 의해 발생하는 부분과 환율 변동으로 인해 발생하는 환차익으로 나누어진다. 캐리트레이드가 통상적인 금리 차 거래와 구분되는 점은 금리 차에 의한 수익과 환율 변동에 의해 발생하는 수익을 동시에 추구한다는 데 있다.

40 테이퍼링 Tapering

경제 회복세가 보이면 시중에 푼 돈을 줄이는 것

중앙은행이 국채 매입 등으로 통화량을 늘리는 정책인 양적완화를 점진적으로 축소하는 것을 말한다. 즉, 경제가 침체되면 돈을 풀고 회복세를 보이면 시중에 푼 돈을 점차 줄여 나가는 것이다. 테이퍼링(Tapering)은 '점점 가늘어지는'이라는 뜻의 영단어다. 원래는 마라톤 용어로 사용되었으나 2013년 당시 미국 중앙은행인 연방준비제도(FED, 연준) 의장이었던 벤 버냉키가 처음 언급한 이후 경제용어로 쓰이고 있다. 미국이 테이퍼링을 시행하면 시장에 도는 돈이 줄어들기 때문에 금리와 환율이 상승한다. 또한 주가가 하락하는 모습을 보이기도 한다.

> **양적완화**
> 금리인하를 통한 경기부양 효과가 한계에 이르렀을 때, 중앙은행이 국채매입 등을 통해 시중에 돈을 직접 푸는 정책이다. 금리중시 통화정책을 시행하는 중앙은행이 정책금리가 0%에 근접하거나 혹은 다른 이유로 시장경제의 흐름을 정책금리로 제어할 수 없는 이른바 유동성 저하 상황 하에 유동성을 충분히 공급함으로써 중앙은행의 거래량을 확대한다.

41 피지털 경제 Phygital Economy

물리적 매장을 디지털화하는 소비형태

디지털을 활용해 오프라인 공간에서의 육체적 경험을 확대한다는 뜻으로 최근 소비형태의 각 단계에 적용되고 있다. 오프라인을 의미하는 '피지컬(physical)'과 온라인을 의미하는 '디지털(digital)'의 합성어다. 피지털 경제에서는 오프라인 매장에서 마음에 드는 물건을 찾고 상품에 부착된 QR코드를 스캔해 상품정보 및 리뷰를 간편하게 찾을 수 있다. 픽업단계에서도 온라인에서 주문한 제품을 오프라인 매장에서 연중무휴 24시간 찾아갈 수 있도록 변화하고 있다.

안심Touch

03 사회 · 노동 · 환경

42 백래시 Backlash

사회적 · 정치적 변화에 따라 대중에게서 나타나는 강한 반발

흑인인권운동, 페미니즘, 동성혼 법제화, 세금 정책, 총기 규제 등 사회 · 정치적 움직임에 대해 반대하는 사람들이 단순한 의견개진부터 시위나 폭력과 같은 행동을 통해 자신의 반발심을 표현하는 것을 뜻한다. 주로 진보적인 사회변화로 인해 기득권의 영향력 및 권력에 위협을 느끼는 사람들에 의해 일어난다. 대표적으로 1960년대 흑인인권운동에 대한 백인 차별주의자들의 반발을 화이트 백래시(White Backlash)라고 불렀으며, 2016년 치러진 미국 대선에서 도널드 트럼프 전 대통령이 당선된 것도 화이트 백래시로 보는 견해가 있다.

43 인구절벽

생산가능인구(만 15 ~ 64세)의 비율이 급속도로 줄어드는 사회경제 현상

한 국가의 미래성장을 예측하게 하는 인구지표에서 생산가능인구인 만 15세 ~ 64세 비율이 줄어들어 경기가 둔화하는 현상을 가리킨다. 이는 경제 예측 전문가인 해리 덴트가 자신의 저서 〈인구절벽(Demographic Cliff)〉에서 사용한 용어로 청장년층의 인구 그래프가 절벽과 같이 떨어지는 것에 비유했다. 그에 따르면 한국 경제에도 이미 인구절벽이 시작돼 2024년부터 '취업자 마이너스 시대'가 도래할 전망이다. 취업자 감소는 저출산 · 고령화 현상으로 인한 인구구조의 변화 때문으로, 인구 데드크로스로 인해 중소기업은 물론 대기업까지 구인난을 겪게 된다.

인구 데드크로스
저출산 · 고령화 현상으로 출생자 수보다 사망자 수가 많아지며 인구가 자연 감소하는 현상이다. 우리나라는 2020년 출생자 수가 27만명, 사망자 수는 30만명으로 인구 데드크로스 현상이 인구통계상에서 처음 나타났다. 인구 데드크로스가 발생하면 의료 서비스와 연금에 대한 수요가 늘어나며 개인의 공공지출 부담이 증가하게 된다. 또한 국가 입장에서는 노동력 감소, 소비위축, 생산 감소 등의 현상이 동반되어 경제에 큰 타격을 받는다.

44 미닝아웃 Meaning-out

소비에 자신의 신념을 투영하는 것

자신의 신념을 세상 밖에 내비친다는 뜻으로 신념을 뜻하는 '미닝(Meaning)'과 '커밍아웃(Coming Out)'의 합성어다. 소비 하나에도 자신의 정치적·사회적 신념을 내비치는 MZ세대의 소비형태를 말한다. 미닝아웃은 의식주 전반에 걸쳐 나타나는데 착한소비를 위해 비건 음식을 구매하거나 친환경 옷을 골라 산 뒤 SNS에 구매 인증사진을 업로드한다. 타인에게 선한 영향력을 끼친 점주나 브랜드의 매출을 올려주며 돈으로 혼쭐을 내준다는 '돈쭐'도 미닝아웃의 한 형태다. 미닝아웃의 소비는 제품 자체를 구매하는 것보다 자신의 신념을 산다는 경향이 강하다.

45 소비기한

식품을 섭취해도 이상이 없을 것으로 판단되는 소비의 최종기한

소비자가 식품을 섭취해도 건강이나 안전에 이상이 없을 것으로 판단되는 소비의 최종기한을 말한다. 식품이 제조된 후 유통과정과 소비자에게 전달되는 기간을 포함한다. 단, 식품의 유통과정에서 문제가 없고 보관방법이 철저하게 지켜졌을 경우에 해당하며, 식품이 제조된 후 유통될 수 있는 기간을 의미하는 유통기한보다 길다. 2021년 6월 기준 우리나라는 일부 품목을 제외한 대부분의 식품에 유통기한을 표기하고 있지만 한국과 미국을 제외한 많은 국가에서는 이미 소비기한 표시제를 시행하고 있거나 소비기한과 유통기한을 병행하여 표기하고 있다.

46 그린워싱 Green Washing

친환경 제품이 아닌 것을 친환경 제품인 척 홍보하는 것

친환경 제품이 아닌 것을 친환경 제품으로 속여 홍보하는 것이다. 초록을 뜻하는 그린(Green)과 영화 등의 작품에서 백인 배우가 유색인종 캐릭터를 맡을 때 사용하는 화이트 워싱(White Washing)의 합성어로 위장환경주의라고도 한다. 기업이 제품을 만드는 과정에서 환경오염을 유발하지만 친환경 재질을 이용한 제품 포장 등만을 부각해 마케팅하는 것이 그린워싱의 사례다. 2007년 미국 테라초이스가 발표한 그린워싱의 7가지 유형을 보면 ▲ 상충효과 감추기 ▲ 증거 불충분 ▲ 애매모호한 주장 ▲ 관련성 없는 주장 ▲ 거짓말 ▲ 유행상품 정당화 ▲ 부적절한 인증라벨이 있다.

47 라이프로그 Life Log

스마트 기기를 활용해 개인의 일상을 인터넷이나 스마트폰에 기록·저장하는 것

'삶의 기록'을 뜻하는 말로 스마트 기기 등을 활용하여 개인의 일상을 인터넷(SNS)이나 스마트폰 등에 기록·저장하는 것을 말한다. 취미·건강·여가 등에서 생성되는 생활 전반의 기록을 정리·공유하는 활동으로 '일상의 디지털화'라 할 수 있다. 일반적으로 라이프로그 시스템은 사용자가 경험하는 모든 정보를 기록할 수 있는 장치, 수집된 정보를 체계적으로 인식해 분류하는 장치, 분류된 방대한 정보를 저장하는 장치로 구성된다. 라이프로그는 사물인터넷(IoT), 웨어러블 기기, 클라우드 컴퓨팅, 빅데이터 등과 밀접한 관계를 맺고 있으며, 이러한 라이프로그를 남기는 행위를 '라이프로깅(Life Logging)'이라고 한다.

48 첫만남이용권

2022년부터 출생 아동에게 200만원의 바우처를 지급하는 제도

출산 가정의 초기 양육부담을 경감하기 위해 2022년 1월 이후 출생한 모든 아동에게 200만원의 바우처를 지급하는 제도다. 출생 아동의 보호자 혹은 대리인이 아동의 관할 읍·면·동 주민센터에서 이용권을 신청할 수 있으며, 각 지방자치단체는 신청 30일 이내에 지급 여부를 결정하여 신청자의 신용카드나 체크카드, 전용카드 등을 통해 포인트를 지급한다. 단, 아동복지시설에서 보호하는 아동의 경우에는 아동 명의의 계좌에 현금으로 지급된다. 포인트는 아이가 태어난 날로부터 1년간 유흥업소, 사행업종, 레저업종을 제외한 어디에서나 사용이 가능하며 사용기한이 지나면 잔액은 소멸한다.

> **3+3 육아휴직제**
> 영아기 자녀를 둔 부모 모두의 육아휴직 사용을 촉진하기 위한 제도다. 자녀가 생후 12개월이 될 때까지 부모가 동시에 혹은 순차적으로 육아휴직을 사용할 경우 첫 3개월간 각각 통상임금의 100%(월 최대 300만원), 4~12개월에는 80%(월 최대 150만원)를 지급하는 제도다.

49 청년기본자산

경제학자 토마 피케티가 경제 불평등 해소를 위해 내놓은 청년복지 방안

청년기본자산은 프랑스 경제학자 토마 피케티가 경제 불평등 해소를 위해 청년에게 성인 평균자산 60%를 보편적 급여로 제공해 기본자산제를 형성하자고 제안한 방안이다. 2020년 피케티의 저서 〈자본과 이데올로기〉에서 처음 언급됐으며, 경제 양극화 해소를 위해서는 사적 소유에 부과되는 모든 세금을 누진 소유세로 통합하고, 그 재원을 청년 자본지원에 써 모두를 위한 사회적 상속을 실현하자고 주장했다. 우리나라 역시 청년기본소득 도입을 위한 사회정책으로 논의된 바가 있으며 일부 학자들에 의해 연구가 진행됐다. 모든 시민들에게 기본 소득을 보장하는 제도인 음소득세(Negative Income Tax)에 기초한 청년 '안심소득제 (Safety Income)'를 도입해야 한다는 주장도 제기됐다.

> **안심소득제(Safety Income)**
> 연간 총소득이 기준소득(4인 가구 기준 5,000만원) 이하인 가구를 대상으로 기준소득에서 실제소득을 뺀 나머지 금액의 40%를 지원하는 제도를 말한다. 소득과 상관없이 지급하는 기본소득제와 달리 소득에 따라 지원을 달리하여 저소득층 중심의 지원을 하는 것이다.

50 그리드 패리티 Grid Parity

신재생에너지 발전비용과 화력발전의 원가가 같아지는 시점

석유, 석탄 등을 사용해 전기를 만드는 화력발전과 풍력, 수력, 태양광 등의 신재생에너지로 전기를 생산하는 원가가 같아지는 균형점을 말한다. 신재생에너지를 사용한 전기발전의 경우 건설비용이 화력발전보다 비싸 초기 경제성이 낮지만 발전비용이 저렴하기 때문에 차츰 경제성을 갖추게 된다. 그리드 패리티는 신재생에너지가 화력발전으로 인한 대기오염과 원료 고갈문제를 해결할 수 있다는 근거가 되기 때문에 중요하다. 그리드 패리티 도달조건으로는 국제유가 상승이 충족돼야 하며, 생산원가의 하락과 관련이 있는 그리드 패리티 기술과 관련된 부품의 가격이 하락해야 한다.

안심Touch

51 MZ세대

디지털 환경에 익숙한 밀레니엄 세대와 Z세대를 부르는 말

1980년대 ~ 2000년대 초 출생해 디지털과 아날로그를 함께 경험한 밀레니얼 세대(Millennials)와 1990년 중반 이후 디지털 환경에서 태어난 Z세대(Generation Z)를 통칭하는 말이다. 이들은 일에 대한 희생보다 스포츠, 취미 활동, 여행 등에서 삶의 의미를 찾으며 여가와 문화생활에 관심이 많다. 경제활동인구에서 차지하는 비율이 점차 높아지고 있으며, 향후 15년간 기존 세대를 뛰어넘는 구매력을 가질 것으로 평가된다. 디지털 미디어에 익숙하며 스포츠, 게임 등 동영상 콘텐츠를 선호한다.

52 P4G Partnering For Green Growth and the Global Goals

녹색성장 및 글로벌목표 2030을 위한 연대

녹색성장 및 글로벌목표 2030을 위한 연대다. 기후변화에 적절하게 대응하면서 식량, 도시, 에너지, 물, 순환경제에 대한 해결책을 만들어 개도국이 지속가능한 발전을 하도록 돕는 것이 목적이다. 2011년 덴마크 주도로 출범한 3GF(Global Green Growth Forum : 글로벌녹색성장포럼)를 모태로 한다. 이후 2015년 채택한 파리협정과 유엔의 지속가능한 발전목표의 내용을 확대해 접목시켰고 2017년 글로벌 이니셔티브인 P4G가 출범했다. 국가뿐만 아니라 국제기구, 기업, 시민사회 등이 참여하고 있다. 참여국은 12개국으로 한국, 인도네시아, 베트남, 방글라데시, 덴마크, 네덜란드, 남아공, 에티오피아, 케냐, 멕시코, 칠레, 콜롬비아다.

53 넷제로 Net Zero

순 탄소배출량을 0으로 만드는 탄소중립 의제

배출하는 탄소량과 흡수·제거하는 탄소량을 같게 함으로써 실질적인 탄소배출량을 '0'으로 만드는 것을 말한다. 즉, 온실가스 배출량(+)과 흡수량(−)을 같게 만들어 더 이상 온실가스가 늘지 않는 상태를 말한다. 기후학자들은 넷제로가 달성된다면 20년 안에 지구 표면온도가 더 상승하지 않을 것이라고 보고 있다. 지금까지 100개 이상의 국가가 2050년까지 넷제로에 도달하겠다고 약속했다. 미국의 조 바이든 대통령은 공약으로 넷제로를 선언했고 우리나라 역시 장기저탄소발전전략(LEDS)을 위한 '넷제로2050'을 발표하고 2050년까지 온실가스 순배출을 '0'으로 만드는 탄소중립 의제를 세웠다.

54 소득 크레바스

은퇴 후 국민연금을 받을 때까지 일정 소득이 없는 기간

크레바스(Crevasse)는 빙하가 흘러내리면서 얼음에 생기는 틈을 의미하는 것으로, 소득 크레바스는 은퇴 당시부터 국민연금을 수령하는 때까지 소득에 공백이 생기는 기간을 말한다. '생애 주된 직장'의 은퇴시기를 맞은 5060세대의 큰 고민거리라 할 수 있다. 소득 크레바스에 빠진 5060세대들은 소득 공백을 메우기 위해, 기본적인 생활비를 줄이고 창업이나 재취업, 맞벌이 같은 수익활동에 다시금 뛰어들고 있는 실정이다.

55 RE100 Renewable Energy 100%

필요한 전력을 재생에너지로만 충당하겠다는 기업들의 자발적인 약속

2050년까지 필요한 전력의 100%를 태양광, 풍력 등 재생에너지로만 충당하겠다는 기업들의 자발적인 약속이다. 2014년 영국의 비영리단체인 기후그룹과 탄소공개프로젝트가 처음 제시했다. RE100 가입 기업은 2021년 1월 말 기준으로 미국(51개), 유럽(77개)에 이어, 아시아 기업(24개) 등 총 284곳에 이른다. 우리나라의 경우 제조업의 에너지 사용량 중 전력에 대한 의존도가 48%나 돼 기업이 부담해야 할 비용이 막대하다는 이유로 2020년 초까지만 해도 RE100 참여 기업이 전무했다. 그러나 RE100의 세계적 확산에 따라 2020년 말부터 LG화학, SK하이닉스, SK텔레콤, 한화큐셀 등이 잇따라 참여를 선언했다.

56 파이어족

경제적으로 자립해 조기에 은퇴한다는 것의 줄임말

'FIRE'는 'Financial Independence, Retire Early'의 약자이다. 젊었을 때 극단적으로 절약한 후 노후 자금을 빨리 모아 이르면 30대, 늦어도 40대에는 퇴직하고자 하는 사람들을 의미한다. 파이어족은 심플한 라이프 스타일을 통해 저축금을 빨리 마련하고 조기에 은퇴함으로써 승진, 월급, 은행 대출 등의 고민에서 벗어나고자 한다. 영국 BBC의 보도에 따르면 파이어족이라는 단어는 〈타이트워드 가제트(Tightwad Gazette)〉라는 한 뉴스레터에서 처음 사용된 후 미국에서 인기를 얻기 시작했다.

안심Touch

57 잡호핑족

자신의 경력을 쌓고 전문성을 발전시키기 위한 목적으로 2∼3년씩 직장을 옮기는 사람

잡호핑(Job-hopping)족은 '폴짝폴짝 여기저기 뛰어다닌다'를 뜻하는 영어단어 'Hop'에서 유래된 용어로 장기간의 경기불황과 저성장 속에 주기적인 이직을 통해 새로운 활로를 개척하려는 젊은 직장인들을 가리킨다. 최근 자신의 경력을 쌓고 전문성을 높이기 위한 목적으로 2∼3년씩 단기간에 직장을 옮기는 '잡호핑족'이 늘고 있다고 한다. 이는 장기간의 경기불황 아래 고용불안이 심화되고 평생 직장의 개념이 사라져가는 사회적 현실을 배경으로 하고 있다고 볼 수 있다.

링크드인(LinkedIn)
유럽과 북미 등지에서 이용 계층이 늘어나고 있는 SNS 형식의 웹 구인구직 서비스이다. 이곳에서는 '1촌 맺기'와 같이 다양한 연결망을 통한 일자리 매칭 서비스를 갖추고 있다. 링크드인에서 개인 정보가 공개된 사람이라면 검색을 통해 특정 사람의 경력을 살펴볼 수 있다.

58 플로깅 Plogging

조깅을 하면서 쓰레기를 줍는 운동

달리거나 산책을 하면서 쓰레기를 줍는 것을 말한다. '이삭을 줍는다'는 뜻인 스웨덴어 'plocka upp'과 천천히 달리는 운동을 뜻하는 영어단어 '조깅(jogging)'의 합성어다. 쓰레기를 줍기 위해 앉았다 일어나는 동작이 스쾃 자세와 비슷하다는 데서 생겨났다. 2016년 스웨덴에서 처음 시작돼 북유럽을 중심으로 빠르게 확산했고 최근 기업이나 기관에서도 플로깅을 활용한 마케팅이 활발해지는 추세다. 쓰레기를 담은 봉투를 들고 뛰기 때문에 보통의 조깅보다 열량 소모가 많고 환경도 보호한다는 점에서 호응을 얻고 있다.

04 과학 · 컴퓨터 · IT

59 셰일오일 Shale Oil

미국에서 2010년대 들어서 개발되기 시작한 퇴적암 오일

퇴적암의 한 종류인 셰일층에서 채굴할 수 있는 '액체 탄화수소'를 가리키는 말이다. 이전에는 채굴 불가능하거나 시추 비용이 많이 들어 채산성이 없다고 여겨진 자원들이었다. 그런데 '수압파쇄', '수평시추' 등의 기술 개발로 셰일오일이 채산성을 갖춘 자원이 되면서 2010년 중반부터 생산량이 폭발적으로 늘어나 2018년에는 미국을 최대 산유국으로 만들었다. 현재 발견된 매장량은 향후 200년가량 사용할 것으로 추정된다. 미국은 셰일오일을 통해 에너지 자립을 이뤘고 중동산유국 등 유가에 대한 영향력이 축소됐다. 이를 '셰일혁명'이라고 부른다.

60 인스퍼레이션 4 Inspiration 4

스페이스X의 민간우주관광 프로젝트

일론 머스크가 설립한 스페이스X의 민간우주관광 프로젝트다. 2021년 7월 버진갤럭틱과 블루오리진의 우주관광에 이어 민간업체로는 3번째로 민간인을 태우고 우주관광에 성공했다. 2021년 9월 15일 스페이스X의 우주선 크루 드래건은 민간인 4명만을 태운 채 케네디 우주센터에서 발사됐으며, 3일 동안 575km 고도에서 지구 주위를 1시간 30분에 한 번씩 선회했다는 점에서 그 성과를 인정받고 있다. 한편 버진갤럭틱은 지구 상공 88km까지 올라갔지만 카르만 라인을 넘지 못한 채 4분 동안 무중력 체험을, 블루오리진은 106km까지 올라가 카르만 라인을 돌파한 후 3분간 무중력 체험을 하는 데 성공한 바 있다.

61 바이오디젤 Bio-diesel

재생 기름으로 만들어진 화학 연료

폐기되는 식물성 기름이나 동물성 지방을 원료로 해서 만드는 화학 연료이다. 고갈되는 화석 연료를 대체하고 이산화탄소 배출량을 줄일 친환경적 에너지원으로 지목되지만 아직은 생산비용이 높아 지속적인 연구·개발이 이뤄지고 있다. 바이오디젤은 인화점 또한 150°C로 높아 기존 휘발유(-45°C)나 경유(64°C)에 비해 안전하게 이용할 수 있다.

안심Touch

62 제페토 ZEPETO

한국의 대표적인 메타버스 전용 플랫폼

네이버제트(Z)가 운영하고 있는 증강현실(AR) 아바타 서비스로 한국의 대표적인 메타버스 전용 플랫폼이다. 2018년 출시된 제페토는 얼굴인식 및 3D 기술 등을 이용해 '3D 아바타'를 만들어 다른 이용자들과 소통하거나 다양한 가상현실을 경험할 수 있는 서비스를 제공하고 있다. 유명 브랜드와 연예기획사와의 제휴도 활발히 진행했는데, 국내 대표적인 엔터테인먼트 업체인 SM·YG·JYP·빅히트 등이 제페토를 통해 K-pop과 관련된 다양한 콘텐츠를 내놓으면서 10 ~ 20대 젊은 층을 중심으로 특히 인기를 끌었다. 2021년을 기준으로 2억명 이상의 이용자를 보유한 것으로 알려졌다.

63 초거대 AI

인간처럼 종합적인 추론이 가능한 차세대 인공지능(AI)

기존 인공지능(AI)에서 한 단계 진화한 차세대 AI로 대용량 데이터를 스스로 학습해 인간처럼 종합적인 추론이 가능한 차세대 AI다. 기존 AI보다도 더 인간의 뇌에 가깝게 학습·판단 능력이 향상됐다. 단, 이를 위해서는 기존 AI보다 수백배 이상의 데이터 학습량이 필요하다. 대표적인 초거대 AI로는 일론 머스크 테슬라 창업자가 세운 오픈AI가 2020년 선보인 GPT-3가 있다. 언어를 기반으로 하는 초거대 AI GPT-3는 사용자가 제시어를 입력하면 자동으로 수억가지의 대화와 서술형 문장을 완성할 수 있는 것으로 알려져 있다.

64 총유기탄소 Total Oganic Carbon

폐수 내에 유기물 상태로 존재하는 탄소의 양

총탄소(TC)는 총유기탄소(TOC)와 총무기탄소(TIC)로 구성되며, 이중에서 반응성이 없는 총무기탄소를 제외한 물질을 총유기탄소라고 한다. TOC는 시료의 유기물을 측정하기 위하여 시료를 태워 발생되는 CO_2 가스의 양을 측정하여 수질오염도를 측정한다. 시료를 직접 태워 발생되는 CO_2 가스의 양으로 수질오염도를 측정하는 방식이므로 난분해성 유기물의 측정에 매우 적합하며, 유기물에 의한 수질오염도를 측정하는 가장 좋은 방식이다.

> **COD와 BOD의 차이**
> COD는 화학적으로 분해 가능한 유기물을 산화시키기 위해 필요한 산소의 양이며, BOD는 미생물이 유기물을 산화시키는 데 필요한 산소의 양이다.

65 프롭테크 Proptech

빅데이터 분석, VR 등 하이테크 기술을 결합한 서비스

부동산(Property)과 기술(Technology)의 합성어로, 기존 부동산 산업과 IT의 결합으로 볼 수 있다. 프롭테크의 산업 분야는 크게 중개 및 임대, 부동산 관리, 프로젝트 개발, 투자 및 자금조달 부분으로 구분할 수 있다. 프롭테크 산업 성장을 통해 부동산 자산의 고도화와 신기술 접목으로 편리성이 확대되고, 이를 통한 삶의 질이 향상될 전망이다. 무엇보다 공급자 중심의 기존 부동산 시장을 넘어 정보 비대칭이 해소되어 고객 중심의 부동산 시장이 형성될 것으로 보인다.

> **핀테크(FinTech)**
> 금융(Finance)과 기술(Technology)을 합성한 신조어로, 금융과 기술을 융합한 각종 신기술을 의미한다. 핀테크의 핵심은 기술을 통해 기존의 금융기관이 제공하지 못했던 부분을 채워주고 편의성 증대, 비용 절감, 리스크 분산, 기대 수익 증가 등 고객에게 새로운 가치를 주는 데 있다.

66 차세대 우주망원경 NGST

허블우주망원경을 대체할 우주 관측용 망원경

허블우주망원경을 대체할 망원경이다. NGST는 'Next Generation Space Telescope'의 약자로 2002년 NASA의 제2대 국장인 제임스 웹의 업적을 기리기 위해 '제임스 웹 우주망원경(James E. Webb Space Telescope)'이라고도 한다. 차세대 우주망원경은 허블우주망원경보다 반사경의 크기가 더 커지고 무게는 더 가벼워진 한 단계 발전된 우주망원경이다. 미국 NASA와 유럽우주국(ESA), 캐나다우주국(CSA)이 함께 제작했다. 허블우주망원경과 달리 적외선 영역만 관측할 수 있지만, 더 먼 우주까지 관측할 수 있도록 제작됐다.

67 NFT(대체불가토큰) Non Fungible Token

다른 토큰과 대체·교환될 수 없는 가상화폐

하나의 토큰을 다른 토큰과 대체하거나 서로 교환할 수 없는 가상화폐다. 2017년 처음 시장이 만들어진 이래 미술품과 게임아이템 거래를 중심으로 빠른 성장세를 보이고 있다. NFT가 폭발적으로 성장한 이유는 희소성 때문이다. 기존 토큰의 경우 같은 종류의 코인은 한 코인당 가치가 똑같았고, 종류가 달라도 똑같은 가치를 갖고 있다면 등가교환이 가능했다. 하지만 NFT는 토큰 하나마다 고유의 가치와 특성을 갖고 있어 가격이 천차만별이다. 또한 어디서, 언제, 누구에게 거래가 됐는지 모두 기록되어서 위조가 쉽지 않다는 것이 장점 중 하나다.

68 반도체 슈퍼사이클 Commodities Super-cycle

반도체 기억소자(D램) 가격이 크게 오르는 시장 상황

PC, 스마트폰 등에 들어가는 D램 가격의 장기적인 가격상승 추세 또는 시장상황을 말하며 '슈퍼사이클'은 20년 이상의 장기적 가격상승 추세를 뜻한다. 반도체 슈퍼사이클은 주요 제품인 D램의 평균판매단가(ASP) 가 2년 연속 상승하는 구간을 말한다. PC 수요가 급증했던 1994~1995년을 1차, 클라우드와 서버 수요가 컸던 2017~2018년을 2차로 부른다. 코로나19로 비대면경제가 확산하면서 서버나 노트북 수요 등이 늘어나며 2021년 글로벌 반도체시장이 전년 대비 약 8~10% 증가하고, 메모리시장은 약 13~20% 증가할 것으로 전망됐다. 특히 시스템반도체는 5G통신칩·이미지센서 등의 수요 증가와 파운드리 대형고객 확보로 늘어날 것으로 예상됐다.

> **파운드리(Foundry)**
> 반도체 설계만 전문적으로 하는 업체인 팹리스로부터 양산 하청을 받아 위탁생산만 하는 반도체 제작 업체들을 가리킨다. 대표적인 기업으로는 TSMC, UMC 등이 있으며, 파운드리 강국으로 대만이 유명하다.

69 우주 태양광발전

우주에서 생산한 전기를 지구로 보내는 발전방식

태양전지판이 부착된 위성을 우주로 보내 전기를 생산한 뒤에 마이크로파를 통해 그 전기를 다시 지상으로 전송하는 발전방식을 말한다. SF작가 아이작 아시모프가 1941년에 발표한 소설 '리즌(Reason)'에서 처음 등장한 개념이다. 지구와 달리 우주는 밤낮의 구분이 없어 꾸준한 전기 생산이 가능하고, 날씨나 먼지의 영향도 없다. 또 발전소를 짓기 위한 부지 마련 문제나 송전탑·송전선 설치도 필요하지 않아 전문가들은 우주 태양광발전 방식이 지구에서 전기를 생산하는 것보다 10 ~ 20배 정도는 더 효율적이라고 예측하고 있다.

70 RPA 시스템

로봇이 단순 업무를 대신하는 업무자동화 시스템

RPA란 Robotic Process Automation의 줄임말로 사람이 수행하던 반복적인 업무 프로세스를 소프트웨어 로봇을 적용하여 자동화하는 것을 말한다. 즉 저렴한 비용으로 빠르고 정확하게 업무를 수행하는 디지털 노동을 의미한다. RPA를 도입함으로써 기업이 얻을 수 있는 가장 큰 장점은 로봇이 단순 사무를 대신 처리해주는 것에 따른 '인건비 절감'과 사람이 고부가가치 업무에 집중할 수 있는 것에 따른 '생산성 향상'이다.

71 분산원장기술 DLT

분산네트워크 참여자가 암호화 기술을 사용하여 공동으로 관리하는 기술

분산네트워크 참여자가 암호화 기술을 사용하여 거래정보를 검증하고 합의한 원장(Ledger)을 공동으로 분산·관리하는 기술이다. 중앙관리자나 중앙데이터 저장소가 없으며, 데이터 관리의 신뢰성을 높이기 위해 분산네트워크 내의 모든 참여자(Peer)가 거래정보를 합의 알고리즘에 따라 서로 복제하여 공유하고 있다. 거래정보를 분산·관리하기 때문에 위조 방지가 가능하다. 분산원장기술(DLT ; Distributed Ledger Technology)을 구현한 대표적인 예로 가지치기를 통해 하나의 블록 연결만 허용하는 블록체인과 그물처럼 거래를 연결하는 방향성 비순환 그래프 분산원장기술 등이 있다.

안심Touch

72 그로스 해킹 Growth Hacking

상품 및 서비스의 개선사항을 계속 점검하고 반영해 성장을 꾀하는 온라인 마케팅 기법

그로스 해커라는 개념은 수많은 스타트업이 인터넷 기반 산업 분야에 뛰어들기 시작하면서 본격적으로 쓰이게 되었다. 마케팅과 엔지니어링, 프로덕트 등 다양한 각도에서 생각해낸 창의적 방법으로 고객에게 마케팅적으로 접근해 스타트업의 고속 성장을 추구하는 것을 의미한다. 페이스북(Facebook, 현 메타 플랫폼), 인스타그램(Instagram), 트위터(Twitter), 에어비앤비(AirBnB), 드롭박스(Dropbox) 등이 그로스 해킹 기술을 사용하고 있다.

> **그로스 해커**
> 2010년대 페이스북, 트위터 등 인터넷에 기반한 스타트업이 본격 성장하기 시작한 미국에서 처음으로 등장했다. Growth(성장), Hacker(해커)의 합성어로 인터넷과 모바일로 제품 및 서비스를 이용하는 소비자들의 사용패턴을 빅데이터로 분석해 적은 예산으로 효과적인 마케팅 효과를 구사하는 마케터를 의미한다.

73 뉴로모픽 반도체

인간의 두뇌 구조와 활동 방법을 모방한 반도체 칩

인공지능, 빅데이터, 머신러닝 등의 발전으로 인해 방대한 데이터의 연산과 처리를 빠른 속도로 실행해야 하는 필요성에 따라 개발되었다. 뇌신경을 모방해 인간 사고과정과 유사하게 정보를 처리하는 기술로 하나의 반도체에서 연산과 학습, 추론이 가능해 인공지능 알고리즘 구현에 적합하다. 또한 기존 반도체 대비 전력 소모량이 1억분의 1에 불과해 전력 확보 문제를 해결할 수 있는 장점이 있다.

구 분	기존 반도체	뉴로모픽 반도체
구 조	셀(저장·연산), 밴드위스(연결)	뉴런(신경 기능), 시냅스(신호 전달)
강 점	수치 계산이나 정밀한 프로그램 실행	이미지와 소리 느끼고 패턴 인식
기 능	각각의 반도체가 정해진 기능만 수행	저장과 연산 등을 함께 처리
데이터 처리 방식	직렬(입출력을 한 번에 하나씩)	병렬(다양한 데이터 입출력을 동시에)

74 데이터마이닝 Datamining

데이터에서 유용한 정보를 도출하는 기술

'데이터(Data)'와 채굴을 뜻하는 '마이닝(Mining)'이 합쳐진 단어로 방대한 양의 데이터로부터 유용한 정보를 추출하는 것을 말한다. 기업 활동 과정에서 축적된 대량의 데이터를 분석해 경영 활동에 필요한 다양한 의사결정에 활용하기 위해 사용된다. 데이터마이닝은 통계학의 분석방법론은 물론 기계학습, 인공지능, 컴퓨터과학 등을 결합해 사용한다. 데이터의 형태와 범위가 다양해지고 그 규모가 방대해지는 빅데이터의 등장으로 데이터마이닝의 중요성은 부각되고 있다.

75 에이징 테크 Aging-tech

고령인구를 대상으로 하는 기술

고령인구를 대상으로 하는 기술로 노인들의 접근 가능성과 용이성을 우선순위로 두며, 실버 기술, 장수 기술 등으로도 불린다. 경제 발전에 따른 영양상태 개선, 의학발달에 따른 평균수명의 연장 등으로 전 세계적으로 고령인구가 급증하면서 기업도 노인들의 삶의 질 향상을 위해 에이징 테크의 발전을 모색하고 있다. 대표적인 예시로 신체활동을 돕고 위치추적 기능을 제공하는 시니어 전용 스마트 워치, GPS기능을 탑재해 착용자의 위치를 파악하고 보호자에게 알림을 전송하는 치매노인 실종예방 신발, 노인들의 친구가 되어 외로움을 달래주는 돌봄로봇 등이 있다.

76 디지털 치료제

디지털을 활용해 질병을 치료하는 것

기존의 의약품이 아닌 VR, 게임, 애플리케이션 등을 활용해 질병을 치료하는 것이다. 디지털 치료제는 이미 1세대 합성신약, 2세대 바이오의약품에 이어 3세대 치료제로 인정받고 있다. 언제든 처방받을 수 있고 기존 의약품보다 저렴해 시간과 비용을 절약할 수 있다. 디지털 치료제가 되기 위해서는 다른 의약품과 마찬가지로 임상시험에서 안정성을 검증받아야 하고 식품의약처 혹은 FDA 등의 기관의 인허가가 필요하다. 2017년에는 미국 식품의약국(FDA)이 페어테라퓨틱스(Pear Therapeutics)가 개발한 모바일 앱 리셋(reSET)을 약물중독 치료제로 허가한 사례가 있다.

안심Touch

77 코드커팅 Cord-cutting

유료 방송 시청자가 가입을 해지하고 새로운 플랫폼으로 이동하는 현상

유료 방송 시청에 필요한 케이블을 '끊는' 것을 빗댄 용어로, 인터넷 속도 증가와 플랫폼 다양화를 바탕으로 전 세계적으로 일어나고 있다. 각자 환경과 취향에 맞는 서비스 선택이 가능해지자 소비자들은 유선방송의 선을 끊는 사회적 현상을 보였다. 미국은 넷플릭스, 구글 크롬 캐스트 등 OTT 사업자가 등장하면서 대규모 코드커팅이 발생했다. 우리나라에서는 코드커팅이라는 말보다는 가전제품인 TV가 없다는 의미에서 '제로(Zero)TV'가 일반적으로 사용된다. 코드커팅이나 제로TV 현상은 주로 스마트폰 등 모바일 기기의 확산 때문에 일어난다.

78 유전자가위

세포의 유전자를 절삭하는 데 사용하는 기술

동식물 유전자의 특정 DNA부위를 자른다고 하여 '가위'라는 표현을 사용하는데, 손상된 DNA를 잘라낸 후에 정상 DNA로 바꾸는 기술이라 할 수 있다. 1·2세대의 유전자가위가 존재하며 3세대 유전자가위인 '크리스퍼 Cas9'도 개발됐다. 크리스퍼는 세균이 천적인 바이러스를 물리치기 위해 관련 DNA를 잘게 잘라 기억해 두었다가 다시 침입했을 때 물리치는 면역체계를 부르는 용어인데, 이를 이용해 개발한 기술이 3세대 유전자가위인 것이다. 줄기세포·체세포 유전병의 원인이 되는 돌연변이 교정, 항암세포 치료제와 같이 다양하게 활용될 수 있다.

79 디지털포렌식 Digital Forensic

디지털 정보를 분석해 범죄 단서를 찾는 수사기법

디지털 증거를 수집·보존·처리하는 과학적·기술적인 기법을 말한다. '포렌식(Forensic)'의 사전적 의미는 '법의학적인', '범죄 과학 수사의', '재판에 관한' 등이다. 법정에서 증거로 사용되려면 증거능력(Admissibility)이 있어야 하며 이를 위해 증거가 법정에 제출될 때까지 변조 혹은 오염되지 않는 온전한 상태(Integrity)를 유지하는 일련의 절차 내지 과정을 디지털포렌식이라고 부른다. 초기에는 컴퓨터를 중심으로 증거수집이 이뤄졌으나 최근에는 이메일, 전자결재 등으로 확대됐다.

05 문화 · 미디어 · 스포츠

80 골든글로브상 Golden Globe Award

영화와 TV 프로그램과 관련해 시상하는 상

미국의 로스앤젤레스에 있는 할리우드에서 한 해 동안 상영된 영화들을 대상으로 최우수 영화의 각 부분을 비롯하여 남녀 주연, 조연 배우들을 선정해 수여하는 상이다. '헐리우드 외신기자협회(HFPA)'는 세계 각국의 신문 및 잡지 기자로 구성되어 있으며, 골든글로브상은 이 협회의 회원 90여 명의 투표로 결정된다. 1944년 시작된 최초의 시상식은 당시 소규모로 개최되었으나 현재는 세계 영화시장에서 막강한 영향력을 행사하고 있다. 약 3시간 동안 진행되는 시상식은 드라마 부문과 뮤지컬 · 코미디 부문으로 나뉘어 진행되며 생방송으로 세계 120여 개 국에 방영되어 매년 약 2억 5,000만 명의 시청자들이 이를 지켜본다. 한편, 봉준호 감독의 영화 〈기생충〉이 2020년 1월 5일 열린 제77회 골든글로브 시상식에서 외국어 영화상을 수상하며, 한국 영화 최초의 골든글로브 본상 수상 기록을 달성했고, 2021년에 열린 제78회 시상식에서는 〈미나리〉가 외국어 영화상을 수상하는 쾌거를 이뤘다. 2022년 1월에 열린 제79회 시상식에서는 넷플릭스 오리지널 드라마 〈오징어게임〉에 출연한 오영수 배우가 TV부문 남우조연상을 수상하기도 했다.

81 디지털 퍼스트

종이 신문보다 온라인에 기사를 먼저 게재하는 것

기사를 온라인에 먼저 게재하는 것으로, 넓은 의미로는 기사의 제작, 유통, 광고 등 전 부문에 걸쳐 디지털 영역을 도입하고 결과적으로 양질의 디지털 상품을 생산 · 제공하는 것을 뜻한다. 뉴스 소비자들이 종이 신문보다 인터넷 신문을 선호하고 종이 신문을 정기구독하기보다는 스마트폰을 통해 수시로 뉴스를 찾아보는 경향이 확대되면서 등장한 개념이다.

82 리추얼 라이프 Ritual Life

일상에 활력을 불어넣는 규칙적인 습관

규칙적으로 행하는 의식 또는 의례를 뜻하는 '리추얼(Ritual)'과 일상을 뜻하는 '라이프(Life)'를 합친 말이다. 자기계발을 중시하는 MZ세대 사이에 자리 잡은 하나의 트렌드로 코로나 블루와 취업난, 주택난 등에서 오는 무력감을 극복하고, 심리적 만족감과 성취감을 얻으려는 욕구가 반영된 것으로 분석된다. 리추얼 라이프를 실천하는 예로 ▲ 일찍 일어나기(미라클 모닝) ▲ 독서하기 ▲ 운동하기 ▲ 하루 2L 물 마시기 등이 있으며, 리추얼 라이프와 관련된 앱이나 서비스도 다양하게 출시되고 있다.

83 논바이너리 Non-binary

한 성별에만 국한되지 않는 성 정체성

여성과 남성 둘로 구분되는 기존의 성별기준에 속하지 않는 것이다. 여성과 남성 정체성을 다 갖고 있는 바이젠더, 자신이 어떤 성별도 아니라고 생각하는 젠더리스, 남성에서 여성으로나 여성에서 남성으로 전환하는 트랜스젠더 등도 논바이너리에 속한다. 외국에서는 논바이너리의 정체성을 가진 이들에게 She(그녀)/He(그)와 같은 특정성별을 지칭하는 단어를 사용하지 않고 They(그들)라는 중립적인 표현을 쓴다. 논바이너리와 같은 개념으로 젠더퀴어가 사용되고 있다.

84 온택트 Ontact

온라인을 통해 세상과 연결되는 것

온라인(Online)의 'On'과 비대면을 뜻하는 신조어 'Untact'를 합친 말이다. 다른 사람을 직접 만나거나 여가를 즐기기 위해 외부로 나가지 않아도 온라인을 통해 세상과 소통할 수 있는 것을 뜻한다. 온라인으로 진행되는 수업, 공연, 화상회의 등이 모두 온택트의 일환이다. 온택트는 코로나19가 낳은 '뉴 노멀(New Normal)', 즉 새로운 시대의 일상으로 평가받는다. 기업, 지자체를 가리지 않고 온택트 시대에 발맞춰 마케팅을 이어가고 있다.

85 제로웨이스트 Zero Waste

일상생활에서 쓰레기를 줄이기 위한 환경운동

일상생활에서 쓰레기가 나오지 않도록 하는(Zero Waste) 생활습관을 이른다. 재활용 가능한 재료를 사용하거나 포장을 최소화해 쓰레기를 줄이거나 그것을 넘어 아예 썩지 않는 생활 쓰레기를 없애는 것을 의미한다. 비닐을 쓰지 않고 장을 보거나 포장 용기를 재활용하고, 대나무 칫솔과 천연 수세미를 사용하는 등의 방법으로 이뤄진다. 친환경 제품을 사는 것도 좋지만 무엇보다 소비를 줄이는 일이 중요하다는 의견도 공감을 얻고 있다. 환경보호가 중요시되면서 관련 캠페인이 벌어지고 있다.

86 구독경제 Subscription Economy

구독료를 내고 필요한 물건이나 서비스를 이용하는 것

일정 기간마다 비용(구독료)을 지불하고 필요한 물건이나 서비스를 이용하는 경제활동을 뜻한다. 영화나 드라마, 음악은 물론이고 책이나 게임에 이르기까지 다양한 품목에서 이뤄지고 있다. 이 분야는 스마트폰의 대중화로 빠르게 성장하고 있는 미래 유망 산업군에 속한다. 구독자에게 동영상 스트리밍 서비스를 제공하는 넷플릭스의 성공으로 점차 탄력을 받고 있다. 특정 신문이나 잡지 구독과 달리 동종의 물품이나 서비스를 소비자의 취향에 맞춰 취사선택해 이용할 수 있다는 점에서 효율적이다.

87 다크 넛지 Dark Nudge

무의식 중에 비합리적 소비를 하도록 유도하는 상술

팔꿈치로 툭툭 옆구리를 찌르듯 소비자의 비합리적인 구매를 유도하는 상술을 지칭하는 신조어다. '넛지(Nudge)'가 '옆구리를 슬쩍 찌른다'는 뜻으로 상대방을 부드럽게 설득해 현명한 선택을 하도록 돕는다는 개념으로 쓰이는데, 여기에 '다크(Dark)'라는 표현이 더해져 부정적인 의미로 바뀌게 된 것이다. 음원사이트 등에서 무료 체험 기간이라고 유인하고 무료 기간이 끝난 뒤에 이용료가 계속 자동결제 되도록 하는 것이 대표적인 예다. 국립국어원은 이를 대체할 쉬운 우리말로 '함정 상술'을 선정했다.

안심Touch

88 가스라이팅 Gaslighting

상황조작을 통해 판단력을 잃게 만들어 지배력을 행사하는 것

연극 〈가스등(Gas Light)〉에서 유래한 말로 세뇌를 통해 정신적 학대를 당하는 것을 뜻하는 심리학 용어다. 타인의 심리나 상황을 교묘하게 조작해 그 사람이 스스로 의심하게 만들어 타인에 대한 지배력을 강화하는 행위다. 거부, 반박, 전환, 경시, 망각, 부인 등 타인의 심리나 상황을 교묘하게 조작해 그 사람이 현실감과 판단력을 잃게 만들고, 이로써 타인에 대한 통제능력을 행사하는 것을 말한다.

> **가스라이팅의 유래**
> 1938년 영국에서 상연된 연극 〈가스등(Gas Light)〉에서 유래됐다. 이 연극에서 남편은 집안의 가스등을 일부러 어둡게 만들고는 부인이 "집안이 어두워졌다"고 말하면 그렇지 않다는 식으로 아내를 탓한다. 이에 아내는 점차 자신의 현실 인지 능력을 의심하면서 판단력이 흐려지고, 남편에게 의존하게 된다. 아내는 자존감이 낮아져 점점 자신이 정말 이상한 사람이라고 생각하게 된다.

89 보편적 시청권

전 국민적 관심을 받는 스포츠를 시청할 수 있는 권리

전 국민적 관심을 받는 스포츠를 시청할 수 있는 권리다. 이 권리가 보장되기 위해서는 무료 지상파 채널이 우선으로 중계권을 소유해야 한다. 해당 제도는 유럽의 '보편적 접근권'을 원용한 것으로 2007년 방송법이 개정되면서 처음 도입됐다. 방송통신위원회는 모호한 의미였던 '국민적 관심이 매우 큰 체육경기대회'를 구체화하면서 2016년 방송수단을 확보해야 하는 시청범위를 90%와 75%를 기준으로 나눴다. 90%는 동·하계 올림픽과 월드컵, 75%는 WBC(월드 베이스볼 챔피언) 등이다.

90 비건 패션 Vegan Fashion

동물의 가죽이나 털을 사용하지 않고 만든 옷이나 가방 등을 사용하는 행위

채식을 추구하는 비거니즘에서 유래한 말로, 동물의 가죽이나 털을 사용하는 의류를 거부하는 패션철학을 뜻한다. 살아있는 동물의 털이나 가죽을 벗겨 옷을 만드는 경우가 많다는 사실이 알려지면서 패션업계에서는 동물학대 논란이 끊이지 않았다. 과거 비건 패션이 윤리적 차원에서 단순한 대용품으로 쓰이기 시작했다면, 최근에는 윤리적 소비와 함께 합리적인 가격, 관리의 용이성까지 더해지면서 트렌드로 자리 잡아가고 있다.

91 인포데믹 Infodemic

거짓정보, 가짜뉴스 등이 미디어, 인터넷 등을 통해 매우 빠르게 확산되는 현상

'정보'를 뜻하는 'Information'과 '유행병'을 뜻하는 'Epidemic'의 합성어로, 잘못된 정보나 악성루머 등이 미디어, 인터넷 등을 통해 무분별하게 퍼지면서 전염병처럼 매우 빠르게 확산되는 현상을 일컫는다. 미국의 전략분석기관 '인텔리브리지' 데이비드 로스코프 회장이 2003년 워싱턴포스트에 기고한 글에서 잘못된 정보가 경제위기, 금융시장 혼란을 불러올 수 있다는 의미로 처음 사용했다. 허위정보가 범람하면 신뢰성 있는 정보를 찾아내기 어려워지고, 이 때문에 사회 구성원 사이에 합리적인 대응이 어려워지게 된다. 인포데믹의 범람에 따라 정보방역이 중요성도 강조되고 있다.

92 멀티 페르소나 Multi-persona

상황에 따라 다양한 형태의 자아를 갖는 것

페르소나는 고대 그리스의 연극에서 배우들이 쓰던 가면을 의미하고, 멀티 페르소나는 '여러 개의 가면'으로 직역할 수 있다. 현대인들이 직장이나 학교, 가정이나 동호회, 친구들과 만나는 자리 등에서 각기 다른 성격을 보인다는 것을 뜻한다. 일과 후 여유와 취미를 즐기는 '워라밸'이 일상화되고, SNS에 감정과 일상, 흥미를 공유하는 사람들이 늘어나면서 때마다 자신의 정체성을 바꾸어 드러내는 경우가 많아지고 있다.

안심Touch

93 사일로효과 Organizational Silos Effect

조직의 부서들이 다른 부서와 교류하지 않고 내부의 이익만 추구하는 현상

조직의 부서들이 다른 부서와 담을 쌓고 내부이익만 추구하는 현상이다. 구성원이나 부서 사이 교류가 끊긴 모습을 홀로 우뚝 서 있는 원통 모양의 창고인 '사일로'에 비유했다. 주로 조직 장벽과 부서 이기주의를 의미한다. 사일로효과의 원인은 내부의 '과열 경쟁' 때문이다. 조직이 제한적인 보상을 걸어 서로 다른 부서 간의 경쟁을 과도하게 부추길 때 사일로효과가 생겨날 수 있다. 조직의 소통이 가로막히면서 내부의 이해관계로만 결집되어 조직의 전체 성장을 방해하게 된다.

94 빈지 워칭 Binge Watching

방송 프로그램이나 드라마, 영화 등을 한꺼번에 몰아보는 현상

'폭식·폭음'을 의미하는 빈지(Binge)와 '본다'를 의미하는 워치(Watch)를 합성한 단어로 주로 휴일, 주말, 방학 등에 콘텐츠를 몰아보는 것을 폭식에 비유한 말이다. 빈지 워칭은 2013년 넷플릭스가 처음 자체 제작한 드라마 '하우스 오브 카드'의 첫 시즌 13편을 일시에 선보이면서 알려졌고, 이용자들은 전편을 시청할 수 있는 서비스를 선호하기 시작했다. 빈지 워칭 현상은 구독경제의 등장으로 확산되고 있다.

95 오팔세대 OPAL ; Old People with Active Lives

활기찬 인생을 사는 신노년층

활기찬 인생을 사는 신노년층으로 경제력을 갖춘 5060세대를 일컫는 말이다. 베이비부머를 대표하는 1958년생을 뜻하기도 한다. 은퇴 이후 경제적, 시간적 여유가 생긴 이들이 자신이 원하는 것을 하기 위해 돈과 시간을 아끼지 않는 적극적인 소비를 추구한다는 점에서 새로운 소비층으로 부각되고 있다. 또한 퇴직 후 그동안 현실적인 문제로 접어두었던 자신의 꿈을 실현하거나 수년간 쌓은 경험과 전문성을 살려 새로운 일자리를 찾는 등 2030세대 못지않은 취업에 대한 열정을 보여주고 있다. 나아가 지금까지 젊은 세대의 영역으로 여겨졌던 문화산업이나 모바일시장에서도 두각을 드러내며 존재감이 커지는 추세다.

96 사이버 렉카 Cyber Wrecker

온라인상에서 화제가 되는 이슈를 자극적으로 포장해 공론화하는 매체

온라인상에서 화제가 되는 이슈를 자극적으로 포장해 공론화하는 매체를 말한다. 빠르게 소식을 옮기는 모습이 마치 사고현장에 신속히 도착해 자동차를 옮기는 견인차의 모습과 닮았다고 해서 생겨난 신조어다. 이들은 유튜브와 인터넷 커뮤니티에서 활동하는데 유튜브의 경우 자극적인 섬네일로 조회수를 유도한다. 사이버 렉카의 가장 큰 문제점은 정보의 정확한 사실 확인을 거치지 않고 무분별하게 다른 사람에게 퍼트린다는 것이다.

97 코리아월드

한류 콘텐츠를 공유하고 소통할 수 있는 메타버스 전시관

한국문화를 사랑하는 외국인들이 직접 제작한 한류 콘텐츠를 공유하고 소통할 수 있는 메타버스 전시관이다. 새로운 한류 수요층을 찾고 한국문화에 대한 호기심을 불러일으키기 위해 만들어졌다. '코리아월드'라는 명칭은 전 세계 한류 팬들이 한국문화 콘텐츠를 즐기기 위해 모이는 장소가 되길 바란다는 염원을 담은 것이다. 전시관에서는 외국인들이 제작한 다양한 한국문화 콘텐츠 관람뿐만 아니라 한류 체험행사 및 아바타를 활용한 사진촬영과 관람자 간 채팅도 가능하다.

98 스낵컬처 Snack Culture

어디서든 즐길 수 있는 문화

어디서든 과자를 먹을 수 있듯이 장소를 가리지 않고 가볍고 간단하게 즐길 수 있는 문화스타일이다. 과자를 의미하는 '스낵(Snack)'과 문화를 의미하는 '컬처(Culture)'를 더한 합성어다. 출퇴근시간, 점심시간은 물론 잠들기 직전에도 향유할 수 있는 콘텐츠로 시간과 장소에 구애받지 않는 것이 스낵컬처의 가장 큰 장점이다. 방영시간이 1시간 이상인 일반 드라마와 달리 10 ~ 15분 분량으로 구성된 웹드라마, 한 회차씩 올라오는 웹툰, 웹소설 등이 대표적인 스낵컬처로 꼽힌다. 스마트폰의 발달로 스낵컬처시장이 확대됐고 현대인에게 시간·비용적으로 부담스럽지 않기 때문에 지속적으로 성장하고 있다.

안심Touch

99 인스타그래머블 Instagrammable

인스타그램에 올릴 만한 게시물

'인스타그램에 올릴 만한'이라는 뜻을 가진 단어다. 사진을 주로 올리는 SNS인 인스타그램(Instagram)과 '할 수 있는'이라는 뜻의 접미사 '-able'을 합친 말이다. 최근 인스타그램은 많은 사람의 의식주에 지대한 영향을 끼치고 있다. 특히 젊은 세대가 카페, 식당 등을 방문할 때는 인스타그램에 사진을 게시할 만한 장소를 찾아가는 것이 중요한 기준이 됐다. 이러한 현상은 마케팅업계에서도 감성 마케팅을 펼치기 위한 핵심적인 요소로 평가받는다.

100 바디포지티브 Body Positive

자기 몸 긍정주의

자신의 몸을 있는 그대로 사랑하고 가꾸자는 취지에서 미국에서 처음 시작된 운동이다. '자기 몸 긍정주의' 라고도 한다. 마른 몸을 아름답다고 여긴 과거의 시각에서 벗어나 신체적 능력, 크기, 성별, 인종, 외모와 관계없이 모든 신체를 동등하게 존중하자는 의미를 담고 있다. MZ세대 소비자를 중심으로 소셜미디어에서 확산되고 있으며, 패션업계에서도 이러한 트렌드를 반영하여 변화를 추구하는 모습을 보여주고 있다. 특히 언더웨어 시장에서는 디자인보다 편안함과 건강함을 추구한 디자인이 주류로 떠오르고 있으며, 관련 제품에 대한 매출도 크게 올라 여성들의 바디포지티브에 대한 높은 관심을 확인할 수 있다.

01 '앵두꽃이 핀 울타리 밑에서 삽살개가 졸고 있다.'의 문장은 몇 개의 단어로 구성되어 있는가?

① 10

② 8

③ 15

④ 7

해설

앵두꽃/이/핀/울타리/밑/에서/삽살개/가/졸고/있다.

02 단어는 갈래로 보아 단일어, 파생어, 합성어의 세 가지 종류가 있다. 다음 중 파생어로만 짝지어진 것은?

① 숫눈, 늙다리, 맨손

② 맨손, 부삽, 치솟다

③ 갓스물, 초하루, 부삽

④ 덧신, 애당초, 돌아가다

해설

• 파생어 : 숫눈, 늙다리, 맨손, 치솟다, 덧신, 애당초

• 합성어 : 들꽃, 부삽, 돌아가다

03 다음 중 독립성이 강한 품사는?

① 명 사

② 대명사

③ 감탄사

④ 동 사

해설

감탄사는 독립적으로 쓰이며 다른 성분과의 관계가 적다. 각 품사의 자립성의 정도는 감탄사>체언>부사>관형사의 순이다.

04 다음 중 이어진 문장이 아닌 것은?

① 영희가 예쁜 꽃 한 송이를 주었다.
② 그가 물어보기에 그냥 대답했을 뿐입니다.
③ 눈은 내리지만 갈 길을 가야 해.
④ 이번 대회는 서울과 인천에서 열린다.

> **해설**
>
> 이어진 문장 : 두 개 이상의 홑문장이 연결어미에 의해 결합된 것으로 대등하게 이어진 것과 종속적으로 이어진 것이 있다.
> 예 철수는 서울로 갔고, 철호는 부산으로 갔다. (대등적)
>   서리가 내리면 나뭇잎이 빨갛게 물든다. (종속적)
> • 문장의 이어짐 : 두 문장으로 분리할 수 있다.
> 예 서울과 부산은 인구가 많다. – 서울은 인구가 많다. 부산은 인구가 많다.
> • 단어의 이어짐 : 두 문장으로 분리할 수 없다.
> 예 철수와 영철이는 닮았다.

05 다음 중 '안긴문장'에 해당하지 않는 것은?

① 누군가가 부르짖는 소리가 들린다.
② 아무도 그가 사장임을 믿지 않는다.
③ 저 차는 소리도 없이 굴러가는구나.
④ 서울과 부산에서 사람들이 왔습니다.

> **해설**
>
> 안긴문장의 유형
> • 명사절로 안긴문장 → 철수가 축구에 소질이 있음이 밝혀졌다.
> • 관형절로 안긴문장 → 그 분이 노벨상을 타게 되었다는 소문이 있다.
> • 서술절로 안긴문장 → 이 책은 글씨가 너무 잘다.
> • 부사절로 안긴문장 → 산 그림자가 소리도 없이 다가온다.
> • 인용절로 안긴문장 → 나는 철수의 말이 옳다고 생각했다.

06 다음에서 '안'부정문만이 이룰 수 있는 용언은?

① 걷다   ② 보다
③ 알다   ④ 슬프다

> **해설**
>
> ②는 동사로서 '안'부정문과 '못'부정문 모두 가능하며 ①·③은 '못'부정문만 가능하다.
> ④는 형용사로서 '못'부정문에 쓰이지 않는다.

07 음운에 대한 설명으로 올바른 것은?

① 말의 뜻을 구별해 주는 소리
② 실제로 발음되는 구체적인 소리
③ 물리적·개별적인 소리
④ 문자로 일일이 기록할 수 없을 만큼 그 수가 다양한 소리

해설

음운은 말의 뜻을 구별해 주는 소리의 단위로서 심리적, 관념적, 추상적이며 변별적인 말소리이다.
②·③·④는 음성에 대한 설명이다.

08 다음 중 구개음화에 대해 잘못 설명한 것은?

① 동화를 일으키는 것은 'ㅣ'나 반모음 'ㅣ'다.
② 모음의 영향을 받아 자음이 변한다.
③ 역행동화이며 불완전동화이다.
④ 맞춤법으로는 음운 변화 후의 형태를 적는다.

해설

구개음화(口蓋音化) : 끝소리가 'ㄷ, ㅌ'인 형태소가 'ㅣ'나 반모음 'ㅣ'로 시작되는 형식 형태소와 만나서 구개음 'ㅈ, ㅊ'
으로 발음되는 현상

표준 발음으로 인정되는 구개음화

ㄷ, ㅌ + 이 → ㅈ, ㅊ ⇒ 해돋이[해도지], 같이[가치]

방언에서의 구개음화
• ㄱ → ㅈ : 길 → 질
• ㄲ → ㅉ : 끼다 → 찌다
• ㅋ → ㅊ : 키 → 치
• ㅎ → ㅅ : 힘 → 심, 형님 → 셩님 → 성님

09 다음 중 사이시옷 표기가 틀린 것은?

① 곳간(庫間)   ② 셋방(貰房)
③ 찻간(車間)   ④ 갓법(加法)

해설

현행 맞춤법 규정상, 두 음절로 된 한자어 중에서는 다음 6개의 단어에만 사잇소리를 인정한다. → 곳간(庫間), 찻간(車間), 셋방(貰房), 툇간(退間), 숫자(數字), 횟수(回數)

10 다음 괄호 안에 들어갈 알맞은 단어는?

> 용기 : 투사 = 지혜 : (　　　)

① 철학자　　　　　　　　　　　　② 소설가
③ 조련사　　　　　　　　　　　　④ 점술가

해설
② 상상력 – 소설가
③ 기술 – 조련사
④ 예언 – 점술가

11 다음 중 '반박하다'의 반의어는?

① 부정하다　　　　　　　　　　　② 수긍하다
③ 거부하다　　　　　　　　　　　④ 비판하다

해설
• 반박하다 : 어떤 의견, 주장, 논설 따위에 반대하여 말하다.
• 수긍하다 : 옳다고 인정하다.

12 다음 중 어문 규정에 관한 내용으로 바르지 않은 것은?

① 표준어는 교양 있는 사람들이 두루 쓰는 현대 서울말로 정함을 원칙으로 한다.
② 표준 발음법은 표준어의 실제 발음을 따른다.
③ 외래어 표기의 받침은 'ㄱ, ㄴ, ㄹ, ㅁ, ㅂ, ㅅ, ㅇ'만을 쓴다.
④ 국어의 로마자 표기는 한글 맞춤법에 따라 적는다.

해설
④ 국어의 로마자 표기는 국어의 표준 발음법에 따라 적는 것이 원칙이다.

13 다음 중 한글 맞춤법 규정에 맞는 것은?

① 한글 맞춤법은 서울 지역어를 소리대로 적되 어순에 맞도록 함을 원칙으로 한다.
② 한글 맞춤법은 표준어를 소리대로 적되 실용성에 맞도록 함을 원칙으로 한다.
③ 한글 맞춤법은 서울 지역어를 소리대로 적되 어법에 맞도록 함을 원칙으로 한다.
④ 한글 맞춤법은 표준어를 소리대로 적되 어법에 맞도록 함을 원칙으로 한다.

해설

한글 맞춤법 제1장 총칙
제1항 한글 맞춤법은 표준어를 소리대로 적되, 어법에 맞도록 함을 원칙으로 한다.
제2항 문장의 각 단어는 띄어 씀을 원칙으로 한다.
제3항 외래어는 '외래어 표기법'에 따라 적는다.

14 다음 중 어문 규정에 맞게 쓰인 것은?

① 맞춤법 – 얼룩이, 뻐꾸기
② 표준 발음 – 결단력[결딴력]
③ 띄어쓰기 – 그녀는 이제 스물일곱 살을 막 넘겼다.
④ 외래어 표기 – flash → 플래쉬

해설

③ 수를 적을 때에는 '만(萬)'단위로 띄어 쓰므로[한글 맞춤법 제44항] '스물일곱'은 붙여 쓰고, 단위를 나타내는 명사 '살'은 띄어 쓴다[제43항]. 따라서 '스물일곱 살'로 쓰는 것이 옳다.
① '하다'나 '−거리다'가 붙을 수 없는 어근에 '−이'나 또는 다른 모음으로 시작되는 접미사가 붙어서 명사가 된 것은 그 원형을 밝히어 적지 않으므로, '얼루기'가 옳은 표기이다. → 한글 맞춤법 제23항
② 결단력[결딴녁]이 옳은 발음이다. 'ㄴ'은 'ㄹ'의 앞이나 뒤에서 [ㄹ]로 발음하지만, 다음과 같은 단어들은 'ㄹ'을 [ㄴ]으로 발음한다. → 표준 발음법 제20항
　　[예] 결단력[결딴녁], 의견란[의견난], 임진란[임진난], 생산량[생산냥], 상견례[상견녜], 입원료[이뷘뇨] 등
④ 어말의 [ʃ]는 '시'로 적어야 하므로, '플래시'로 적어야 한다. → 외래어 표기법 제3항

15 다음은 한글 맞춤법의 총칙이다. 이 규정에 맞게 사용된 것은?

> 제1항 한글 맞춤법은 표준어를 소리대로 적되 어법에 맞도록 함을 원칙으로 한다.
> 제2항 문장의 각 단어는 띄어 씀을 원칙으로 한다.
> 제3항 외래어는 '외래어 표기법'에 따라 적는다.

① '너 마저'는 '너마저'로 붙여 써야 한다.
② '입원료'는 [이원료]로 발음한다.
③ '구경만 할뿐'에서의 '뿐'은 앞말과 붙여 써야 한다.
④ 'Juice'는 '쥬스'로 표기한다.

해설

①의 '마저'는 '이미 어떤 것이 포함되고 그 위에 더함의 뜻을 나타내는, 즉 하나 남은 마지막'이라는 뜻의 보조사이다. 조사는 그 앞말에 붙여 쓰는 것이 원칙이므로 '너마저'로 쓰는 것이 맞다. → 제41항
② 'ㄹ'은 [ㄴ]으로 발음하므로 [이원뇨]가 옳은 발음이다. → 표준 발음법 제20항 붙임
③ '뿐'이 의존 명사로 쓰일 때에는 띄어 써야 하므로 '할 뿐'으로 띄어 써야 한다. → 제42항
④ 'ㅈ' 다음에는 이중모음을 쓰지 않는 것이 원칙이므로 '주스'로 표기해야 한다.

16 다음 중 띄어쓰기가 바르게 쓰인 것은?

① 천 원밖에   ② 사과는 커녕
③ 철수 뿐이었다.   ④ 떠난지

해설

① 단위를 나타내는 의존 명사는 띄어 쓰며 '밖에'는 조사이므로 앞말과 붙여 쓴다.
②·③ '커녕'과 '뿐'은 조사로 쓰였으므로 앞말에 붙여 써야 한다.
④ 의존 명사는 띄어 써야 하므로 '떠난 지'가 옳다.

17 다음 중 혼동하기 쉬운 단어를 구별하여 사용한 예로 잘못된 것은?

① 파도가 뱃전에 부딪쳤다.

한눈을 팔다가 전봇대에 머리를 부딪혔다.

② 영화를 보면서 시간을 보냈다.

약속한 시각에 맞추어 모임 장소에 나갔다.

③ 소에 받혀 크게 다쳤다.

젖국을 받쳐 놓았다.

④ 이 안은 수차례의 협의 끝에 마련한 것이다.

예상 밖으로 노사 간의 합의가 쉽게 이루어졌다.

해설

① '부딪히다'는 '예상하지 못한 일이나 상황 따위에 직면하다.' 또는 '부딪다'의 피동으로 쓰이는 말이다. '부딪치다'는 '무엇과 무엇이 힘 있게 마주 닿거나 마주 대다'를 의미하는 '부딪다'의 강조형이다. 따라서 '파도가 뱃전에 부딪쳤다.', '한눈을 팔다가 전봇대에 머리를 부딪혔다.'로 써야 한다.

② • 시간(時間) : 어떤 시각에서 다른 시각까지의 동안, 또는 그 길이

• 시각(時刻) : 시간의 어느 한 시점, 또는 짧은 시간

③ • 받히다 : '뿔이나 머리 따위로 세차게 부딪치다.'의 의미인 '받다'의 피동

• 밭치다 : '건더기와 액체가 섞인 것을 체나 거르기 장치에 따라서 액체만을 따로 받아 내다.'의 의미인 '밭다'의 강조형

④ • 협의(協議) : 여러 사람이 모여 서로 의논함

• 합의(合意) : 서로 의견이 일치함, 또는 그 의견

18 다음 중 표준 발음인 것은?

① 밟고[발꼬]

② 밟지[발찌]

③ 넓죽하다[널쭈카다]

④ 떫다[떨 : 따]

해설

④ 겹받침 'ㄼ'은 어말 또는 자음 앞에서 [ㄹ]로 발음하므로 [떨 : 따]는 옳은 발음이다. → 표준 발음법 제10항

①·② '밟-'은 자음 앞에서 [밥]으로 발음하므로 [밥 : 꼬], [밥 : 찌]가 옳은 발음이다. → 표준 발음법 제10항

③ [넙쭈카다]가 옳은 발음이다. → 표준 발음법 제10항

19 다음 중 밑줄 친 외래어 표기가 바르게 쓰인 것은?

① 서류가 <u>캐비닛</u>에 들어 있다.
② 그는 노래를 잘 불러 <u>앵콜</u> 신청을 받았다.
③ 북한 사람들은 김일성 <u>뱃지</u>를 달고 다닌다.
④ 그는 <u>닝겔</u>을 맞고 기력을 되찾았다.

해설

① 외래어는 외래어 원음을 최대한 고려하여 본래 발음에 가깝게 표기하므로 '캐비닛(Cabinet)'은 옳은 표기이다.
② 앵콜 → 앙코르, ③ 뱃지 → 배지, ④ 닝겔 → 링거

20 다음 중 로마자 표기가 바르게 쓰인 것은?

① 강원도 – Kangwon-do
② 경상북도 – Gyungsangbuk-do
③ 충청남도 – Chungcheongnam-do
④ 전라북도 – Jeonlabuk-do

해설

① 첫 음절 'ㄱ'은 모음 앞에서는 'g'로 표기해야 하므로, 'Gangwon-do'가 옳은 표기이다. → 로마자 표기법 제2장 제2항 붙임1
② '경'의 'ㅕ'는 'yeo'이므로 'Gyeongsangbuk-do'로 표기해야 한다.
④ 로마자는 국어의 표준 발음법에 따라 적어야 하므로 유음화되어 [절라북도]로 발음되는 것을 고려해 'Jeollabukdo'로 쓴다.

21 '죽은 뒤에도 은혜를 갚는다.'는 뜻의 사자성어는?

① 犬馬之勞   ② 刮目相對
③ 管鮑之交   ④ 結草報恩

해설

④ 결초보은(結草報恩) : 풀을 맺어 은혜를 갚음. 죽어 혼령이 되어서도 은혜를 잊지 않고 갚는다는 뜻이다.
① 자기의 노력을 낮추어 일컫는 말이다(견마지로).
② 남의 학식이나 재주가 갑자기 늘어난 것에 놀라는 것을 일컫는 말이다(일취월장).
③ 지극히 친밀한 교제 관계를 뜻한다(수어지교, 막역지우, 죽마고우, 금란지계).

22 '작은 일에 치중하다가 큰일을 망친다'는 뜻의 사자성어는?

① 矯角殺牛   ② 牽强附會

③ 緣木求魚   ④ 寸鐵殺人

해설

① 교각살우(矯角殺牛) : 소뿔 고치려다 소를 잡는다는 뜻으로, 잘못된 점을 고치려다가 그 방법이 지나쳐 오히려 일을 그르침
② 견강부회(牽强附會) : 말을 억지로 끌어다가 이치에 맞추어 댐
③ 연목구어(緣木求魚) : 나무에 올라가 고기를 구하듯 불가능한 일을 하고자 할 때를 비유
④ 촌철살인(寸鐵殺人) : 말 한마디로 어떤 일의 급소를 찔러 사람을 감동시킴

23 망국(亡國)에 대한 한탄을 가리키는 사자성어는?

① 亡羊之歎   ② 風樹之嘆

③ 口肉之歎   ④ 麥秀之歎

해설

④ 맥수지탄(麥秀之歎) : 나라의 멸망을 한탄함
① 망양지탄(亡羊之歎) : 학문의 길이 다방면으로 갈려 진리를 얻기 어려움을 한탄함
② 풍수지탄(風樹之嘆) : 부모가 이미 세상을 떠나 효도를 할 수 없음을 한탄함
③ 비육지탄(口肉之歎) : 실력을 발휘하여 공을 세울 기회를 잃고 허송세월 하는 것을 탄식함

24 '금상첨화(錦上添花)'와 상대적 의미로 쓰이는 사자성어는?

① 錦衣還鄕   ② 身言書判

③ 群鷄一鶴   ④ 雪上加霜

해설

금상첨화(錦上添花) : 좋고 아름다운 것에 더 좋고 아름다운 일이 더하여짐 ↔ 설상가상
④ 설상가상(雪上加霜) : 눈 위에 서리가 덮인다는 뜻, 난처한 일이나 불행이 잇달아 일어남
① 금의환향(錦衣還鄕) : 벼슬하여 혹은 성공하여 고향에 돌아옴
② 신언서판(身言書判) : 인물을 선택하는 표준으로 삼던 네 가지, 신수·말씨·글씨·판단력
③ 군계일학(群鷄一鶴) : 닭 무리의 한 마리 학이란 뜻으로 여럿 가운데서 가장 뛰어난 사람

25 새로운 변화에 따를 줄 모르고 옛날 생각만으로 어리석게 행동하는 것은?

① 곡학아세(曲學阿世)   ② 각주구검(刻舟求劍)

③ 어부지리(漁父之利)   ④ 온고지신(溫故知新)

> **해설**
>
> ② 각주구검(刻舟求劍) : 배를 타고 나루를 건너다가 물속에 칼을 떨어뜨리고 배가 움직이고 있는 것은 생각하지도 않고 뱃전에 칼자국을 내어 표시해 두었다가 뒤에 칼을 찾을 정도로 시세의 추이에 융통성이 없음을 비유한 말
>
> ① 곡학아세(曲學阿世) : 옳지 못한 학문을 하여 세속의 인기(人氣)를 끌려함
>
> ③ 어부지리(漁父之利) : 황새가 조개를 먹으려다 그 주둥이를 조개껍질에 잡혀 서로 다투는 중 어부가 지나다가 보고 둘 다 잡았다는 이야기에서 나온 말로 양자(兩者)가 다투는 통에 제삼자가 이익을 보게 됨을 이름
>
> ④ 온고지신(溫故知新) : 옛 것을 익혀 새로운 것을 앎

26 다음 속담 (가)와 사자성어 (나)의 뜻이 잘못 연결된 것은?

	(가)	(나)
①	낫 놓고 기역자 모른다	目不識丁
②	소잃고 외양간 고친다	死後藥方文
③	열 번 찍어 안 넘어가는 나무가 없다	磨斧爲針
④	하룻강아지 범 모른다	養虎遺患

> **해설**
>
> ④ 양호유환(養虎遺患) : 범을 길러 후환을 남긴다는 뜻으로 화근을 길러 근심을 남김을 비유한 말이다.

27 다음 중 가을을 나타내는 한자표현이 아닌 것은?

① 처서(處暑)   ② 경칩(驚蟄)

③ 한로(寒露)   ④ 상강(霜降)

> **해설**
>
> 경칩(驚蟄)은 동물이 겨울잠에서 깨어난다(3월 5일경)는 뜻으로 봄을 나타내는 표현이다. ①·③·④는 가을을 나타내는 표현이다.

28 나이 '77세'를 지칭하는 한자표현은?

① 고희(古稀)　　　　　　　　② 산수(傘壽)

③ 희수(喜壽)　　　　　　　　④ 미수(米壽)

해설

③ 희수(喜壽) : 77세, '喜'자의 초서체가 '七十七'과 비슷한 데서 유래

① 고희(古稀) : 70세, 두보의 시에서 유래, 사람의 나이 70세는 예부터 드문 일

② 산수(傘壽) : 80세, '傘'자를 풀면 '八十'이 되는 데서 유래

④ 미수(米壽) : 88세, '米'자를 풀면 '八十八'이 되는 데서 유래

29 '돌아가신 아버지'를 지칭하는 한자표현이 아닌 것은?

① 선친(先親)　　　　　　　　② 선고(先考)

③ 선부군(先父君)　　　　　　④ 선비(先妣)

해설

'선비(先妣)'는 돌아가신 어머니를 지칭하는 표현이다. 돌아가신 아버지를 지칭할 때는 '선친(先親)', '선고(先考)', '선부군(先父君)'이라는 표현을 쓴다.

30 다음 중 문학의 4대 갈래에 속하지 않는 것은?

① 시　　　　　　　　　　　　② 수 필

③ 소 설　　　　　　　　　　④ 평 론

해설

문학의 4대 갈래는 시, 소설, 희곡, 수필이다.

안심Touch

※ 다음 글을 읽고 물음에 답하시오. [31~34]

장인님이 일어나라고 해도 내가 안 일어나니까 눈에 독이 올라서 저 편으로 힝하게 가더니 지게막대기를 들고 왔다. 그리고 그걸로 내 허리를 마치 들떠 넘기듯이 쿡 찍어서 넘기고 넘기고 했다. 밥을 잔뜩 먹어 딱딱한 배가 그럴 적마다 퉁겨지면서 ⓐ <u>밸창</u>이 꼿꼿한 것이 여간 켕기지 않았다. 그래도 안 일어나니까 이번에는 배를 지게막대기로 위에서 쿡쿡 찌르고 발길로 옆구리를 차고 했다. 장인님은 원체 ⓑ <u>심청</u>이 굳어 서 그러지만 나도 저만 못하지 않게 배를 채었다. 아픈 것을 눈을 꽉 감고 넌 해라 난 재밌단 듯이 있었으나 볼기짝을 후려갈길 적에는 나도 모르는 결에 벌떡 일어나서 그 수염을 잡아챘다. 마는 내 골이 난 것이 아니 라 정말은 아까부터 벽 뒤 울타리 구멍으로 점순이가 우리들의 꼴을 몰래 엿보고 있었기 때문이다. 가뜩이나 말 한 마디 톡톡히 못 한다고 바라보는데 매까지 잠자코 맞는 걸 보면 ⓒ <u>짜장</u> 바보로 알 게 아닌가. 또 점순이도 미워하는 이까짓 놈의 장인님하곤 아무것도 안 되니까 막 때려도 좋지만 사정 보아서 수염만 채고 (제 원대로 했으니까 이 때 점순이는 퍽 기뻤겠지.) 저기까지 잘 들리도록

"㉠ <u>이걸 까셀라부다!</u>"

하고 소리를 쳤다.

장인님은 더 약이 바짝 올라서 잡은 참 지게막대기로 내 어깨를 그냥 내려 갈겼다. 정신이 다 아찔하다. 다시 고개를 들었을 때 그때엔 나도 온몸에 약이 올랐다. 이 녀석의 장인님을, 하고 눈에서 불이 퍽 나서 그 아래 밭 있는 ⓓ <u>넝</u> 알로 그대로 떠밀어 굴려 버렸다.

"부려만 먹구 왜 성례 안 하지유"

나는 이렇게 호령했다.

김유정, 〈봄·봄〉

31 다음 중 ㉠에 대한 설명으로 바른 것은?

① 잔뜩 약이 올라서 하는 말이다.
② 혼자서 마음속으로 하는 말이다.
③ 진심과는 달리 억지로 지어내어 하는 말이다.
④ 누군가를 염두에 두고 허세(虛勢)를 부리는 말이다.

> **해설**
> ④ '나'는 점순이가 엿보고 있는 것을 알고 있으며, 그래서 사정을 보아 가면서도 짐짓 허세를 부려 소리치고 있음을 알 수 있다.

32 위 글에 나타난 해학성을 뒷받침하는 요소로 적절하지 않은 것은?

① 예상치 못한 행동의 전개
② 상반되는 성격의 인물 등장
③ 간결한 독백체 문장의 사용
④ 희극적이고 과장된 상황 설정

해설

③ 〈봄·봄〉의 해학성은 데릴사위가 장인의 바짓가랑이를 잡아당기는 것과 같은 예상치 못한 행동, 의뭉스런 장인과 순박한 '나'의 성격 대비, 장인과 주인공이 번갈아 바짓가랑이를 잡아당기는 희극적이고 과장된 상황 설정, 익살스럽고 토속적인 어휘의 사용 등에 의해 형성되고 있다.

33 다음 중 ⓐ~ⓓ의 의미가 바른 것은?

① ⓐ 창자, 배알
② ⓑ 맑은 마음
③ ⓒ 거짓으로
④ ⓓ 이랑

해설

ⓑ '심술'의 사투리, ⓒ 정말로, ⓓ 둔덕

34 위 글에서 화자의 말투와 거리가 먼 것은?

① 고백체의 어투를 쓰고 있다.
② 주로 문어체를 구사하고 있다.
③ 비속어를 쓰기도 한다.
④ 설명하는 어투로 호흡은 긴 편이다.

해설

② 주로 구어체를 쓰고 있다.

※ **다음 글을 읽고 물음에 답하시오. [35~39]**

> 유리(琉璃)에 ⓐ <u>차고 슬픈 것</u>이 어른거린다.
> 열없이 붙어 서서 입김을 흐리우니
> 길들은 양 ⓑ <u>언 날개를 파다거린다.</u>
> ㉠ <u>지우고 보고 지우고 보아도</u>
> ㉢ <u>새까만 밤이 밀려 나가고 밀려와 부딪히고,</u>
> ㉣ <u>물 먹은 별이, 반짝, 보석(寶石)처럼 백힌다.</u>
> 밤에 홀로 유리를 닦는 것은
> 외로운 황홀한 심사이어니,
> 고흔 폐혈관(肺血管)이 찢어진 채로
> 아아, 늬는 ⓓ <u>산(山)ㅅ새처럼 날러갔구나!</u>
>
> 정지용, 〈유리창 1〉

35 **위 글에서 지시하는 대상이 동일한 것으로 볼 수 없는 것은?**

① 차고 슬픈 것   ② 언 날개
③ 물 먹은 별   ④ 유 리

해설
④ 지시하는 시적 대상은 죽은 아들이다. '유리(琉璃)'는 죽은 아들과 시적 화자(아버지)를 연결시켜 주는 기능과 단절시키는 이중적 기능을 한다.

36 **위 글에 대한 설명으로 옳지 않은 것은?**

① 시각적 심상을 효과적으로 사용하고 있다.
② 대화 형식을 통해 극적인 느낌이 들도록 형상화하고 있다.
③ 감상적 정서를 절제하여 표현하고 있다.
④ 모순 어법을 구사하여 시어의 함축성을 높이고 있다.

해설
② 이 시는 대화적 형식과 관계가 없으며, 자식을 잃은 아버지의 슬픔을 애상적 어조로 담담하게 그리고 있다.

37 밑줄 친 ㉠에 담긴 의미에 대한 설명으로 적절한 것은?

① 화자가 얼른 날이 밝아 어둠이 물러가기를 바라고 있음을 알 수 있다.
② 화자와 아이를 가로막는 존재가 무엇인지를 알 수 있다.
③ 죽은 자식에 대한 그리움이 절실함을 알 수 있다.
④ 죽은 자식의 행동을 따라해 보고 있다.

해설
③ 유리창을 닦는 것은 유리창에 어른거리는 아이의 모습을 더 잘 볼 수 있도록 하기 위한 것이다.

38 밑줄 친 ㉡에 대한 설명으로 옳지 않은 것은?

① 화자의 눈에는 눈물이 고여 있다.
② '별, 보석'은 죽은 자식을 가리킨다.
③ 시적 대상과 감정적으로 거리를 두고 매우 객관적인 위치에서 슬픔을 조망하였다.
④ 죽은 아이의 영상을 비유적으로 표현하였다.

해설
③ ㉡에는 시적 화자의 감정이 대상에 이입되어 있다.

39 ⓐ~ⓓ 중 시적인 의미가 다른 하나는?

① ⓐ 차고 슬픈 것
② ⓑ 언 날개를 파다거린다
③ ⓒ 새까만 밤
④ ⓓ 산(山)ㅅ새

해설
ⓒ 죽은 자식과의 단절감을 비유함
ⓐ·ⓑ·ⓓ 죽은 자식을 비유적으로 표현함

안심Touch

정치 · 국제 · 법률

01 선거에 출마한 후보가 내놓은 공약을 검증하는 운동을 무엇이라 하는가?

① 아그레망
② 로그롤링
③ 플리바게닝
④ 매니페스토

해설

매니페스토는 선거와 관련하여 유권자에게 확고한 정치적 의도와 견해를 밝히는 것으로, 연설이나 문서의 형태로 구체적인 공약을 제시한다.

02 전당대회 후에 정당의 지지율이 상승하는 현상을 뜻하는 용어는?

① 빨대효과
② 컨벤션효과
③ 메기효과
④ 헤일로효과

해설

② 컨벤션효과(Convention Effect) : 대규모 정치 행사 직후에, 행사 주체의 정치적 지지율이 상승하는 현상을 뜻한다.
① 빨대효과(Straw Effect) : 고속도로와 같은 교통수단의 개통으로 인해, 대도시가 빨대로 흡입하듯 주변 도시의 인구와 경제력을 흡수하는 현상을 가리키는 말이다.
③ 메기효과(Catfish Effect) : 노르웨이의 한 어부가 청어를 싱싱한 상태로 육지로 데리고 오기 위해 수조에 메기를 넣었다는 데서 유래한 용어다. 시장에 강력한 경쟁자가 등장했을 때 기존의 기업들이 경쟁력을 잃지 않기 위해 끊임없이 분투하며 업계 전체가 성장하게 되는 것을 가리킨다.
④ 헤일로효과(Halo Effect) : 후광효과로, 어떤 대상(사람)에 대한 일반적인 생각이 그 대상(사람)의 구체적인 특성을 평가하는 데 영향을 미치는 현상이다.

03 노래, 슬로건, 제복 등을 통해 정치권력을 신성하고 아름답게 느끼는 현상을 무엇이라 하는가?

① 플레비사이트
② 옴부즈맨
③ 크레덴다
④ 미란다

해설

선거에서 미란다는 피통치자가 맹목적으로 정치권력에 대해 신성함을 표하고 찬미 · 복종함을 뜻하는 말이다.

04 다음 중 우리나라가 채택하고 있는 의원내각제적 요소는?

① 대통령의 법률안 거부권
② 의원의 각료 겸직
③ 정부의 의회해산권
④ 의회의 내각 불신임 결의권

해설

우리나라가 채택하고 있는 의원내각제적 요소
행정부(대통령)의 법률안 제안권, 의원의 각료 겸직 가능, 국무총리제, 국무회의의 국정 심의, 대통령의 국회 출석 및
의사표시권, 국회의 국무총리·국무위원에 대한 해임건의권 및 국회 출석 요구·질문권

05 '인 두비오 프로 레오(In Dubio Pro Reo)'는 무슨 뜻인가?

① 의심스러울 때는 피고인에게 유리하게 판결해야 한다.
② 위법하게 수집된 증거는 증거능력을 배제해야 한다.
③ 범죄용의자를 연행할 때 그 이유와 권리가 있음을 미리 알려 주어야 한다.
④ 재판에서 최종적으로 유죄 판정된 자만이 범죄인이다.

해설

② 독수독과 이론
③ 미란다 원칙
④ 형사 피고인의 무죄추정

06 다음 중 재선거와 보궐선거에 대한 설명으로 옳지 않은 것은?

① 재선거는 임기 개시 전에 당선 무효가 된 경우 실시한다.
② 보궐선거는 궐위를 메우기 위해 실시된다.
③ 지역구 국회의원의 궐원시에는 보궐선거를 실시한다.
④ 전국구 국회의원의 궐원시에는 중앙선거관리위원회가 궐원통지를 받은 후 15일 이내에 궐원된
   국회의원의 의석을 승계할 자를 결정해야 한다.

해설

전국구 국회의원의 궐원시에는 중앙선거관리위원회가 궐원통지를 받은 후 10일 이내에 의석을 승계할 자를 결정해야
한다.

07 선거에서 약세 후보가 유권자들의 동정을 받아 지지도가 올라가는 현상을 무엇이라 하는가?

① 밴드왜건 효과
② 언더독 효과
③ 스케이프고트 현상
④ 레임덕 현상

해설

언더독 효과는 절대 강자가 지배하는 세상에서 약자에게 연민을 느끼며 이들이 언젠가는 강자를 이겨주기를 바라는 현상을 말한다.

08 헌법재판소에서 위헌법률심판권, 위헌명령심판권, 위헌규칙심판권은 무엇을 근거로 하는가?

① 신법우선의 원칙
② 특별법우선의 원칙
③ 법률불소급의 원칙
④ 상위법우선의 원칙

해설

법률보다는 헌법이 상위법이므로, 법률은 헌법에 위배되어서는 안 된다. 이는 상위법우선의 원칙에 근거한다.

09 다음 중 국정조사에 대한 설명으로 틀린 것은?

① 비공개로 진행하는 것이 원칙이다.
② 재적의원 4분의 1 이상의 요구가 있는 때에 조사를 시행하게 한다.
③ 특정한 국정사안을 대상으로 한다.
④ 부정기적이며, 수시로 조사할 수 있다.

해설

국정조사는 공개를 원칙으로 하고, 비공개를 요할 경우에는 위원회의 의결을 얻도록 하고 있다.

10 다음 직위 중 임기제가 아닌 것은?

① 감사원장
② 한국은행 총재
③ 검찰총장
④ 국무총리

해설

① 감사원장 4년, ② 한국은행 총재 4년, ③ 검찰총장 임기는 2년이다.
국무총리는 대통령이 지명하나 국회 임기종료나 국회의 불신임 결의에 의하지 않고는 대통령이 임의로 해임할 수 없도록 규정하고 있을 뿐 임기는 명시하고 있지 않다.

11 다음 내용과 관련 있는 용어는?

> 영국 정부가 의회에 제출하는 보고서의 표지가 흰색인 데서 비롯된 속성이다. 이런 관습을 각국이 모방하여 공식 문서의 명칭으로 삼고 있다.

① 백 서
② 필리버스터
③ 캐스팅보트
④ 레임덕

해설
백서는 정부의 소관사항에 대한 공식 문서다.

12 정부의 부당한 행정 조치를 감시하고 조사하는 일종의 행정 통제 제도는?

① 코커스
② 스핀닥터
③ 란츠게마인데
④ 옴부즈맨

해설
옴부즈맨은 스웨덴을 비롯한 북유럽에서 발전된 제도로서, 정부의 부당한 행정 조치를 감시하고 조사하는 일종의 행정 통제 제도다.

13 범죄피해자의 고소나 고발이 있어야만 공소를 제기할 수 있는 범죄는?

① 친고죄
② 무고죄
③ 협박죄
④ 폭행죄

해설
형법상 친고죄에는 비밀침해죄, 업무상 비밀누설죄, 친족 간 권리행사방해죄, 사자명예훼손죄, 모욕죄 등이 있다.

14 퍼블리시티권에 대한 설명으로 바르지 못한 것은?

① 개인의 이름·얼굴·목소리 등을 상업적으로 이용할 수 있는 배타적인 권리다.

② 법률에 의해 생존 기간과 사후 30년 동안 보호받을 수 있다.

③ 재산권이라는 측면에서 저작권과 비슷하다.

④ 상표권이나 저작권처럼 상속도 가능하다.

> **해설**
> 퍼블리시티권에 대한 뚜렷한 법률 규정이 없지만 저작권법에서 보호기간을 저자의 사망 후 70년으로 규정하고 있으므로 사후 70년으로 유추적용하고 있다.

15 다음이 설명하는 원칙은?

> 범죄가 성립되고 처벌을 하기 위해서는 미리 성문의 법률에 규정되어 있어야 한다는 원칙

① 불고불리의 원칙 ② 책임의 원칙

③ 죄형법정주의 ④ 기소독점주의

> **해설**
> 죄형법정주의는 범죄와 형벌이 법률에 규정되어 있어야 한다는 원칙이다.

16 우리나라 대통령과 국회의원의 임기를 더한 합은?

① 8 ② 9

③ 10 ④ 11

> **해설**
> 대통령의 임기는 5년으로 하며 중임할 수 없고(헌법 제70조), 국회의원의 임기는 4년으로 한다(헌법 제42조). 따라서 5와 4를 더한 합은 9이다.

17 그림자 내각이라는 의미로 야당에서 정권을 잡았을 경우를 예상하여 조직하는 내각을 일컫는 용어는?

① 키친 캐비닛　　　　　　　　　　　② 이너 캐비닛
③ 캐스팅 캐비닛　　　　　　　　　　④ 섀도 캐비닛

해설
섀도 캐비닛은 19세기 이후 영국에서 시행되어온 제도로, 야당이 정권획득을 대비하여 총리와 각료로 예정된 내각진을 미리 정해두는 것이다.

18 다음과 관련 있는 것은?

> 이 용어는 독일의 사회주의자 F. 라살이 그의 저서 〈노동자 강령〉에서 당시 영국 부르주아의 국가관을 비판하는 뜻에서 쓴 것으로 국가는 외적의 침입을 막고 국내 치안을 확보하며 개인의 사유재산을 지키는 최소한의 임무만을 행하며, 나머지는 자유방임에 맡길 것을 주장하는 국가관을 말한다.

① 법치국가　　　　　　　　　　　　② 사회국가
③ 복지국가　　　　　　　　　　　　④ 야경국가

해설
야경국가는 시장에 대한 개입을 최소화하고 국방과 외교, 치안 등의 질서 유지 임무만 맡아야 한다고 보았던 자유방임주의 국가관이다.

19 대통령이 국회의 동의를 사전에 얻어야 할 경우를 모두 고른 것은?

> ㉠ 헌법재판소장 임명　　　　　　　㉡ 국군의 외국 파견
> ㉢ 대법관 임명　　　　　　　　　　㉣ 예비비 지출
> ㉤ 대법원장 임명　　　　　　　　　㉥ 감사원장 임명

① ㉠, ㉡, ㉢, ㉤, ㉥　　　　　　　② ㉡, ㉢, ㉣, ㉤
③ ㉠, ㉣, ㉤, ㉥　　　　　　　　　④ ㉡, ㉢, ㉤, ㉥

해설
국회의 사전 동의 사항
조약의 체결·선전 포고와 강화, 일반 사면, 국군의 외국 파견과 외국 군대의 국내 주류, 대법원장·국무총리·헌법재판소장·감사원장·대법관 임명, 국채 모집, 예비비 설치, 예산 외의 국가 부담이 될 계약 체결 등

20 다음 빈칸 안에 공통으로 들어갈 말로 적당한 것은?

> • ( )는 주로 소수파가 다수파의 독주를 저지하거나 의사진행을 막기 위해 합법적인 방법을 이용해 고의적으로 방해하는 것이다.
> • ( )는 정국을 불안정하게 만드는 요인이 되기도 하기 때문에 우리나라 등 많은 나라들은 발언 시간 제한 등의 규정을 강화하고 있다.

① 필리버스터　　　　　　　　　② 로그롤링
③ 캐스팅보트　　　　　　　　　④ 치킨게임

해설
필리버스터는 의회 안에서 합법적·계획적으로 수행되는 의사진행 방해 행위를 말한다.

21 우리나라 국회가 채택하고 있는 제도를 모두 고른 것은?

> ㉠ 일사부재의의 원칙　　　　　　㉡ 일사부재리의 원칙
> ㉢ 회의공개의 원칙　　　　　　　㉣ 회기계속의 원칙

① ㉠, ㉢, ㉣　　　　　　　　　② ㉠, ㉡, ㉣
③ ㉡, ㉢, ㉣　　　　　　　　　④ ㉠, ㉡, ㉢, ㉣

해설
일사부재리의 원칙은 확정 판결이 내려진 사건에 대해 두 번 이상 심리·재판을 하지 않는다는 형사상의 원칙으로, 국회가 채택하고 있는 제도나 원칙과는 상관이 없다.

22 원래의 뜻은 의안을 의결하는 데 있어 가부동수인 경우의 투표권을 말하는데, 의회에서 2대 정당의 세력이 거의 비등할 때 그 승부 또는 가부가 제3당의 동향에 따라 결정되는 뜻의 용어는 무엇인가?

① 캐스팅보트　　　　　　　　　② 필리버스터
③ 게리맨더링　　　　　　　　　④ 프레임 업

해설
캐스팅보트는 합의체의 의결에서 가부(可否)동수인 경우 의장이 가지는 결정권을 뜻한다. 우리나라에서는 의장의 결정권은 인정되지 않으며, 가부동수일 경우 부결된 것으로 본다.

23 다음 중 선거에서 누구에게 투표할지 결정하지 못한 유권자를 가리키는 말은?

① 로그롤링   ② 매니페스토

③ 캐스팅보트   ④ 스윙보터

해설

① 로그롤링 : 정치세력들이 상호지원을 합의하여 투표거래나 투표담합을 하는 행위

② 매니페스토 : 구체적인 예산과 실천방안 등 선거와 관련한 구체적 방안을 유권자에게 제시하는 공약

③ 캐스팅보트 : 양대 당파의 세력이 비슷하게 양분화된 상황에서 결정적인 역할을 수행하는 사람

24 다음 중 NOPEC 회원 국가가 아닌 것은?

① 러시아   ② 멕시코

③ 사우디아라비아   ④ 미 국

해설

NOPEC은 미국, 영국, 러시아, 멕시코 등 비(非) OPEC(석유수출국기구) 산유국 10개국을 말한다. NOPEC은 OPEC의 유가 담합 행위를 미국의 반독점법을 적용해 처벌할 수 있는 내용의 석유생산자담합금지법(No Oil Producing and Exporting Cartels act)을 이르기도 한다. 사우디아라비아는 대표적인 OPEC 회원국이다.

25 정치상황과 이슈에 따라 선택을 달리하는 부동층 유권자를 의미하는 스윙보터와 유사한 의미를 가진 용어가 아닌 것은?

① 언디사이디드보터(Undecided Voter)

② 플로팅보터(Floating Voter)

③ 미결정 투표자

④ 코테일(Cottail)

해설

코테일은 미국 정치에서 인기 있는 공직자나 후보자가 자신의 인기에 힘입어 같은 정당 출신인 다른 후보의 승리 가능성을 높여주는 것을 말한다.

26 다음 중 UN 산하 전문기구가 아닌 것은?

① 국제노동기구(ILO)
② 국제연합식량농업기구(FAO)
③ 세계기상기구(WMO)
④ 세계무역기구(WTO)

> **해설**
>
> 1995년 출범한 세계무역기구는 1947년 이래 국제 무역 질서를 규율해오던 GATT(관세 및 무역에 관한 일반협정) 체제를 대신한다. WTO는 GATT에 없었던 세계무역분쟁 조정, 관세 인하 요구, 반덤핑규제 등 막강한 법적 권한과 구속력을 행사할 수 있다. WTO의 최고의결기구는 총회이며 그 아래 상품교역위원회 등을 설치해 분쟁처리를 담당한다. 본부는 스위스 제네바에 있다.

27 다음 괄호 안에 공통으로 들어갈 말로 적당한 것은?

> • (   )은/는 1970년대 미국 청년들 사이에서 유행한 자동차 게임이론에서 유래되었다.
> • (   )의 예로는 한 국가 안의 정치나 노사 협상, 국제 외교 등에서 상대의 양보를 기다리다가 파국으로 끝나는 것 등이 있다.

① 필리버스터   ② 로그롤링
③ 캐스팅보트   ④ 치킨게임

> **해설**
>
> 치킨게임(Chicken Game)
> 어느 한쪽이 양보하지 않을 경우 양쪽 모두 파국으로 치닫게 되는 극단적인 게임이론이다. 1950 ~ 1970년대 미국과 소련 사이의 극심한 군비경쟁을 꼬집는 용어로 사용되면서 국제정치학 용어로 정착되었다.

28 대통령이 선출되나, 입법부가 내각을 신임할 권한이 있는 정부 형태를 무엇이라 하는가?

① 입헌군주제   ② 의원내각제
③ 대통령중심제   ④ 이원집정부제

> **해설**
>
> 이원집정부제
> 국민투표로 선출된 대통령과 의회를 통해 신임되는 내각이 동시에 존재하는 국가이다. 주로 대통령은 외치와 국방을 맡고 내치는 내각이 맡는다. 반(半)대통령제, 준(準)대통령제, 분권형 대통령제, 이원정부제, 혼합 정부 형태라고도 부른다.

29 다음 방공식별구역에 대한 설명으로 옳지 않은 것은?

① 타국의 항공기에 대한 방위 목적으로 각 나라마다 독자적으로 설정한 지역이다.
② 영공과 같은 개념으로 국제법적 기준이 엄격하다.
③ 한국의 구역임을 명시할 때는 한국방공식별구역(KADIZ)이라고 부른다.
④ 방공식별구역 확대 문제로 현재 한 · 중 · 일 국가 간의 갈등이 일고 있다.

해설

방공식별구역은 영공과 별개의 개념으로, 국제법적인 근거가 약하다. 따라서 우리나라는 구역 내 군용기의 진입으로 인한 충돌을 방지하기 위해 1995년 한 · 일 간 군용기 우발사고방지 합의서한을 체결한 바 있다.

30 다음 중 일본 · 중국 · 대만 간의 영유권 분쟁을 빚고 있는 곳은?

① 조어도
② 대마도
③ 남사군도
④ 북방열도

해설

• 남사군도 : 동으로 필리핀, 남으로 말레이시아와 브루나이, 서로 베트남, 북으로 중국과 타이완을 마주하고 있어 6개국이 서로 영유권을 주장하고 있다.
• 북방열도(쿠릴열도) : 러시아연방 동부 사할린과 홋카이도 사이에 위치한 화산열도로 30개 이상의 도서로 이루어져 있다. 러시아와 일본 간의 영유권 분쟁이 일고 있는 곳은 쿠릴열도 최남단의 4개 섬이다.

31 다음 중 수중 암초인 이어도와 관계없는 것은?

① 도리시마
② 파랑도
③ 쑤엔자오
④ 소코트라 록

해설

이어도의 중국명은 '쑤엔자오'이며 '파랑도'라고도 불린다. 1900년 영국 상선 소코트라호가 처음 수중암초를 확인한 후 국제해도에 소코트라 록(Socotra Rock)으로 표기된 바 있다. ①의 도리시마는 일본의 도쿄에서 남쪽으로 600㎞ 떨어진 북태평양에 있는 무인도이다.

32 UN의 193번째 가입 국가는?

① 동티모르
② 몬테네그로
③ 세르비아
④ 남수단

해설

남수단은 아프리카 동북부에 있는 나라로 2011년 7월 9일 수단으로부터 분리 독립하였고 193번째 유엔 회원국으로 등록되었다.

33 UN상임이사국에 속하지 않는 나라는?

① 중 국   ② 러시아
③ 프랑스   ④ 스웨덴

해설

유엔안전보장이사회는 5개 상임이사국(미국, 영국, 프랑스, 중국, 러시아) 및 10개 비상임이사국으로 구성되어 있다. 비상임이사국은 평화유지에 대한 회원국의 공헌과 지역적 배분을 고려하여 총회에서 2/3 다수결로 매년 5개국이 선출되고, 임기는 2년이며, 연임이 불가하다.

34 다음 중 동남아시아 국가 간 전반적인 상호협력 증진을 위한 기구인 동남아국가연합(ASEAN)에 속하지 않는 나라는 어디인가?

① 인도네시아   ② 동티모르
③ 말레이시아   ④ 필리핀

해설

동남아시아 국가 연합(ASEAN)은 동남아시아 국가 간 전반적인 상호협력 증진을 위한 기구이다. 창설 당시 회원국은 싱가포르·필리핀·태국·말레이시아·인도네시아 등 5개국이었으나, 1984년 브루나이, 1995년 베트남, 1997년 라오스·미얀마, 1999년 캄보디아가 차례로 가입하여 10개국으로 늘어났고, 이에 '아세안 10(ASEAN 10)'이라고도 불린다.

35 다음 중 레임덕에 관한 설명으로 옳지 않은 것은?

① 대통령의 임기 만료를 앞두고 나타나는 권력누수 현상이다.
② 대통령의 통치력 저하로 국정 수행에 차질이 생긴다.
③ 임기 만료가 얼마 남지 않은 경우나 여당이 다수당일 때 잘 나타난다.
④ '절름발이 오리'라는 뜻에서 유래된 용어이다.

해설

대통령의 임기 말 권력누수 현상을 나타내는 레임덕(Lame Duck)은 집권당이 의회에서 다수 의석을 얻지 못한 경우에 발생하기 쉽다.

36 다음 중 코이카(KOICA)에 대한 설명으로 옳지 않은 것은?

① 정부 차원의 대외무상협력사업을 전담실시하는 기관이다.

② 한국과 개발도상국의 우호협력관계 및 상호교류 증진을 목적으로 한다.

③ 주요 활동으로 의사, 태권도 사범 등의 전문인력 및 해외봉사단 파견, 국제비정부기구(NGO) 지원 등을 전개하고 있다.

④ 공식 로고에 평화와 봉사를 상징하는 비둘기를 그려 넣어 국제협력단이 세계평화와 인류번영에 이바지하고 있음을 나타내고 있다.

해설

한국국제협력단(KOICA)

한국국제협력단은 대한민국의 대외무상협력사업을 주관하는 외교부 산하 정부출연기관이다. 대개 영문 명칭인 코이카(KOICA)로 불린다. 한국국제협력단법에 의해 1991년 4월 1일 설립됐다. 공식 로고에 평화와 봉사를 상징하는 월계수를 그려 넣어 국제협력단이 세계평화와 인류번영에 이바지하고 있음을 나타내고 있다.

37 다음 중 국회에서 국외 원내 교섭단체를 이룰 수 있는 최소 의석수는?

① 10석   ② 20석

③ 30석   ④ 40석

해설

국회에서 단체 교섭회에 참가하여 의사진행에 관한 중요한 안건을 협의하기 위하여 의원들이 구성하는 단체를 교섭단체라고 한다. 국회법 제33조에 따르면 국회에 20명 이상의 소속 의원을 가진 정당은 하나의 교섭단체가 된다. 다만 다른 교섭단체에 속하지 않는 20명 이상의 의원으로 따로 교섭단체를 구성할 수 있다.

38 다음의 용어 설명 중 틀린 것은?

① JSA - 공동경비구역

② NLL - 북방한계선

③ MDL - 남방한계선

④ DMZ - 비무장지대

해설

MDL(Military Demarcation Line, 군사분계선)

두 교전국 간에 휴전협정에 의해 그어지는 군사활동의 경계선으로 한국의 경우 1953년 7월 유엔군 측과 공산군 측이 합의한 정전협정에 따라 규정된 휴전의 경계선을 말한다.

39 구속적부심사 제도에 대한 설명으로 옳지 않은 것은?

① 심사의 청구권자는 구속된 피의자, 변호인, 친족, 동거인, 고용주 등이 있다.
② 구속적부심사가 기각으로 결정될 경우 구속된 피의자는 항고할 수 있다.
③ 법원은 구속된 피의자에 대하여 출석을 보증할 만한 보증금 납입을 조건으로 석방을 명할 수 있다.
④ 검사 또는 경찰관은 체포 또는 구속된 피의자에게 체포·구속적부심사를 청구할 수 있음을 알려야 한다.

해설

구속적부심사는 처음 기각을 당한 뒤 재청구할 경우 법원은 심문 없이 결정으로 청구를 기각할 수 있다. 또한 공범 또는 공동피의자의 순차 청구로 수사를 방해하려는 목적이 보일 때 심문 없이 청구를 기각할 수 있다. 이러한 기각에 대하여 피의자는 항고하지 못한다(형사소송법 제214조의2).

40 다음 중 국가공무원법상의 징계의 종류가 아닌 것은?

① 감 봉   ② 견 책
③ 좌 천   ④ 정 직

해설

국가공무원법은 감봉, 견책(경고), 정직, 해임 등의 징계 방법을 제시하고 있다. 좌천은 징계로 규정되지 않는다.

41 엽관제의 설명으로 옳지 않은 것은?

① 정당에 대한 충성도와 기여도에 따라 공직자를 임명하는 인사제도를 말한다.
② 정실주의라고도 한다.
③ 정당정치의 발전에 기여한다.
④ 공직 수행에 있어서 중립성을 훼손할 수 있다.

해설

② 공무원 임명의 기준을 정치적 신조나 정당관계에 두고 있다는 점에서 정실주의(Patronage System)와 구분된다.

엽관제의 장단점

장 점	단 점
• 관직의 특권화를 배제함으로써 정실인사 타파에 기여 • 공직자의 적극적인 충성심 확보 • 정당정치 발전에 기여	• 공직수행의 중립성 훼손 • 관료가 국가나 사회보다 정당이나 개인의 이익에 치중 • 능력과 자격을 갖춘 인사가 관직에서 배제될 가능성 • 정권교체기마다 공직자가 교체되면 행정의 전문성 및 기술성 확보가 어려움

42 홍콩이 중국에 반환된 연도는 언제인가?

① 1996년

② 1997년

③ 1998년

④ 1999년

해설

홍콩은 아편전쟁에서 청나라가 영국에 패하면서 1842년에 영국으로 할양되었고, 1997년 7월 1일 중국에 반환됐다. 그 후 50년간 홍콩은 '일국양제(하나의 국가에 2개의 사회·경제제도의 존재를 인정한다)'에 기초하여 고도 자치권을 갖는 특별행정구가 됐다.

43 세계 주요 석유 운송로로 페르시아 만과 오만 만을 잇는 중동의 해협은?

① 말라카해협

② 비글해협

③ 보스포러스해협

④ 호르무즈해협

해설

호르무즈해협(Hormuz Strait)

페르시아 만과 오만 만을 잇는 좁은 해협으로, 북쪽으로는 이란과 접하며, 남쪽으로는 아랍에미리트에 둘러싸인 오만의 월경지이다. 이 해협은 페르시아 만에서 생산되는 석유의 주요 운송로로 세계 원유 공급량의 30% 정도가 영향을 받는 곳이기도 하다.

44 다음 중 대한민국 국회의 권한이 아닌 것은?

① 긴급명령권

② 불체포특권

③ 예산안 수정권

④ 대통령 탄핵 소추권

해설

긴급명령권은 대통령의 권한이며, 대통령은 내우·외환·천재·지변 또는 중요한 재정·경제상의 위기에 있어서 국가의 안전보장 또는 공공의 안녕질서를 유지하기 위한 조치가 필요하고 국회의 집회를 기다릴 여유가 없을 때에 한하여 최소한으로 필요한 재정·경제상의 처분을 하거나 이에 관하여 법률의 효력을 가지는 명령을 발할 수 있다(대한민국 헌법 제76조).

45 록히드 마틴사가 개발한 공중방어시스템으로, 미국을 향해 날아오는 미사일을 고(高)고도 상공에서 격추하기 위한 목적으로 개발된 방어 체계는?

① 사드(THAAD)
② 중거리탄도미사일(IRBM)
③ 레이저빔(Laser Beam)
④ 대륙간탄도미사일(ICBM)

> **해설**
> 사드(THAAD)는 미국의 고(高)고도 미사일 방어체계다. 록히드 마틴이 개발한 공중방어시스템으로 미사일로부터 미국의 군사기지를 방어하기 위해 만들었다. 박근혜 정부 시절 우리나라 성주에 사드 배치를 두고 국내외 정세에 큰 파장을 몰고 왔었다.

46 일사부재리의 원칙에 대한 설명으로 옳은 것은?

① 국회에서 일단 부결된 안건을 같은 회기 중에 다시 발의 또는 제출하지 못한다는 것을 의미한다.
② 판결이 내려진 어떤 사건(확정판결)에 대해 두 번 이상 심리·재판을 하지 않는다는 형사상의 원칙이다.
③ 일사부재리의 원칙은 민사사건에도 적용된다.
④ 로마시민법에서 처음 등장했으며 라틴어로 '인 두비오 프로 레오(In Dubio Pro Leo)'라고 한다.

> **해설**
> ① 일사부재의의 원칙을 설명한 지문이다.
> ③ 일사부재리의 원칙은 형사사건에만 적용된다.
> ④ '인 두비오 프로 레오(In Dubio Pro Leo)'는 '형사소송법에서 증명을 할 수 없으면 무죄'라는 의미를 담고 있다.

47 다음 보기에 나온 사람들의 임기를 모두 더한 것은?

국회의원, 대통령, 감사원장, 대법원장, 국회의장

① 18년
② 19년
③ 20년
④ 21년

> **해설**
> • 국회의원 4년
> • 대통령 5년
> • 감사원장 4년
> • 대법원장 6년
> • 국회의장 2년

48 다음 중 의원내각제에 대한 설명으로 옳지 않은 것은?

① 여당의 총재가 행정부 수반이 된다.
② 18C 초 영국에서 처음 시작되었다.
③ 의원내각제 국가에는 대통령이 없다.
④ 사법부 판단이나 국민투표 없이 행정부 수반을 해임할 수 있다.

해설
의원내각제는 민주공화국의 정부 수립 형태 중 하나이다. 의회다수석을 차지한 여당이 행정부를 꾸린다. 국가원수와 행정부 수반이 별개의 인물로 구성되는 것이 특징이며, 입헌군주국인 경우 국왕이 국가원수가 되며 선출된 대통령이 국가원수가 되기도 한다.

49 헌법 개정 절차로 올바른 것은?

① 공고 → 제안 → 국회의결 → 국민투표 → 공포
② 제안 → 공고 → 국회의결 → 국민투표 → 공포
③ 제안 → 국회의결 → 공고 → 국민투표 → 공포
④ 제안 → 공고 → 국무회의 → 국회의결 → 국민투표 → 공포

해설
헌법 개정 절차는 '제안 → 공고 → 국회의결 → 국민투표 → 공포' 순이다.

50 다음 중 반의사불벌죄가 아닌 것은?

① 존속폭행죄   ② 협박죄
③ 명예훼손죄   ④ 모욕죄

해설
반의사불벌죄는 처벌을 원하는 피해자의 의사표시 없이도 공소할 수 있다는 점에서 고소 · 고발이 있어야만 공소를 제기할 수 있는 친고죄(親告罪)와 구별된다. 폭행죄, 협박죄, 명예훼손죄, 과실치상죄 등이 이에 해당한다. 모욕죄는 친고죄이다.

51 다음 중 불문법이 아닌 것은?

① 판례법   ② 관습법
③ 조 리   ④ 조 례

해설
조례는 성문법이다.

52 정당해산심판에 대한 설명으로 옳지 않은 것은?

① 정당해산심판은 헌법재판소의 권한 중 하나이다.
② 민주적 기본질서에 위배되는 경우 국무회의를 거쳐 해산심판을 청구할 수 있다.
③ 일반 국민도 헌법재판소에 정당해산심판을 청구할 수 있다.
④ 해산된 정당의 대표자와 간부는 해산된 정당과 비슷한 정당을 만들 수 없다.

해설

정당해산심판은 정부만이 제소할 수 있기 때문에, 일반 국민은 헌법재판소에 정당해산심판을 청구할 수 없다. 다만, 정부에 정당해산심판을 청구해달라는 청원을 할 수 있다.

53 다음 중 헌법재판소의 관장사항이 아닌 것은?

① 법률에 저촉되지 아니하는 범위 안에서 소송에 관한 절차 제정
② 탄핵의 심판
③ 정당의 해산심판
④ 헌법소원에 관한 심판

해설

대법원은 법률에서 저촉되지 아니하는 범위 안에서 소송에 관한 절차, 법원의 내부규율과 사무처리에 관한 규칙을 제정할 수 있다(헌법 제108조).

헌법재판소법 제2조(관장사항)
• 법원 제청에 의한 법률의 위헌 여부 심판
• 탄핵의 심판
• 정당의 해산심판
• 국가기관 상호 간, 국가기관과 지방자치단체 간 및 지방자치단체 상호 간의 권한쟁의에 관한 심판
• 헌법소원에 관한 심판

54 우리나라의 배심제에 대한 설명 중 바르지 못한 것은?

① 미국의 배심제를 참조했지만 미국처럼 배심원단이 직접 유·무죄를 결정하지 않는다.
② 판사는 배심원의 유·무죄 판단과 양형 의견과 다르게 독자적으로 결정할 수 있다.
③ 시행 초기에는 민사 사건에만 시범적으로 시행되었다.
④ 피고인이 원하지 않을 경우 배심제를 시행할 수 없다.

해설

시행 초기에는 살인죄, 강도와 강간이 결합된 범죄, 3,000만원 이상의 뇌물죄 등 중형이 예상되는 사건에만 시범적으로 시행되었다.

55 다음 중 노동3권에 포함되지 않는 것은?

① 단체설립권　　　　　　　　　② 단결권

③ 단체교섭권　　　　　　　　　④ 단체행동권

해설

노동3권은 근로자의 권익과 근로조건의 향상을 위해 헌법상 보장되는 기본권으로, 단결권·단체교섭권·단체행동권이 이에 해당한다. 다른 말로는 근로3권이라고도 한다.

56 다음 중 특별검사제에 대한 설명으로 옳지 않은 것은?

① 고위층 권력형 비리나 수사기관이 연루된 사건에 특별검사를 임명해 수사·기소권을 준다.

② 특검보는 15년 이상 판사·검사·변호사로 재직한 변호사 중 2명을 특검이 추천하면 대통령이 1명을 임명한다.

③ 이명박 전 대통령이 직접적으로 관여된 특검은 두 차례 시행됐다.

④ 특검팀 수사는 준비기간 만료일 다음 날부터 30일 이내이며 1회에 한해 10일 연장할 수 있다.

해설

특검팀 수사는 특검 임명 후 10일간 준비기간을 두고, 준비기간 만료일 다음 날부터 60일 이내이며 1회에 한해 대통령의 승인을 받아 30일까지 연장할 수 있다.

57 형벌의 종류 중 무거운 것부터 차례로 나열한 것은?

① 사형 – 자격상실 – 구류 – 몰수

② 사형 – 자격상실 – 몰수 – 구류

③ 사형 – 몰수 – 자격상실 – 구류

④ 사형 – 구류 – 자격상실 – 몰수

해설

형벌의 경중 순서
사형 → 징역 → 금고 → 자격상실 → 자격정지 → 벌금 → 구류 → 과료 → 몰수

경제 · 경영 · 금융

01 값싼 가격에 질 낮은 저급품만 유통되는 시장을 가리키는 용어는?

① 레몬마켓
② 프리마켓
③ 제3마켓
④ 피치마켓

해설

레몬마켓은 저급품만 유통되는 시장으로, 불량품이 넘쳐나면서 소비자의 외면을 받게 된다. 피치마켓은 레몬마켓의 반대어로, 고품질의 상품이나 우량의 재화·서비스가 거래되는 시장을 의미한다.

02 전세가와 매매가의 차액만으로 전세를 안고 주택을 매입한 후 부동산 가격이 오르면 이득을 보는 '갭 투자'와 관련된 경제 용어는 무엇인가?

① 코픽스
② 트라이슈머
③ 레버리지
④ 회색 코뿔소

해설

• 갭 투자 : 전세를 안고 하는 부동산 투자이다. 부동산 경기가 호황일 때 수익을 낼 수 있으나 부동산 가격이 위축돼 손해를 보면 전세 보증금조차 갚지 못할 수 있는 위험한 투자이다.
• 레버리지(Leverage) : 대출을 받아 적은 자산으로 높은 이익을 내는 투자 방법이다. '지렛대효과'를 낸다 하여 레버리지라는 이름이 붙었다.

03 경기상황이 디플레이션일 때 나타나는 현상으로 옳은 것은?

① 통화량 감소, 물가하락, 경기침체
② 통화량 증가, 물가상승, 경기상승
③ 통화량 감소, 물가하락, 경기상승
④ 통화량 증가, 물가하락, 경기침체

해설

디플레이션은 통화량 감소와 물가하락 등으로 인하여 경제활동이 침체되는 현상을 말한다.

04 다국적 ICT기업들이 세계 각국에서 막대한 이익을 얻고도 조약이나 세법을 악용해 세금을 내지 않는 것을 막기 위해 도입한 것은?

① 스텔스 세금
② 법인세
③ 구글세
④ 국경세

해설

구글, 애플, 마이크로소프트 등 다국적 ICT기업들은 전 세계적으로 막대한 수익을 얻는 반면 세금을 회피해왔다. 이에 유럽 국가를 중심으로 이러한 기업들에 세금을 부과하자는 움직임이 시작됐는데, 그 명칭에 대표적인 포털사이트인 구글 이름을 붙인 것이다.

05 특정 품목의 수입이 급증할 때, 수입국이 관세를 조정함으로써 국내 산업의 침체를 예방하는 조치는 무엇인가?

① 세이프가드
② 선샤인액트
③ 리쇼어링
④ 테이퍼링

해설

특정 상품의 수입 급증이 수입국의 경제 또는 국내 산업에 심각한 타격을 줄 우려가 있는 경우 세이프가드를 발동한다.
② 선샤인액트 : 제약사와 의료기기 제조업체가 의료인에게 경제적 이익을 제공할 경우 해당 내역에 대한 지출보고서 작성을 의무화한 제도
③ 리쇼어링 : 해외로 진출했던 기업들이 본국으로 회귀하는 현상
④ 테이퍼링 : 양적완화 정책의 규모를 점차 축소해가는 출구전략

06 다음 중 유로존 가입국이 아닌 나라는?

① 오스트리아
② 프랑스
③ 아일랜드
④ 스위스

해설

유로존(Eurozone)은 유럽연합의 단일화폐인 유로를 국가통화로 도입하여 사용하는 국가나 지역을 가리키는 말로 오스트리아, 핀란드, 독일, 포르투갈, 프랑스, 아일랜드, 스페인 등 총 19개국이 가입되어 있다. 스위스는 유로존에 포함되어 있지 않기 때문에 자국 통화인 스위스프랑을 사용한다.

07 물가상승이 통제를 벗어난 상태로, 수백 퍼센트의 인플레이션율을 기록하는 상황을 말하는 경제용어는?

① 보틀넥인플레이션　　　　　　② 하이퍼인플레이션
③ 디맨드풀인플레이션　　　　　④ 디스인플레이션

해설
① 생산능력의 증가속도가 수요의 증가속도를 따르지 못함으로써 발생하는 물가상승
③ 초과수요로 인하여 일어나는 인플레이션
④ 인플레이션을 극복하기 위해 통화증발을 억제하고 재정·금융긴축을 주축으로 하는 경제조정정책

08 다음 중 리디노미네이션(Redenomination)에 대한 설명으로 옳지 않은 것은?

① 나라의 화폐를 가치의 변동 없이 모든 지폐와 은행권의 액면을 동일한 비율의 낮은 숫자로 표현하는 것을 말한다.
② 리디노미네이션의 목적은 화폐의 숫자가 너무 커서 발생하는 국민들의 계산이나 회계 기장의 불편, 지급상의 불편 등의 해소에 있다.
③ 리디노미네이션은 인플레이션 기대심리를 유발할 수 있다는 문제점이 있다.
④ 화폐단위가 변경되면서 새로운 화폐를 만들어야 하기 때문에 화폐제조비용이 늘어난다.

해설
리디노미네이션은 인플레이션의 기대심리를 억제시키고, 국민들의 거래 편의와 회계장부의 편리화 등의 장점이 있다.

09 사회 구성원의 주관적인 가치판단을 반영하여 소득분배의 불평등도를 측정하는 지표는?

① 지니계수　　　　　　　　　　② 빅맥지수
③ 엥겔계수　　　　　　　　　　④ 앳킨슨지수

해설
불평등에 대한 사회구성원의 주관적 판단을 반영한 앳킨슨지수는 앤토니 앳킨슨 런던정경대 교수가 개발한 불평등 지표로 균등분배와 대등소득이라는 가정 하에서 얼마씩 똑같이 나누어주면 현재와 동일한 사회후생을 얻을 수 있는지 판단하고 비율을 따져본다. 보통 지니계수와 비슷하게 움직인다.

10 납세자들이 세금을 낸다는 사실을 잘 인식하지 못하고 내는 세금을 무엇이라 하는가?

① 시뇨리지　　　　　　　　　　② 인플레이션 세금
③ 스텔스 세금　　　　　　　　④ 버핏세

[해설]

스텔스 세금은 부가가치세, 판매세 등과 같이 납세자들이 인식하지 않고 내는 세금을 레이더에 포착되지 않고 적진에 침투하는 스텔스 전투기에 빗대어 표현한 것이다.

11 조직에서 업무 재량을 위임하고 개인의 역량을 강화하는 의사결정 전략은?

① 퍼실리테이션　　　　　　　　　② 브레인스토밍
③ 서프트어프로치　　　　　　　　　④ 임파워먼트

[해설]

임파워먼트(Empowerment)는 권한이양이라는 뜻으로 일반적으로 조직에서 리더가 업무수행에 필요한 책임과 통제력 등을 부하직원에게 이양하고 권한을 부여하는 과정을 일컫는다. 구성원이 직접 의사결정에 참여하도록 해 조직문화를 유연하게 이끌고 변혁이 신속하게 이루어진다는 점에서 활용도가 높아지고 있다.

12 다음과 같은 현상을 무엇이라 하는가?

> 국제 유가 급락, 신흥국 경제위기, 유럽 디플레이션 등 각종 악재가 동시다발적으로 한꺼번에 터지는 것

① 세컨더리 보이콧　　　　　　　　② 칵테일리스크
③ 염소의 저주　　　　　　　　　　④ 스태그플레이션

[해설]

여러 가지 악재가 동시에 발생하는 경제위기 상황을 칵테일리스크라고 하는데, 다양한 술과 음료를 혼합해 만드는 칵테일에 빗대 표현한 말이다. 세계적인 경기침체, 이슬람 무장단체의 테러 등이 혼재된 경제위기를 의미한다.

13 제품의 가격을 인하하면 수요가 줄어들고 오히려 가격이 비싼 제품의 수요가 늘어나는 것을 무엇이라고 하는가?

① 세이의 법칙　　　　　　　　　　② 파레토최적의 법칙
③ 쿠즈의 U자 가설　　　　　　　　④ 기펜의 역설

[해설]

기펜의 역설(Giffen's Paradox)
한 재화의 가격 하락(상승)이 도리어 그 수요의 감퇴(증가)를 가져오는 현상이다. 예를 들어 쌀과 보리는 서로 대체재인 관계에 있는데, 소비자가 빈곤할 때는 보리를 많이 소비하나, 부유해짐에 따라 보리의 수요를 줄이고 쌀을 더 많이 소비하는 경향이 있다.

14 다음 중 GDP에 대한 설명으로 적절하지 않은 것은?

① 한 나라의 국민이 일정 기간 생산한 재화와 서비스이다.
② 국가의 경제성장률을 분석할 때 사용된다.
③ 명목GDP와 실질GDP가 있다.
④ 비거주자가 제공한 노동도 포함된다.

해설

GDP(Gross Domestic Product : 국내총생산)는 한 나라의 영역 내에서 가계, 기업, 정부 등 모든 경제주체가 일정기간 생산한 재화·서비스의 부가가치를 시장가격으로 평가한 것이다. 비거주자가 제공한 노동, 자본 등 생산요소에 의하여 창출된 것도 포함된다. 물가상승분이 반영된 명목GDP와 생산량 변동만을 반영한 실질GDP가 있다. 한 국가의 국민이 일정 기간 생산한 재화와 서비스를 모두 합한 것은 GNP이다.

15 다음 보기에서 설명하고 있는 효과는?

> • 가격이 오르는데도 일부 계층의 과시욕이나 허영심 등으로 인해 수요가 줄어들지 않는 현상
> • 상류층 소비자들의 소비 행태를 가리키는 말

① 바넘 효과   ② 크레스피 효과
③ 스놉 효과   ④ 베블런 효과

해설

미국의 경제학자이자 사회학자인 소스타인 베블런(Thorstein Bunde Veblen)이 자신의 저서 〈유한계급론〉(1899)에서 "상류층계급의 두드러진 소비는 사회적 지위를 과시하기 위하여 자각 없이 행해진다"고 지적한 데서 유래했다.

16 다음 글이 설명하고 있는 시장의 유형으로 적절한 것은?

> • 주변에서 가장 많이 볼 수 있는 시장의 유형이다.
> • 공급자의 수는 많지만, 상품의 질은 조금씩 다르다.
> • 소비자들은 상품의 차별성을 보고 기호에 따라 재화나 서비스를 소비하게 된다. 미용실, 약국 등이 속한다.

① 과점시장   ② 독점적 경쟁시장
③ 생산요소시장   ④ 완전경쟁시장

해설

다수의 공급자, 상품 차별화, 어느 정도의 시장 지배력 등의 특징을 갖고 있는 시장은 독점적 경쟁시장이다. 과점시장은 소수의 기업이나 생산자가 시장을 장악하고 비슷한 상품을 제조하며 동일한 시장에서 경쟁하는 시장형태이다. 우리나라 이동통신회사가 대표적인 예이다.

17 아시아 개발도상국들이 도로, 학교와 같은 사회간접자본을 건설할 수 있도록 자금 등을 지원하는 국제기구로, 중국이 주도한다는 점이 특징인 조직은?

① IMF
② AIIB
③ ASEAN
④ World Bank

> **해설**
> AIIB(아시아인프라투자은행)는 2013년 시진핑 주석이 창설을 처음 제의하였으며, 2014년 10월 아시아 21개국이 설립을 위한 양해각서(MOU)에 서명함으로써 자본금 500억 달러 규모로 출범했다.

18 총 가계지출액 중에서 식료품비가 차지하는 비율, 즉 엥겔(Engel)계수에 대한 설명과 가장 거리가 먼 것은?

① 농산물 가격이 상승하면 엥겔계수가 올라간다.
② 엥겔계수를 구하는 식은 식료품비/총가계지출액×100이다.
③ 엥겔계수는 소득 수준이 높아짐에 따라 점차 증가하는 경향이 있다.
④ 엥겔계수 상승에 따른 부담은 저소득층이 상대적으로 더 커진다.

> **해설**
> 식료품은 필수품이기 때문에 소득 수준과 관계없이 반드시 일정한 비율을 소비해야 하며 동시에 어느 수준 이상은 소비할 필요가 없는 재화이다. 따라서 엥겔계수는 소득 수준이 높아짐에 따라 점차 감소하는 경향이 있다.

19 경기침체 속에서 물가상승이 동시에 발생하는 상태를 가리키는 용어는?

① 디플레이션
② 하이퍼인플레이션
③ 스태그플레이션
④ 애그플레이션

> **해설**
> ① 경제 전반적으로 상품과 서비스의 가격이 지속적으로 하락하고 경제활동이 침체되는 현상
> ② 물가 상승 현상이 통제를 벗어난 초인플레이션 상태
> ④ 곡물 가격이 상승하면서 일반 물가도 오르는 현상

20 서방 선진 7개국 정상회담(G7)은 1975년 프랑스가 G6 정상회의를 창설하고 그 다음해 캐나다가 추가·확정되면서 매년 개최된 회담이다. 다음 중 G7 회원국이 아닌 나라는?

① 미 국 ② 영 국
③ 이탈리아 ④ 중 국

> **해설**
> 1975년 프랑스가 G6 정상회의를 창설했다. 미국, 프랑스, 독일, 영국, 이탈리아, 일본 등 서방 선진 6개국의 모임으로 출범하였으며, 그 다음해 캐나다가 추가되어 서방 선진 7개국 정상회담(G7)으로 매년 개최되었다. 1990년대 이후 냉전 구도 해체로 러시아가 옵서버 형식으로 참가하였으나, 2014년 이후 제외됐다.

21 다음 중 지니계수에 대한 설명으로 옳지 않은 것은?

① 0과 1 사이의 값을 가지며 1에 가까울수록 불평등 정도가 낮다.
② 로렌츠곡선에서 구해지는 면적 비율로 계산한다.
③ 계층 간 소득분포의 불균형 정도를 나타내는 수치로 나타낸 것이다.
④ 소득이 어느 정도 균등하게 분배되는지 평가하는 데 이용된다.

> **해설**
> 지니계수는 계층 간 소득분포의 불균형 정도를 나타내는 수치로, 소득이 어느 정도 균등하게 분배돼 있는지를 평가하는 데 주로 이용된다. 지니계수는 0과 1 사이의 값을 가지며 1에 가까울수록 불평등 정도가 높은 것을 뜻한다.

22 기업의 사회적 책임을 강조하는 경영기법은?

① 공유가치경영 ② CSV
③ 코즈마케팅 ④ CSR

> **해설**
> CSR(Corporate Social Responsibility : 기업의 사회적 책임)은 기업이 지역사회 및 이해관계자들과 공생할 수 있도록 의사결정을 해야 한다는 윤리적 책임의식을 말한다. 기업이 경제적·법적 책임 이외에도 인권유린이나 환경파괴 등 비윤리적인 행위를 하지 않는 등의 윤리경영을 통한 사회적 책임을 적극적으로 수행하는 것을 일컫는다. 기업 활동이 사회적 가치를 창출하면서 경제적 수익을 추구하는 것은 CSV라 한다.

23 다음 중 임금상승률과 실업률 사이의 상충관계를 나타낸 것은?

① 로렌츠곡선
② 필립스곡선
③ 지니계수
④ 래퍼곡선

해설

실업률과 임금·물가상승률의 반비례 관계를 나타낸 곡선은 필립스곡선(Phillips Curve)이다. 실업률이 낮으면 임금이나 물가의 상승률이 높고, 실업률이 높으면 임금이나 물가의 상승률이 낮다는 것이다.

24 다음 중 경기가 회복되는 국면에서 일시적인 어려움을 겪는 상황을 나타내는 것은?

① 스크루플레이션
② 소프트패치
③ 러프패치
④ 그린슈트

해설

경기가 상승하는 국면에서 본격적으로 침체되거나 후퇴하는 것은 아니지만 일시적으로 성장세가 주춤해지면서 어려움을 겪는 현상을 소프트패치(Soft Patch)라 한다.
① 스크루플레이션 : 쥐어짤 만큼 어려운 경제상황에서 체감 물가가 올라가는 상태
③ 러프패치 : 소프트패치보다 더 나쁜 경제상황으로, 소프트패치 국면이 상당기간 길어질 수 있음을 의미
④ 그린슈트 : 경제가 침체에서 벗어나 조금씩 회복되면서 발전할 조짐을 보이는 것

25 미국 보스턴 컨설팅 그룹이 개발한 BCG 매트릭스에서 기존 투자에 의해 수익이 계속적으로 실현되는 자금 공급 원천에 해당하는 사업은?

① 스타(Star) 사업
② 도그(Dog) 사업
③ 캐시카우(Cash Cow) 사업
④ 물음표(Question Mark) 사업

해설

캐시카우 사업은 시장점유율이 높아 안정적으로 수익을 창출하지만 성장 가능성은 낮은 사업이다. 스타 사업은 수익성과 성장성이 모두 큰 사업이며, 그 반대가 도그 사업이다. 물음표 사업은 앞으로 어떻게 될지 알 수 없는 사업이다.

26 다음 보기와 관련 있는 마케팅 방법은?

> • 남성 전용 미용실 '블루클럽'
> • 모유, 우유 등에 알레르기를 보이는 유아용 분유
> • 왼손잡이용 가위

① 니치 마케팅　　　　　　　　　② 스텔스 마케팅
③ 앰부시 마케팅　　　　　　　　　④ 매스 마케팅

해설

틈새를 비집고 들어가는 것처럼 시장의 빈틈을 공략하는 것으로, 시장 세분화를 통해 특정한 성격을 가진 소규모의 소비자를 대상으로 하는 니치 마케팅에 대한 설명이다.

27 다음 중 기업이 공익을 추구하면서도 실질적인 이익을 얻을 수 있도록 공익과의 접점을 찾는 마케팅은?

① 바이럴 마케팅　　　　　　　　　② 코즈 마케팅
③ 니치 마케팅　　　　　　　　　　④ 헤리티지 마케팅

해설

기업이 일반적으로 기부나 봉사활동을 하는 것에서 나아가 기업이 공익을 추구하면서도 이를 통해 실질적인 이익을 얻을 수 있도록 공익과의 접점을 찾는 것을 코즈 마케팅이라 한다.

28 다음 중 BCG 매트릭스에서 원의 크기가 의미하는 것은?

① 시장 성장률　　　　　　　　　　② 상대적 시장점유율
③ 기업의 규모　　　　　　　　　　④ 매출액의 크기

해설

BCG 매트릭스에서 원의 크기는 매출액의 크기를 의미한다.

BCG 매트릭스

미국의 보스턴컨설팅그룹이 개발한 사업전략의 평가기법으로 '성장-점유율 분석'이라고도 한다. 상대적 시장점유율과 시장성장률이라는 2가지를 각각 X, Y축으로 하여 매트릭스(2차원 공간)에 해당 사업을 위치시켜 사업전략을 위한 분석과 판단에 이용한다.

29 제품 생산부터 판매에 이르기까지 소비자를 관여시키는 마케팅 기법을 무엇이라고 하는가?

① 프로슈머 마케팅　　　　　　　　② 풀 마케팅
③ 앰부시 마케팅　　　　　　　　　④ 노이즈 마케팅

해설

프로슈머 마케팅 : 소비자의 아이디어를 제품 개발 및 유통에 활용하는 마케팅 기법
② 풀 마케팅 : 광고 · 홍보활동에 고객들을 직접 주인공으로 참여시켜 벌이는 마케팅 기법
③ 앰부시 마케팅 : 스폰서의 권리가 없는 자가 마치 자신이 스폰서인 것처럼 하는 마케팅 기법
④ 노이즈 마케팅 : 상품의 품질과는 상관없이 오로지 상품을 판매할 목적으로 각종 이슈를 요란스럽게 치장해 구설에 오르도록 하거나, 화젯거리로 소비자들의 이목을 현혹시켜 판매를 늘리는 마케팅 기법

30 다음 중 재벌의 황제경영을 바로잡아 보려는 직접적 조처에 해당하는 것은?

① 사외이사제도　　　　　　　　　② 부채비율의 인하
③ 채무보증의 금지　　　　　　　　④ 지주회사제도

해설

사외이사제도는 1997년 외환위기를 계기로 우리 스스로가 기업 경영의 투명성을 높이고자 도입한 제도이다. 경영감시를 통한 공정한 경쟁과 기업 이미지 쇄신은 물론 전문가를 경영에 참여시킴으로써 기업경영에 전문지식을 활용하려는 데 목적이 있다.

31 다음 중 주주총회에 대한 설명으로 틀린 것은?

① 주주총회에서 행하는 일반적인 결의방법은 보통결의이다.
② 특별결의는 출석한 주주의 의결권의 3분의 1 이상의 수와 발행주식 총수의 3분의 1 이상의 수로써 정해야 한다.
③ 총회의 결의에 관하여 특별한 이해관계가 있는 자는 의결권을 행사할 수 없다.
④ 주주총회의 의사의 경과요령과 그 결과를 기재한 서면을 의사록이라고 한다.

해설

특별결의는 출석한 주주의 의결권의 3분의 2 이상의 수와 발행주식 총수의 3분의 1 이상의 수로써 정해야 한다.

32   **목표에 의한 관리(MBO)에 대한 설명으로 가장 적절하지 않은 것은?**

① 구성원의 개인적 목표와 조직의 목표를 통합하려는 노력이다.
② 조직 내 모든 계층의 구성체가 함께 참여하여 목표를 구현한다.
③ 공공부문에 도입할 경우 목표성과의 측정이 용이하다.
④ 수행결과를 평가하고 환류시켜 조직의 효율성을 향상시킨다.

> **해설**
>
> 조직성원의 참여과정을 통해 조직의 공통된 목표를 명확히 하고 체계적으로 조직성원들의 목표를 부과하며, 그 수행결과를 평가하고 환류시켜 궁극적으로 조직의 효율성을 향상시키기 위한 관리기법을 말한다. 민간부문과는 달리 공공서비스는 구체적·계량적인 목표를 설정하기 곤란하다.

33   **전 세계 1 ~ 3% 안에 드는 최상류 부유층의 소비자를 겨냥해 따로 프리미엄 제품을 내놓는 마케팅을 무엇이라고 하는가?**

① 하이엔드 마케팅(High-end Marketing)
② 임페리얼 마케팅(Imperial Marketing)
③ 카니발라이제이션(Cannibalization)
④ 하이브리드 마케팅(Hybrid Marketing)

> **해설**
>
> 고소득층 및 상류층과 중상류층이 주로 구입하는 제품 또는 서비스를 럭셔리(Luxury) 마케팅, 프레스티지(Prestige) 마케팅, 하이엔드 마케팅, VIP 마케팅이라고 한다.

34   **IPO에 대한 설명 중 옳지 않은 것은?**

① 주식공개나 기업공개를 의미한다.
② IPO 가격이 낮아지면 투자자의 투자수익이 줄어 자본조달 여건이 나빠진다.
③ 소유권 분산으로 경영에 주주들의 압력이 가해질 수 있다.
④ 발행회사는 주식 발행가격이 높을수록 IPO 가격도 높아진다.

> **해설**
>
> IPO(Initial Public Offering) 주식공개 제도는 기업이 일정 목적을 가지고 주식과 경영상의 내용을 공개하는 것을 의미한다. 발행회사는 주식 발행가격이 높을수록 IPO 가격이 낮아지므로 투자자의 투자수익은 줄어 추가공모 등을 통한 자본조달 여건이 나빠진다. 성공적인 IPO를 위해서는 적정 수준에서 기업을 공개하는 것이 중요하며 투자자들의 관심을 모으는 것이 필요하다.

35 기업 M&A에 대한 방어전략의 일종으로 적대적 M&A가 시도될 경우 기존 주주들에게 시가보다 싼 값에 신주를 발행해 기업인수에 드는 비용을 증가시키는 방법은?

① 황금낙하산   ② 유상증자
③ 신주발행   ④ 포이즌 필

해설

포이즌 필은 적대적 M&A 등 특정 사건이 발생하였을 때 기존 주주들에게 회사 신주(新株)를 시가보다 훨씬 싼 가격으로 매입할 수 있도록 함으로써 적대적 M&A 시도자로 하여금 지분확보를 어렵게 하여 경영권을 방어할 수 있도록 하는 것이다.

36 기업이 임직원에게 자기회사의 주식을 일정 수량, 일정 가격으로 매수할 수 있는 권리를 부여하는 제도는?

① 사이드카(Side Car)
② 스톡옵션(Stock Option)
③ 트레이딩칼라(Trading Collar)
④ 서킷브레이커(Circuit Breaker)

해설

① 사이드카(Side Car) : 선물시장이 급변할 경우 현물시장에 대한 영향을 최소화함으로써 현물시장을 안정적으로 운용하기 위한 관리제도
③ 트레이딩칼라(Trading Collar) : 주식시장 급변에 따른 지수 변동성 확대로 시장의 불안 정도가 높아질 때 발효되는 시장 조치
④ 서킷브레이커(Circuit Breaker) : 주식시장에서 주가가 급등 또는 급락하는 경우 주식매매를 일시정지하는 제도

37 다음에서 설명하는 내용에 적용할 수 있는 마케팅 기법은?

> • 소셜커머스로 레스토랑 할인쿠폰을 구매한다.
> • 매장 사이트를 방문하여 예약을 한다.
> • 지도앱 등을 통해 가장 가까운 카페 중 한 곳을 고른다.

① 코즈 마케팅   ② 스토리텔링 마케팅
③ O2O 마케팅   ④ 플래그십 마케팅

해설

O2O 마케팅(Online To Offline)은 모바일 서비스를 기반으로 한 오프라인 매장의 마케팅 방법이다. 즉, 온라인을 통해 오프라인 매장에 대한 정보를 습득하고 매장에서 이용할 수 있는 공동구매나 쿠폰 등을 온라인에서 얻는 것을 말한다.

38 금융기관의 재무건전성을 나타내는 기준으로, 위험가중자산(총자산)에서 자기자본이 차지하는 비율을 말하는 것은?

① DTI

② LTV

③ BIS 비율

④ 지급준비율

해설

국제결제은행(Bank for International Settlement)에서는 국제금융시장에서 자기자본비율을 8% 이상 유지하도록 권고하고 있다.

39 다음 중 세계 3대 신용평가기관이 아닌 것은?

① 무디스(Moody's)

② 스탠더드 앤드 푸어스(S&P)

③ 피치 레이팅스(FITCH Ratings)

④ D&B(Dun&Bradstreet Inc)

해설

영국의 피치 레이팅스(FITCH Ratings), 미국의 무디스(Moody's)와 스탠더드 앤드 푸어스(S&P)는 세계 3대 신용평가기관으로서 각국의 정치·경제 상황과 향후 전망 등을 고려하여 국가별 등급을 매겨 국가신용도를 평가한다. D&B(Dun&Bradstreet Inc)는 미국의 상사신용조사 전문기관으로 1933년에 R. G. Dun&Company와 Bradstreet Company의 합병으로 설립되었다.

40 탈중앙화·탈독점화를 통해 여러 경제주체를 연결하는 경제형태는?

① 창조경제

② 플랫폼경제

③ 프로토콜경제

④ 비대면경제

해설

프로토콜경제(Protocol Economy)는 블록체인 기술을 핵심으로 탈중앙화·탈독점화를 통해 여러 경제주체를 연결하는 새로운 형태의 경제 모델이다. 플랫폼경제가 정보를 가진 플랫폼(중개업자)이 주도하는 경제라면 프로토콜경제는 블록에 분산된 데이터 기술을 체인 형태로 연결해 수많은 컴퓨터에 복제·저장해 여러 상품을 빠르고 안전하게 연결한다. 즉 경제참여자들이 일정규칙(프로토콜)을 통해 공정하게 참여가능한 체제이다.

41 선물시장이 급변할 경우 현물시장에 들어오는 프로그램 매매주문의 처리를 5분 동안 보류하여 현물시장의 타격을 최소화하는 프로그램 매매호가 관리제도를 무엇이라고 하는가?

① 코스피
② 트레이딩칼라
③ 사이드카
④ 서킷브레이커

해설

① 코스피 : 증권거래소에 상장된 종목들의 주식 가격을 종합적으로 표시한 수치
② 트레이딩칼라(Trading Collar) : 주식시장 급변에 따른 지수 변동성 확대로 시장의 불안 정도가 높아질 때 발효되는 시장 조치
④ 서킷브레이커(Circuit Breaker) : 주식시장에서 주가가 급등 또는 급락하는 경우 주식매매를 일시정지하는 제도

42 지주회사에 대한 설명으로 옳지 않은 것은?

① 카르텔형 복합기업의 대표적인 형태이다.
② 한 회사가 타사의 주식 전부 또는 일부를 보유함으로써 다수기업을 지배하려는 목적으로 이루어지는 기업집중 형태이다.
③ 자사의 주식 또는 사채를 매각하여 타 회사의 주식을 취득하는 증권대위의 방식에 의한다.
④ 콘체른형 복합기업의 전형적인 기업집중 형태이다.

해설

지주회사는 콘체른형 복합기업의 대표적인 형태로서 모자회사 간의 지배관계를 형성할 목적으로 자회사의 주식총수에서 과반수 또는 지배에 필요한 비율을 소유·취득하여 해당 자회사의 지배권을 갖고 자본적으로나 관리기술적인 차원에서 지배관계를 형성하는 기업을 말한다.

43 주가가 떨어질 것을 예측해 주식을 빌려 파는 공매도를 했지만 반등이 예상되자 빌린 주식을 되갚으면서 주가가 오르는 현상은?

① 사이드카
② 디노미네이션
③ 서킷브레이커
④ 숏커버링

해설

없는 주식이나 채권을 판 후 보다 싼 값으로 주식이나 그 채권을 구해 매입자에게 넘기는데, 예상을 깨고 강세장이 되어 해당 주식이 오를 것 같으면 손해를 보기 전에 빌린 주식을 되갚게 된다. 이때 주가가 오르는 현상을 숏커버링이라 한다.

44 다음 중 금융기관의 부실자산이나 채권만을 사들여 전문적으로 처리하는 기관을 무엇이라고 하는가?

① 굿뱅크　　　　　　　　　　　　　② 배드뱅크
③ 다크뱅크　　　　　　　　　　　　④ 캔디뱅크

> **해설**
> 배드뱅크는 금융기관의 방만한 운영으로 발생한 부실자산이나 채권만을 사들여 별도로 관리하면서 전문적으로 처리하는 구조조정 전문기관이다.

45 2040년까지 탄소제로 활성화를 위해 2021년 1월 1일부터 EU에서 시행된 세금은?

① EU 폐기물세　　　　　　　　　　② EU 비닐봉지세
③ EU 플라스틱세　　　　　　　　　④ EU 쓰레기통세

> **해설**
> EU 플라스틱세(EU Plastic Tax)는 재활용이 불가능한 플라스틱 폐기물에 kg당 0.8유로의 세금을 부과하는 규제다. 플라스틱 사용을 줄이고 코로나19로 인한 경기부양책 자금을 확보하기 위해 2021년 1월 1일부터 시행됐으며 2017년 UN 해양회의에서 플라스틱 폐기물 감축을 위한 방안으로 먼저 언급됐다. 플라스틱 사용이 줄어들면 탄소배출 제로(탄소 중립) 달성 목표를 담은 그린 뉴딜에 기여할 수 있을 것이라고 기대되고 있다.

46 해외로 나가 있는 자국 기업들을 각종 세제 혜택과 규제 완화 등을 통해 자국으로 다시 불러들이는 정책을 가리키는 말은?

① 리쇼어링(Reshoring)　　　　　　② 아웃소싱(Outsourcing)
③ 오프쇼어링(Off-shoring)　　　　④ 앵커링 효과(Anchoring Effect)

> **해설**
> 미국을 비롯한 각국 정부는 경기 침체와 실업난의 해소, 경제 활성화와 일자리 창출 등을 위해 리쇼어링 정책을 추진한다.

47 주식과 채권의 중간적 성격을 지닌 신종자본증권은?

① 하이브리드 채권　　　　　　　　② 금융 채권
③ 연대 채권　　　　　　　　　　　④ 농어촌지역개발 채권

> **해설**
> 하이브리드 채권은 채권처럼 매년 확정이자를 받을 수 있고, 주식처럼 만기가 없으면서도 매매가 가능한 신종자본증권이다.

48 다음 중 환율인상의 영향이 아닌 것은?

① 국제수지 개선효과
② 외채 상환시 원화부담 가중
③ 수입 증가
④ 국내물가 상승

해설

환율인상의 영향
• 수출 증가, 수입 감소로 국제수지 개선효과
• 수입품의 가격 상승에 따른 국내물가 상승
• 외채 상환시 원화부담 가중

49 지급준비율에 대한 설명으로 틀린 것은?

① 지급준비율 정책은 통화량 공급을 조절하는 수단 중 하나로 금융감독원에서 지급준비율을 결정한다.
② 지급준비율을 낮추면 자금 유동성을 커지게 하여 경기부양의 효과를 준다.
③ 지급준비율은 통화조절수단으로 중요한 의미를 가진다.
④ 부동산 가격의 안정화를 위해 지급준비율을 인상하는 정책을 내놓기도 한다.

해설

지급준비율이란 시중은행이 고객이 예치한 금액 중 일부를 인출에 대비해 중앙은행에 의무적으로 적립해야 하는 지급준비금의 비율이다. 지급준비율의 결정은 중앙은행이 하는데 우리나라의 경우 한국은행이 이에 해당한다.

50 다음 중 환매조건부채권에 대한 설명으로 틀린 것은?

① 금융기관이 일정 기간 후 확정금리를 보태어 되사는 조건으로 발행하는 채권이다.
② 발행 목적에 따라 여러 가지 형태가 있는데, 흔히 중앙은행과 시중은행 사이의 유동성을 조절하는 수단으로 활용된다.
③ 한국은행에서도 시중에 풀린 통화량을 조절하거나 예금은행의 유동성 과부족을 막기 위해 수시로 발행하고 있다.
④ 은행이나 증권회사 등의 금융기관이 수신 금융상품으로는 판매할 수 없다.

해설

은행이나 증권회사 등의 금융기관이 수신 금융상품의 하나로 고객에게 직접 판매하는 것도 있다.

51 고객의 투자금을 모아 금리가 높은 CD, CP 등 단기 금융상품에 투자해 고수익을 내는 펀드를 무엇이라 하는가?

① ELS　　　　　　　　　　　② ETF
③ MMF　　　　　　　　　　　④ CMA

해설
CD(양도성예금증서), CP(기업어음) 등 단기금융상품에 투자해 수익을 되돌려주는 실적배당상품을 MMF(Money Market Fund)라고 한다.

52 금융시장이 극도로 불안한 상황일 때 은행에 돈을 맡긴 사람들이 대규모로 예금을 인출하는 사태를 무엇이라 하는가?

① 더블딥　　　　　　　　　　② 디폴트
③ 펀드런　　　　　　　　　　④ 뱅크런

해설
뱅크런은 대규모 예금 인출사태를 의미한다. 금융시장이 불안정하거나 거래은행의 재정상태가 좋지 않다고 판단할 때, 많은 사람들이 한꺼번에 예금을 인출하려고 하면서 은행은 위기를 맞게 된다. 한편, 펀드 투자자들이 펀드에 투자한 돈을 회수하려는 사태가 잇따르는 것은 펀드런이라 한다.

53 신흥국 시장이 강대국의 금리 정책 때문에 크게 타격을 입는 것을 무엇이라 하는가?

① 긴축발작　　　　　　　　　② 옥토버서프라이즈
③ 어닝쇼크　　　　　　　　　④ 덤벨이코노미

해설
① 긴축발작 : 2013년 당시 벤 버냉키 미국 연방준비제도(Fed) 의장이 처음으로 양적완화 종료를 시사한 뒤 신흥국의 통화 가치와 증시가 급락하는 현상이 발생했는데, 이를 가리켜 강대국의 금리 정책에 대한 신흥국의 '긴축발작'이라고 부르게 되었다. 미국의 금리인상 정책 여부에 따라 신흥국이 타격을 입으면서 관심이 집중되는 용어이다.
② 옥토버서프라이즈(October Surprise) : 미국 대통령 선거가 11월에 치러지기 때문에 10월 즈음에 각종 선거 판세를 뒤집기 위한 스캔들이 터져나오는 것을 가리킨다.
④ 덤벨이코노미(Dumbbell Economy) : 사회 전반적으로 건강한 삶과 운동에 대한 관심이 높아지면서 소비 진작이 나타나고 경제가 견인되는 현상을 가리킨다.

54 국내 시장에서 외국기업이 자국기업보다 더 활발히 활동하거나 외국계 자금이 국내 금융시장을 장악하는 현상을 지칭하는 용어는?

① 피셔 효과

② 윔블던 효과

③ 베블런 효과

④ 디드로 효과

해설

① 피셔 효과 : 1920년대 미국의 경제학자 어빙 피셔의 주장. 인플레이션이 심해지면 금리 역시 따라서 올라간다는 이론

③ 베블런 효과 : 가격이 오르는데도 오히려 수요가 증가하는 현상(가격은 가치를 반영)

④ 디드로 효과 : 새로운 물건을 갖게 되면 그것과 어울리는 다른 물건도 원하는 효과

55 시장에 신제품을 고가로 출시한 후 점차 가격을 낮추는 초기 고가전략을 가리키는 것은?

① 침투 가격전략

② 스키밍 가격전략

③ 단일 가격전략

④ 적응 가격전략

해설

스키밍 가격전략(Skimming Pricing Strategy)은 시장에 신제품을 선보일 때 고가로 출시한 후 점차적으로 가격을 낮추는 전략이다. 브랜드 충성도가 높거나 제품의 차별점이 확실할 때 사용한다.

① 침투 가격전략 : 스키밍 가격전략과 반대되는 가격전략으로, 저가로 출시한 뒤 점차 가격을 높이는 전략

③ 단일 가격전략 : 판매처나 판매 방식에 관계없이 제품 가격을 동일하게 판매하는 전략

④ 적응 가격전략 : 소비자의 구매를 유도하기 위해 유사 상품의 가격을 다르게 적용하는 전략

56 기업의 실적이 시장 예상보다 훨씬 뛰어넘는 경우가 나왔을 때 일컫는 용어는?

① 어닝쇼크

② 어닝시즌

③ 어닝서프라이즈

④ 커버링

해설

시장 예상보다 훨씬 나은 실적이 나왔을 때를 '어닝서프라이즈'라고 하고 실적이 나쁠 경우를 '어닝쇼크'라고 한다. 어닝서프라이즈가 있으면 주가가 오를 가능성이, 어닝쇼크가 발생하면 주가가 떨어질 가능성이 높다.

사회 · 노동 · 환경

01 부자의 부의 독식을 부정적으로 보고 사회적 책임을 강조하는 용어로 월가 시위에서 1대 99라는
슬로건이 등장하며 1%의 탐욕과 부의 집중을 공격하는 이 용어는 무엇인가?

① 뉴비즘　　　　　　　　　　　　　② 노블레스 오블리주

③ 뉴리치현상　　　　　　　　　　　④ 리세스 오블리주

해설

노블레스 오블리주가 지도자층의 도덕의식과 책임감을 요구하는 것이라면, 리세스 오블리주는 부자들의 부의 독식을 부정
적으로 보며 사회적 책임을 강조하는 것을 말한다.

02 도시에서 생활하던 노동자가 고향과 가까운 지방 도시로 취직하려는 현상은?

① U턴 현상　　　　　　　　　　　　② J턴 현상

③ T턴 현상　　　　　　　　　　　　④ Y턴 현상

해설

지방에서 대도시로 이동하여 생활하던 노동자가 다시 출신지로 돌아가는 것을 U턴 현상이라고 하고, 출신지 근처 지방도
시로 돌아가는 것을 J턴 현상이라고 한다. 출신지에서의 고용기회가 적은 경우 출신지와 가깝고 일자리가 있는 지방도시
로 가는 J턴 현상이 일어난다.

03 일과 여가의 조화를 추구하는 노동자를 지칭하는 용어는 무엇인가?

① 골드칼라　　　　　　　　　　　　② 화이트칼라

③ 퍼플칼라　　　　　　　　　　　　④ 논칼라

해설

골드칼라는 높은 정보와 지식으로 정보화시대를 이끌어가는 전문직종사자, 화이트칼라는 사무직노동자, 논칼라는 컴퓨터
작업 세대를 일컫는다.

04 국제기구 간의 연결이 서로 잘못된 것은?

① 기후기구 - WMO　　　　　　　　② 관세기구 - WCO

③ 노동기구 - IMO　　　　　　　　　④ 식량농업기구 - FAO

해설

IMO는 국제해사기구이며, 국제노동기구는 ILO이다.

05 공직자가 자신의 재임 기간 중에 주민들의 민원이 발생할 소지가 있는 혐오시설들을 설치하지 않고 임기를 마치려고 하는 현상은?

① 핌투현상   ② 님투현상

③ 님비현상   ④ 핌피현상

해설

① 공직자가 사업을 무리하게 추진하며 자신의 임기 중에 반드시 가시적인 성과를 이뤄내려고 하는 업무 형태로, 님투현 상과는 반대개념이다.

③ 사회적으로 필요한 혐오시설이 자기 집 주변에 설치되는 것을 강력히 반대하는 주민들의 이기심이 반영된 현상이다.

④ 지역발전에 도움이 되는 시설이나 기업들을 적극 자기 지역에 유치하려는 현상으로 님비현상과는 반대개념이다.

06 자신과는 다른 타인종과 외국인에 대한 혐오를 나타내는 정신의학 용어는?

① 호모포비아   ② 케미포비아

③ 노모포비아   ④ 제노포비아

해설

④ 제노포비아(Xenophobia) : 국가, 민족, 문화 등의 공동체 요소가 다른 외부인에 대한 공포감·혐오를 느끼는 것을 가리킨다. 현대에는 이주 노동자로 인해 경제권과 주거권에 위협을 받는 하류층에게서 자주 관찰된다.

① 호모포비아(Homophobia) : 동성애나 동성애자에게 갖는 부정적인 태도와 감정을 말하며, 각종 혐오·편견 등으로 표출된다.

② 케미포비아(Chemophobia) : 가습기 살균제, 계란, 생리대 등과 관련하여 불법적 화학 성분으로 인한 사회문제가 연이어 일어나면서 생활 주변의 화학제품에 대한 공포감을 느끼는 소비자 심리를 가리킨다.

07 다음 중 단어가 가리키는 대상이 가장 다른 것 하나는 무엇인가?

① 에이섹슈얼   ② 헤테로섹슈얼

③ 이성애   ④ 시스젠더

해설

시스젠더, 헤테로섹슈얼, 이성애는 모두 남성과 여성의 결합을 성적 지향으로 삼는 사람들을 가리키는 말이다. 에이섹슈얼 (Asexuality)은 성적 지향 자체가 없다고 보거나 부재한 사람들을 가리키는 말이다. 무성애자라고도 한다.

08 일에 몰두하여 온 힘을 쏟다가 갑자기 극도의 신체ㆍ정신적 피로를 느끼며 무력해지는 현상은?

① 리플리 증후군
② 번아웃 증후군
③ 스탕달 증후군
④ 파랑새 증후군

해설

번아웃 증후군은 'Burn out(불타서 없어진다)'에 증후군을 합성한 말로, 힘이 다 소진됐다고 하여 소진 증후군이라고도 한다.
① 리플리 증후군 : 거짓된 말과 행동을 일삼으며 거짓을 진실로 착각하는 증상
③ 스탕달 증후군 : 뛰어난 예술 작품을 감상한 후 나타나는 호흡 곤란, 환각 등의 증상
④ 파랑새 증후군 : 현실에 만족하지 못하고 이상만을 추구하는 병적 증상

09 외부 세상으로부터 인연을 끊고 자신만의 안전한 공간에 머물려는 칩거 증후군의 사람들을 일컫는 용어는?

① 딩크족
② 패라싱글족
③ 코쿤족
④ 니트족

해설

① 자녀 없이 부부만의 생활을 즐기는 사람들
② 결혼하지 않고 부모집에 얹혀사는 사람들
④ 교육을 받거나 구직활동을 하지 않고, 일할 의지도 없는 사람들

10 1964년 미국 뉴욕 한 주택가에서 한 여성이 강도에게 살해되는 35분 동안 이웃 주민 38명이 아무도 신고하지 않은 사건과 관련된 것으로, 피해 여성의 이름을 따 방관자 효과라고 불리는 이것은?

① 라이 증후군
② 리마 증후군
③ 아키바 증후군
④ 제노비스 증후군

해설

제노비스 증후군(Genovese Syndrome)은 주위에 사람들이 많을수록 어려움에 처한 사람을 돕지 않게 되는 현상을 뜻하는 심리학 용어이다. 대중적 무관심, 방관자 효과, 구경꾼 효과라고도 한다.

11 다음 내용 중 밑줄 친 비경제활동인구에 포함되지 않는 사람은?

> 대졸 이상 <u>비경제활동인구</u>는 2000년 159만 2,000명(전문대졸 48만 6,000명, 일반대졸 이상 110
> 만 7,000명)이었으나, 2004년 200만명 선을 넘어섰다. 지난해 300만명을 돌파했으므로 9년 사이
> 에 100만명이 늘었다.

① 가정주부   ② 학 생
③ 심신장애자   ④ 실업자

해설

'경제활동인구'는 일정기간 동안 제품 또는 서비스 생산을 담당하여 노동활동에 기여한 인구로, 취업자와 실업자를 합한
수를 말한다. '비경제활동인구'는 만 15세 이상 인구에서 취업자와 실업자를 뺀 것으로, 일자리 없이 구직활동도 하지
않는 사람을 말한다.

12 우리나라 근로기준법상 근로가 가능한 최저근로 나이는 만 몇 세인가?

① 13세   ② 15세
③ 16세   ④ 18세

해설

근로기준법에 따르면 만 15세 미만인 자(초·중등교육법에 따른 중학교에 재학 중인 18세 미만인 자를 포함한다)는 근로
자로 채용할 수 없다.

13 부모와 조부모 등 가족뿐만 아니라 친척, 지인까지 합세해 한 명의 아이를 위해 소비하는 현상은?

① 골드 키즈   ② 식스 포켓
③ 에잇 포켓   ④ 텐 포켓

해설

텐 포켓(Ten Pocket)은 한 자녀 가정에서 가족과 친척뿐만 아니라 주변 지인들이 합세해 아이를 위해 지출을 아끼지
않는 현상을 일컫는다. 한 명의 자녀를 위해 부모와 친조부모, 외조부모, 이모, 삼촌 등 8명의 어른들이 지출한다는 의미의
에잇 포켓(Eight Pocket)에 주변 지인들까지 합세했다는 것을 의미한다.

14 비극적인 참상이 있던 장소를 여행지로 방문해 교훈을 얻는 관광은?

① 그린투어리즘　　　　　　　　　② 지오투어리즘
③ 블루투어리즘　　　　　　　　　④ 다크투어리즘

> **해설**
> 다크투어리즘(Dark Tourism)은 잔혹한 참상이 벌어졌던 재해피재적지, 전쟁 철거지 등의 역사적 현장을 방문하는 관광이다. 사건이 발생한 곳을 돌아보며 교훈을 얻기 위하여 떠난다. 블랙투어리즘(Black Tourism)이라고도 하며, 우리말로는 '역사교훈여행', '기업산업' 등으로도 부른다. 9 · 11테러로 사라진 뉴욕 세계무역센터를 기린 그라운드 제로(Ground Zero), 대전형무소, 제주 4 · 3평화공원 등이 대표적인 다크투어리즘 장소다.

15 다음 중 단어의 설명으로 잘못된 것은?

① 좀비족 : 향락을 즐기는 도시의 젊은이들
② 여피족 : 새로운 도시의 젊은 전문인들
③ 미 제너레이션 : 자기중심적인 젊은이들
④ 피터팬 증후군 : 현대인들에게서 나타나는 유아적이고 허약한 기질

> **해설**
> 좀비족은 대기업이나 거대 조직에서 무사안일에 빠져 주체성 없는 로봇처럼 행동하는 사람들을 일컫는다.

16 기업이 사회적 역할과 책임을 다한다는 신념에 따라 실천하는 나눔 경영의 일종으로, 기업 임직원들이 모금한 후원금 금액에 비례해서 회사에서도 후원금을 내는 제도는?

① 매칭그랜트(Matching Grant)　　　② 위스타트(We Start)
③ 배리어프리(Barrier Free)　　　　　④ 유리천장(Glass Ceiling)

> **해설**
> ② 위스타트(We Start) : 저소득층 아이들이 가난의 대물림에서 벗어나도록 복지와 교육의 기회를 제공하는 운동
> ③ 배리어프리(Barrier Free) : 장애인들의 사회적응을 막는 물리적 · 제도적 · 심리적 장벽을 제거해 나가는 운동
> ④ 유리천장(Glass Ceiling) : 직장 내에서 사회적 약자들의 승진 등 고위직 진출을 막는 보이지 않는 장벽

17 노동쟁의 방식 중 하나로, 직장을 이탈하지 않는 대신에 원료 · 재료를 필요 이상으로 소모함으로써 사용자를 괴롭히는 방식은 무엇인가?

① 사보타주　　　　　　　　　　　② 스트라이크
③ 보이콧　　　　　　　　　　　　④ 피케팅

해설

② 스트라이크(Strike) : 근로자가 집단적으로 노동 제공을 거부하는 쟁의행위로 '동맹파업'이라고 한다.
③ 보이콧(Boycott) : 부당 행위에 대항하기 위해 집단적·조직적으로 벌이는 거부 운동이다.
④ 피케팅(Picketing) : 플래카드, 피켓, 확성기 등을 사용하여 근로자들이 파업에 동참할 것을 요구하는 행위이다.

18 소위 '금수저' 층에 속하는 기업체 오너 2세들의 권력을 이용한 행패는 비일비재하다. 이처럼 높은 사회적 지위를 가진 사람들이 도덕적 의무를 경시하고 오히려 그 권력을 이용하여 부정부패를 저지르며 사회적 약자를 상대로 부도덕한 행동을 하는 것은?

① 리세스 오블리주   ② 트레픽 브레이크
③ 노블레스 오블리주   ④ 노블레스 말라드

해설

노블레스 말라드(Noblesse Malade)는 노블레스 오블리주와 반대되는 개념이다. 병들고 부패한 귀족이라는 뜻으로 사회 지도층이 도덕적 의무와 책임을 지지 않고 부정부패나 사회적 문제를 일으키는 것을 말한다.

19 다음 중 유니언숍(Union Shop) 제도에 대한 설명으로 틀린 것은?

① 노동자들이 노동조합에 의무적으로 가입해야 하는 제도이다.
② 조합원이 그 노동조합을 탈퇴하는 경우 사용자의 해고의무는 없다.
③ 채용할 때에는 조합원·비조합원을 따지지 않는다.
④ 목적은 노동자의 권리를 강화하기 위한 것이다.

해설

② 조합원이 그 노동조합을 탈퇴하는 경우 사용자는 해고의무를 가진다.

20 다음 중 화이트칼라 범죄에 대한 설명으로 잘못된 것은?

① 주로 직업과 관련된 범죄이다.
② 대부분 발견되어 처벌받는다.
③ 중산층 또는 상류층이 많이 저지른다.
④ 공금횡령, 문서위조, 탈세 등이 있다.

해설

화이트칼라 범죄는 범죄를 입증할 증거를 인멸하거나, 사회적 지위가 높아서 처벌이 쉽지 않은 경우가 많다.

21 다음의 예시 사례는 어떤 현상에 대한 해결방법인가?

> • B해방촌 신흥시장 – 소유주·상인 자율협약 체결, 향후 6년간 임대료 동결
> • 성수동 – 구청, 리모델링 인센티브로 임대료 인상 억제 추진
> • 서촌 – 프랜차이즈 개업 금지

① 스프롤 현상   ② 젠트리피케이션
③ 스테이케이션   ④ 투어리스티피케이션

해설

도심 변두리 낙후된 지역에 중산층 이상 계층이 유입됨으로써 지가나 임대료가 상승하고, 기존 주민들은 비용을 감당하지 못하여 살던 곳에서 쫓겨나고 이로 인해 지역 전체의 구성과 성격이 변하는 것이다. 지역공동체 붕괴나 영세상인의 몰락을 가져온다는 문제가 제기되면서 젠트리피케이션에 대한 대책 마련도 시급한 상황이다.

22 뛰어난 인재들만 모인 집단에서 오히려 성과가 낮게 나타나는 현상을 일컫는 용어는?

① 제노비스 신드롬   ② 롤리팝 신드롬
③ 스톡홀름 신드롬   ④ 아폴로 신드롬

해설

① 제노비스 신드롬 : 주위에 사람들이 많을수록 어려움에 처한 사람을 돕지 않게 되는 심리현상
③ 스톡홀름 신드롬 : 극한 상황을 유발한 대상에게 동화·동조하여 긍정적인 감정을 갖는 심리현상

23 영향력 있는 여성들의 고위직 승진을 가로막는 사회 내 보이지 않는 장벽을 의미하는 용어는 무엇인가?

① 그리드락   ② 데드락
③ 로그롤링   ④ 유리천장

해설

유리천장은 충분한 능력을 갖춘 사람이 직장 내 성차별이나 인종차별 등의 이유로 고위직을 맡지 못하는 상황을 비유적으로 일컫는 말이다.

24 각종 화재, 선박사고 등은 우리 사회가 얼마나 안전에 소홀했는지를 보여주었다. 이들 사례처럼 사소한 것 하나를 방치하면 그것을 중심으로 범죄나 비리가 확산된다는 이론은 무엇인가?

① 낙인 이론
② 넛지 이론
③ 비행하위문화 이론
④ 깨진 유리창 이론

해설

깨진 유리창 이론은 깨진 유리창 하나를 방치해 두면 그 지점을 중심으로 범죄가 확산되기 시작한다는 주장이다.

25 재활용품에 디자인 또는 활용도를 더해 그 가치를 더 높은 제품으로 만드는 것은?

① 업사이클링(Up-cycling)
② 리사이클링(Recycling)
③ 리뉴얼(Renewal)
④ 리자인(Resign)

해설

업사이클링(Up-cycling)은 쓸모없어진 것을 재사용하는 리사이클링의 상위 개념이다. 즉 자원을 재이용할 때 디자인 또는 활용도를 더해 전혀 다른 제품으로 생산하는 것을 말한다.

26 대도시 지역에서 나타나는 열섬 현상의 원인으로 적절하지 않은 것은?

① 인구의 도시 집중
② 콘크리트 피복의 증가
③ 인공열의 방출
④ 옥상 녹화

해설

옥상 녹화는 건물의 옥상이나 지붕에 식물을 심는 것으로, 주변 온도를 낮추어 도시의 열섬 현상을 완화시킨다.

27 2007년 환경부가 도입한 제도로서 온실가스를 줄이는 활동에 국민들을 참여시키기 위해 온실가스를 줄이는 활동에 대해 각종 인센티브를 제공하는 제도는?

① 프리덤 푸드
② 탄소발자국
③ 그린워시
④ 탄소포인트제

해설

① 프리덤 푸드 : 동물학대방지협회가 심사·평가하여 동물복지를 실현하는 농장에서 생산된 축산제품임을 인증하는 제도
② 탄소발자국 : 개인 또는 단체가 직·간접적으로 발생시키는 온실기체의 총량
③ 그린워시 : 실제로는 환경에 유해한 활동을 하면서 마치 친환경적인 것처럼 광고하는 행위

28 다음 중 바이오에너지에 대한 설명으로 적절하지 않은 것은?

① 직접연소, 메테인발효, 알코올발효 등을 통해 얻을 수 있다.
② 산업폐기물도 바이오에너지의 자원이 될 수 있다.
③ 재생 가능한 무한의 자원이다.
④ 브라질이나 캐나다 등의 국가에서 바이오에너지가 도입 단계에 있다.

해설

브라질, 캐나다, 미국 등에서는 알코올을 이용한 바이오에너지 공급량이 이미 원자력에 맞먹는 수준에 도달해 있다.

29 오존층 파괴물질의 규제와 관련된 국제협약은?

① 리우선언   ② 교토의정서
③ 몬트리올 의정서   ④ 런던 협약

해설

① 리우선언 : 환경보전과 개발에 관한 기본원칙을 담은 선언문
② 교토의정서 : 기후변화협약(UNFCCC)에 따른 온실가스 감축을 이행하기 위한 의정서
④ 런던 협약 : 바다를 오염시킬 수 있는 각종 산업폐기물의 해양투기나 해상 소각을 규제하는 협약

30 그린 밴(Green Ban) 운동이 의미하는 것은?

① 그린벨트 안에서 자연을 파괴하는 사업 착수 거부
② 농민 중심의 생태계 보존운동
③ 정치권의 자연 파괴 정책
④ 환경을 위해 나무를 많이 심자는 운동

해설

최초의 그린 밴은 1970년대 호주 시드니의 켈리 덤불숲(Kelly's Bush)이 개발될 위기에 처하자 잭 먼디를 중심으로 개발 사업 착수를 거부하며 시작되었다. 도시발전이라는 명목으로 그린벨트지역을 파괴하는 개발이 무분별하게 이루어지는 것에 반대하여 노동조합, 환경단체, 지역사회가 전개한 도시환경운동이다.

31 다음 보기에서 설명하는 협약은 무엇인가?

> 정식 명칭은 '물새서식지로서 특히 국제적으로 중요한 습지에 관한 협약'으로, 환경올림픽이라고도 불린다. 가맹국은 철새의 번식지가 되는 습지를 보호할 의무가 있으며 국제적으로 중요한 습지를 1개소 이상 보호지로 지정해야 한다.

① 런던 협약   ② 몬트리올 의정서
③ 람사르 협약   ④ 바젤 협약

해설
① 런던 협약 : 선박이나 항공기, 해양시설로부터의 폐기물 해양투기나 해상소각을 규제하는 국제협약
② 몬트리올 의정서 : 지구의 오존층을 보호하기 위해 오존층 파괴물질의 사용을 규제하는 국제협약
④ 바젤 협약 : 유해폐기물의 국가 간 교역을 규제하는 국제협약

32 다음에서 설명하고 있는 것은 무엇인가?

> 이것은 유기물이 분해되어 형성되는 바이오 가스에서 메탄만을 정제하여 추출한 연료로, 천연가스 수요처에서 에너지로 활용할 수 있다.

① 질 소　　　　　　　　　　② 이산화탄소
③ 바이오-메탄가스　　　　　④ LNG

해설
생물자원인 쓰레기, 배설물, 식물 등이 분해되면서 만들어지는 바이오 가스에서 메탄을 추출한 바이오-메탄가스는 발전이나 열 에너지원으로 이용할 수 있다.

33 대기오염지수인 ppm단위에서 1ppm은 얼마인가?

① 1만분의 1　　　　　　　　② 10만분의 1
③ 100만분의 1　　　　　　　④ 1,000만분의 1

해설
대기오염의 단위인 ppm(part per million)은 100만분의 1을 나타내며, ppb(part per billion)는 1ppm의 1,000분의 1로 10억분의 1을 의미한다.

34 핵가족화에 따른 노인들이 고독과 소외로 우울증에 빠지게 되는 것을 무엇이라 하는가?

① LID 증후군　　　　　　　② 쿠바드 증후군
③ 펫로스 증후군　　　　　　④ 빈둥지 증후군

해설
② 쿠바드 증후군 : 아내가 임신했을 경우 남편도 육체적・심리적 증상을 아내와 똑같이 겪는 현상
③ 펫로스 증후군 : 가족처럼 사랑하는 반려동물이 죽은 뒤에 경험하는 상실감과 우울 증상
④ 빈둥지 증후군 : 자녀가 독립하여 집을 떠난 뒤에 부모나 양육자가 경험하는 외로움과 상실감

35 다음 설명과 관련된 국제 협약은 무엇인가?

> 해양수산부는 국제해사기구에서 열린 국제회의에 참가해 2016년부터 육상 폐기물의 해양 배출을 전면 금지하기로 한 정부 의지를 밝혔다. 회의에서는 당사국의 폐기물 해양 배출 현황 보고 및 평가 등이 진행됐다.

① 바젤 협약   ② 람사르 협약
③ 런던 협약   ④ 로마 협약

해설

① 바젤 협약 : 핵 폐기물의 국가 간 교역을 규제하는 국제 환경 협약
② 람사르 협약 : 물새 서식지로서 특히 국제적으로 중요한 습지에 관한 협약
④ 로마 협약 : 지적 재산권 보호를 위한 협약

36 다음 중 성격이 다른 하나는?

① BBB   ② 파리기후협약
③ UNFCCC   ④ CBD

해설

① BBB는 'Before Babel Bridge'의 약어로, 무료 통역 서비스를 말한다.
②·③·④는 모두 환경 관련 국제 협약이다(UNFCCC : 유엔기후변화협약, CBD : 생물다양성협약).

37 '생물자원에 대한 이익 공유'와 관련된 국제협약은?

① 리우선언   ② 교토의정서
③ 나고야의정서   ④ 파리기후협약

해설

나고야의정서는 다양한 생물자원을 활용해 생기는 이익을 공유하기 위한 지침을 담은 국제협약이다.

38 환경영향평가에 대한 설명으로 옳은 것은?

① 환경보존 운동의 효과를 평가하는 것
② 환경보전법, 해상환경관리법, 공해방지법 등을 총칭하는 것
③ 공해지역 주변에 특별감시반을 설치하여 환경보전에 만전을 기하는 것
④ 건설이나 개발 전에 주변 환경에 미치는 영향을 미리 측정하여 대책을 세우는 것

해설

환경영향평가
건설이나 개발 전에 주변 환경에 미치는 영향을 미리 측정하여 해로운 환경영향을 측정해보는 것이다. 정부나 기업이 환경에 끼칠 영향이 있는 사업을 수행하고자 할 경우 시행하게 되어 있다.

39 핵 폐기물의 국가 간 교역을 규제하는 내용의 국제 환경 협약은?

① 람사르 협약
② 런던 협약
③ CBD
④ 바젤 협약

해설

① 람사르 협약 : 물새 서식지로서 특히 국제적으로 중요한 습지에 관한 협약
② 런던 협약 : 해양오염 방지를 위한 국제 협약
③ 생물 다양성 협약(CBD) : 지구상의 동·식물을 보호하고 천연자원을 보존하기 위한 국제협약

40 지구상의 동·식물을 보호하고 천연자원을 보존하기 위한 국제협약으로 멸종 위기의 동식물을 보존하려는 것이 목적인 협약은?

① CBD
② 람사르 협약
③ WWF
④ 교토의정서

해설

① CBD는 생물 다양성 협약의 영문 약자이다.
② 람사르 협약 : 물새 서식지로서 특히 국제적으로 중요한 습지에 관한 협약
③ 세계 물포럼(WWF) : 세계 물 문제 해결을 논의하기 위해 3년마다 개최되는 국제회의
④ 교토의정서 : 기후변화협약(UNFCCC)에 따른 온실가스 감축을 이행하기 위한 의정서

과학 · 컴퓨터 · IT · 우주

01 기체를 초고온 상태로 가열해 전자와 양전하를 가진 이온으로 분리한 상태로, 양전하와 음전하 수가 같아서 중성을 띠는 상태는?

① 플라스마 ② 토카막
③ 초전도 ④ 초고주파

해설

플라스마는 기체를 초고온 상태로 가열해 전자와 양전하를 가진 이온으로 분리한 상태로, 양전하와 음전하 수가 같아서 중성을 띤다.

02 다음 중 방사능과 관련 있는 에너지(량) 단위는?

① Bq ② J
③ eV ④ cal

해설

Bq(베크렐)은 방사능 물질이 방사능을 방출하는 능력을 측정하기 위한 방사능의 국제단위이다.

03 임계온도 단위에서 K, ℃는 각각 무엇을 가리키는가?

① K - 랭킹온도, ℃ - 섭씨온도
② K - 절대온도, ℃ - 화씨온도
③ K - 절대온도, ℃ - 섭씨온도
④ K - 환원온도, ℃ - 화씨온도

해설

임계온도 단위에서 'K'는 절대온도, '℃'는 섭씨온도이다.

04 다음 중 온실효과를 일으키는 것만 묶인 것은?

① 이산화탄소(CO_2), 메탄(CH_4) ② 질소(N), 아산화질소(N_2O)

③ 프레온(CFC), 산소(O_2) ④ 질소(N), 이산화탄소(CO_2)

해설

질소(N), 산소(O_2) 등의 기체는 가시광선이나 적외선을 모두 통과시키기 때문에 온실효과를 일으키지 않는다. 교토의정서에서 정한 대표적 온실가스에는 이산화탄소(CO_2), 메탄(CH_4), 아산화질소(N_2O), 수소불화탄소(HFCs), 과불화탄소(PFCs), 육불화황(SF_6) 등이 있다.

05 다음 중 밑줄 친 '이것'이 가리키는 것은?

> 탄수화물을 섭취하면 혈당이 올라가는데, 우리 몸은 이 혈당을 낮추기 위해 인슐린을 분비하고, 인슐린은 당을 지방으로 만들어 체내에 축적하게 된다. 하지만 모든 탄수화물이 혈당을 동일하게 올리지는 않는다. 칼로리가 같은 식품이어도 <u>이것</u>이 낮은 음식을 먹으면 인슐린이 천천히 분비되어 혈당 수치가 정상적으로 조절되고 포만감 또한 오래 유지할 수 있어 다이어트에 도움이 되는 것으로 알려졌다.

① GMO ② 글루텐

③ GI ④ 젖 산

해설

GI, 즉 혈당지수는 어떤 식품이 혈당을 얼마나 빨리, 많이 올리느냐를 나타내는 수치이다. 예를 들어 혈당지수가 85인 감자는 혈당지수가 40인 사과보다 혈당을 더 빨리 더 많이 올린다. 일반적으로 혈당지수 55 이하는 저혈당지수 식품, 70 이상은 고혈당지수 식품으로 분류한다.

06 다음 중 OLED에 대한 설명으로 옳지 않은 것은?

① 스스로 빛을 내는 현상을 이용한다.

② 휴대전화, PDA 등 전자제품의 액정 소재로 사용된다.

③ 화질 반응속도가 빠르고 높은 화질을 자랑한다.

④ 에너지 소비량이 크고 가격이 비싸다.

해설

OLED(Organic Light-Emitting Diode)는 형광성 유기화합물질에 전류를 흐르게 하면 자체적으로 빛을 내는 발광현상을 이용하는 디스플레이를 말한다. LCD보다 선명하고 보는 방향과 무관하게 잘 보이는 장점을 가진다. 화질의 반응 속도 역시 LCD에 비해 1,000배 이상 빠르다. 또한 단순한 제조공정으로 인해 가격 경쟁면에서 유리하다.

07 '유체의 속력이 증가하면 압력이 감소한다'라는 명제와 관련 있는 유체역학의 정리는?

① 베르누이 정리　　　　　　　　　② 파스칼 원리
③ 열역학 제1법칙　　　　　　　　　④ 마그누스 효과

해설

베르누이의 정리는 유체의 속력이 증가하면 압력이 감소한다는 것으로, 베르누이의 저서 〈유체역학〉에서 발표되었다. 에너지 보존 법칙의 결과로 유체의 흐름이 빠른 곳의 압력은 유체의 흐름이 느린 곳의 압력보다 작아진다는 이론이다. 베르누이 정리를 실례로 밝힌 것이 마그누스 효과(Magnus Effect)이다.

08 대기 중에 이산화탄소가 늘어나는 것이 원인이 되어 발생하는 온도상승 효과는?

① 엘니뇨현상　　　　　　　　　　② 터널효과
③ 온실효과　　　　　　　　　　　④ 오존층파괴현상

해설

온실효과는 대기 중에 탄산가스, 아황산가스 등이 증가하면서 대기의 온도가 상승하는 현상으로 생태계의 균형을 위협한다.

09 다음 중 아폴로 11호를 타고 인류 최초로 달에 첫 발걸음을 내디딘 인물은 누구인가?

① 에드윈 올드린　　　　　　　　　② 닐 암스트롱
③ 알렉세이 레오노프　　　　　　　④ 유리 가가린

해설

닐 암스트롱은 1969년 7월 20일 아폴로 11호로 인류 역사상 최초로 달에 착륙했다.

10 다음 중 뉴턴의 운동법칙이 아닌 것은?

① 만유인력의 법칙　　　　　　　　② 관성의 법칙
③ 작용·반작용의 법칙　　　　　　④ 가속도의 법칙

해설

뉴턴의 운동법칙으로는 관성의 법칙, 가속도의 법칙, 작용·반작용의 법칙이 있다. 만유인력은 뉴턴의 운동법칙이 아니다.

11 다음 중 희토류가 아닌 것은?

① 우라늄   ② 망 간
③ 니 켈   ④ 구 리

해설

구리는 금속물질이며, 희토류가 아니다.

12 다음 중 구제역에 걸리는 동물은?

① 닭   ② 말
③ 돼 지   ④ 코뿔소

해설

구제역은 짝수 발굽을 가진 우제류 동물(돼지, 소, 양, 낙타, 사슴)에게 나타나며, 조류인 닭, 기제류인 말과 코뿔소는 구제역에 걸리지 않는다.

13 다음 중 리튬폴리머 전지에 대한 설명으로 옳지 않은 것은?

① 안정성이 높고, 에너지 효율이 높은 2차 전지이다.
② 외부전원을 이용해 충전하여 반영구적으로 사용한다.
③ 전해질이 액체 또는 젤 형태이므로 안정적이다.
④ 제조 공정이 간단해 대량 생산이 가능하다.

해설

리튬폴리머 전지(Lithium Polymer Battery)
외부 전원을 이용해 충전하여 반영구적으로 사용하는 고체 전해질 전지로, 안정성이 높고 에너지 효율이 높은 2차 전지이다. 전해질이 고체 또는 젤 형태이기 때문에 사고로 인해 전지가 파손되어도 발화하거나 폭발할 위험이 없어 안정적이다. 또한 제조 공정이 간단해 대량 생산이 가능하며 대용량도 만들 수 있다.

14 특허가 만료된 바이오의약품과 비슷한 효능을 내게 만든 복제의약품을 무엇이라 하는가?

① 바이오시밀러   ② 개량신약
③ 바이오베터   ④ 램시마

해설

바이오시밀러란 바이오의약품을 복제한 약을 말한다. 오리지널 바이오의약품과 비슷한 효능을 갖도록 만들지만 바이오의약품의 경우처럼 동물세포나 효모, 대장균 등을 이용해 만든 고분자의 단백질 제품이 아니라 화학 합성으로 만들기 때문에 기존의 특허받은 바이오의약품에 비해 약값이 저렴하다.

15 매우 무질서하고 불규칙적으로 보이는 현상 속에 내재된 일정 규칙이나 법칙을 밝혀내는 이론은?

① 카오스이론 ② 빅뱅이론
③ 엔트로피 ④ 퍼지이론

해설
카오스이론은 무질서하고 불규칙적으로 보이는 현상에 숨어 있는 질서와 규칙을 설명하려는 이론이다.

16 방사성 원소란 원자핵이 불안정하여 방사선을 방출하여 붕괴하는 원소이다. 다음 중 방사성 원소가 아닌 것은?

① 헬 륨 ② 우라늄
③ 라 듐 ④ 토 륨

해설
방사성 원소는 천연 방사성 원소와 인공 방사성 원소로 나눌 수 있다. 방사선을 방출하고 붕괴하면서 안정한 원소로 변한다. 안정한 원소가 되기 위해 여러 번의 붕괴를 거친다. 천연적인 것으로는 우라늄, 악티늄, 라듐, 토륨 등이 있고, 인공적인 것으로는 넵투늄 등이 있다. 헬륨은 방사성 원소가 아니라 비활성 기체이다.

17 장보고기지에 대한 설명으로 옳지 않은 것은?

① 남극의 미생물, 천연물질을 기반으로 한 의약품 연구 등 다양한 응용분야 연구가 이뤄진다.
② 대한민국의 두 번째 과학기지이며 한국해양연구원 부설기관인 극지연구소에서 운영한다.
③ 남극 최북단 킹조지섬에 위치한다.
④ 생명과학, 토목공학과 같은 응용 분야 연구에도 확장되고 있다.

해설
세종과학기지가 킹조지섬에 위치해 있다. 장보고기지는 테라노바 만에 있다.

18 인공지능(AI)을 활용해 기존 인물의 신체를 CG처럼 합성한 기술은?

① 딥러닝 ② 디지털 피핑톰
③ 딥페이크 ④ 딥백그라운드

해설
딥페이크(Deepfake)란 '딥러닝(Deep Learning)'과 '가짜(Fake)'의 합성어로 인공지능(AI) 중 차세대 딥러닝기술인 생성적 적대 신경망이라는 기계학습 기술을 활용한다. 이 기술을 사용하면 실제 인물의 얼굴, 특정 부위 등 신체부위를 다른 기존 사진이나 영상에 겹쳐 CG처럼 처리할 수 있다.

19 기술의 발전으로 인해 제품의 라이프 사이클이 점점 빨라지는 현상을 이르는 법칙은 무엇인가?

① 스마트법칙
② 구글법칙
③ 안드로이드법칙
④ 애플법칙

해설

안드로이드법칙은 구글의 안드로이드 운영체제를 장착한 스마트폰을 중심으로 계속해서 향상된 성능의 스마트폰이 출시돼 출시 주기도 짧아질 수밖에 없다는 법칙이다. 구글이 안드로이드를 무료로 이용할 수 있게 하면서 제품의 출시가 쉬워진 것이 큰 요인이다.

20 시간과 장소, 컴퓨터나 네트워크 여건에 구애받지 않고 네트워크에 자유롭게 접속할 수 있는 IT환경을 무엇이라고 하는가?

① 텔레매틱스
② 유비쿼터스
③ ITS
④ 스니프

해설

유비쿼터스는 라틴어로 '언제, 어디에나 있는'을 의미한다. 즉 사용자가 시공간의 제약 없이 자유롭게 네트워크에 접속할 수 있는 환경을 말한다.

21 다음에 나타난 게임에 적용된 기술은 무엇인가?

> 유저들이 직접 현실세계를 돌아다니며 포켓몬을 잡는 모바일 게임 열풍에 평소 사람들이 찾지 않던 장소들이 붐비는 모습을 보였다.

① MR
② BR
③ AV
④ AR

해설

현실에 3차원의 가상물체를 겹쳐서 보여주는 기술을 활용해 현실과 가상환경을 융합하는 복합형 가상현실을 증강현실(AR, Augmented Reality)이라 한다.

22 컴퓨터 전원을 끊어도 데이터가 없어지지 않고 기억되며 정보의 입출력도 자유로운 기억장치는?

① 램
② 캐시메모리
③ 플래시메모리
④ CPU

해설

플래시메모리는 전원이 끊겨도 저장된 정보가 지워지지 않는 비휘발성 기억장치이다. 내부 방식에 따라 저장용량이 큰 낸드(NAND)형과 처리 속도가 빠른 노어(NOR)형의 2가지로 나뉜다.

23 '금융감독'과 '기술'의 합성어로 최신기술을 활용해 금융감독 업무를 효율적으로 수행하기 위한 기법을 일컫는 신조어는?

① 섭테크
② 프롭테크
③ 핀테크
④ 레그테크

해설

섭테크(Suptech)는 금융감독과 기술(Supervision+Technology)의 합성어로, 최신 기술을 활용해 금융감독 업무를 효율적으로 수행하기 위한 기법이다.

24 이용자의 특정 콘텐츠에 대한 데이터 비용을 이동통신사가 대신 부담하는 것을 무엇이라 하는가?

① 펌웨어
② 플러그 앤 플레이
③ 제로레이팅
④ 웹2.0

해설

제로레이팅은 특정한 콘텐츠에 대한 데이터 비용을 이동통신사가 대신 지불하거나 콘텐츠 사업자가 부담하도록 하여 서비스 이용자는 무료로 이용할 수 있게 하는 것을 말한다.

25 어떤 문제를 해결하기 위한 절차, 방법, 명령어들의 집합을 뜻하는 말은?

① 프로세스 ② 프로그래밍
③ 코 딩 ④ 알고리즘

> **해설**
> 알고리즘(Algorithm)은 어떤 문제를 해결하기 위한 명령들로 구성된 일련의 순서화된 절차를 의미한다. 문제를 논리적으로 해결하기 위해 필요한 절차, 방법, 명령어들을 모아놓은 것, 이를 적용해 문제를 해결하는 과정을 모두 알고리즘이라고 한다.

26 다음 중 RAM에 대한 설명으로 옳은 것은?

① 컴퓨터의 보조기억장치로 이용된다.
② 크게 SRAM, DRAM, ROM으로 분류할 수 있다.
③ Read Access Memory의 약어이다.
④ SRAM이 DRAM보다 성능이 우수하나 고가이다.

> **해설**
> ④ SRAM은 DRAM보다 몇 배나 더 빠르긴 하지만 가격이 고가이기 때문에 소량만 사용한다.
> ① 컴퓨터의 주기억장치로 이용된다.
> ② 크게 SRAM, DRAM으로 분류할 수 있다.
> ③ 'Random Access Memory'의 약어이다.

27 악성 코드에 감염된 PC를 조작해 이용자를 허위로 만든 가짜 사이트로 유도하여 개인정보를 빼가는 수법은 무엇인가?

① 스미싱 ② 스피어피싱
③ 파 밍 ④ 메모리해킹

> **해설**
> ③ 파밍은 해커가 특정 사이트의 도메인 자체를 중간에서 탈취해 개인정보를 훔치는 인터넷 사기이다. 진짜 사이트 주소를 입력해도 가짜 사이트로 연결되도록 하기 때문에, 사용자들은 가짜 사이트를 진짜 사이트로 착각하고 자신의 개인정보를 입력하여 피해를 입는다.
> ① 스미싱은 문자메시지(SMS)와 피싱(Phishing)의 합성어로, 인터넷 접속이 가능한 스마트폰의 문자메시지를 이용한 휴대폰 해킹을 뜻한다.
> ② 스피어피싱은 대상의 신상을 파악하고 그것에 맞게 낚시성 정보를 흘리는 사기수법으로 주로 회사의 고위 간부들이나 국가에 중요한 업무를 담당하고 있는 사람들이 공격 대상이 된다.

28 넷플릭스를 통해 많은 사람들이 인터넷으로 TV드라마나 영화를 본다. 이렇듯 인터넷으로 TV 프로그램 등을 볼 수 있는 서비스를 무엇이라 하는가?

① NFC   ② OTT

③ MCN   ④ VOD

해설
OTT는 'Top(셋톱박스)를 통해 제공됨'을 의미하는 것으로, 범용 인터넷을 통해 미디어 콘텐츠를 이용할 수 있는 서비스를 말한다. 넷플릭스는 세계적으로 유명한 OTT 서비스제공업체이다.

29 지나치게 인터넷에 몰두하고 인터넷에 접속하지 않으면 극심한 불안감을 느끼는 중독증을 나타내는 현상은?

① INS증후군   ② 웨바홀리즘

③ 유비쿼터스   ④ VDT증후군

해설
웨바홀리즘은 월드와이드웹의 웹(Web)과 알코올 중독증(Alcoholism)의 합성어로, IAD(Internet Addiction Disorder)로도 불린다. 정신적·심리적으로 인터넷에 과도하게 의존하는 사람들이 생겨나 인터넷에 접속하지 않으면 불안감을 느끼고 일상생활을 하기 힘들어하며, 수면 부족, 생활 패턴의 부조화, 업무 능률 저하 등이 나타나기도 한다.

30 인터넷 사용자가 접속한 웹사이트 정보를 저장하는 정보 기록 파일을 의미하며, 웹사이트에서 사용자의 하드디스크에 저장되는 특별한 텍스트 파일을 무엇이라 하는가?

① 쿠 키   ② 피 싱

③ 캐 시   ④ 텔 넷

해설
쿠키에는 PC 사용자의 ID와 비밀번호, 방문한 사이트 정보 등이 담겨 하드디스크에 저장된다. 이용자들의 홈페이지 접속을 도우려는 목적에서 만들어졌기 때문에 해당 사이트를 한 번 방문하고 이후에 다시 방문했을 때에는 별다른 절차를 거치지 않고 빠르게 접속할 수 있다는 장점이 있다.

31 인터넷 주소창에 사용하는 'HTTP'의 의미는?

① 인터넷 네트워크망
② 인터넷 데이터 통신규약
③ 인터넷 사용경로 규제
④ 인터넷 포털서비스

> **해설**
> HTTP(HyperText Transfer Protocol)는 WWW상에서 클라이언트와 서버 사이에 정보를 주고 받는 요청/응답 프로토콜로 인터넷 데이터 통신규약이다.

32 기업이나 조직의 모든 정보가 컴퓨터에 저장되면서, 컴퓨터의 정보 보안을 위해 외부에서 내부 또는 내부에서 외부의 정보통신망에 불법으로 접근하는 것을 차단하는 시스템은?

① 쿠 키   ② DNS
③ 방화벽   ④ 아이핀

> **해설**
> 화재가 발생했을 때 불이 번지지 않게 하기 위해서 차단막을 만드는 것처럼, 네트워크 환경에서도 기업의 네트워크를 보호해주는 하드웨어, 소프트웨어 체제를 방화벽이라 한다.

33 하나의 디지털 통신망에서 문자, 동영상, 음성 등 각종 서비스를 일원화해 통신·방송서비스의 통합, 효율성 극대화, 저렴화를 추구하는 종합통신 네트워크는 무엇인가?

① VAN   ② UTP케이블
③ ISDN   ④ RAM

> **해설**
> ISDN(Integrated Sevices Digital Network)은 종합디지털서비스망이라고도 하며, 각종 서비스를 일원화해 통신·방송서비스의 통합, 효율성 극대화, 저렴화를 추구하는 종합통신네트워크이다.

34 다음 중 증강현실에 대한 설명으로 옳지 않은 것은?

① 현실세계에 3차원 가상물체를 겹쳐 보여준다.
② 스마트폰의 활성화와 함께 주목받기 시작했다.
③ 실제 환경은 볼 수 없다.
④ 위치기반 서비스, 모바일 게임 등으로 활용 범위가 확장되고 있다.

> **해설**
> 가상현실 기술은 가상환경에 사용자를 몰입하게 하여 실제 환경은 볼 수 없지만, 증강현실 기술은 실제 환경을 볼 수 있게 하여 현실감을 제공한다.

35 스마트TV와 인터넷TV 각각의 기기는 서버에 연결되는 방식이 서로 달라 인터넷망 사용의 과부하가 발생할 수밖에 없다. 최근에 이와 관련해 통신사와 기기회사 사이에 갈등이 빚어졌는데 무엇 때문인가?

① 프로그램 편성   ② 요금징수체계
③ 수익모델   ④ 망중립성

> **해설**
> 망중립성은 네트워크사업자가 관리하는 망이 공익을 위한 목적으로 사용돼야 한다는 원칙이다. 통신사업자는 막대한 비용을 들여 망설치를 하여 과부하로 인한 망의 다운을 막으려고 하지만, 스마트TV 생산 회사들이나 콘텐츠 제공업체들은 망중립성을 이유로 이에 대한 고려 없이 제품 생산에만 그쳐, 망중립성을 둘러싼 갈등이 불거졌다.

36 다음 인터넷 용어 중 허가된 사용자만 디지털콘텐츠에 접근할 수 있도록 제한해 비용을 지불한 사람만 콘텐츠를 사용할 수 있도록 하는 서비스는?

① DRM(Digital Rights Management)
② WWW(World Wide Web)
③ IRC(Internet Relay Chatting)
④ SNS(Social Networking Service)

> **해설**
> ① DRM은 우리말로 디지털 저작권 관리라고 부른다. 허가된 사용자만 디지털 콘텐츠에 접근할 수 있도록 제한해 비용을 지불한 사람만 콘텐츠를 사용할 수 있도록 하는 서비스 또는 정보보호 기술을 통틀어 가리킨다.
> ② 인터넷에서 그래픽, 음악, 영화 등 다양한 정보를 통일된 방법으로 찾아볼 수 있는 서비스를 의미한다.
> ③ 인터넷에 접속된 수많은 사용자와 대화하는 서비스이다.
> ④ 온라인 인맥구축 서비스로 1인 미디어, 1인 커뮤니티, 정보 공유 등을 포괄하는 개념이다.

37 다음 내용에서 밑줄 친 이것에 해당하는 용어는?

- 이것은 웹2.0, SaaS(Software as a Service)와 같이 최근 잘 알려진 기술 경향들과 연관성을 가지는 일반화된 개념이다.
- 이것은 네트워크에 서버를 두고 데이터를 저장하거나 관리하는 서비스이다.

① 클라우드 컴퓨팅(Cloud Computing)
② 디버깅(Debugging)
③ 스풀(SPOOL)
④ 멀티태스킹(Multitasking)

해설
② 디버깅(Debugging) : 원시프로그램에서 목적프로그램으로 번역하는 과정에서 발생하는 오류를 찾아 수정하는 것
③ 스풀(SPOOL) : 데이터를 주고받는 과정에서 중앙처리장치와 주변장치의 처리 속도가 달라 발생하는 속도 차이를 극복해 지체 현상 없이 프로그램을 처리하는 기술
④ 멀티태스킹(Multitasking) : 한 사람의 사용자가 한 대의 컴퓨터로 2가지 이상의 작업을 동시에 처리하거나, 2가지 이상의 프로그램들을 동시에 실행시키는 것

38 다음 중 유전자 변형 생물에 대한 문제와 거리가 가장 먼 것은?

① 생산비용이 증가한다.
② 생태계 교란이 우려된다.
③ 안전성이 검증되지 않았다.
④ 생물의 다양성이 감소된다.

해설
유전자 변형 생물(GMO)은 유용한 형질만 선택적으로 사용하므로 농약과 제초제의 사용이 줄어 생산비용이 감소한다. 식량문제의 해결에는 도움이 되지만 안전성과 생물의 다양성 감소로 문제가 되고 있다.

39 우리나라 최초의 인공위성은 무엇인가?

① 무궁화1호
② 우리별1호
③ 온누리호
④ 스푸트니크1호

해설
우리나라 최초의 인공위성은 우리별1호(1992)이고, 세계 최초의 인공위성은 구소련의 스푸트니크1호(1957)이다.

문화 · 미디어 · 스포츠

01 미국 브로드웨이에서 연극과 뮤지컬에 대해 수여하는 상은 무엇인가?

① 토니상

② 에미상

③ 오스카상

④ 골든글로브상

해설

토니상은 연극의 아카데미상이라고 불리며 브로드웨이에서 상연된 연극과 뮤지컬 부문에 대해 상을 수여한다.

02 다음 중 판소리 5마당이 아닌 것은?

① 춘향가

② 수궁가

③ 흥보가

④ 배비장타령

해설

판소리 5마당은 춘향가, 심청가, 흥보가, 적벽가, 수궁가이다.

03 다음 중 유네스코 세계문화유산이 아닌 것은?

① 석굴암 · 불국사

② 종 묘

③ 경복궁

④ 수원 화성

해설

유네스코 세계문화유산

석굴암 · 불국사, 해인사 장경판전, 종묘, 창덕궁, 수원화성, 경주역사유적지구, 고창 · 화순 · 강화 고인돌 유적, 조선왕릉, 안동하회 · 경주양동마을, 남한산성, 백제역사유적지구, 산사 · 한국의 산지승원, 한국의 서원, 한국의 갯벌

04 미국 유타주에서 열리는 독립영화만을 다루는 권위 있는 국제영화제는?

① 선댄스영화제

② 부산독립영화제

③ 로테르담국제영화제

④ 제라르메 국제판타스틱영화제

> **해설**
> 선댄스영화제(The Sundance Film Festival)는 세계 최고의 독립영화제로 독립영화를 다루는 권위 있는 국제영화제이다. 할리우드의 상업주의에 반발한 미국 영화배우 로버트 레드포드의 후원으로 시작됐다. 2020년 선댄스영화제에서는 한국인 이민자 이야기를 그린 영화 〈미나리〉가 심사위원대상과 관객상을 수상하며 주목받은 바 있다.

05 다음 중 3대 영화제가 아닌 것은?

① 베니스영화제

② 베를린영화제

③ 몬트리올영화제

④ 칸영화제

> **해설**
> 세계 3대 영화제는 베니스, 베를린, 칸영화제이다.

06 '새로운 물결'이라는 뜻을 지닌 프랑스의 영화 운동으로, 기존의 영화 산업의 틀에서 벗어나 개인적·창조적인 방식이 담긴 영화를 만드는 것은 무엇인가?

① 네오리얼리즘

② 누벨바그

③ 맥거핀

④ 인디즈

> **해설**
> 누벨바그는 '새로운 물결'이라는 뜻의 프랑스어로, 1958년경부터 프랑스 영화계에서 젊은 영화인들이 주축이 되어 펼친 영화 운동이다. 대표적인 작품으로는 고다르의 〈네 멋대로 해라〉, 트뤼포의 〈어른들은 알아주지 않는다〉 등이 있다.

07 음악의 빠르기에 대한 설명이 잘못된 것은?

① 아다지오(Adagio) : 아주 느리고 침착하게

② 모데라토(Moderato) : 보통 빠르게

③ 알레그레토(Allegretto) : 빠르고 경쾌하게

④ 프레스토(Presto) : 빠르고 성급하게

> **해설**
> ③ 알레그레토(Allegretto) : 조금 빠르게

08 국보 1호와 주요 무형문화재 1호를 각각 바르게 연결한 것은?

① 숭례문 – 남사당놀이
② 숭례문 – 종묘제례악
③ 흥인지문 – 종묘제례악
④ 흥인지문 – 양주별산대놀이

해설

흥인지문은 보물 1호, 양주별산대놀이와 남사당놀이는 각각 무형문화재 2호와 3호이다.

09 다음 중 유네스코 지정 세계기록유산이 아닌 것은?

① 삼국사기   ② 훈민정음
③ 직지심체요절   ④ 5 · 18 민주화운동 기록물

해설

유네스코 세계기록유산
훈민정음, 조선왕조실록, 직지심체요절, 승정원일기, 해인사 대장경판 및 제경판, 조선왕조 의궤, 동의보감, 일성록, 5 · 18 민주화운동 기록물, 난중일기, 새마을운동 기록물, 한국의 유교책판, KBS 특별 생방송 '이산가족을 찾습니다' 기록물, 조선왕실 어보와 어책, 국채보상운동 기록물, 조선통신사 기록물

10 2년마다 주기적으로 열리는 국제 미술 전시회를 가리키는 용어는?

① 트리엔날레   ② 콰드리엔날레
③ 비엔날레   ④ 아르누보

해설

비엔날레는 이탈리아어로 '2년마다'라는 뜻으로, 미술 분야에서 2년마다 열리는 전시 행사를 일컫는다. 가장 역사가 길며 그 권위를 인정받고 있는 것은 베니스 비엔날레이다.

11 다음 중 사물놀이에 쓰이는 악기가 아닌 것은?

① 꽹과리   ② 장 구
③ 징   ④ 소 고

해설

사물놀이는 꽹과리, 징, 장구, 북을 연주하는 음악 또는 놀이이다.

12 국악의 빠르기 중 가장 느린 장단은?

① 휘모리   ② 중모리
③ 진양조   ④ 자진모리

해설

국악의 빠르기 : 진양조 → 중모리 → 중중모리 → 자진모리 → 휘모리

13 다음 중 2021년 노벨상과 가장 관련이 없는 과학 연구 분야는 무엇인가?

① 감각 수용체   ② 기후의 물리학적 모델링
③ 비대칭 유기촉매 반응   ④ 유전자가위

해설

2021 노벨생리의학상은 신경과 '감각 수용체'에 대해 연구한 학자들이 수상했고, 노벨물리학상은 '기후의 물리학적 모델링'과 무질서와 변동의 상호작용을 연구한 학자들이 수상했으며, 노벨화학상은 '비대칭 유기촉매'를 발명한 학자들이 수상했다. '유전자가위'는 2020 노벨물리학상을 수상한 학자들과 관련된 연구 분야이다.

14 다음 중 르네상스 3대 화가가 아닌 사람은?

① 레오나르도 다빈치   ② 미켈란젤로
③ 피카소   ④ 라파엘로

해설

피카소는 20세기 초 입체파의 대표 화가이다.

15 베른조약에 따르면 저작권의 보호 기간은 저작자의 사후 몇 년인가?

① 30년   ② 50년
③ 80년   ④ 100년

해설

베른조약은 1886년 스위스의 수도 베른에서 체결된 조약으로, 외국인의 저작물을 무단 출판하는 것을 막고 다른 가맹국의 저작물을 자국민의 저작물과 동등하게 대우하도록 한다. 보호 기간은 저작자의 생존 및 사후 50년을 원칙으로 한다.

안심Touch

16 저작권에 반대되는 개념으로 지적 창작물에 대한 권리를 모든 사람이 공유할 수 있도록 하는 것은?

① 베른조약   ② WIPO

③ 실용신안권   ④ 카피레프트

> **해설**
>
> 카피레프트는 저작권(Copyright)에 반대되는 개념이며 정보의 공유를 위한 조치이다.

17 조선시대 국가의 주요 행사를 그림 등으로 상세하게 기록한 책은 무엇인가?

① 외규장각   ② 조선왕실의궤

③ 종묘 제례   ④ 직지심체요절

> **해설**
>
> 조선왕실의궤는 조선시대 국가나 왕실의 주요 행사를 그림 등으로 상세하게 기록한 책이다. '의궤'는 의식과 궤범을 결합한 말로 '의식의 모범이 되는 책'이라는 뜻이다.
> ① 외규장각은 1782년 정조가 왕실 관련 서적을 보관할 목적으로 강화도에 설치한 규장각의 부속 도서관이다.
> ③ 종묘제례는 조선 역대 군왕의 신위를 모시는 종묘에서 지내는 제사이다.
> ④ 직지심체요절은 고려 시대의 것으로, 현존하는 세계에서 가장 오래된 금속활자본이다.

18 오페라 등 극적인 음악에서 나오는 기악 반주의 독창곡은?

① 아리아   ② 칸타타

③ 오라토리오   ④ 세레나데

> **해설**
>
> ② 아리아·중창·합창 등으로 이루어진 대규모 성악곡
> ③ 성경에 나오는 이야기를 극화한 대규모의 종교적 악극
> ④ 17~18세기 이탈리아에서 발생한 가벼운 연주곡

19 영화의 한 화면 속에 소품 등 모든 시각적 요소를 동원해 주제를 드러내는 방법은?

① 몽타주   ② 인디즈

③ 미장센   ④ 옴니버스

> **해설**
>
> ① 미장센과 상대적인 개념으로 따로 촬영된 짧은 장면들을 연결해서 의미를 창조하는 기법
> ② 독립 영화
> ④ 독립된 콩트들이 모여 하나의 주제를 나타내는 것

20 다음 중 올림픽에 관한 설명으로 옳지 않은 것은?

① 한국은 1948년에 최초로 올림픽에 출전했다.
② 국제올림픽위원회 본부는 스위스 로잔에 있다.
③ 한국 대표팀이 최초로 메달을 획득한 구기 종목은 핸드볼이다.
④ 근대 5종 경기 종목은 펜싱, 수영, 승마, 사격, 크로스컨트리 등이다.

해설

1976년 몬트리올 올림픽에서 여자 배구가 첫 메달(동메달)을 획득했으며, 1984년 로스앤젤레스 대회에서는 여자 농구와 핸드볼이 은메달을 획득했다. 또한 1988년 서울 대회에서 여자 핸드볼이 단체 구기종목 사상 최초로 올림픽 금메달을 획득했다.

21 다음 동계올림픽 종목 중 가장 늦게 정식으로 편입된 것은 무엇인가?

① 스피드 스케이팅　　② 루 지
③ 바이애슬론　　④ 알파인스키

해설

루지가 1964년으로 가장 늦게 편입되었다. 스피드 스케이팅은 1924년, 바이애슬론은 1960년에 편입되었으며, 알파인스키는 1936년 정식 종목으로 채택되었다.

22 다음 중 종합편성채널 사업자가 아닌 것은?

① 조선일보　　② 중앙일보
③ 연합뉴스　　④ 매일경제

해설

종합편성채널 사업자는 조선일보(TV조선), 중앙일보(JTBC), 매일경제(MBN), 동아일보(채널A)이다.

23 매스커뮤니케이션의 효과 이론 중 지배적인 여론과 일치되면 의사를 적극 표출하지만 그렇지 않으면 침묵하는 경향을 보이는 이론은 무엇인가?

① 탄환 이론　　② 미디어 의존 이론
③ 모델링 이론　　④ 침묵의 나선 이론

해설

침묵의 나선 이론은 지배적인 여론 형성에 큰 영향력을 행사한다.

24 다음 중 미국의 4대 방송사가 아닌 것은?

① CNN
② ABC
③ CBS
④ NBC

> **해설**
>
> 미국의 4대 방송사는 NBC, CBS, ABC, FOX이다.

25 광고의 종류에 관한 설명이 잘못 연결된 것은?

① 인포머셜 광고 – 상품의 정보를 상세하게 제공하는 것
② 애드버토리얼 광고 – 언뜻 보아서는 무슨 내용인지 알 수 없는 광고
③ 레트로 광고 – 과거에 대한 향수를 느끼게 하는 회고 광고
④ PPL 광고 – 영화나 드라마 등에 특정 제품을 노출시키는 간접 광고

> **해설**
>
> ② 신문·잡지에 기사 형태로 실리는 논설식 광고. 신세대의 취향을 만족시키는 것으로 언뜻 보아서는 무슨 내용인지
> 알 수 없는 광고는 '키치 광고'이다.

26 언론을 통해 뉴스가 전해지기 전에 뉴스 결정권자가 뉴스를 취사선택하는 것을 무엇이라고 하는가?

① 바이라인
② 발롱데세
③ 게이트키핑
④ 방송심의위원회

> **해설**
>
> 게이트키핑은 게이트키퍼가 뉴스를 취사선택하여 전달하는 것으로, 게이트키퍼의 가치관이 작용할 수 있다.

27 처음에는 상품명을 감췄다가 서서히 공개하면서 궁금증을 유발하는 광고 전략을 무엇이라 하는가?

① PPL 광고
② 비넷 광고
③ 트레일러 광고
④ 티저 광고

> **해설**
>
> ① 영화나 드라마의 장면에 상품이나 브랜드 이미지를 노출시키는 광고 기법
> ② 한 주제에 맞춰 다양한 장면을 짧게 보여주면서 강렬한 이미지를 주는 기법
> ③ 메인광고 뒷부분에 다른 제품을 알리는 맛보기 광고. '자매품'이라고도 함

28 오락거리만 있고 정보는 전혀 없는 새로운 유형의 뉴스를 가리키는 용어는?

① 블랙 저널리즘(Black Journalism)

② 옐로 저널리즘(Yellow Journalism)

③ 하이프 저널리즘(Hype Journalism)

④ 팩 저널리즘(Pack Journalism)

해설

① 감추어진 이면적 사실을 드러내는 취재 활동

② 독자들의 관심을 유도하기 위해 범죄, 성적 추문 등의 선정적인 사건들 위주로 취재하여 보도하는 것

④ 취재 방법이나 취재 시각 등이 획일적이어서 개성이나 독창성이 없는 저널리즘

29 선거 보도 형태의 하나로 후보자의 여론조사 결과 및 득표 상황만을 집중적으로 보도하는 저널리즘은 무엇인가?

① 가차 저널리즘(Gotcha Journalism)

② 경마 저널리즘(Horse Race Journalism)

③ 센세이셔널리즘(Sensationalism)

④ 제록스 저널리즘(Xerox Journalism)

해설

① 유명 인사의 사소한 해프닝을 집중 보도

③ 스캔들 기사 등을 보도하여 호기심을 자극

④ 극비 문서를 몰래 복사하여 발표

30 다음 중 IPTV에 관한 설명으로 잘못된 것은 무엇인가?

① 방송 · 통신 융합 서비스이다.

② 영화 · 드라마 등 원하는 콘텐츠를 제공받을 수 있다.

③ 양방향 서비스이다.

④ 별도의 셋톱박스를 설치할 필요가 없다.

해설

IPTV의 시청을 위해서는 TV 수상기에 셋톱박스를 설치해야 한다.

31 미국 콜롬비아대 언론대학원에서 선정하는 미국 최고 권위의 보도·문학·음악상은?

① 토니상　　　　　　　　　　② 그래미상
③ 퓰리처상　　　　　　　　　　④ 템플턴상

해설

퓰리처상

미국의 언론인 퓰리처의 유산으로 제정된 언론·문학상이다. 1917년에 시작되어 매년 저널리즘 및 문학계의 업적이 우수한 사람을 선정하여 19개 부분에 걸쳐 시상한다.

32 언론의 사실적 주장에 관한 보도로 피해를 입었을 때 자신이 작성한 반론문을 보도해줄 것을 요구할 수 있는 권리는 무엇인가?

① 액세스권　　　　　　　　　　② 정정보도청구권
③ 반론보도청구권　　　　　　　　④ 퍼블릭액세스

해설

① 언론 매체에 자유롭게 접근·이용할 수 있는 권리
② 언론에 대해 정정을 요구할 수 있는 권리로 사실 보도에 한정되며 비판·논평은 해당하지 않는다.
④ 일반인이 직접 제작한 영상물을 그대로 반영하는 것

33 다음 뉴스의 종류와 그에 대한 설명이 바르게 연결되지 않은 것은?

① 디스코 뉴스 – 뉴스의 본질에 치중하기보다 스타일을 더 중요시하는 형태
② 스폿 뉴스 – 사건 현장에서 얻어진 생생한 뉴스로, 핫뉴스라고도 한다.
③ 패스트 뉴스 – 논평·해설 등을 통해 잘 정리되고 오보가 적은 뉴스
④ 스트레이트 뉴스 – 사건·사고의 내용을 객관적 입장에서 보도하는 것

해설

③ 패스트 뉴스 : 긴 해설이나 설명 없이 최신 뉴스를 보도하는 형태이다. 자세한 논평과 해설을 통해 잘 정리된 기사를 보도하는 형태의 뉴스는 '슬로 뉴스'이다.

34 숨겨진 사실을 드러내는 것으로 약점을 보도하겠다고 위협하거나 특정 이익을 위해 보도하는 저널리즘은 무엇인가?

① 블랙 저널리즘(Black Journalism)
② 뉴 저널리즘(New Journalism)
③ 팩 저널리즘(Pack Journalism)
④ 하이에나 저널리즘(Hyena Journalism)

해설
② 뉴 저널리즘 : 속보성과 단편성을 거부하고 소설의 기법을 이용해 심층적인 보도 스타일을 보이는 저널리즘
③ 팩 저널리즘 : 취재 방법 및 시각이 획일적인 저널리즘으로, 신문의 신뢰도 하락을 불러온다.
④ 하이에나 저널리즘 : 권력 없고 힘없는 사람에 대해서 집중적인 매도와 공격을 퍼붓는 저널리즘

35 다음 중 미디어렙에 관한 설명으로 옳지 않은 것은?

① Media와 Representative의 합성어이다.
② 방송사의 위탁을 받아 광고주에게 광고를 판매하는 대행사이다.
③ 판매 대행시 수수료는 따로 받지 않는다.
④ 광고주가 광고를 빌미로 방송사에 영향을 끼치는 것을 막아준다.

해설
미디어렙은 방송광고판매대행사로, 판매 대행 수수료를 받는 회사이다.

36 매스컴 관련 권익 보호와 자유를 위해 설립된 기구 중 워싱턴에 위치하고 외국 수뇌 인물들의 연설을 듣고 질의 · 응답하는 것을 주 행사로 삼는 기구는?

① 내셔널프레스클럽   ② 세계신문협회
③ 국제언론인협회   ④ 국제기자연맹

해설
② 1948년 국제신문발행인협회로 발족한 세계 최대의 언론 단체이다.
③ 1951년 결성된 단체로 언론인 상호 간의 교류와 협조를 통해 언론의 자유를 보장하는 것을 목적으로 매년 1회씩 대회가 열린다.
④ 본부는 브뤼셀에 있으며 3년마다 '기자 올림픽'이라 불리는 대규모 총회가 열린다.

37 신제품 또는 기업에 대하여 언론이 일반 보도로 다루도록 함으로써 결과적으로 무료로 광고 효과를 얻게 하는 PR의 한 방법은?

① 콩로머천드(Conglomerchant)
② 애드버커시(Advocacy)
③ 퍼블리시티(Publicity)
④ 멀티스폿(Multispot)

해설

퍼블리시티는 광고주가 회사·제품·서비스 등과 관련된 뉴스를 신문·잡지 등의 기사나 라디오·방송 등에 제공하여 무료로 보도하도록 하는 PR방법이다.

38 지상파와 케이블 등 기존 TV 방송 서비스를 해지하고 인터넷 등으로 방송을 보는 소비자를 일컫는 신조어는?

① 다운시프트족
② 프리터족
③ 그루밍족
④ 코드커터족

해설

코드커터족(Cord Cutters)은 지상파와 케이블 등 기존 TV 방송 서비스를 해지하고 인터넷 등으로 능동적인 방송시청을 하는 소비자군을 말한다.

39 아날로그 채널 주파수(6MHz)를 쪼개 지상파 방송사가 가용할 수 있는 채널수를 늘리는 것을 무엇이라고 하는가?

① 시분할다중화(TDM)
② 파장분할다중화(WDM)
③ 압축다중화(PMSB)
④ 멀티모드서비스(MMS)

해설

멀티모드서비스란 1개 주파수 대역에서 고화질(HD)과 표준화질(SD) 등 비디오채널을 복수로 운영하는 기술이다.

40 유럽의 문화예술에서 나타난 동방취미 경향이나, 서양의 동양에 대한 왜곡된 인식을 가리키는 말은 무엇인가?

① 낭만주의   ② 제국주의
③ 옥시덴탈리즘   ④ 오리엔탈리즘

해설

오리엔탈리즘(Orientalism)은 유럽의 문화와 예술에서 나타난 동방취미 경향을 나타내는 말이지만, 오늘날에는 서양의 동양에 대한 고정되고 왜곡된 인식과 태도 등을 총체적으로 나타내는 말로 쓴다. 오리엔탈리즘의 반작용으로 나타난 동양의 관점에서 서양을 적대시하거나 비하하는 인식과 태도를 옥시덴탈리즘(Occidentalism)이라고 한다.

41 스위스에 있는 올림픽 관리 기구는 무엇인가?

① IOC   ② IBF
③ ITF   ④ FINA

해설

① IOC(International Olympic Committee) : 국제올림픽위원회
② IBF(International Boxing Federation) : 국제복싱연맹
③ ITF(International Tennis Federation) : 국제테니스연맹
④ FINA(Federation Internationale de Natation) : 국제수영연맹

42 골프의 일반적인 경기 조건에서 각 홀에 정해진 기준 타수를 'Par'라고 한다. 다음 중 Par보다 2타수 적은 스코어로 홀인하는 것을 뜻하는 용어는 무엇인가?

① 버디(Birdie)   ② 이글(Eagle)
③ 보기(Bogey)   ④ 알바트로스(Albatross)

해설

기준 타수보다 2타수 적은 스코어로 홀인하는 것을 이글이라 한다.
① 버디 : 기준 타수보다 1타 적은 타수로 홀인하는 것
③ 보기 : 기준 타수보다 1타수 많은 스코어로 홀인하는 것
④ 알바트로스 : 기준 타수보다 3개가 적은 타수로 홀인하는 것

안심Touch

43 다음 육상 경기 중 필드경기에 해당하지 않는 것은?

① 높이뛰기
② 창던지기
③ 허 들
④ 멀리뛰기

> **해설**
> 필드경기는 크게 도약경기와 투척경기로 나뉜다. 도약경기에는 멀리뛰기, 높이뛰기, 장대높이뛰기, 세단뛰기 등이 있으며, 투척경기에는 창던지기, 원반던지기, 포환던지기, 해머던지기 등의 종목이 있다.

44 다음 중 야구에서 타자가 투스트라이크 이후 아웃이 되는 상황이 아닌 것은?

① 번트파울
② 헛스윙
③ 파울팁
④ 베이스온볼스

> **해설**
> 투스트라이크 이후 번트는 쓰리번트라고 하여 성공하지 못하고 파울이 되면 아웃이며, 파울팁은 타자가 스윙을 하여 배트에 살짝 스친 뒤 포수에게 잡히는 공이다. 베이스온볼스(Base On Balls)는 볼넷을 의미한다.

45 권투 선수처럼 뇌에 많은 충격을 받은 사람에게 주로 나타나는 뇌세포 손상증을 일컫는 말은?

① 펀치 드렁크(Punch Drunk)
② 신시내티 히트(Cincinnati Hit)
③ 더블 헤더(Double Header)
④ 샐러리 캡(Salary Cap)

> **해설**
> 펀치 드렁크는 권투 선수처럼 뇌에 많은 손상을 입은 사람들 대부분이 겪는 증상으로 혼수상태, 기억상실, 치매 등의 증세가 나타나며 심한 경우 생명을 잃기도 한다.

46 골프의 18홀에서 파 5개, 버디 2개, 보기 4개, 더블보기 4개, 트리플보기 3개를 기록했다면 최종 스코어는 어떻게 되는가?

① 이븐파
② 3언더파
③ 9오버파
④ 19오버파

> **해설**
> 파 5개(0)＋버디 2개(−2)＋보기 4개(＋4)＋더블보기 4개(＋8)＋트리플보기 3개(＋9)＝19오버파

47 남자부 4대 골프 대회에 속하지 않는 것은?

① 마스터스
② 브리티시 오픈
③ 맥도널드 오픈
④ US 오픈

해설

• 남자부 4대 골프 대회 : 마스터스, 브리티시 오픈(영국 오픈), PGA 챔피언십, US 오픈
• 여자부 4대 골프 대회 : AIG 브리티시 여자오픈, US 여자오픈, KPMG 위민스 PGA 챔피언십, ANA 인스퍼레이션

48 농구에서 스타팅 멤버를 제외한 벤치 멤버 중 가장 기량이 뛰어나 언제든지 경기에 투입할 수 있는 투입 1순위 후보는?

① 포스트맨
② 스윙맨
③ 식스맨
④ 세컨드맨

해설

벤치 멤버 중 투입 1순위 후보는 식스맨이라고 한다. 포스트맨은 공을 등지고 골 밑 근처에서 패스를 연결하거나 스스로 공격하는 선수이고, 스윙맨은 가드·포워드 역할을 모두 수행할 수 있는 선수이다.

49 축구 경기에서 해트트릭이란 무엇인가?

① 1경기에서 1명의 선수가 1골을 넣는 것
② 1경기에서 1명의 선수가 2골을 넣는 것
③ 1경기에서 1명의 선수가 3골을 넣는 것
④ 1경기에서 3명의 선수가 1골씩 넣는 것

해설

크리켓에서 3명의 타자를 삼진 아웃시킨 투수에게 명예를 기리는 뜻으로 선물한 모자(Hat)에서 유래했으며, 한 팀이 3년 연속 대회 타이틀을 석권했을 때도 해트트릭이라고 한다.

50 다음 중 유럽의 국가와 국가별 프로 축구 리그의 연결로 옳은 것은?

① 스페인 – 프리미어리그
② 독일 – 분데스리가
③ 이탈리아 – 프리미어리그
④ 잉글랜드 – 라리가

해설

① 스페인 – 라리가
③ 이탈리아 – 세리에 A
④ 잉글랜드 – 프리미어리그

51 다음 중 골프 용어가 아닌 것은?

① 로진백
③ 어프로치샷
② 이 글
④ 언더파

해설

로진백은 투수나 타자가 공이 미끄러지지 않게 하기 위해 묻히는 송진 가루나 로진이 들어있는 작은 주머니이다. 손에 묻힐 수는 있어도 배트, 공, 글러브 등에 묻히는 것은 금지되어 있다. 그밖에 역도나 체조 선수들도 사용한다.

52 월드컵 본선에서 골을 넣은 뒤 파울로 퇴장당한 선수들을 일컫는 용어는?

① 가린샤 클럽
③ 170 클럽
② 블랙슈즈 클럽
④ 벤치맙 클럽

해설

가린샤 클럽은 1962년 칠레 월드컵에서 브라질의 스트라이커 가린샤가 골을 넣은 뒤 퇴장을 당하면서 생긴 용어이다.

53 세계 5대 모터쇼에 포함되지 않는 모터쇼는?

① 토리노 모터쇼
③ 제네바 모터쇼
② 도쿄 모터쇼
④ 북미 국제 오토쇼

해설

세계 5대 모터쇼 : 파리 모터쇼, 프랑크푸르트 모터쇼, 제네바 모터쇼, 북미 국제 오토쇼(디트로이트 모터쇼), 도쿄 모터쇼

54 미국과 유럽을 오가며 2년마다 개최되는 미국과 유럽의 남자 골프 대회는?

① 데이비스컵
② 라이더컵
③ 프레지던츠컵
④ 스탠리컵

해설

② 라이더컵은 영국인 사업가 새뮤얼 라이더(Samuel Ryder)가 순금제 트로피를 기증함으로써 그 이름을 따서 붙인, 미국과 유럽의 남자 골프 대회이다.
① 데이비스컵은 테니스 월드컵이라고도 불리는 세계 최고 권위의 국가 대항 남자 테니스 대회이다.
③ 프레지던츠컵은 미국과 유럽을 제외한 인터내셔널팀 사이의 남자 프로 골프 대항전이다.
④ 스탠리컵은 북아메리카에서 프로아이스하키 리그의 플레이오프 우승 팀에게 수여되는 트로피를 가리킨다.

55 다음 중 2스트라이크 이후에 추가로 스트라이크 판정을 받았으나 포수가 이 공을 놓칠 경우(잡기 전에 그라운드에 닿은 경우도 포함)를 가리키는 말은 무엇인가?

① 트리플 더블
② 낫아웃
③ 퍼펙트게임
④ 노히트노런

해설

① 트리플 더블 : 한 선수가 득점, 어시스트, 리바운드, 스틸, 블록슛 중 세 부문에서 2자리 수 이상을 기록하는 것을 가리키는 농구 용어
③ 퍼펙트게임 : 야구에서 투수가 상대팀에게 한 개의 진루도 허용하지 않고 승리로 이끈 게임
④ 노히트노런 : 야구에서 투수가 상대팀에게 한 개의 안타도 허용하지 않고 승리로 이끈 게임

56 근대 5종 경기는 기원전 708년에 실시된 고대 5종 경기를 현대에 맞게 발전시킨 것으로 근대 올림픽을 창설한 쿠베르탱의 실시로 시작하게 되었다. 이와 관련된 근대 5종 경기가 아닌 것은?

① 마라톤
② 사 격
③ 펜 싱
④ 승 마

해설

근대 5종 경기는 한 경기자가 사격, 펜싱, 수영, 승마, 크로스컨트리(육상) 5종목을 겨루어 종합 점수로 순위를 매기는 경기이다.

01 다음 유물이 처음 사용된 시대의 생활 모습으로 옳은 것은?

① 거친무늬 거울을 사용하였다.
② 주로 동굴이나 막집에서 살았다.
③ 빗살무늬 토기에 식량을 저장하였다.
④ 철제 농기구를 이용하여 농사를 지었다.

해설

제시된 유물은 가락바퀴로 신석기시대의 유물이다. 가락바퀴는 실을 뽑는 도구로 신석기시대에 원시적 형태의 수공예가 이루어졌음을 알 수 있는 증거이다. 빗살무늬 토기는 신석기시대를 대표하는 토기로, 서울 암사동 유적지에서 출토된 밑이 뾰족한 모양의 토기가 대표적이다.

02 한서지리지에 다음의 법 조항을 가진 나라로 소개되는 국가는?

- 사람을 죽인 자는 즉시 사형에 처한다.
- 남에게 상처를 입힌 자는 곡물로써 배상한다.
- 남의 재산을 훔친 사람은 노비로 삼고, 용서받으려면 한 사람당 50만전을 내야 한다.

① 고구려   ② 고조선
③ 발 해   ④ 신 라

해설

고조선의 '8조법'의 내용이다. 현재 3개의 조목만 전해지는 8조금법을 통해 고조선은 사유재산제의 사회로서 개인의 생명 보호를 중시했으며 계급사회였음을 알 수 있다.

03 다음 자료에 해당하는 나라에 대한 설명으로 옳은 것은?

> 혼인할 때는 말로 미리 정하고, 여자 집에서는 본채 뒤편에 작은 별채를 짓는데, 그 집을 서옥이라
> 부른다. 해가 저물 무렵에 신랑이 신부의 집 문 밖에 도착하여 자기 이름을 밝히고 절하면서, 신부
> 의 집에서 머물기를 청한다. … (중략) … 자식을 낳아 장성하면 아내를 데리고 집으로 돌아간다.
> – 〈삼국지 동이전〉

① 12월에 영고라는 제천 행사를 열었다.
② 제가회의에서 국가의 중대사를 결정하였다.
③ 특산물로 단궁, 과하마, 반어피 등이 있었다.
④ 제사장인 천군과 신성 지역인 소도가 있었다.

해설

제시된 사료는 고구려의 서옥제라는 혼인풍습에 대한 것이다. 남녀가 혼인을 하면 신부집 뒤꼍에 서옥이라는 집을 짓고
살다가, 자식을 낳아 장성하면 신부를 데리고 자기 집으로 가는 풍습이다. 제가회의는 고구려의 귀족회의로 유력 부족의
우두머리들이 모여 국가의 중대사와 주요 정책을 논의하고 결정하였다.

04 다음 자료와 관련된 설명으로 옳지 않은 것은?

> 진평왕 30년, 왕은 ㉠ 고구려가 빈번하게 강역을 침범하는 것을 근심하다가 수나라에 병사를 청하
> 여 고구려를 정벌하고자 하였다. 이에 ㉡ 원광에게 군사를 청하는 글을 짓도록 명하니, 원광이 "자
> 기가 살려고 남을 죽이도록 하는 것은 승려로서 할 일이 아니나, 제가 대왕의 토지에서 살고 대왕의
> 물과 풀을 먹으면서, 어찌 감히 명령을 좇지 않겠습니까?"라고 하며, 곧 글을 지어 바쳤다. … (중
> 략) … 33년에 왕이 수나라에 사신을 보내어 표문을 바치고 출병을 청하니, ㉢ 수나라 양제가 이를
> 받아들이고 군사를 일으켰다.
> – 〈삼국사기〉 신라본기

① 당시 신라는 백제와 동맹을 맺어 고구려의 남진에 대처하고 있었다.
② ㉠ - 고구려는 한강 유역을 되찾기 위해 신라를 자주 공격하였다.
③ ㉡ - 원광은 세속오계를 지어 화랑도의 행동 규범을 제시하였다.
④ ㉢ - 고구려는 살수에서 대승을 거두고, 수나라의 침략을 격퇴하였다.

해설

고구려가 빈번하게 신라를 공격했던 시기는 신라가 진흥왕 이후 한강 하류 지역을 차지하고 팽창한 6세기 후반이다.
이때 고구려의 남하 정책에 대항하여 체결되었던 나제 동맹이 결렬되고 여제 동맹이 체결되었으며 신라는 고립을 피하기
위해 중국의 수·당과 동맹을 체결하였다. 고구려는 7세기에 중국의 혼란을 통일한 수의 침입을 살수 대첩으로 물리쳤으
며, 신라는 진흥왕 때 화랑도를 국가 차원에서 장려하고 조직을 확대하였으며 원광의 세속 5계를 행동 규범으로 삼았다.
원광이 수에 군사를 청원하는 글을 쓴 것으로 보아 당시 불교는 호국불교적 성격이 강함을 알 수 있다.

05 (가), (나)에 대한 설명으로 옳지 않은 것은?

> • 임금과 신하들이 인재를 어떻게 뽑을까 의논하였다. 그래서 여러 사람들을 모아 함께 다니게 하고 그 행실과 뜻을 살펴 등용하였다. 그러므로 김대문이 쓴 책에서 "우리나라의 현명한 재상과 충성스러운 신하, 훌륭한 장수와 용감한 병졸은 모두 [(가)]에서 나왔다."라고 하였다.
> • [(나)]는(은) 예부에 속한다. 경덕왕이 태학으로 이름을 고쳤다. 박사와 조교가 예기·주역·논어·효경을 가르친다. 9년이 되도록 학업에 진척이 없는 자는 퇴학시킨다.

① (가)는 원시 사회의 청소년 집단에서 기원하였다.
② (가)에서는 전통적 사회 규범과 전쟁에 관한 교육을 하였다.
③ (나)는 유학 교육을 위하여 신문왕 때 설치하였다.
④ (나)에는 7품 이상 문무 관리의 자제가 입학하였다.

해설

(가)는 화랑도, (나)는 국학이다. 화랑도는 원시 사회의 청소년 집단 수련에 기원을 두고 있다. 귀족자제 중에서 선발된 화랑을 지도자로 삼고, 낭도는 귀족은 물론 평민까지 망라하였다. 국학은 신문왕 때 설립하였으며 관등이 없는 자부터 대사(12관등) 이하인 자들이 입학할 수 있었고, 논어, 효경 등의 유학을 가르쳤다.

06 다음 밑줄 친 제도와 같은 성격의 정책은?

> 고구려의 고국천왕이 을파소 등을 기용하여 왕 16년(194)에 실시한 <u>진대법</u>은 춘궁기에 가난한 백성에게 관곡을 빌려주었다가 추수인 10월에 관(官)에 환납케 하는 제도이다. 이것은 귀족의 고리 대금업으로 인한 폐단을 막고, 양민들의 노비화를 막으려는 목적으로 실시한 제도였다. 이러한 제도는 신라나 백제에도 있었을 것이며 고려의 의창 제도, 조선의 환곡 제도의 선구가 되었다.

① 실업자를 위한 일자리 창출 대책
② 출산율 상승을 위한 출산장려금 정책
③ 생활무능력자를 대상으로 한 공공부조
④ 초등학생을 대상으로 한 무상급식 제도

해설

고구려의 진대법, 고려의 의창 제도, 조선의 환곡 제도는 흉년이나 춘궁기에 곡식을 빈민에게 대여하고 추수기에 이를 환수하던 제도이다. 이와 같은 성격을 지닌 오늘날의 제도는 어려운 사람들의 의식주를 돕기 위한 공공부조라고 할 수 있다.

07 다음 연표에 활동했던 백제의 왕을 소재로 영화를 제작하려고 한다. 등장할 수 있는 장면으로 옳은 것은?

> 346 백제 제13대 왕위 등극
> 369 왜 왕에게 칠지도 하사
>   황해도 치양성 전투에서 태자 근구수의 활약으로 고구려군을 상대하여 승리함
> 371 평양성 전투에서 고구려 고국원왕을 전사시킴

① 중앙집권을 위해 율령을 반포하는 장면
② 동맹국인 신라의 왕에게 배신당하여 고민하고 있는 장면
③ 사상의 통합을 위해 불교를 공인하는 장면
④ 〈서기〉라는 역사책을 편찬하는 고흥

해설

제시된 연표의 칠지도, 고국원왕 전사 등을 통해 연표의 왕이 근초고왕임을 알 수 있다. 근초고왕은 4세기 백제의 왕으로 고구려, 신라보다 앞서 국가를 흥성시켰다. 또 다른 업적으로는 요서·산동·규슈 진출, 왕위 부자 상속, 고흥의 역사서 〈서기〉 편찬 등이 있다.

08 다음 중 발해에 관한 설명으로 옳지 않은 것은?

① 대조영이 고구려 유민과 말갈족을 연합하여 건국했다.
② 당나라의 제도를 받아들여 독자적인 3성 6부 체제를 갖췄다.
③ 독자적인 연호를 사용하고 '해동성국'이라는 칭호를 얻었다.
④ 여진족의 세력 확대로 인해 여진족에게 멸망당하였다.

해설

발해는 거란족의 세력 확대와 내분 때문에 국력이 약해져 926년 거란족(요나라)에 의해 멸망당하였다.

09 다음에서 설명하고 있는 삼국시대의 왕은?

> • 한반도의 한강 이남까지 영토를 늘렸다.
> • 신라의 요청으로 원군을 보내 왜구를 격퇴하였다.
> • 후연과 전쟁에서 승리하여 요동지역을 확보하였다.

① 미천왕
② 소수림왕
③ 장수왕
④ 광개토대왕

해설

광개토대왕은 후연, 동부여, 백제 등과의 전쟁에서 승리하고 남으로는 한강이남 지역, 북으로는 요동 등으로 영토를 넓혔다.
① 미천왕 : 낙랑군, 대방군 등을 정복하였다.
② 소수림왕 : 율령반포, 불교공인 등 내부체제를 정비하였다.
③ 장수왕 : 도읍을 평양으로 옮기는 등 남하정책을 펼쳤다.

10 공민왕의 개혁 정치에 대한 설명으로 옳지 않은 것은?

① 친원파와 기씨 일족을 숙청했다.
② 원·명 교체의 상황에서 개혁을 추진했다.
③ 신진사대부를 견제하기 위해 정방을 설치했다.
④ 관제를 복구하고 몽골식 생활 풍습을 금지했다.

> **해설**
> 정방은 고려 무신집권기 최우가 설치한 인사 담당 기관인데, 공민왕은 정방을 폐지했다.

11 음서 제도와 공음전이 고려 사회에 끼친 영향은?

① 농민층의 몰락을 방지하였다.
② 문벌 귀족 세력을 강화시켰다.
③ 국가 재정의 확보에 공헌하였다.
④ 개방적인 사회 분위기를 가져왔다.

> **해설**
> 문벌 귀족은 고위 관직을 독점하고 음서의 특권으로 승진하였으며, 공음전 등의 경제적 특권을 누리기도 했다.

12 (가), (나) 역사서에 대한 설명으로 옳지 않은 것은?

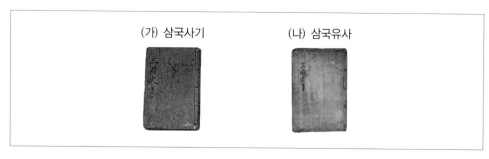

(가) 삼국사기   (나) 삼국유사

① (가) - 김부식이 주도하여 편찬하였다.
② (가) - 유교적 합리주의 사관에 기초하였다.
③ (나) - 신라와 발해를 남북국이라 하였다.
④ (나) - 단군의 건국 이야기가 수록되어 있다.

> **해설**
> ③은 조선 후기 실학자 유득공이 발해에 관해 쓴 역사서인 〈발해고〉의 내용으로 발해의 역사·문화·풍습 등을 9부문으로 나누어 서술했고, 신라와 발해를 남북국이라고 칭하였다.

13 다음은 고려 무신집권기의 기구명과 그에 대한 특징이다. (가)에 들어갈 내용으로 옳은 것은?

기구명	특 징
중 방	고위 무신들의 회의 기구
교정도감	국정을 총괄하는 최고 권력 기구
정 방	(가)

① 법률과 소송을 관장한 기구
② 곡식의 출납 및 회계 담당 기구
③ 최우가 설치한 인사 행정 담당 기구
④ 역사서의 편찬과 보관을 담당한 기구

해설
무신정권의 실질적인 권력자였던 최우는 교정도감을 통하여 정치권력을 행사하였고, 독자적인 인사 기구인 정방을 설치하여 인사권을 장악하였다.

14 고려 태조 왕건이 실시한 정책으로 옳지 않은 것은?

① 사심관 제도와 기인 제도 등의 호족 견제 정책을 실시했다.
② 연등회와 팔관회를 중요하게 다룰 것을 강조했다.
③ 과거 제도를 실시하여 신진 세력을 등용했다.
④ '훈요십조'를 통해 후대의 왕들에게 유언을 남겼다.

해설
광종(재위 949 ~ 975)은 과거 제도를 시행하여 신진 세력을 등용하고 신·구세력의 교체를 꾀하는 한편 노비안검법 실시, 호족과 귀족세력 견제 등 개혁적인 정치를 단행하여 강력한 왕권을 확립하였다.

15 다음에서 설명하고 있는 고려의 기구는 무엇인가?

> 고려시대 변경의 군사문제를 의논하던 국방회의기구로 중서문하성과 중추원의 고위 관료들이 모여 국가의 군기 및 국방상 중요한 일을 의정하던 합의기관이다. 무신정변 이후에는 군사적 문제뿐 아니라 민사적 문제까지 관장하는 등 권한이 강화되었으며, 왕권을 제한하는 역할도 하였다.

① 도병마사   ② 식목도감
③ 중서문하성   ④ 비변사

해설
고려의 독자적인 기구인 도병마사에 대한 내용이다. 도병마사는 변경의 군사 문제를 의논해 결정하는 것이었으나 무신정변 이후 도당이라 불리며 국사전반에 걸쳐 권한이 확대되었다. 원간섭기에는 도평의사사로 개칭되고 국가의 모든 중대사를 회의해 결정하는 기관으로 변질되었다.

16 다음 중 고려시대에 '정혜쌍수(定慧雙修)', '돈오점수(頓悟漸修)'를 주장하고, 수선사 결사 운동을 주도한 승려는?

① 지 눌
② 원 효
③ 의 천
④ 도 선

해설

보조국사 지눌대사는 조계종을 중심으로 한 선종과 교종의 통합운동을 전개하였으며 수선사 결사 제창, 정혜쌍수·돈오점수를 통해 선교일치 사상의 완성을 이루었다.

17 다음 시의 내용에 나타난 폐단을 개혁하기 위해 실시했던 제도에 대한 설명으로 가장 적절한 것은?

> 우리라고 좋아서 이 짓 하나요?
> 간밤에도 관가에서 문서가 날아 왔죠.
> 내일 아침 높은 손님 맞아서 연희를 성대히 벌인다고
> 물고기 회치고 굽고 모두 다 이 강에서 나갑니다.
> 자가사비 문절망둑 쏘가리 잉어 어느 것 없이 거둬 가지요
> 물고기 잡아다 바치라 한 달에도 너덧 차례
> 한 번 바치는데 적기나 한가요 걸핏하면 스무 마리 서른 마리
> 정해진 마릿수 채우지 못하면 장터에 나가 사다가 바치고
> 혹시 잡다가 남으면 팔아서 양식에 보태지요
>
> – 〈작살질〉, 송명흠

① 군적의 문란이 심해지면서 농민의 부담이 다시 가중되었다.
② 지주는 결작이라고 하여 토지 1결당 미곡 2두를 납부하게 되었다.
③ 농민은 1년에 베 1필씩만 부담하면 과중한 납부량에서 벗어날 수 있었다.
④ 토지가 없거나 적은 농민에게 과중하게 부과되었던 부담이 다소 경감되었다.

해설

①·②·③은 균역법과 관련된 내용이다. 제시된 시의 내용은 공납의 폐단에 관한 것으로, 관가에서 공납을 바치라면 양과 내용에 관계없이 따라야 하는 어민들의 어려움을 얘기하고 있다. 공납은 정해진 양을 채우지 못하면 시장에서 사서 납부해야 하는 등 백성들에게 많은 부담을 주었다. 이러한 공납의 폐단을 개선하기 위해 특산물을 현물로 내는 대신 쌀이나 돈으로 납부하게 하고, 공납을 토지에 부과하도록 하는 대동법을 시행하였다. 대동법은 토지가 없거나 적은 농민들의 부담을 다소 경감시키는 효과가 있었다.

18 다음 그림과 관련하여 당시 대외 관계에 대해 옳게 설명한 것은?

① 이종무의 쓰시마 섬 정벌로 인하여 우리나라 사신을 맞는 일본의 태도가 정중하였다.

② 왜구의 소란으로 조선에서는 3포 개항을 불허하고 일본 사신의 파견만을 허용하였다.

③ 왜란 이후 끌려간 도공과 백성들을 돌려받기 위하여 조선 정부는 매년 통신사를 파견하였다.

④ 일본은 조선의 문화를 받아들이고 에도 막부의 권위를 인정받기 위해 통신사 파견을 요청하였다.

해설

제시된 그림은 임진왜란 이후 우리나라에서 일본에 파견한 통신사 그림이다. 일본은 조선의 선진 문화를 받아들이고, 도쿠가와 막부의 쇼군이 바뀔 때마다 권위를 인정받기 위하여 조선의 사절 파견을 요청하였다. 이에 따라 조선은 1607년부터 1811년까지 12회에 걸쳐 많을 때는 400~500명에 달하는 인원의 통신사를 파견하였다.

19 다음 중 조선시대의 신분 제도에 대한 설명으로 옳은 것은?

① 서얼은 양반으로 진출하는 데 제한을 받지 않았다.

② 노비의 신분은 세습되지 않았다.

③ 서리, 향리, 기술관은 직역 세습이 불가능했다.

④ 양인 이상이면 과거에 응시할 수 있었다.

해설

① 서얼은 관직 진출이 제한되었고, ② 노비의 신분은 세습되었고 매매·양도·상속의 대상이었으며, ③ 직역 세습과 신분 안에서 혼인이 가능했다.

20 조선시대 기본법전인 '경국대전'에 관한 설명으로 옳지 않은 것은?

① 세조가 편찬을 시작하여 성종 대에 완성되었다.

② 조선 초의 법전인 '경제육전'의 원전과 속전 및 그 뒤의 법령을 종합해 만들었다.

③ '형전'을 완성한 뒤, 재정·경제의 기본이 되는 '호전'을 완성했다.

④ 이전·호전·예전·병전·형전·공전 등 6전으로 이루어졌다.

해설

1460년(세조 6년) 7월에 먼저 재정·경제의 기본이 되는 호전을 완성했고, 이듬해 7월에는 형전을 완성하여 공포·시행하였다.

21 조선시대 4대 사화를 시대 순으로 바르게 연결한 것은?

① 무오사화 → 기묘사화 → 갑자사화 → 을사사화

② 무오사화 → 갑자사화 → 기묘사화 → 을사사화

③ 갑자사화 → 무오사화 → 을사사화 → 기묘사화

④ 갑자사화 → 기묘사화 → 갑자사화 → 을사사화

해설

무오사화	1498년 (연산군)	• 훈구파와 사림파의 대립 • 연산군의 실정, 세조의 왕위 찬탈을 비판한 김종직의 조의제문 • 유자광, 이극돈
갑자사화	1504년 (연산군)	• 폐비 윤씨 사건이 배경 • 무오사화 때 피해를 면한 일부 훈구 세력까지 피해
기묘사화	1519년 (중종)	• 조광조의 개혁 정치 • 위훈 삭제로 인한 훈구 세력의 반발 • 주초위왕 사건
을사사화	1545년 (명종)	• 인종의 외척 윤임(대윤파)과 명종의 외척 윤원형(소윤파)의 대립 • 명종의 즉위로 문정왕후 수렴청정 • 집권한 소윤파가 대윤파를 공격

22 다음의 설명에 해당하는 조선 후기의 실학자는 누구인가?

• 농민을 위한 제도 개혁을 주장한 중농학파
• 목민심서, 경세유표 편찬
• 과학 기술의 발전을 주장하고 실학을 집대성

① 유형원   ② 이 익
③ 정약용   ④ 박지원

해설

• 목민심서 : 정약용이 관리들의 폭정을 비판하며 수령이 지켜야 할 지침을 밝힌 책
• 경세유표 : 정약용이 행정기구의 개편과 토지 제도와 조세 제도 등 제도의 개혁 원리를 제시한 책

23 조선 후기에 발생한 사건들을 시대 순으로 바르게 나열한 것은?

① 임오군란 → 갑신정변 → 동학농민운동 → 아관파천
② 임오군란 → 아관파천 → 동학농민운동 → 갑신정변
③ 갑신정변 → 임오군란 → 아관파천 → 동학농민운동
④ 갑신정변 → 아관파천 → 임오군란 → 동학농민운동

해설

임오군란 (1882년)	별기군 창설에 대한 구식 군인의 반발, 청의 내정간섭 초래
갑신정변 (1884년)	급진적 개혁 추진, 청의 내정간섭 강화
동학농민운동 (1894년)	반봉건·반침략적 민족운동, 우금치 전투에서 패배
아관파천 (1896년)	명성황후가 시해당한 뒤 고종과 왕세자가 러시아 공관으로 대피

24 다음과 같은 내용이 발표된 배경으로 가장 적절한 것은?

> 옛날에는 군대를 가지고 나라를 멸망시켰으나 지금은 빚으로 나라를 멸망시킨다. 옛날에 나라를 멸망케 하면 그 명호를 지우고 그 종사와 정부를 폐지하고, 나아가 그 인민으로 하여금 새로운 변화를 받아들여 복종케 할 따름이다. 지금 나라를 멸망케 하면 그 종교를 없애고 그 종족을 끊어버린다. 옛날에 나라를 잃은 백성들은 나라가 없을 뿐이었으나, 지금 나라를 잃은 백성은 아울러 그 집안도 잃게 된다. … 국채는 나라를 멸망케 하는 원본이며, 그 결과 망국에 이르게 되어 모든 사람이 화를 입지 않을 수 없게 된다.

① 우리나라 최초의 은행인 조선은행이 설립되면서 자금 조달이 어려워졌다.
② 외국 상인의 활동 범위가 넓어지면서 서울을 비롯한 전국의 상권을 차지하였다.
③ 정부의 상공업 진흥 정책으로 회사 설립이 늘어나면서 차관 도입이 확대되었다.
④ 일제는 화폐 정리와 시설 개선 등의 명목으로 거액의 차관을 대한제국에 제공하였다.

해설

자료는 국채보상운동에 관한 내용이다. 국채보상운동은 일본이 조선에 빌려준 국채를 갚아 경제적으로 독립하자는 운동으로 1907년 2월 서상돈 등에 의해 대구에서 시작되었다. 대한매일신보, 황성신문 등 언론기관이 자금 모집에 적극 참여했으며, 남자들은 금연운동을 하였고 부녀자들은 비녀와 가락지를 팔아서 이에 호응하였다. 일제는 친일 단체인 일진회를 내세워 국채보상운동을 방해하였고, 통감부에서 국채보상회의 간사인 양기탁을 횡령이라는 누명을 씌워 구속하는 등 적극적으로 탄압했다. 결국 양기탁은 무죄로 석방되었지만 국채보상운동은 좌절되고 말았다.

25 다음 개화기 언론에 대한 설명으로 옳지 않은 것은?

① 황성신문은 국·한문 혼용으로 발간되었고, '시일야방성대곡'을 게재하였다.

② 순한글로 간행된 제국신문은 창간 이듬해 이인직이 인수하여 친일지로 개편되었다.

③ 독립신문은 한글과 영문을 사용하였으며, 근대적 지식 보급과 국권·민권 사상을 고취하였다.

④ 우리나라 최초의 신문인 한성순보는 관보의 성격을 띠고 10일에 한 번 한문으로 발행되었다.

> **해설**
>
> 제국신문은 1898년부터 1910년까지 순한글로 발행한 신문으로 여성과 일반 대중을 독자로 언론 활동을 전개하였다. 이인직이 인수하여 친일지로 개편한 신문은 천도교계의 만세보로서 1907년부터 '대한신문'으로 제호를 바꾸어 발간하였다.

26 다음과 같은 활동을 한 '이 단체'는 어디인가?

> '이 단체'의 깃발 밑에 공고한 단결을 이루기가 뼈저리게 힘들다고 고민할망정 결국 분산을 재촉한 것은 중대한 과오가 아닌가. 계급운동을 무시한 민족 당일당 운동이 문제가 있는 것과 같이 민족을 도외시하고 계급운동만 추구하며 민족주의 진영을 철폐하자는 것도 중대한 과오이다. … (중략) … 조선의 운동은 두 진영의 협동을 지속적으로 추구해야 할 정세에 놓여 있고, 서로 대립할 때가 아니다. 두 진영의 본질적 차이를 발견하기 어려운 만큼 긴밀히 동지적 관계를 기할 수 있는 것이다.

① 신민회   ② 정우회

③ 신간회   ④ 근우회

> **해설**
>
> 신간회는 좌우익 세력이 합작하여 결성된 대표적 항일단체로, 민족적·정치적·경제적 예속을 탈피하고, 언론 및 출판의 자유를 쟁취하였으며, 동양척식회사 반대, 근검절약운동 전개 등을 활동목표로 전국에 지회와 분회를 조직하여 활동하였다.

27 3·1운동 이후 1920년대 일제의 식민통치 내용으로 옳지 않은 것은?

① 회사령 폐지   ② 산미증식계획

③ 경성제국대학 설립   ④ 헌병경찰제 실시

> **해설**
>
> 1910년대에 무단 통치(헌병 경찰 통치)를 하던 일제는 3·1운동(1919) 이후 1920년대부터 통치방법을 변화해 문화통치(보통 경찰 통치)를 실시했다. 경성제국대학은 1924년에 설립됐으며, 회사령은 1910년 12월에 조선총독부가 공포했다가 1920년에 폐지했다.

28 다음 중 홍범 14조에 관한 설명으로 옳지 않은 것은?

① 갑오개혁 이후 정치적 근대화와 개혁을 위해 제정된 국가기본법이다.
② 왜에 의존하는 생각을 끊고 자주독립의 기초를 세울 것을 선포했다.
③ 납세를 법으로 정하고 함부로 세금을 거두어 들이지 못하도록 했다.
④ 종실·외척의 정치관여를 용납하지 않음으로써 대원군과 명성황후의 정치개입을 배제했다.

해설

홍범 14조는 갑오개혁 후 선포된 우리나라 최초의 근대적 헌법으로 청에 의존하는 것을 끊음으로써 청에 대한 종주권을 부인했고, 종실·외척의 정치개입 배제 및 조세법정주의 등의 내용을 담고 있다.

29 시일야방성대곡이 최초로 실린 신문은 무엇인가?

① 한성순보   ② 황성신문
③ 독립신문   ④ 대한매일신보

해설

시일야방성대곡은 을사늑약의 부당함을 알리고 을사오적을 규탄하기 위해 장지연이 쓴 논설로, 황성신문에 게재되었다. 이 논설로 황성신문은 일제에 의해 정간이 되기도 했다.

30 다음 중 3·1 운동에 대한 설명으로 옳지 않은 것은?

① 33인의 민족대표가 탑골공원에서 독립선언서를 발표하는 것으로 시작됐다.
② 비폭력 투쟁에서 점차 폭력 투쟁으로 발전하였다.
③ 기미독립운동이라고도 불린다.
④ 대한민국 임시 정부 수립의 영향을 받아 일어났다.

해설

3·1 운동을 계기로 1919년 4월 11일 중국 상해에서 대한민국 임시정부가 수립됐다.

31 다음 법이 공포된 이후 나타난 일제의 지배 정책에 대한 설명으로 옳지 않은 것은?

> 제4조 정부는 전시에 국가총동원상 필요할 때는 칙령이 정하는 바에 따라 제국 신민을 징용하여 총동원 업무에 종사하게 할 수 있다.

① 마을에 애국반을 편성하여 일상생활을 통제하였다.
② 일본식 성과 이름으로 고치는 창씨개명을 시행하였다.
③ 여성에게 작업복인 '몸뻬'라는 바지의 착용을 강요하였다.
④ 토지 현황 파악을 위해 전국적으로 토지 소유권을 조사하였다.

해설

제시된 자료는 국가총동원법(1938)이다. ④는 1910년대 토지조사사업에 대한 설명이다.

32 다음이 설명하는 운동에 대한 내용을 보기에서 고른 것은?

> • 광화문 광장 : 경무대와 국회의사당, 중앙청 등 국가 주요 기관이 광장 주변에 몰려있어 가장 격렬한 시위가 벌어졌다.
> • 마로니에 공원(옛 서울대학교 교수회관 터) : 대학 교수단이 시국 선언을 한 뒤 '학생의 피에 보답하라'는 현수막을 들고 가두 시위에 나섰다.
> • 이화장 : 대통령이 하야 성명을 발표하고 경무대를 떠나 사저인 이화장에 도착하였다.

보기

> ㄱ. 4 · 13 호헌 조치의 철폐를 요구하였다.
> ㄴ. 신군부 세력의 집권이 배경이 되었다.
> ㄷ. 3 · 15 부정선거에 항의하는 시위에서 시작되었다.
> ㄹ. 대통령 중심제에서 의원 내각제로 변화되는 계기가 되었다.

① ㄱ, ㄴ   ② ㄱ, ㄷ
③ ㄴ, ㄷ   ④ ㄷ, ㄹ

해설

4 · 19 혁명에 대한 설명이다.
ㄱ. 전두환 정부의 4 · 13 호헌 조치에 반대하여 1987년 6월 민주항쟁이 전개되었다.
ㄴ. 1980년 신군부가 비상계엄을 전국으로 확대하였고, 이에 반대하여 5 · 18 광주 민주화 운동이 전개되었다.

33 (가) ~ (라)를 일어난 순서대로 옳게 나열한 것은?

> (가) 경부고속도로 준공   (나) 100억 달러 수출 달성
> (다) IMF 구제 금융 지원 요청   (라) 고속 철도 개통

① (가) – (나) – (다) – (라)
② (가) – (나) – (라) – (다)
③ (나) – (가) – (다) – (라)
④ (나) – (가) – (라) – (다)

해설

(가) 경부고속도로 준공(1970년, 박정희 정부)
(나) 수출 100억 달러 달성(1977년, 박정희 정부)
(다) IMF 구제 금융 요청(1997년, 김영삼 정부)
(라) 고속 철도 개통(2004년, 노무현 정부)

34 (가)에 들어갈 내용으로 옳은 것은?

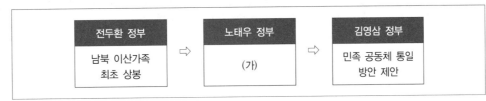

① 남북 조절 위원회 구성
② 경의선 복구 사업 시작
③ 남북 기본 합의서 채택
④ 7·4 남북 공동 성명 발표

해설

1991년 노태우 정부는 남북 기본 합의서를 채택하였다.

• 남북한 당국자 간의 통일 논의의 재개를 추진함으로써 남북 이산가족 고향 방문단 및 예술 공연단의 교환방문이 전두환 정부 때 성사되었다(1985).
• 민족 공동체 통일 방안(1994)은 한민족 공동체 통일 방안(1989)과 3단계 3대 기조 통일 정책(1993)의 내용을 종합한 것으로 공동체 통일 방안이라고도 한다. 김영삼 정부가 이를 북한에 제안하였고, 자주, 평화, 민주의 3대 원칙과 화해 협력, 남북 연합, 통일 국가 완성의 3단계 통일 방안을 발표하였다.

35 청동기 문화를 배경으로 기원전 3000년을 전후해 큰 강 유역에서 발생한 4대 문명에 해당하지 않는 것은?

① 메소포타미아 문명　　　　　　　② 잉카 문명
③ 황하 문명　　　　　　　　　　　④ 인더스 문명

> **해설**

메소포타미아 문명(기원전 3500년)	티그리스강, 유프라테스강
이집트 문명(기원전 3000년)	나일강
황하 문명(기원전 3000년)	황하강
인더스 문명(기원전 2500년)	인더스강

36 세계 4대 문명 발상지 중 다음에서 설명하는 것과 관계가 깊은 것은?

> 쐐기문자, 60진법, 태음력 제정

① 황하 문명　　　　　　　　　　　② 마야 문명
③ 이집트 문명　　　　　　　　　　④ 메소포타미아 문명

> **해설**
> 티그리스강, 유프라테스강 유역을 중심으로 발전한 메소포타미아 문명은 기원전 3500년경에 발전하였으며 쐐기문자와 60진법을 사용하였고 함무라비 법전을 편찬하였으며 태음력을 제정하였다.

37 다음 중 헬레니즘 문화에 대한 설명으로 옳지 않은 것은?

① 실용적인 자연과학이 발전하였다.
② 알렉산드리아 지방을 중심으로 크게 융성하였다.
③ 신 중심의 기독교적 사고방식을 사상적 기초로 하였다.
④ 인도의 간다라 미술에 상당한 영향을 미쳤다.

> **해설**
> 헬레니즘 문화는 그리스 문화가 오리엔트 문명과 융합되어 형성한 유럽문화의 2대 조류로, 로마 문화를 일으키고 인도의 간다라 미술을 탄생시켰던 인간 중심의 문화였다.

38 십자군 원정의 결과로 옳지 않은 것은?

① 교황권과 영주의 세력이 강화되었다.
② 동방 무역이 활발해지며 동양에 대한 관심이 높아졌다.
③ 상공업도시가 성장하면서 장원이 해체되었다.
④ 이슬람 문화가 유입되면서 유럽인들의 시야가 확대되었다.

해설

십자군 원정의 결과 교황권이 쇠퇴하였고, 영주의 세력이 약화된 반면 국왕의 권위가 강화되었다.

39 다음 보기의 전쟁들을 시대 순으로 바르게 나열한 것은?

㉠ 크림 전쟁	㉡ 십자군 전쟁
㉢ 장미 전쟁	㉣ 종교 전쟁
㉤ 백년 전쟁	

① ㉠-㉡-㉢-㉣-㉤
② ㉡-㉤-㉢-㉣-㉠
③ ㉢-㉣-㉤-㉡-㉠
④ ㉣-㉠-㉡-㉢-㉤

해설

㉡ 십자군 전쟁 : 11 ~ 13세기 중세 서유럽의 그리스도교 국가들이 이슬람교도들로부터 성지를 탈환하기 위해 벌인 전쟁이다.
㉤ 백년 전쟁 : 1337 ~ 1453년 영국과 프랑스 사이에 벌어진 전쟁으로 봉건제후와 귀족들이 몰락하고 중앙집권적 국가로 발전하는 계기가 되었다.
㉢ 장미 전쟁 : 1455 ~ 1485년 영국의 왕위 계승을 둘러싸고 요크 가문과 랭커스터 가문이 대립하며 발생한 내란이다.
㉣ 종교 전쟁 : 종교개혁(16 ~ 17세기) 이후 낭트칙령으로 신앙의 자유를 얻기 전까지 구교와 신교 간의 대립으로 일어난 전쟁이다.
㉠ 크림 전쟁 : 1853~1856년 러시아와 오스만투르크, 영국, 프랑스, 프로이센, 사르데냐 연합군이 크림반도와 흑해를 둘러싸고 벌인 전쟁이다.

40 종교개혁의 발생 배경으로 적절하지 않은 것은?

① 왕권의 약화
② 교황권의 쇠퇴
③ 교회의 지나친 세속화
④ 이성 중시 사상의 확대

해설

종교개혁은 16세기 교회의 세속화와 타락에 반발하여 출현한 그리스도교 개혁운동으로 1517년 독일의 마틴 루터가 이를 비판하는 95개조의 반박문을 발표한 것을 시작으로 이후 스위스의 츠빙글리, 프랑스의 칼뱅 등에 의해 전 유럽에 퍼졌고 그 결과 가톨릭으로부터 이탈한 프로테스탄트라는 신교가 성립되었다.

41 다음 밑줄 친 사상의 영향으로 일어난 사건은?

> 몽테스키외, 볼테르, 루소, 디드로 등에 의해 약 반세기에 걸쳐 배양되었고 특히 루소의 문명에 대한 격렬한 비판과 인민주권론이 혁명사상의 기초가 되었다. 기독교의 전통적인 권위와 낡은 사상을 비판하고 합리적인 이성의 계발로 인간생활의 진보와 개선을 꾀하였다.

① 영국에서 권리장전이 승인되었다.
② 칼뱅을 중심으로 종교개혁이 진행되었다.
③ 레닌이 소비에트 정권을 무너뜨렸다.
④ 시민들이 혁명을 통해 새로운 헌법을 정하고 프랑스 공화정이 성립되었다.

해설
이성과 진보를 강조하는 계몽주의는 프랑스 혁명의 사상적 배경이 되었다. 1789 ~ 1794년 프랑스에서 일어난 프랑스 혁명은 정치권력이 왕족과 귀족에서 시민으로 옮겨진 역사적 전환점이 되었다.

42 미국의 독립혁명에 대한 설명으로 옳지 않은 것은?

① 보스턴 차 사건을 계기로 시작되었다.
② 프랑스 · 스페인 · 네덜란드 등의 지원을 받아 요크타운 전투에서 승리했다.
③ 1783년 파리조약으로 평화 협정을 맺고 영국이 독립을 인정했다.
④ 프랑스 혁명과 달리 영국으로부터 독립하는 것만을 목적으로 하였다.

해설
미국의 독립혁명(1775년)은 영국으로부터 독립하는 것이 주된 목적이었으나 절대군주제에 대항하며 자연적 평등과 권리를 주장했고, 민주적인 정치형태를 수립하고자 한 점에서 프랑스 혁명과 유사하다.

43 다음 중 청 말기 서양 기술의 도입으로 부국강병을 이루고자 한 근대화 운동은 무엇인가?

① 양무운동   ② 태평천국운동
③ 의화단 운동   ④ 인클로저 운동

해설
양무운동은 당시 아편 전쟁과 애로호 사건을 겪으며 서양의 군사적 위력을 알게 된 청조는 서양 문물을 도입하고 군사 · 과학 · 통신 등을 개혁함으로써 부국강병을 이루고자 했으나 1894년 청일 전쟁의 패배로 좌절되었다.

44 다음 중 시기적으로 가장 먼저 일어난 사건은 무엇인가?

① 청교도 혁명   ② 갑오개혁
③ 프랑스 혁명   ④ 신해혁명

> **해설**
> ① 청교도 혁명(1640 ~ 1660년)
> ③ 프랑스 혁명(1789 ~ 1794년)
> ② 갑오개혁(1894 ~ 1896년)
> ④ 신해혁명(1911년)

45 다음의 사상을 바탕으로 전개된 중국의 민족 운동으로 옳은 것은?

> • 만주족을 몰아내고 우리 한족 국가를 회복한다.
> • 이제는 평민혁명에 의해 국민 정부를 세운다. 무릇 국민은 평등하게 참정권을 갖는다.
> • 사회·경제 조직을 개량하고 천하의 땅값을 조사하여 결정해야 한다.

① 양무운동   ② 신해혁명
③ 의화단운동   ④ 태평천국운동

> **해설**
> 쑨원이 제창하였던 민족주의, 민권주의, 민생주의의 삼민주의를 설명한 것이다. 이 사상을 바탕으로 한 신해혁명은 1911년에 청나라를 멸망시키고 중화민국을 세운 민주주의 혁명이다.

46 다음 중 제1차 세계대전 이후의 세계 정세에 대한 설명으로 옳지 않은 것은?

① 얄타 회담에서 전후 국제기구 설립에 합의하였다.
② 독일과 연합국 사이의 강화 조약으로 베르사유 조약이 체결되었다.
③ 세계 평화를 유지하기 위한 최초의 국제평화기구인 국제연맹이 만들어졌다.
④ 전후 문제 처리를 위하여 파리 강화 회의가 개최되었다.

> **해설**
> 제2차 세계대전 이후 얄타 회담에서 전후 국제기구 설립에 합의하면서 국제연합이 창설되었다.

47 제2차 세계대전과 관련된 다음의 사건들 중 가장 먼저 일어난 것은?

① 얄타 회담　　　　　　　② 나가사키 원폭 투하
③ UN 창설　　　　　　　④ 카이로 회담

> **해설**
> 카이로 회담은 제2차 세계대전 때 이집트의 카이로에서 개최된 것으로 1943년 11월에 제1차 카이로 회담이, 그해 12월에 제2차 카이로 회담이 열렸다.
> ① 얄타 회담 : 1945년 2월 4 ~ 11일
> ② 나가사키 원폭 투하 : 1945년 8월 9일
> ③ UN 창설 : 1945년 10월 24일

48 국제연합에 대한 설명으로 옳지 않은 것은?

① 미국과 영국의 대서양 헌장을 기초로 결성되었다.
② 안전 보장 이사회의 상임 이사국은 거부권을 행사할 수 있다.
③ 소련과 미국이 참여함으로써 세계 중심 기구로 자리 잡았다.
④ 독일과 일본은 제2차 세계대전을 일으킨 국가로서 가입하지 못하였다.

> **해설**
> 국제연합은 미국의 루스벨트와 영국의 처칠이 발표한 대서양 헌장(1941년)을 기초로 결성되었다. 제1차 세계대전 후 결성된 국제연맹에 소련과 미국이 불참한 것과 달리 국제연합에는 소련과 미국이 참여함으로써 현재까지 세계 중심 기구로 활동하고 있다. 독일, 일본은 제2차 세계대전을 일으킨 국가였지만 국제연합에 가입되어 있다.

49 제1 · 2차 세계대전과 관련하여 열린 국제회담을 순서대로 바르게 나열한 것은?

① 베르사유 조약 – 카이로 회담 – 얄타 회담 – 포츠담 선언
② 카이로 회담 – 얄타 회담 – 포츠담 선언 – 베르사유 조약
③ 얄타 회담 – 포츠담 선언 – 베르사유 조약 – 카이로 회담
④ 포츠담 선언 – 베르사유 조약 – 카이로 회담 – 얄타 회담

> **해설**
> 베르사유 조약(1919년) → 카이로 회담(1943) → 얄타 회담(1945.2) → 포츠담 선언(1945.7)

01 다음은 G공사의 사업내역서 중 일부자료이다. 밑줄 친 ㉠~㉢의 수정사항으로 적절하지 않은 것은?

사업실명제 등록번호	○○○○-○○-○○○	담당	IT 연구원/ICT 연구팀 A/000-000-0000
사업명	전자결재시스템 고도화를 위한 핵심 모듈 개발		
사업개요 및 추진경과	○ 추진배경 　– 정부 정책기조(ActiveX 제거) 준수 및 다양한 문서형식의 전자결재 처리 요구 　– 사내기반시스템으로써 결재지원을 위한 표준연동 I/F 필요 　– 전력그룹사 전자결재 고도화 사업 대비를 위해 다양한 결재업무를 효과적으로 ㉠<u>관리</u> 　<u>해야할</u> 필요 ○ 추진기간 : 2019. 4. 2 ~ 2020. 9. 30 ○ 총사업비 : ㉡ <u>956백만원</u> ○ 주요내용 　– 문서 편집기 및 뷰어 고도화 　– 크로스브라우징이 가능한 ㉢ <u>문서편집기</u> 및 뷰어 개발로 다양한 사용자 환경 지원 　– 아래아한글, MS-OFFICE 등 다양한 문서형식의 결재처리를 위한 통합모듈 개발 　– WFM기반 결재 프로세스 처리 모듈 개발 　– 다양한 결재업무에 ㉣ <u>적용</u> 가능한 서식·사용자별 WFM 기반 결재 시스템 개발 　– 표준 결재연동 I/F 모듈 개발 　– I/F표준 수립과 Legacy 연동 Adapter, Message 처리 개발 ○ 추진경과 　– 2018. 8 ~ 2018. 9 : 연구개발 ㉤ <u>재안</u> 　– 2018.10 ~ 2019. 2 : 연구과제 계획서 작성		

① ㉠ : 띄어쓰기가 잘못되었으므로 '관리해야 할'로 수정한다.
② ㉡ : 띄어쓰기가 잘못되었으므로 '956백만 원'으로 수정한다.
③ ㉢ : 한글맞춤법 규정에 따라 '문서편집기 및'으로 수정한다.
④ ㉣ : 문맥상 적절한 단어인 '요구'로 수정한다.
⑤ ㉤ : 안이나 의견으로 내놓는다는 뜻인 '제안'으로 수정한다.

02 다음 빈칸에 들어갈 문장으로 가장 적절한 것은?

> 과거, 민화를 그린 사람들은 정식으로 화업을 전문으로 하는 사람이 아니었다. 대부분 타고난 그림 재주를 밑천으로 그림을 그려 가게에 팔거나 필요로 하는 사람에게 그려주고 그 대가로 생계를 유지 했던 사람들이었던 것이다. 그들은 민중의 수요를 충족시키기 위해 정형화된 내용과 상투적 양식의 그림을 반복적으로 그렸다.
>
> 민화는 당초부터 세련된 예술미 창조를 목표로 하는 그림이 아니었다. 단지 이 세상을 살아가는 데 필요한 진경(珍景)의 염원과 장식 욕구를 충족할 수만 있으면 그것으로 족한 그림이었던 것이다. 그래서 표현 기법이 비록 유치하고, 상투적이라 해도 화가나 감상자(수요자) 모두에게 큰 문제가 되지 않았던 것이다.
>
> _____ 다시 말해 민화는 필력보 다 소재와 그것에 담긴 뜻이 더 중요한 그림이었던 것이다. 문인 사대부들이 독점으로 향유해 온 소재까지도 서민들은 자기 식으로 해석, 번안하고 그 속에 현실적 욕망을 담아 생활 속에 향유했다. 민화에 담은 주된 내용은 세상에 태어나 죽을 때까지 많은 자손을 거느리고 부귀를 누리면서 편히 오래 사는 것이었다.

① 어떤 기법을 쓰느냐에 따라 민화는 색채가 화려하거나 단조로울 수 있다.
② 어떤 기법을 쓰느냐보다 무엇을 어떤 생각으로 그리느냐를 중시하는 것이 민화였다.
③ 어떤 기법을 쓰느냐보다 감상자가 작품에 만족을 하는지를 중시하는 것이 민화였다.
④ 어떤 기법을 쓰느냐에 따라 세련된 그림이 나올 수도 있고, 투박한 그림이 나올 수 있다.
⑤ 어떤 기법을 쓰느냐와 무엇을 어떤 생각으로 그리느냐가 모두 중시하는 것이 민화다.

03 다음 중 〈보기〉가 들어갈 위치로 가장 적절한 것은?

> **무한한 자원, 물에서 얻는 혁신적인 친환경 에너지**
> – 세계 최초 '수열에너지 융·복합 클러스터' 조성 –
>
> 수열에너지는 말 그대로 물의 열(熱)에서 추출한 에너지를 말한다. (A) 겨울에는 대기보다 높고, 여름에는 낮은 물의 온도 차를 이용해 에너지를 추출하는 첨단 기술이다. 이 수열에너지를 잘 활용하면 기존 냉난방 시스템보다 최대 50%까지 에너지를 절약할 수 있다. (B) 특히, 지구의 70%를 차지하는 물을 이용해 만든 에너지는 친환경적이며 보존량도 무궁무진한 것이 최대 장점이다. (C) 지난 2014년에는 경기도 하남의 팔당호 물을 활용해 롯데월드타워의 냉난방 비용을 연간 30%나 절감하는 성과를 거두기도 했다. 이에 한강권역본부는 소양강댐의 차가운 냉수가 지니는 수열에너지를 이용해 세계 최초의 수열에너지 기반 친환경 데이터센터 집적 단지를 조성하는 융·복합 클러스터 조성사업(K-Cloud Park)을 추진하고 있다.
> (D) 생활이 불편할 만큼 차가운 소양강의 물이 기술의 발달과 발상의 전환으로 4차 산업혁명시대에 걸맞은 사업을 유치하며 새로운 가치를 발굴한 사례다. 2021년까지 5년간 진행되는 프로젝트가 마무리되면, 수열에너지 활용에 따른 에너지 절감효과는 물론, 5,517명의 일자리 창출 및 연 220억 원 가량의 지방세 세수 증가가 이뤄질 것으로 기대된다. (E)

> **보기**
>
> 이를 통해 수열에너지 기반의 스마트팜 첨단농업단지, 물 기업 특화 산업단지까지 구축하게 되면 새로운 부가가치를 창출하는 비즈니스 플랫폼은 물론, 아시아·태평양 지역의 클라우드 데이터센터 허브로 자리 잡게 될 것으로 전망된다.

① (A)　　　　　　　　　　② (B)
③ (C)　　　　　　　　　　④ (D)
⑤ (E)

04 다음 중 문장을 알맞게 배열한 것은?

(A) 그런데 음악이 대량으로 복제되는 현상에 대해 비판적인 시각도 생겨났다. 대량 생산된 복제품은 예술 작품의 유일무이(唯一無二)한 가치를 상실케 하고 예술적 전통을 훼손한다는 것이다.

(B) MP3로 대표되는 복제 기술이 어떻게 발전할 것이며 그에 따라 음악은 어떤 변화를 겪을지, 우리가 누릴 수 있는 새로운 전통은 우리 삶을 어떻게 변화시킬지 생각해 보는 것은 매우 흥미로운 일이다.

(C) 근래에는 음악을 컴퓨터 파일의 형태로 바꾸는 기술이 개발되어 작품을 나누고 섞고 변화시키는 것이 훨씬 자유로워졌다. 이에 따라 낯선 곡은 반복을 통해 친숙한 음악으로, 친숙한 곡은 디지털 조작을 통해 낯선 음악으로 변모시킬 수 있게 되었다.

(D) 그러나 복제품은 자신이 생겨난 환경에 매어 있지 않기 때문에, 새로운 환경에서 새로운 예술적 전통을 만들어 낸다. 최근 음악 환경은 IT 기술의 발달과 보급에 따라 매우 빠르게 변화하고 있다.

① (C) – (A) – (D) – (B)
② (A) – (C) – (D) – (B)
③ (C) – (D) – (A) – (B)
④ (D) – (A) – (B) – (C)
⑤ (D) – (C) – (A) – (B)

05 다음 글에서 지적한 정보화 사회의 문제점에 대한 반대 입장이 아닌 것은?

정보화 사회에서 지식과 정보는 부가가치의 원천이다. 지식과 정보에 접근할 수 없는 사람들은 소득을 얻는 데 불리할 수밖에 없다. 고급 정보에 대한 접근이 용이한 사람들은 부를 쉽게 축적하고, 그 부를 바탕으로 고급 정보 획득에 많은 비용을 투입할 수 있다. 이렇게 벌어진 정보 격차는 시간이 갈수록 심화될 가능성이 높아지고 있다. 정보나 지식이 독점되거나 진입 장벽을 통해 이용이 배제되는 경우도 문제이다. 특히 정보가 상품화됨에 따라 정보를 둘러싼 불평등은 더욱 심화될 것이다.

① 인터넷이나 컴퓨터 유지비 측면에서의 격차 발생
② 정보의 확산으로 기존의 자본주의에 의한 격차 완화 가능성
③ 정보 기기의 보편화로 인한 정보 격차 완화
④ 인터넷의 발달에 따라 전 계층의 고급 정보 접근 용이
⑤ 일방적 정보 전달에서 벗어나 상호작용의 의사소통 가능

※ 다음 글을 읽고 이어지는 질문에 답하시오. [6~7]

옛날 해전은 대개 적함에 나란히 기대어 적함으로 넘어가 칼싸움을 하는 전술로 로마해군은 이를 위한 사다리까지 준비하고 다녔다. 이런 전술은 16세기 유럽은 물론 전 세계 어디에서나 가장 흔한 전법이었다. 물론 왜군도 당연히 이런 전법을 썼는데, 중종실록에 "왜적이 칼을 빼어 들고 배 안에 뛰어들면 맹사가 아무리 많아도 당해낼 수 없다."고 한 대목이나 임진왜란 때, 왜의 큰 전함인 대흑주에는 대포가 겨우 3문, 그것도 구경 3cm 짜리가 장치된 반면, 일본도가 200자루나 되는 점들은 왜 수군이 접전에 능하며 단병접전 전술을 채택했기 때문이다.

그러나 우리나라의 해전술은 주로 궁시에 의한 적선의 소각이 첫 번째 전법이었다. 따라서 우리 수군은 많은 함포를 사용했는데, 그 구경도 왜의 것보다 커서 보통 90 ~ 130mm 정도였다. 때문에 적이 우리 배에 올라오지 못하게 하는 게 중요했다. 따라서 고려 말에 뱃전에 칼을 꽂아 만든 검선이라든가 과선 등이 나오게 된 것도 검술에 익숙지 못한 우리의 해군을 보호하고 2층의 높은 곳에서 활로 공격하기 위함이다. 따라서 적은 판옥선의 2층 높이에 오르기가 어렵고 반면에 판옥선의 입장에선 적을 내려다보며 공격할 수 있다. 이처럼 적의 장기인 접전을 막고 우리의 장기인 궁시에 의한 공격효율을 높이기 위해 만들어진 것이 판옥선이다. 전통적인 궁술이 포격으로 발전하여 판옥선의 천자총통은 산탄 100발을 쏠 수도 있었다. 당연히 사정거리도 월등히 길어서 왜군의 조총이 대개 200m 사거리에 유효사거리 50m인데 비해 세종 때 기록을 보면 천자포가 1,500보, 지자포가 900보, 현자포가 800보 정도이다. 비교가 안될 만큼 큰 것이다.

이처럼 판옥선은 우리의 장기인 궁술과 포격전을 유리하게 이끌기 위한 충분한 장소 제공과 적의 단병접전을 방지할 높은 보루의 역할을 할 판옥을 배 위에 만들어 적의 전술을 무용지물로 만들고 아군을 유리한 위치에서 싸울 수 있도록 만들었다.

06 다음 중 글의 주제로 가장 올바른 것은?

① 판옥선의 용도　　　　　　　② 판옥선의 정의
③ 판옥선의 역사　　　　　　　④ 판옥선의 해전술
⑤ 판옥선의 항해법

07 다음 중 제시된 글의 내용과 일치하지 않는 것은?

① 판옥선은 많은 화포로 무장함과 동시에 함포도 월등히 컸으나, 사거리가 짧다는 단점이 있다.
② 판옥선은 2층으로 만들어져 적군을 보다 유리한 위치에서 공격할 수 있었다.
③ 우리나라의 해전술의 특성상 적이 배에 올라타지 못하도록 하는 것이 중요했다.
④ 우리나라의 해전술은 궁시에서 포격으로 발전되었다.
⑤ 로마해군과 왜 수군은 전쟁에서 비슷한 전술을 사용하였다.

08 다음 밑줄 친 사람들의 주장으로 옳은 것은?

> 최근 여러 나라들은 화석연료 사용으로 인한 기후 변화를 억제하기 위해, 화석연료의 사용을 줄이고 목재연료의 사용을 늘리고 있다. 다수의 과학자와 경제학자들은 목재를 '탄소 중립적 연료'라고 생각하고 있다. 나무를 태우면 이산화탄소가 발생하지만, 새로 심은 나무가 자라면서 다시 이산화탄소를 흡수하는데, 나무를 베어낸 만큼 다시 심으면 전체 탄소배출량은 '0'이 된다는 것이다. 대표적으로 유럽연합이 화석연료를 목재로 대체하려고 하는데, 2020년까지 탄소 중립적 연료로 전체 전력의 20%를 생산할 계획을 가지고 있다. 영국, 벨기에, 덴마크 네덜란드 등의 국가에서는 나무 화력발전소를 건설하거나 기존의 화력발전소에서 나무를 사용할 수 있도록 전환하는 등의 설비를 갖추고 있다. 우리나라 역시 재생에너지원을 중요시하면서 나무 펠릿 수요가 증가하고 있다.
>
> 하지만 <u>일부 과학자들은 목재가 친환경 연료가 아니라고 주장한다.</u> 이들의 주장은 지금 심은 나무가 자라는 데에는 수십 ~ 수백 년이 걸린다는 것이다. 즉, 지금 나무를 태워 나온 이산화탄소는 나무를 심는다고 해서 줄어드는 것이 아니라 수백 년에 걸쳐서 천천히 흡수된다는 것이다. 또 화석연료에 비해 발전 효율이 낮기 때문에 같은 전력을 생산하는 데 발생하는 이산화탄소의 양은 더 많아질 것이라고 강조한다. 눈앞의 배출량만 줄이는 것은 마치 지금 당장 지갑에서 현금이 나가지 않는다고 해서 신용카드를 무분별하게 사용하는 것처럼 위험할 수 있다는 생각이다. 이들은 기후 변화 방지에 있어서, 배출량을 줄이는 것이 아니라 배출하지 않는 방법을 택하는 것이 더 낫다고 강조한다.

① 나무의 발전 효율을 높이는 연구가 선행되어야 한다.

② 목재연료를 통한 이산화탄소 절감은 전 세계가 동참해야만 가능하다.

③ 목재연료를 사용하면서 화석연료의 사용을 줄이는 것이 중요하다.

④ 목재연료의 사용보다는 태양광과 풍력 등의 발전 효율을 높이는 것이 효과적이다.

⑤ 목재연료의 사용은 현재의 상황에서 가장 합리적인 대책이다.

09 다음 내용과 일치하는 것은?

> 그녀는 저녁 10시면 잠이 들었다. 퇴근하고 집에 돌아오면 아주 오랫동안 샤워를 했다. 한 달에 수도 요금이 5만 원 이상 나왔고, 생활비를 줄이기 위해 휴대폰을 정지시켰다. 일주일에 한 번씩 고향에 있는 어머니께 전화를 드렸고, 매달 말일에는 고시공부를 하는 동생에게 50만 원을 온라인으로 송금했다. 의사로부터 신경성 위염이라는 진단을 받은 후로는 밥을 먹을 때 꼭 백 번씩 씹었다. 밥을 먹고 30분 후에는 약을 먹었다. 그녀는 8년째 도서관에서 일했지만, 정작 자신은 책을 읽지 않았다.

① 그녀는 8년째 도서관에서 고시공부를 하고 있다.

② 그녀는 신경성 위염 때문에 식사 후에는 약을 먹는다.

③ 그녀는 휴대폰 요금이 한 달에 5만 원 이상 나오자 정지시켰다.

④ 그녀는 일주일에 한 번씩 어머니께 온라인으로 용돈을 보내 드렸다.

⑤ 그녀는 생활비를 벌기 위해 아르바이트를 한다.

10 다음은 스마트시티에 대한 기사 내용이다. 스마트시티 전략의 사례로 적절하지 않은 것은?

> 건설 · 정보통신기술 등을 융 · 복합하여 건설한 도시기반시설을 바탕으로 다양한 도시서비스를 제
> 공하는 지속가능한 도시를 스마트시티라 한다.
> 최근 스마트시티에 대한 관심은 사물인터넷이나 만물인터넷 등 기술의 경이적 발달이 제4차 산업혁
> 명을 촉발하고 있는 것과 같은 선상에서, 정보통신기술의 발달이 도시의 혁신을 이끌고 도시 문제를
> 현명하게 해결할 수 있을 것이라는 기대로 볼 수 있다. 이처럼 정보통신기술을 적극적으로 활용하고
> 자 하는 스마트시티 전략은 중국, 인도를 비롯하여 동남아시아, 남미, 중동 국가 등 전 세계 많은
> 국가와 도시들이 도시발전을 위한 전략적 수단으로 표방하고 추진 중이다.
> 국내에서도 스마트시티 사업으로 대전 도안, 화성 동탄 등 26개 도시가 준공되었고, 의정부 민락,
> 양주 옥정 등 39개 도시가 진행 중에 있다. 스마트시티 관리의 일환으로 공공행정, 기상 및 환경감
> 시 서비스, 도시 시설물 관리, 교통정보 및 대중교통 관리 등이 제공되고, 스마트홈의 일환으로 단
> 지 관리, 통신 인프라, 홈 네트워크 시스템이 제공되며, 시민체감형 서비스의 일환으로 스마트 라이
> 프 기반을 구현한다.

① 거리별 쓰레기통에 센서 장치를 활용하여 쓰레기 배출량 감소 효과
② 방범 CCTV 및 범죄 관련 스마트 앱 사용으로 범죄 발생률 감소 효과
③ 상하수도 및 지질정보 통합 시스템을 이용하여 시설 노후로 인한 누수예방 효과
④ 교통이 혼잡한 도로의 확장 및 주차장 확대로 교통난 해결 효과
⑤ 거리마다 전자민원시스템을 설치하여 도시 문제의 문제해결력 상승 효과

안심Touch

※ 다음은 서울특별시의 직종별 구인·구직·취업 현황을 나타내는 자료이다. 이어지는 질문에 답하시오.
[1~2]

〈서울특별시 구인·구직·취업 통계〉

(단위 : 명)

직업 중분류	구인	구직	취업
관리직	993	2,951	614
경영·회계·사무 관련 전문직	6,283	14,350	3,400
금융보험 관련직	637	607	131
교육 및 자연과학·사회과학 연구 관련직	177	1,425	127
법률·경찰·소방·교도 관련직	37	226	59
보건·의료 관련직	688	2,061	497
사회복지 및 종교 관련직	371	1,680	292
문화·예술·디자인·방송 관련직	1,033	3,348	741
운전 및 운송 관련직	793	2,369	634
영업원 및 판매 관련직	2,886	3,083	733
경비 및 청소 관련직	3,574	9,752	1,798
미용·숙박·여행·오락·스포츠 관련직	259	1,283	289
음식서비스 관련직	1,696	2,936	458
건설 관련직	3,659	4,825	656
기계 관련직	742	1,110	345

01 관리직의 구직 대비 구인률과 음식서비스 관련직의 구직 대비 취업률의 차이는 얼마인가?(단, 소수점 이하 첫째 자리에서 반올림한다)

① 약 6%p
② 약 9%p
③ 약 12%p
④ 약 15%p
⑤ 약 18%p

02 다음 중 옳지 않은 것은?

① 구직 대비 취업률이 가장 높은 직종은 기계 관련직이다.
② 취업자 수가 구인자 수를 초과한 직종도 있다.
③ 구인자 수가 구직자 수를 초과한 직종은 한 곳이다.
④ 구직자가 가장 많이 몰리는 직종은 경영·회계·사무 관련 전문직이다.
⑤ 영업원 및 판매 관련직의 구직 대비 취업률은 25% 이상이다.

03 다음은 연령계층별 경제활동 인구를 보여 주는 자료이다. 경제활동 참가율이 가장 높은 연령대와 가장 낮은 연령대의 차이는 얼마인가?(단, 경제활동 참가율은 소수점 이하 둘째 자리에서 반올림 한다)

(단위 : 천 명, %)

구분	전체 인구	경제활동 인구	취업자	실업자	비경제활동 인구	실업률
15 ~ 19세	2,944	265	242	23	2,679	8.7
20 ~ 29세	6,435	4,066	3,724	342	2,369	8.3
30 ~ 39세	7,519	5,831	5,655	176	1,688	3.0
40 ~ 49세	8,351	6,749	6,619	130	1,602	1.9
50 ~ 59세	8,220	6,238	6,124	114	1,982	1.8
60세 이상	10,093	3,885	3,804	81	6,208	2.1
합계	43,562	27,034	26,168	866	16,528	25.8

※ [경제활동 참가율(%)] $= \dfrac{(경제활동\ 인구)}{(전체\ 인구)} \times 100$

① 54.2%p   ② 66.9%p
③ 68.6%p   ④ 71.8%p
⑤ 80.8%p

04 어느 소비자단체는 현재 판매 중인 가습기의 표시지 정보와 실제 성능을 비교하기 위해 8개의 제품을 시험하였고, 시험 결과를 다음과 같이 발표하였다. 자료를 이해한 것으로 적절한 것은?

〈가습기 성능 시험 결과〉

모델	제조사	구분	가습기 성능					
			미생물 오염도	가습능력	적용 바닥면적 (아파트)	적용 바닥면적 (주택)	소비전력	소음
			CFU/m²	mL/h	m²	m²	W	dB(A)
A가습기	W사	표시지	14	262	15.5	14.3	5.2	26.0
		시험 결과	16	252	17.6	13.4	6.9	29.9
B가습기	L사	표시지	11	223	12.3	11.1	31.5	35.2
		시험 결과	12	212	14.7	11.2	33.2	36.6
C가습기	C사	표시지	19	546	34.9	26.3	10.5	31.5
		시험 결과	22	501	35.5	26.5	11.2	32.4
D가습기	W사	표시지	9	219	17.2	12.3	42.3	30.7
		시험 결과	8	236	16.5	12.5	44.5	31.0
E가습기	C사	표시지	9	276	15.8	11.6	38.5	31.8
		시험 결과	11	255	17.8	13.5	40.9	32.0
F가습기	C사	표시지	3	165	8.6	6.8	7.2	40.2
		시험 결과	5	129	8.8	6.9	7.4	40.8
G가습기	W사	표시지	4	223	14.9	11.4	41.3	31.5
		시험 결과	6	245	17.1	13.0	42.5	33.5
H가습기	L사	표시지	6	649	41.6	34.6	31.5	39.8
		시험 결과	4	637	45.2	33.7	30.6	41.6

① 시험 결과에 따르면 C사의 모든 가습기 소음은 W사의 모든 가습기의 소음보다 더 크다.
② L사의 모든 가습기는 표시지 정보와 시험 결과 모두 아파트 적용 바닥면적이 주택 적용 바닥면적보다 넓다.
③ 표시지 정보에 따른 모든 가습기의 가습능력은 실제보다 과대 표시되었다.
④ W사의 모든 가습기는 시험 결과, 표시지 정보보다 미생물 오염도가 더 심한 것으로 나타났다.
⑤ W사와 L사 가습기의 소비전력은 시험 결과, 표시지 정보보다 더 많은 전력이 소모된다.

05 다음은 여성 취업자 중 전문·관리직 종사자 구성비를 나타낸 그래프이다. 이 통계로부터 얻을 수 있는 정보로 적절하지 않은 것은?

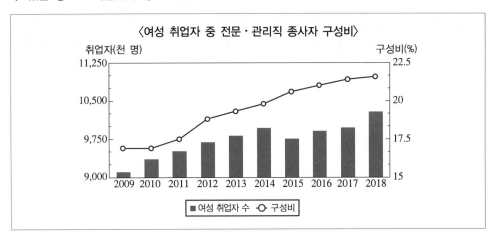

① 2014년과 2017년 여성 취업자의 수는 비슷하다.

② 여성 취업자의 수는 2015년 잠시 감소했다가 2016년부터 다시 증가하기 시작했다.

③ 여성 취업자 중 전문·관리직 종사자의 구성비는 2010년 이후 꾸준히 증가했다.

④ 2018년 여성 취업자 중 전문·관리직 종사자는 50% 이상이다.

⑤ 2009년부터 2018년까지 여성 취업자의 수는 10,500,000명을 넘지 못했다.

06 K마트 물류팀에 근무하는 E사원은 6월 라면 입고량과 판매량을 확인하던 중 11일과 15일, A·B 업체의 기록이 누락되어 있는 것을 발견했다. 동료직원인 K사원은 E사원에게 "6월 11일 전체 라면 재고량 중 A업체는 10%, B업체는 9%를 차지하였고, 6월 15일의 A업체 라면 재고량은 B업체보다 500개가 더 많았다."라고 얘기해 주었다. 이때 6월 11일의 전체 라면 재고량은 몇 개인가?

구분		6월 12일	6월 13일	6월 14일
A업체	입고량	300	–	200
	판매량	150	100	–
B업체	입고량	–	250	–
	판매량	200	150	50

① 10,000개   ② 15,000개

③ 20,000개   ④ 25,000개

⑤ 30,000개

안심Touch

※ 다음은 에너지원별 발전설비와 발전량에 대한 자료이다. 이어지는 질문에 답하시오. **[7~8]**

〈에너지원별 발전설비 추이〉

연도 설비별	2010년	2011년	2012년	2013년	2014년	2015년	2016년	2017년	2018년	2019년
원자력	13,716	15,716	15,716	16,716	17,716	17,716	17,716	17,716	17,716	17,716
수력	3,876	3,876	3,877	3,883	3,883	5,485	5,492	5,505	5,515	5,525
석탄	15,531	15,931	15,931	17,465	17,965	18,465	20,465	23,705	24,205	24,205
유류	4,868	4,660	6,011	4,666	4,710	4,790	5,404	5,407	5,438	4,831
가스	12,868	13,618	14,518	15,746	16,447	17,436	17,948	17,969	17,850	19,417
집단	–	–	–	1,382	1,382	1,382	893	1,460	1,610	2,617
대체	–	–	–	104	156	240	351	728	1,036	1,768
합계	50,859	53,801	56,053	59,962	62,259	65,514	68,269	72,490	73,370	76,079

〈에너지원별 발전량 추이〉

연도 설비별	2010년	2011년	2012년	2013년	2014년	2015년	2016년	2017년	2018년	2019년
원자력	112,133	119,103	129,672	130,715	146,779	148,749	142,937	150,958	147,771	147,474
수력	4,151	5,311	6,887	5,861	5,189	5,189	5,042	5,561	5,641	6,567
석탄	110,333	118,022	120,276	127,158	133,658	139,205	154,674	173,508	193,216	197,917
유류	28,156	25,095	26,526	18,512	17,732	16,598	18,131	10,094	14,083	22,351
가스	30,451	38,943	39,090	55,999	58,118	68,302	78,427	75,809	65,274	90,846
집단	–	–	–	3,553	2,759	2,597	3,084	5,336	5,827	5,897
대체	–	–	–	350	404	511	829	1,090	1,791	3,159
합계	285,224	306,474	322,451	342,148	364,639	381,151	403,124	422,356	433,603	474,211

07 2019년 원자력 발전설비 점유율은 2018년에 비해 약 몇 %p 감소했는가?(단, 소수점 이하 둘째 자리에서 반올림한다)

① 0.4%p   ② 0.8%p
③ 1.2%p   ④ 1.4%p
⑤ 1.6%p

08 2019년 석탄은 전체 에너지원 발전량의 약 몇 %를 차지했는가?(단, 소수점 이하 첫째 자리에서 반올림한다)

① 30%   ② 34%
③ 38%   ④ 42%
⑤ 50%

09 다음은 우리나라 1차 에너지 소비량 자료이다. 자료 분석 결과로 옳은 것은?

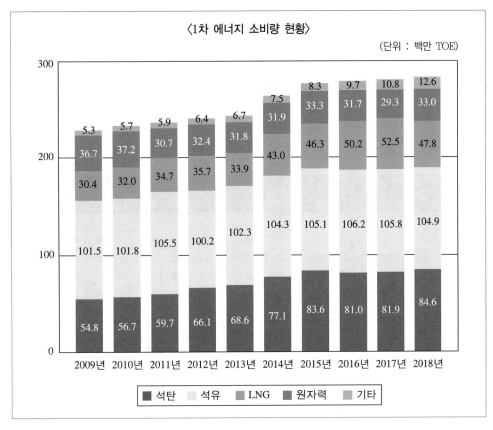

〈1차 에너지 소비량 현황〉

(단위 : 백만 TOE)

① 매년 석유 소비량이 나머지 에너지 소비량의 합보다 많다.
② 석탄 소비량은 완만한 하락세를 보이고 있다.
③ 기타 에너지 소비량이 지속적으로 감소하는 추세이다.
④ 2010 ~ 2014년 원자력 소비량은 증감을 거듭하고 있다.
⑤ 2015 ~ 2018년 LNG 소비량의 증가 추세는 그 정도가 심화되었다.

10 제품 A는 날마다 가격이 다르다. 7일간의 평균 가격이 아래 표와 같을 때, 5/10일의 가격은 얼마여야 하는가?

구분	5/7	5/8	5/9	5/10	5/11	5/12	5/13	평균
가격(원)	400	500	300	( )	400	550	300	400

① 300원
② 350원
③ 400원
④ 450원
⑤ 500원

※ 다음은 G아동병원의 8월 진료스케줄을 안내한 자료의 일부이다. 자료를 보고 이어지는 질문에 답하시오. [1~2]

〈G아동병원 8월 진료스케줄〉

(◎ : 휴진, ● : 진료, ★ : 당직)

〈진료시간〉
- 평일 : 오전 9시 ~ 오후 8시
- 공휴일(토, 일) : 오전 9시 ~ 오후 5시
- 점심시간 : 오후 12시 30분 ~ 오후 2시

구분	일	월 오전	월 오후	월 야간	화 오전	화 오후	화 야간	수 오전	수 오후	수 야간	목 오전	목 오후	목 야간	금 오전	금 오후	금 야간	토 오전	토 오후
1주 차								1			2			3			4	
의사A								●	●		●	●		●	●		●	●
의사B								◎	◎	◎	◎	◎	◎	◎	◎	◎	◎	◎
의사C								●	●						●	★		
의사D								●			◎	◎	◎	◎	◎	◎	◎	◎
의사E									●	★		●	★	●	●		●	●
2주 차	5	6			7			8			9			10			11	
의사A			●	★	●	●			●	★	●	●		●			●	●
의사B	●	●	●			●	★	●			●	●		●	●		●	●
의사C		●	●		●	●		●			◎	◎	◎		●	★		
의사D	◎	◎	◎	◎	◎	◎	◎	◎	◎	◎	◎	◎	◎	◎	◎	◎	◎	◎
의사E	●	●	●		●			●	●			●	★	●	●		●	●
3주 차	12	13			14			15(광복절)			16			17			18	
의사A	●		●	★		●		◎	◎	◎	●	●		●			●	●
의사B		●	●			●	★	◎	◎	◎	●	●		●	●		●	●
의사C	●	●	●		●	●		●	●		●				●		●	●
의사D		●	●		●			●	●			●	★				●	●
의사E		◎	◎		◎			◎	◎		◎	◎		◎	◎		◎	◎

01 스케줄을 보고 이해한 것으로 적절하지 않은 것은?

① 2 ~ 3주 차에 당직을 가장 많이 하는 의사는 A이다.

② 의사 D는 8월 2일부터 11일까지 휴진이다.

③ 2주 차 오전에 근무하는 의사는 날마다 3명 이상이다.

④ 1 ~ 3주 차에 가장 많은 의사가 휴진하는 날은 광복절이다.

⑤ 3주 차 오전에 근무를 가장 많이 하는 의사는 C와 D이다.

02 직장인 S씨는 아들의 예방접종을 위해 G아동병원에 진료를 예약하려고 한다. 오후에 출근하는 S씨는 8월 2 ~ 3주 차 중 평일에 하루 시간을 내어 오전시간에 G아동병원 가려고 한다. 아들이 평소에 좋아하는 의사 A에게 진료를 받고자 할 때, 예약날짜로 적절한 날짜는?

① 8월 3일   ② 8월 8일
③ 8월 9일   ④ 8월 13일
⑤ 8월 15일

03 취업준비생 A, B, C, D, E가 지원한 회사는 서로 다른 가, 나, 다, 라, 마 회사 중 한 곳이며, 다섯 회사는 서로 다른 곳에 위치하고 있다. 다섯 사람이 모두 서류에 합격해 직무적성검사를 보러 가는데, 지하철, 버스, 택시 중 한 가지를 타고 가려고 한다. 다음 중 옳지 않은 것은?(단, 한 가지 교통수단은 최대 두 명까지 이용할 수 있으며, 한 사람도 이용하지 않은 교통수단은 없다)

- 택시를 타면 가, 나, 마 회사에 갈 수 있다.
- A는 다 회사를 지원했다.
- E는 어떤 교통수단을 선택해도 지원한 회사에 갈 수 있다.
- 지하철에는 D를 포함한 두 사람이 타며, 둘 중 한 사람은 라 회사에 지원했다.
- B가 탈 수 있는 교통수단은 지하철뿐이다.
- 버스와 택시로 갈 수 있는 회사는 가 회사를 제외하면 서로 겹치지 않는다.

① B와 D는 함께 지하철을 이용한다.
② C는 택시를 이용한다.
③ A는 버스를 이용한다.
④ E는 라 회사에 지원했다.
⑤ C는 나 또는 마 회사에 지원했다.

04 영업사원 A가 〈조건〉에 따라 도시를 방문할 때, 도시 방문의 가지 수는?

> **조건**
>
> • 출발지는 상관없이 세 도시를 방문해야 한다.
> • 같은 도시를 방문하지 않는다.
> • 선 위에 있는 숫자는 거리(km)이다.
> • 도시를 방문하는 순서 및 거리가 다르더라도 동일 도시를 방문하면 한 가지 방법이다.
> • 도시를 방문하는 거리가 80km를 초과할 수 없다.
> • 도시를 방문하는 방법 중 최소 거리로만 계산한다.
>
>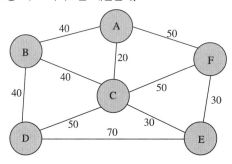

① 9가지   ② 10가지
③ 11가지   ④ 12가지
⑤ 13가지

05 A팀장의 설명을 바탕으로 신입사원이 서류를 제출해야 할 장소로 올바른 곳은?

> A팀장 : ○○씨, 9층 입구로 들어가시면 기둥이 있습니다. 그 왼쪽으로 가시면 방이 두 개 있을
> 거예요. 그중 왼쪽 방에서 서류를 찾으셔서 제가 있는 방으로 가져다 주세요. 제가 있는
> 곳은 창문을 등지고 기둥을 지나 왼쪽으로 돌면 오른쪽에 보이는 방입니다.
>
>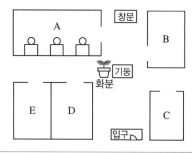

① A   ② B
③ C   ④ D
⑤ E

06 G공단에서는 매주 수요일 오전에 주간 회의가 열린다. 주거복지기획부, 공유재산관리부, 공유재산개발부, 인재관리부, 노사협력부, 산업경제사업부 중 이번 주 주간 회의에 참여할 부서들의 〈조건〉이 다음과 같을 때, 이번 주 주간 회의에 참석할 부서의 최대 수는?

> **조건**
> • 주거복지기획부는 반드시 참석해야 한다.
> • 공유재산관리부가 참석하면 공유재산개발부도 참석한다.
> • 인재관리부가 참석하면 노사협력부는 참석하지 않는다.
> • 산업경제사업부가 참석하면 주거복지기획부는 참석하지 않는다.
> • 노사협력부와 공유재산관리부 중 한 부서만 참석한다.

① 2개   ② 3개
③ 4개   ④ 5개
⑤ 6개

07 한 심리상담사는 다음과 같은 일정표를 가지고 있다. 또한 상담일정에는 어떠한 〈조건〉이 있다고 한다. 일정표와 〈조건〉이 다음과 같을 때, 목요일 13 ~ 14시에 상담을 받을 수 있는 사람은?

〈일정표〉

구분	월요일	화요일	수요일	목요일	금요일
12 ~ 13시	돌이		돌이		순이
13 ~ 14시	돌이				
14 ~ 15시		철이		영이	
15 ~ 16시	순이	영이			철이

> **조건**
> • 한 사람은 하루에 두 번, 일주일에 세 번까지 상담을 받을 수 있다.
> • 전날 상담한 사람은 상담하지 않는다.
> • 하루에 두 번 상담하려면 두 시간 연속으로 상담을 받아야만 한다.

① 철이   ② 순이
③ 돌이   ④ 영이
⑤ 없음

※ 법무팀에 근무하는 A씨는 최근 규제가 강화되고 있는 허위표시나 과대광고를 예방하기 위해 관련 법 조문을 홍보팀에 전달하게 되었다. 다음 허위표시 및 과대광고 관련 법조문을 보고 이어지는 질문에 답하시오. **[8~9]**

〈허위표시 및 과대광고 관련 법조문〉

제1조

① 식품에 대한 허위표시 및 과대광고의 범위는 다음 각 호의 어느 하나에 해당하는 것으로 한다.
  1. 질병의 치료와 예방에 효능이 있다는 내용의 표시·광고
  2. 각종 감사장·상장 또는 체험기 등을 이용하거나 '인증'·'보증' 또는 '추천'을 받았다는 내용을 사용 하거나 이와 유사한 내용을 표현하는 광고. 다만 중앙행정기관·특별지방행정 기관 및 그 부속기관 또는 지방자치단체에서 '인증'·'보증'을 받았다는 내용의 광고는 제외한다.
  3. 다른 업소의 제품을 비방하거나 비방하는 것으로 의심되는 광고나, 제품의 제조방법·품질·영양가 ·원재료·성분 또는 효과와 직접적인 관련이 적은 내용 또는 사용하지 않은 성분을 강조함으로써 다른 업소의 제품을 간접적으로 다르게 인식하게 하는 광고

② 제1항에도 불구하고 다음 각 호에 해당하는 경우에는 허위표시나 과대광고로 보지 않는다.
  1. 일반음식점과 제과점에서 조리·제조·판매하는 식품에 대한 표시·광고
  2. 신체조직과 기능의 일반적인 증진, 인체의 건전한 성장 및 발달과 건강한 활동을 유지하는 데 도움을 준다는 표시·광고
  3. 제품에 함유된 영양성분의 기능 및 작용에 관하여 식품영양학적으로 공인된 사실

---

08 법무팀 A씨에게 법조문을 전달받은 귀하는 회사 계열사들이 허위표시 및 과대광고를 하고 있는지 알아보기 위해 각 계열사별 광고 문구를 확인하였다. 허위표시 및 과대광고를 하지 않은 곳은?

  ㄱ. (삼계탕 식당 광고) "고단백 식품인 닭고기와 스트레스 해소에 효과가 있는 인삼을 넣은 삼계탕 은 인삼, 찹쌀, 밤, 대추 등의 유효성분이 어우러져 영양의 균형을 이룬 아주 훌륭한 보양식입 니다."
  ㄴ. (라면의 표시·광고) "우리 회사의 라면은 폐식용유를 사용하지 않습니다."
  ㄷ. (두부의 표시·광고) "건강유지 및 영양보급에 만점인 단백질을 많이 함유한 ○○두부"
  ㄹ. (녹차의 표시·광고) "변비와 당뇨병 예방에 탁월한 ○○녹차"
  ㅁ. (소시지의 표시·광고) "식품의약품안전처에서 인증받은 ○○소시지"

---

① ㄱ, ㄴ
② ㄹ, ㅁ
③ ㄱ, ㄴ, ㄹ
④ ㄱ, ㄷ, ㅁ
⑤ ㄷ, ㅁ

09 귀하는 법조문을 받은 후, 동료들과 점심식사를 하면서 허위표시 및 과대광고에 대한 주제로 대화를 하게 되었다. 대화 내용으로 적절하지 않은 것은?

① 얼마 전 어머니가 당뇨병에 좋다며 사온 건강식품도 허위표시로 봐야 하는구나.

② 최근 인터넷 검색을 하면 체험후기가 많은데 그것도 모두 과대광고에 속하는 거지?

③ 어제 구매한 운동보조식품의 경우 신체의 건강한 발달에 도움이 된다고 광고한 것도 과대광고인 거지?

④ 혈관성 질환에 확실히 효과가 있다고 광고하는 것도 과대광고구나.

⑤ 제품의 성분이 식품영양학적으로 공인된 경우는 과대광고로 보지 않는구나.

10 G주민센터 재무과에서는 7월 주민세(재산분) 신고 및 납부안내에 대해 고지하였다. 이와 관련해서 문의한 고객에게 안내할 내용으로 알맞은 것은?

- 기간 : 2020. 7. 1. ~ 7. 31.
- 대상 : 7월 1일 기준 사업장 연면적 330m² 초과하여 운영하는 사업주(개인 / 법인)
- 세율 : 1m²당 250원(오염물질 배출사업소 중 부적합 사업소 2배 중과)
- 가산세적용
  • 무신고 가산세 : 7월 31일까지 신고가 없는 경우 본세의 20% 가산
  • 납부불성실 가산세 : (무신고세액 또는 부족세액의 지연일수)×3÷10,000
- 신고 및 납부 방법
  • 방문접수 : 신고서 제출 후 납부서 수령 후 인터넷 또는 금융기관 납부
  • 우편·팩스 : 등기우편 또는 팩스로 신고서 제출 후 수기납부서 납부
  • 전자신고 : 위택스(http://www.wetax.go.kr) 가입 후 신고·납부
- 제출서류 : 주민세(재산분) 신고서, 임대차 계약서, 건축물사용 내역서

---

① 7월 31일까지 접수를 하지 않을 경우 무신고 가산세가 20% 감산되어 적용됩니다.

② 7월 15일 기준 사업장 연면적이 330m²를 초과하는 법인 사업주는 신고를 해야 합니다.

③ 주민세 신고서, 임대차 계약서, 건축물 명세서를 작성하여 제출해주세요.

④ 오염물질 배출 사업소 중 부적합 사업소의 경우 1m²당 500원의 세율이 부과됩니다.

⑤ 위택스에 가입 후 신고한 다음 금융기관에서 납부하시면 됩니다.

01 B공사에서 근무하는 K사원은 새로 도입되는 교통관련 정책 홍보자료를 만들어서 배포하려고 한다. 다음 중 가장 저렴한 비용으로 인쇄할 수 있는 업체로 옳은 것은?

〈인쇄업체별 비용 견적〉

(단위 : 원)

업체명	페이지당 비용	표지 가격		권당 제본비용	할인
		유광	무광		
A인쇄소	50	500	400	1,500	–
B인쇄소	70	300	250	1,300	–
C인쇄소	70	500	450	1,000	100부 초과 시 초과 부수만 총비용에서 5% 할인
D인쇄소	60	300	200	1,000	–
E인쇄소	100	200	150	1,000	총 인쇄 페이지 5,000페이지 초과 시 총비용에서 20% 할인

※ 홍보자료는 관내 20개 지점에 배포하고, 각 지점마다 10부씩 배포한다.
※ 홍보자료는 30페이지 분량으로 제본하며, 표지는 유광표지로 한다.

① A인쇄소
③ C인쇄소
⑤ E인쇄소

② B인쇄소
④ D인쇄소

02 A기업의 본사는 대전에 있다. C부장은 목포에 있는 물류창고 정기점검을 위하여 내일 오전 10시에 출장을 갈 예정이다. 출장 당일 오후 1시에 물류창고 관리담당자와 미팅이 예정되어 있어 늦지 않게 도착하고자 한다. 주어진 교통편을 고려하였을 때, 다음 중 C부장이 선택할 가장 적절한 경로는?(단, 1인당 출장지원 교통비 한도는 5만 원이며, 도보이동에 따른 소요시간은 고려하지 않는다)

• 본사에서 대전역까지 비용

구분	소요시간	비용	비고
버스	30분	2,000원	-
택시	15분	6,000원	-

• 교통수단별 이용정보

구분	열차	출발시각	소요시간	비용	비고
직통	새마을호	10:00 / 10:50	2시간 10분	28,000원	-
직통	무궁화	10:20 / 10:40 10:50 / 11:00	2시간 40분	16,000원	-
환승	KTX	10:10 / 10:50	20분	6,000원	환승 10분 소요
	KTX	-	1시간 20분	34,000원	
환승	KTX	10:00 / 10:30	1시간	20,000원	환승 10분 소요
	새마을호	-	1시간	14,000원	

• 목포역에서 물류창고까지 비용

구분	소요시간	비용	비고
버스	40분	2,000원	-
택시	20분	9,000원	-

① 버스 – 새마을호(직통) – 버스
② 택시 – 무궁화(직통) – 택시
③ 버스 – KTX / KTX(환승) – 택시
④ 택시 – KTX / 새마을호(환승) – 택시
⑤ 택시 – 새마을호(직통) – 택시

※ B공사는 승진자를 선발하고자 한다. 다음은 승진자 선발 방식 및 승진후보자들에 대한 자료이다. 다음 자료를 읽고 이어지는 질문에 답하시오. **[3~4]**

〈하반기 승진자 선발〉

1. 승진자 선발 방식
   - 승진점수(100)는 실적평가점수(40), 동료평가점수(30), 혁신사례점수(30)에 교육 이수에 따른 가점을 합산하여 산정한다.
   - 다음 교육 이수자에게는 아래의 가점을 부여한다.

교육	조직문화	전략적 관리	혁신역량	다자협력
가점	2	2	3	2

   - 승진후보자 중 승진점수가 가장 높은 2인을 선발하여 승진시킨다.

2. 승진후보자 평가정보

승진후보자	실적평가점수	동료평가점수	혁신사례점수	이수교육
A	34	26	22	다자협력
B	36	25	18	혁신역량
C	39	26	24	–
D	37	21	23	조직문화, 혁신역량
E	36	29	21	–

03 승진자 선발 방식에 따라 승진후보자 A, B, C, D, E 중 2명을 승진시키고자 한다. 동점자가 있는 경우 실적평가 점수가 더 높은 후보자를 선발한다고 할 때, 승진할 2명은?

① A, B ② A, C

③ C, D ④ C, E

⑤ D, E

04 하반기 인사에 혁신의 반영률을 높이라는 내부 인사위원회의 권고에 따라 승진자 선발 방식이 다음과 같이 변경되었다. 변경된 승진자 선발 방식에 따라 승진자를 선발할 때, 승진할 2명은?

〈승진자 선발 방식 변경〉

〈변경 전〉

1. 승진점수(100) 총점 및 배점
   - 실적평가점수(40)
   - 동료평가점수(30)
   - 혁신사례점수(30)

2. 혁신역량 교육 가점

교육	혁신역량
가점	3

〈변경 후〉

1. 승진점수(115) 총점 및 배점
   - 실적평가점수(40)
   - 동료평가점수(30)
   - 혁신사례점수(45)
     - 혁신사례점수에 50%의 가중치를 부여

2. 혁신역량 교육 가점

교육	혁신역량
가점	4

---

① A, D

② B, C

③ B, E

④ C, D

⑤ C, E

※ 다음은 A기업의 직무연수 신청표와 사원번호 발급체계이다. 이어지는 질문에 답하시오. **[5~6]**

〈직무연수 신청표〉

이름	부서	직급	사원번호	연수 일정
A	인사	주임	1510232	2019. 03. 13
B	총무	대리	1411175	2019. 06. 28
C	마케팅	대리	1315572	2019. 03. 21
D	마케팅	사원	1825387	2019. 03. 10
E	자재	과장	0917197	2019. 03. 19
F	회계	사원	1715568	2019. 04. 02
G	지원	주임	1617375	2019. 05. 18

※ 연수 일정 전까지 연수 취소는 가능하나 취소 시 차수 연수 신청 불가능
※ 연수 시작 7일 전까지 일정 변경 가능

〈사원번호 발급체계〉

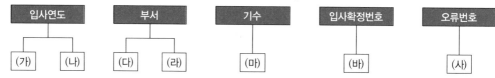

구분	인사	총무	회계	자재	지원	마케팅
부서코드	10	11	15	17	20	25

※ 입사연도는 네 자릿수 중에 뒤의 두 자리만 사용한다. 예 2017 → 17
※ 입사확정번호는 2000년도 이후 입사자부터 적용된다.

〈오류번호 연산법〉

$$0 \leq (가)+(나)+(다)+(라)+(마)+(바) < 10 \rightarrow 0$$
$$10 \leq (가)+(나)+(다)+(라)+(마)+(바) < 20 \rightarrow 값-10$$
$$20 \leq (가)+(나)+(다)+(라)+(마)+(바) < 30 \rightarrow 값-20$$

05 다음 자료의 내용을 바탕으로 옳은 것은?

① 2016년에 2기 3번으로 입사한 지원 부서 K주임은 사원번호가 1620234이다.
② 1998년에 입사한 총무 부서 L부장의 사원번호를 알 수 있다.
③ C대리는 연수 일정을 3월 17일에 취소하고 차수 연수를 들을 예정이다.
④ D사원은 3월 4일에 연수 일정을 변경해 3월 19일에 연수를 들을 예정이다.
⑤ E과장은 2008년 이전에 입사하였다.

06 직무연수 신청표의 사원번호가 올바르지 않은 사람끼리 짝지어진 것은?(단, 입사연도, 기수, 입사 확정번호는 모두 맞다고 가정한다)

① B, C
② A, C
③ E, F, G
④ C, F, G
⑤ A, C, F

07 다음 중 비효율적인 일중독자의 특징으로 적절하지 않은 것은?

① 위기 상황에 과잉 대처한다.
② 자신의 일을 다른 사람에게 맡기지 않는다.
③ 최우선 업무보다 가시적인 업무에 전력을 다한다.
④ 작은 일을 크게 부풀리거나 과장한다.
⑤ 가장 생산성이 높은 일을 가장 오래 한다.

08 다음 중 물적자원의 낭비 사례로 가장 적절한 것은?

① 오늘 할 일을 다음으로 미루기
② 주변 사람에게 멋대로 대하기
③ 무계획적인 지출
④ 일회용 종이컵 사용
⑤ 불필요한 물건의 구매

09 한국의 A사, 오스트레일리아의 B사, 아랍에미리트의 C사, 러시아의 D사는 상호협력프로젝트를 추진하고자 화상회의를 하려고 한다. 한국시각을 기준해 화상회의 가능 시각으로 올바른 것은?

〈국가별 시간〉

국가(도시)	현지시각
오스트레일리아(시드니)	2020. 12. 15. 10:00am
대한민국(서울)	2020. 12. 15. 08:00am
UAE(두바이)	2020. 12. 15. 03:00am
러시아(모스크바)	2020. 12. 15. 02:00am

※ 각 회사의 위치는 위 자료에 있는 도시에 있다.

※ 모든 회사의 근무시간은 현지시각으로 오전 9시 ~ 오후 6시이다.

※ A, B, D사의 식사시간은 현지시각으로 낮 12시 ~ 오후 1시이다.

※ C사의 식사시간은 오전 11시 30분 ~ 오후 12시 30분이고 오후 12시 30분부터 오후 1시까지 전 직원이 종교활동을 한다.

※ 화상회의 소요시간은 1시간이다.

① 오후 1 ~ 2시
② 오후 2 ~ 3시
③ 오후 3 ~ 4시
④ 오후 4 ~ 5시
⑤ 오후 5 ~ 6시

10 인사팀의 11월 월간 일정표와 〈조건〉을 고려하여 인사팀의 1박 2일 워크숍 날짜를 결정하려고 한다. 인사팀의 워크숍 날짜로 적절한 것은?

〈11월 월간 일정표〉

월요일	화요일	수요일	목요일	금요일	토요일	일요일
	1	2 **오전 10시** 연간 채용계획 발표(A팀장)	3	4 **오전 10시** 주간업무보고 **오후 7시** B대리 송별회	5	6
7	8 **오후 5시** 총무팀과 팀 연합회의	9	10	11 **오전 10시** 주간업무보고	12	13
14 **오전 11시** 승진대상자 목 록 취합 및 보고 (C차장)	15	16	17 A팀장 출장	18 **오전 10시** 주간업무보고	19	20
21 **오후 1시** 팀미팅 (30분 소요 예정)	22	23 D사원 출장	24 외부인사 방문 일정	25 **오전 10시** 주간업무보고 외부인사 방문	26	27
28 E대리 휴가	29	30				

조건

- 워크숍은 평일로 한다.
- 워크숍에는 모든 팀원들이 빠짐없이 참석해야 한다.
- 워크숍 일정은 첫날 오후 3시 출발부터 다음날 오후 2시까지이다.
- 다른 팀과 함께 하는 업무가 있는 주에는 워크숍 일정을 잡지 않는다.
- 매월 말일에는 월간 업무 마무리를 위해 워크숍 일정을 잡지 않는다.

① 11월 9 ~ 10일
② 11월 18 ~ 19일
③ 11월 21 ~ 22일
④ 11월 28 ~ 29일
⑤ 11월 29 ~ 30일

01 다음 중 파워포인트에서 도형을 그릴 때, 옳지 않은 설명은?

① 타원의 경우 도형 선택 후 [Shift] 버튼을 누르고 드래그하면 정원으로 크기 조절이 가능하다.

② 도형 선택 후 [Shift] 버튼을 누르고 도형을 회전시키면 30° 간격으로 회전시킬 수 있다.

③ 타원을 중심에서부터 정비례로 크기를 조절하려면 [Ctrl]+[Shift] 버튼을 함께 누른 채 드래그한다.

④ 도형 선택 후 [Ctrl]+[D] 버튼을 누르면 크기와 모양이 같은 도형이 일정한 간격으로 반복해서 나타난다.

⑤ 도형을 선택하고 [Ctrl]+[Shift] 버튼을 누르고 수직 이동하면 수직 이동된 도형이 하나 더 복사된다.

02 다음 중 데이터 유효성 검사에 대한 설명으로 옳지 않은 것은?

① 목록의 값들을 미리 지정하여 데이터 입력을 제한할 수 있다.

② 입력할 수 있는 정수의 범위를 제한할 수 있다.

③ 목록으로 값을 제한하는 경우 드롭다운 목록의 너비를 지정할 수 있다.

④ 유효성 조건 변경 시 변경 내용을 범위로 지정된 모든 셀에 적용할 수 있다.

⑤ 한 셀에 허용되는 텍스트의 길이를 제한할 수 있다.

03 다음 글을 읽고 2차 자료에 해당되는 것으로 옳은 것은?

> 우리는 흔히 필요한 정보를 수집할 수 있는 원천을 정보원(Sources)이라 부른다. 정보원은 정보를 수집하는 사람의 입장에서 볼 때 공개된 것은 물론이고 비공개된 것도 포함되며 수집자의 주위에 있는 유형의 객체 가운데서 발생시키는 모든 것이 정보원이라 할 수 있다.
> 이러한 정보원은 크게 1차 자료와 2차 자료로 구분할 수 있다. 1차 자료는 원래의 연구성과가 기록된 자료를 의미한다. 2차 자료는 1차 자료를 효과적으로 찾아보기 위한 자료 혹은 1차 자료에 포함되어 있는 정보를 압축·정리해서 읽기 쉬운 형태로 제공하는 자료를 의미한다.

① 학술회의자료 ② 백과사전

③ 출판 전 배포자료 ④ 학위논문

⑤ 신문

04 김 사원은 다음 사이트에서 '통계요약집'이라는 단어를 검색하려고 한다. 검색 결과창에 PDF형식으로 된 파일만 나타나게 하려고 할 때, 검색창에 입력해야 하는 것으로 올바른 것은?

① 통계요약집 filetype:pdf
② 통계요약집 filetype pdf
③ 통계요약집 filetype-pdf
④ 통계요약집 "pdf" filetype
⑤ 통계요약집 filetype=pdf

05 왼쪽 워크시트의 성명 데이터를 오른쪽 워크시트와 같이 성과 이름 두 개의 열로 분리하기 위해 [텍스트 나누기] 기능을 사용하고자 한다. 다음 중 [텍스트 나누기]의 분리 방법으로 가장 적절한 것은?

◢	A
1	김철수
2	박선영
3	최영희
4	한국인

◢	A	B
1	김	철수
2	박	선영
3	최	영희
4	한	국인

① 열 구분선을 기준으로 내용 나누기
② 구분 기호를 기준으로 내용 나누기
③ 공백을 기준으로 내용 나누기
④ 탭을 기준으로 내용 나누기
⑤ 행 구분선을 기준으로 내용 나누기

06 다음 중 엑셀의 데이터 입력 및 편집에 관한 설명으로 옳지 않은 것은?

① 한 셀에 여러 줄의 데이터를 입력하려면 [Alt]+[Enter]를 이용한다.

② 음수는 숫자 앞에 '－' 기호를 붙이거나 괄호( )로 묶는다.

③ 셀에 날짜 데이터를 입력한 뒤 채우기 핸들을 아래로 드래그하면 1일 단위로 증가하여 나타낼 수 있다.

④ 시간 데이터는 세미콜론(;)을 이용하여 시, 분, 초를 구분한다.

⑤ [Ctrl]+세미콜론(;)을 누르면 오늘 날짜, [Ctrl]+[Shift]+세미콜론(;)을 누르면 현재 시각이 입력된다.

07 다음은 기획안을 제출하기 위한 정보수집 전에 어떠한 정보를 어떻게 수집할지에 대한 '정보의 전략적 기획'의 사례이다. 다음을 읽고 S사원이 필요한 정보로 적절하지 않은 것은?

A전자의 S사원은 상사로부터 세탁기 신상품에 대한 기획안을 제출하라는 업무를 받았다. 먼저 S사원은 기획안을 작성하기 위해 자신에게 어떠한 정보가 필요한지를 생각해 보았다. 개발하려는 세탁기 신상품의 컨셉은 중년층을 대상으로 한 실용적이고 경제적이며 조작하기 쉬운 것을 대표적인 특징으로 삼고 있다.

① 기존에 세탁기를 구매한 고객들의 데이터베이스로부터 정보가 필요할 수 있겠어.

② 현재 세탁기를 사용하면서 불편한 점은 무엇인지에 대한 정보가 필요하겠네.

③ 데이터베이스로부터 성별 세탁기 디자인 선호도에 대한 정보가 필요해.

④ 고객들의 세탁기에 대한 부담 가능한 금액은 얼마인지에 대한 정보도 필요할 것 같아.

⑤ 데이터베이스를 통해 중년층이 선호하는 디자인이나 색은 무엇인지에 대한 정보도 있으면 좋을 것 같군.

08 다음 중 엑셀의 메모에 대한 설명으로 옳지 않은 것은?

① 새 메모를 작성하려면 바로가기 키 [Shift]+[F2]를 누른다.

② 작성된 메모가 표시되는 위치를 자유롭게 지정할 수 있고, 메모가 항상 표시되도록 설정할 수 있다.

③ 피벗 테이블의 셀에 메모를 삽입한 경우 데이터를 정렬하면 메모도 데이터와 함께 정렬된다.

④ 메모의 텍스트 서식을 변경하거나 메모에 입력된 텍스트에 맞도록 메모 크기를 자동으로 조정할 수 있다.

⑤ [메모서식]에서 채우기 효과를 사용하면 이미지를 삽입할 수 있다.

09 다음 시트에서 판매수량과 추가판매의 합계를 구하기 위해서 [B6] 셀에 들어갈 수식으로 올바른 것은?

	A	B	C
1	일자	판매수량	추가판매
2	06월19일	30	8
3	06월20일	48	
4	06월21일	44	
5	06월22일	42	12
6	합계	164	

① =SUM(B2,C2,C5)

② =LEN(B2:B5, 3)

③ =COUNTIF(B2:B5, ">=12")

④ =SUM(B2:B5)

⑤ =SUM(B2:B5,C2,C5)

10 다음 중 아래 [A4:B4] 영역을 기준으로 차트를 만들었을 때, 차트에 대한 설명으로 옳지 않은 것은?

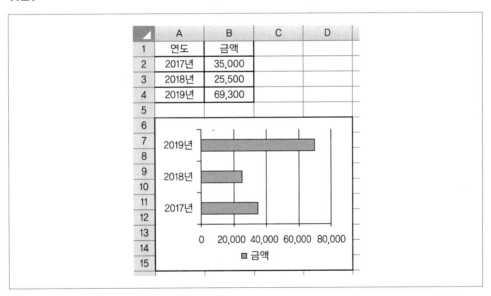

① 표의 데이터를 수정하면 차트도 자동으로 수정된다.

② 차트에서 주 눈금선을 선택하여 삭제하면 주 눈금선이 사라진다.

③ 표의 [A5:B5] 영역에 새로운 데이터를 추가하면 차트에도 자동으로 추가된다.

④ 표의 [A3:B3] 영역과 [A4:B4] 영역 사이에 새로운 데이터를 삽입하면 차트에도 자동으로 삽입된다.

⑤ 차트에서 데이터 레이블을 추가하면 금액 값이 표시된다.

안심Touch

01 다음은 최근 이슈가 되고 있는 산업 재해에 대한 뉴스 기사의 일부이다. 뉴스에서 제시된 산업 재해의 원인으로 가장 적절한 것은?

〈◇◇의 등대, 잠들지 못하는 ○○업 종사자들〉

◇◇지역에 위치한 ○○업의 대표적인 기업에서 올해 들어 직원 3명의 사망사고가 발생하였다. ◇◇의 등대라는 단어는 잦은 야근으로 인해 자정에 가까운 시간에도 사무실에서 불빛이 환하게 밝혀져 있는 모습에서 나온 지금은 공공연해진 은어이다. 이처럼 계속된 과로사의 문제로 인해 작년 12월 고용노동부의 근로 감독이 이루어졌으나, 시정되지 못하고 있는 실정이다.

… 하략 …

① 교육적 원인 : 충분하지 못한 OJT
② 기술적 원인 : 노후화된 기기의 오작동으로 인한 작업 속도 저하
③ 작업 관리상 원인 : 초과 근무를 장려하는 관리 운영 지침
④ 불안전한 행동 : 작업 내용 미저장 / 하드웨어 미점검
⑤ 불안전한 상태 : 시설물 자체 결함 / 복장・보호구의 결함

02 다음 중 기술에 대한 설명으로 옳지 않은 것은?

① Know-how란 흔히 특허권을 수반하지 않는 과학자, 엔지니어 등이 가지고 있는 체계화된 기술이다.
② Know-why는 어떻게 기술이 성립하고 작용하는가에 관한 원리적 측면에 중심을 둔 개념이다.
③ 시대가 지남에 따라 Know-how의 중요성이 커지고 있다.
④ 현대적 기술은 주로 과학을 기반으로 하는 기술이 되었다.
⑤ Know-how는 경험적이고 반복적인 행위에 의해 얻어진다.

03 다음 벤치마킹의 종류에 대한 설명으로 옳은 것은?

> 네스프레소는 가정용 커피머신 시장의 선두주자이다. 이러한 성장 배경에는 기존의 산업 카테고리를 벗어나 랑콤, 이브로쉐 등 고급 화장품 업계의 채널 전략을 벤치마킹했다. 고급 화장품 업체들은 독립 매장에서 고객들에게 화장품을 직접 체험할 수 있는 기회를 제공하고, 이를 적극적으로 수요와 연계하고 있었다. 네스프레소는 이를 통해 신규 수요를 창출하기 위해서는 커피머신의 기능을 강조하는 것이 아니라, 즉석에서 추출한 커피의 신선한 맛을 고객에게 체험하게 하는 것이 중요하다는 인사이트를 도출했다. 이후 전 세계 유명 백화점에 오프라인 단독 매장들을 개설해 고객에게 커피를 시음할 수 있는 기회를 제공했다. 이를 통해 네스프레소의 수요는 급속도로 늘어나 매출 부문에서 30 ~ 40%의 고속성장을 거두게 됐고 전 세계로 확장되며 여전히 높은 성장세를 이어가고 있다.

① 자료수집이 쉬우며 효과가 크지만 편중된 내부시각에 대한 우려가 있다는 단점이 있다.
② 비용 또는 시간적 측면에서 상대적으로 많이 절감할 수 있다는 장점이 있다.
③ 문화 및 제도적인 차이에 대한 검토가 부족하면 잘못된 결과가 나올 수 있다.
④ 경영성과와 관련된 정보 입수가 가능하나 윤리적인 문제가 발생할 소지가 있다.
⑤ 새로운 아이디어가 나올 가능성이 높지만 가공하지 않고 사용한다면 실패할 수 있다.

04 다음은 산업 재해를 예방하기 위해 제시되고 있는 하인리히의 법칙이다. 이에 의거하여 보았을 때, 산업 재해의 예방을 위해 조치를 취해야 하는 단계는 무엇인가?

> 1931년 미국의 한 보험회사에서 근무하던 하인리히는 회사에서 접한 수많은 사고를 분석하여 하나의 통계적 법칙을 발견하였다. 1 : 29 : 300 법칙이라고도 불리는 이 법칙은 큰 사고로 인해 산업 재해가 발생하면 이 사고가 발생하기 이전에 같은 원인으로 발생한 작은 사고가 29번, 잠재적 사고 징후는 300번이 있었다는 것을 나타낸다.
> 하인리히는 이처럼 심각한 산업 재해의 발생 전에 여러 단계의 사건이 도미노처럼 발생하기 때문에 앞 단계에서 적절히 대처한다면 산업 재해를 예방할 수 있다고 주장한다.

① 사회 환경적 문제가 발생한 단계
② 개인 능력의 부족이 보이는 단계
③ 기술적 결함이 나타난 단계
④ 불안전한 행동 및 상태가 나타난 단계
⑤ 작업 관리상 문제가 나타난 단계

※ P회사는 직원휴게실에 휴식용 안마의자를 설치할 계획이며, 안마의자 관리자는 귀하로 지정되었다.
　다음의 자료를 읽고 이어지는 질문에 답하시오. **[5~6]**

〈안마의자 사용설명서〉

■ **설치 시 알아두기**

- 바닥이 단단하고 수평인 장소에 제품을 설치해 주세요.
- 등받이와 다리부를 조절할 경우를 대비하여 제품의 전방 50cm, 후방 10cm 이상 여유공간을 비워 두세요.
- 바닥이 손상될 수 있으므로 제품 아래에 매트 등을 깔 것을 추천합니다.
- 직사광선에 장시간 노출되는 곳이나 난방기구 근처 등 고온의 장소는 피하여 설치해 주세요. 커버 변색 또는 변질의 원인이 됩니다.

■ **안전을 위한 주의사항**

> ⚠ 경고 : 지시 사항을 위반할 경우 심각한 상해나 사망에 이를 가능성이 있는 경우를 나타냅니다.
>
> ⓘ 주의 : 지시 사항을 위반할 경우 경미한 상해나 제품 손상의 가능성이 있는 경우를 나타냅니다.

ⓘ 제품 사용 시간은 1일 40분 또는 1회 20분 이내로 하고, 동일한 부위에 연속 사용은 5분 이내로 하십시오.

⚠ 제품을 사용하기 전에 등 패드를 올려서 커버와 그 외 다른 부분에 손상된 곳이 없는지 확인하고, 찢어졌거나 조그만 손상이 있으면 사용을 중단하고 서비스 센터로 연락하십시오(감전 위험).

ⓘ 엉덩이와 허벅지를 마사지할 때는 바지 주머니에 딱딱한 것을 넣은 채로 사용하지 마십시오(안전사고, 상해 위험).

⚠ 팔을 마사지할 때는 시계, 장식품 등 딱딱한 것을 몸에 지닌 채 사용하지 마세요(부상 위험).

⚠ 등받이나 다리부를 움직일 때는 제품 외부에 사람, 애완동물, 물건 등이 없는지 확인하십시오(안전사고, 부상, 제품손상 위험).

ⓘ 제품 안쪽에 휴대폰, TV리모컨 등 물건을 빠뜨리지 않도록 주의하세요(고장 위험).

⚠ 등받이나 다리부를 상하로 작동 시에는 움직이는 부위에 손가락을 넣지 않도록 하십시오(안전사고, 상해, 부상 위험).

⚠ 혈전증, 중도의 동맥류, 급성 정맥류, 각종 피부염, 피부 감염증 등의 질환을 가지고 있는 사람은 사용하지 마십시오.

ⓘ 고령으로 근육이 쇠약해진 사람, 요통이 있는 사람, 멀미가 심한 사람 등은 반드시 의사와 상담한 후 사용하십시오.

ⓘ 제품을 사용하면서 다른 치료기를 동시에 사용하지 마십시오.

ⓘ 사용 중에 잠들지 마십시오(상해 위험).

⚠ 난로 등의 화기 가까이에서 사용하거나 흡연을 하면서 사용하지 마십시오(화재 위험).

ⓘ 제품을 사용하는 중에 음료나 음식을 섭취하지 마십시오(고장 위험).

ⓘ 음주 후 사용하지 마십시오(부상 위험).

■ 고장 신고 전 확인 사항

제품 사용 중 아래의 증상이 나타나면 다시 한 번 확인해 주세요. 고장이 아닐 수 있습니다.

증상	원인	해결책
안마 강도가 약합니다.	안마의자에 몸을 밀착하였습니까?	안마의자에 깊숙이 들여 앉아서 몸을 등받이에 밀착시키거나 등받이를 눕혀서 사용해 보세요.
	등 패드 또는 베개 쿠션을 사용하고 있습니까?	등 패드 또는 베개 쿠션을 빼고 사용해 보세요.
	안마 강도를 조절하였습니까?	안마 강도를 조절해서 사용해 보세요.
다리부에 다리가 잘 맞지 않습니다.	다리부의 각도를 조절하였습니까?	사용자의 신체에 맞게 다리부의 각도를 조절해 주세요. 다리올림 버튼 또는 다리내림 버튼으로 다리부의 각도를 조절할 수 있습니다.
좌우 안마 강도 또는 안마 볼 위치가 다르게 느껴집니다.	더 기분 좋은 안마를 위해 안마 볼이 좌우 교대로 작동하는 기구를 사용하고 있습니다. 좌우 안마 강도 또는 안마 볼 위치가 다르게 작동하는 경우가 있을 수 있습니다. 고장이 아니므로 안심하고 사용해 주세요.	
소리가 납니다.	제품의 구조로 인해 들리는 소리입니다. 고장이 아니므로 안심하고 사용해 주세요(제품 수명 등의 영향은 없습니다). − 안마 볼 상·하 이동 시 '달그락' 거리는 소리 − 안마 작동 시 기어 모터의 소리 − 안마 볼과 커버가 스치는 소리(특히 주무르기 작동 시) − 두드리기, 물결 마사지 작동 시 '덜덜' 거리는 소리(특히 어깨에서 등으로 이동 시) − 속도 조절에 의한 소리의 차이	

05 직원휴게실에 안마의자가 배송되었다. 귀하는 제품설명서를 참고하여 적절한 장소에 설치하고자 한다. 다음 중 장소 선정 시 고려해야 할 사항으로 적절하지 않은 것은?

① 직사광선에 오랫동안 노출되지 않는 장소인지 확인한다.

② 근처에 난방기구가 설치된 장소인지 확인한다.

③ 전방에는 50cm 이상의 공간을 확보할 수 있고 후방을 벽면에 밀착할 수 있는 장소인지 확인한다.

④ 새로운 장소가 안마의자의 무게를 지탱할 수 있는 단단한 바닥인지 확인한다.

⑤ 바닥이 긁히거나 흠집이 날 수 있는 재질로 되어 있다면 매트 등을 까는 것을 고려한다.

안심Touch

06 귀하는 직원들이 안전하게 안마의자를 사용할 수 있도록 '안마의자 사용안내서'를 작성하여 안마의자 근처에 비치하고자 한다. 안내서에 있는 그림 중 '경고' 수준의 주의가 필요한 것은 '별표' 표시를 추가하여 더욱 강조되어 보이도록 할 예정이다. 다음 중 '별표' 표시를 해야 할 그림은 무엇인가?

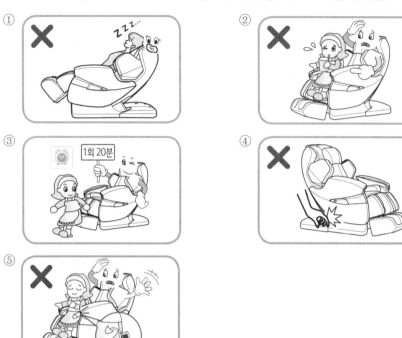

07 다음 글을 읽고 산업 재해에 대한 원인으로 옳은 것은?

> 원유저장탱크에서 탱크 동체 하부에 설치된 믹서 임펠러의 날개깃이 파손됨에 따라, 과진동(과하중)
> 이 발생하여 믹서의 지지부분(볼트)이 파손되어 축이 이탈되면서 생긴 구멍으로 탱크 내부의 원유가
> 대량으로 유출되었다. 분석에 따르면 임펠러 날개깃의 파손이 피로 현상에 의해 발생되어 표면에
> 응력집중을 일으킬 수 있는 결함이 존재하였을 가능성이 높다고 한다.

① 작업 관리상 원인   ② 기술적 원인
③ 교육적 원인   ④ 불안전한 행동
⑤ 고의적인 악행

08 다음 중 기술의 특징으로 옳지 않은 것은?

① 하드웨어나 인간에 의해 만들어진 비자연적인 대상, 혹은 그 이상을 의미한다.
② 기술을 설계하고, 생산하고 사용하기 위해 Know-why가 필요하다.
③ 기술은 하드웨어를 생산하는 과정이다.
④ 기술은 정의가능한 문제를 해결하기 위해 순서화되고 이해가 가능한 노력이다.
⑤ 기술은 인간의 능력을 확장시키기 위한 하드웨어와 그것의 활용을 뜻한다.

안심Touch

※ P사에서는 직원들이 이용할 수 있는 체력단련실을 마련하기 위해 실내사이클 10대를 구입하기로 계획하였다. 다음 제품 설명서를 참고하여, 이어지는 질문에 답하시오. **[9~10]**

■ 계기판 작동법

13:00 min		100 cal	
SPEED	TIME	CAL	DISTANCE
9.4	13:00	100	5.0

◯ ← RESET

- SPEED : 현재 운동 중인 속도 표시
- TIME : 운동 중인 시간 표시
- CAL : 운동 중 소모된 칼로리 표시
- DISTANCE : 운동한 거리를 표시
- RESET 버튼 : 버튼을 누르면 모든 기능 수치를 초기화

■ 안전을 위한 주의사항
- 물기나 습기가 많은 곳에 보관하지 마십시오.
- 기기를 전열기구 주변에 두지 마십시오. 제품이 변형되거나 화재의 위험이 있습니다.
- 운동기에 매달리거나 제품에 충격을 주어 넘어뜨리지 마십시오.
- 운동기기의 움직이는 부분에 물체를 넣지 마십시오.
- 손으로 페달 축을 돌리지 마십시오.
- 운동 중 주변사람과 적정거리를 유지하십시오.

■ 사용 시 주의사항
- 신체에 상해 및 안전사고 방지를 위해 반드시 페달과 안장높이를 사용자에 알맞게 조절한 후 안장에 앉은 후 운동을 시작해 주십시오.
- 사용자의 나이와 건강 상태에 따른 운동 횟수, 강도 및 적정 운동 시간을 고려하여 운동을 시작해 주십시오.
- 운동 중 가슴에 통증을 느끼거나 또는 가슴이 답답할 때, 또는 어지러움이나 기타 불편함이 느껴질 경우 즉시 운동을 멈추고 의사와 상담하십시오.
- 음주 후 사용하지 마십시오.

■ 고장 신고 전 확인사항

증상	해결책
제품에서 소음이 발생합니다.	볼트 너트 체결부분이 제품사용에 따라 느슨해질 수 있습니다. 모든 부분을 다시 조여주세요.
계기판이 작동하지 않습니다.	계기판의 건전지(AAA형 2개)를 교체하여 끼워주세요.

※ 제시된 해결방법으로도 증상이 해결되지 않으면, A/S 센터로 문의하시기 바랍니다.

---

09 A사원은 실내사이클 주의사항에 대한 안내문을 제작하려고 한다. 다음 중 안내문의 내용으로 적절하지 않은 것은?

① 안장높이를 사용자에 알맞게 조절하여 운동을 시작해 주세요.

② 나이와 건강 상태에 맞게 적정 운동시간을 고려하여 주십시오.

③ 운동 중 가슴 통증이나 어지러움 등이 느껴질 경우 즉시 운동을 멈추십시오.

④ 매회 30분 정도 하는 것은 유산소 운동 효과를 가져올 수 있습니다.

⑤ 음주 후에는 절대 이용하지 마십시오.

10 A사원이 체력단력실에서 실내사이클을 이용하던 도중 소음이 발생하였다. 이에 대한 해결방법으로 적절한 것은?

① 페달과 안장 높이를 다시 조절한다.

② RESET 버튼을 3초간 누른다.

③ 볼트와 너트의 체결부분을 조여 준다.

④ 계기판의 건전지를 꺼내었다가 다시 끼운다.

⑤ 양지 바른 곳에 둔다.

안심Touch

01 다음의 내용에 해당되는 조직체계 구성요소는?

> 조직의 목표나 전략에 따라 수립되며, 조직구성원들의 활동범위를 제약하고 일관성을 부여하는 기능을 한다.

① 조직목표   ② 경영자

③ 조직문화   ④ 조직구조

⑤ 규칙 및 규정

02 다음은 A회사의 직무전결표의 일부분이다. 이에 따라 문서를 처리하였을 경우 올바르지 않은 것은?

직무 내용	대표이사	위임 전결권자		
		전무이사	상무이사	부서장
정기 월례 보고				○
각 부서장급 인수인계		○		
3천만 원 초과 예산 집행	○			
3천만 원 이하 예산 집행		○		
각종 위원회 위원 위촉	○			
해외 출장			○	

① 인사부장의 인수인계에 관하여 전무이사에게 결재받은 후 시행하였다.

② 인사징계위원회 위원을 위촉하기 위하여 대표이사 부재중에 전무이사가 전결하였다.

③ 영업팀장의 해외 출장을 위하여 상무이사에게 결재를 받았다.

④ 3천만 원에 해당하는 물품 구매를 위하여 전무이사 전결로 처리하였다.

⑤ 정기 월례 보고서를 작성한 후 부서장의 결재를 받았다.

03 다음 중 조직목표의 기능에 대한 설명으로 옳지 않은 것은?

① 조직이 나아갈 방향을 제시해 주는 기능을 한다.
② 조직 구성원의 의사결정 기준의 기능을 한다.
③ 조직 구성원의 행동에 동기를 유발시키는 기능을 한다.
④ 조직을 운영하는 데에 융통성을 제공하는 기능을 한다.
⑤ 조직구조나 운영과정과 같이 조직 체제를 구체화할 수 있는 기준이 된다.

04 관리인 귀하는 직무평가를 통해 기업내부의 임금격차를 합리적으로 결정하기 위해 다음과 같은 임금배분표를 작성하였다. 귀하가 작성한 임금배분표와 관련된 설명으로 가장 올바른 것은?

(단위 : 원)

기준 직무	정신적 요건		숙련적 요건		신체적 요건		책임		작업조건		현행 임금
	서열	금액	서열	금액	서열	금액	서열	금액	서열	금액	
비서	1	33,000	3	7,000	4	5,000	1	25,000	4	4,000	74,000
오퍼레이터	3	21,000	1	23,000	2	9,000	4	9,000	2	6,000	68,000
회계계	2	27,000	4	5,000	3	8,000	2	24,000	3	5,000	69,000
급여계	4	15,000	2	17,000	1	10,000	3	17,000	1	8,000	67,000

① 모든 직무에 공통되는 평가요소를 선정하여 평가요소별로 평가하는 방법이다.
② 고정된 등급의 설정으로 경제·기술 환경 변화에 대한 탄력성이 부족하다.
③ 직무 간의 차이가 명확하거나 평가자가 모든 직무를 잘 알고 있을 경우에만 적용 가능한 방법이다.
④ 평가요소의 정의만 부여되고 평가척도나 기준이 제시되지 않는 방법이다.
⑤ 중심 직무를 상호 비교함으로써, 상대적 가치를 알 수 있는 방법이다.

05 다음과 같은 비즈니스 에티켓 특징을 가지고 있는 국가는?

- 인사 : 중국계의 경우 악수로 시작하는 일반적인 비즈니스 문화를 가지고 있으며, 말레이계의 경우 이성과 악수를 하지 않는 것이 일반적이다. 인도계 역시 이성끼리 악수를 하지 않고 목례를 한다.
- 약속 : 약속 없이 방문하는 것은 실례이므로 업무상 필수적으로 방문해야 하는 경우에는 약속을 미리 잡아 일정 등에 대한 확답을 받은 후 방문한다. 미팅에서는 부수적인 이야기를 거의 하지 않으며 바로 업무에 관한 이야기를 한다. 이때 상대방의 말을 끝까지 경청해야 한다. 명함을 받을 때도 두 손으로 받는 것이 일반적이다.

① 미국
② 싱가포르
③ 인도네시아
④ 필리핀
⑤ 태국

※ 다음은 K공사 연구소의 주요 사업별 연락처이다. 자료를 보고 이어지는 질문에 답하시오. **[6~7]**

〈주요 사업별 연락처〉

주요 사업	담당부서	연락처
고객지원	고객지원팀	044-410-7001
감사, 부패방지 및 지도점검	감사실	044-410-7011
국제협력, 경영평가, 예산기획, 규정, 이사회	전략기획팀	044-410-7023
인재개발, 성과평가, 교육, 인사, ODA사업	인재개발팀	044-410-7031
복무노무, 회계관리, 계약 및 시설	경영지원팀	044-410-7048
품질 평가관리, 품질평가 관련민원	평가관리팀	044-410-7062
가공품 유통 전반(실태조사, 유통정보), 컨설팅	유통정보팀	044-410-7072
대국민 교육, 기관 마케팅, 홍보관리, CS, 브랜드인증	고객홍보팀	044-410-7082
이력관리, 역학조사지원	이력관리팀	044-410-7102
유전자분석, 동일성검사	유전자분석팀	044-410-7111
연구사업 관리, 기준개발 및 보완, 시장조사	연구개발팀	044-410-7133
정부3.0, 홈페이지 운영, 대외자료제공, 정보보호	정보사업팀	044-410-7000

06 K공사 연구소의 주요 사업별 연락처를 본 채용 지원자의 반응으로 적절하지 않은 것은?

① K공사 연구소는 1개 실과 11개 팀으로 이루어져 있구나.
② 예산기획과 경영평가는 같은 팀에서 종합적으로 관리하겠구나.
③ 평가업무라 하더라도 평가 특성에 따라 담당하는 팀이 달라지겠구나.
④ 홈페이지 운영은 고객홍보팀에서 마케팅과 함께 하겠구나.
⑤ 부패방지를 위해 부서를 따로 두었구나.

07 다음 민원인의 요청을 듣고 난 후 민원을 해결하기 위해 연결할 부서를 적절히 안내해준 것은?

> 민원인 : 얼마 전 신제품 관련 등급 신청을 했습니다. 신제품 품질에 대한 등급에 대해 이의가
> 있습니다. 관련 건으로 담당자분과 통화하고 싶습니다.
> 상담직원 : 불편을 드려서 죄송합니다.
> _____ 연결해드리겠습니다. 잠시만 기다려 주십시오.

① 지도 점검 업무를 담당하고 있는 감사실로
② 연구사업을 관리하고 있는 연구개발팀으로
③ 기관의 홈페이지 운영을 전담하고 있는 정보사업팀으로
④ 이력관리 업무를 담당하고 있는 이력관리팀으로
⑤ 품질평가를 관리하는 평가관리팀으로

08 C사원은 베트남에서의 국내 자동차 판매량에 대해 조사를 하던 중에 한 가지 특징을 발견했다. 베트남 사람들은 간접적인 방법을 통해 구매하는 것보다 매장에 직접 방문해 구매하는 것을 더 선호한다는 사실이다. 이를 참고하여 C사원이 기획한 신사업 전략으로 옳지 않은 것은?

① 인터넷과 TV광고 등 비대면채널 홍보를 활성화한다.
② 쾌적하고 깔끔한 매장 환경을 조성한다.
③ 언제 손님이 방문할지 모르므로 매장에 항상 영업사원을 배치한다.
④ 매장 곳곳에 홍보물을 많이 비치해둔다.
⑤ 정확한 설명을 위해 사원들에게 신차에 대한 정보를 숙지하게 한다.

09 다음 지시사항과 일치하지 않는 것은?

> 은경 씨, 금요일 오후 2시부터 10명의 인·적성검사 합격자의 1차 면접이 진행될 예정입니다. 5층 회의실 사용 예약을 지금 미팅이 끝난 직후 해주시고, 2명씩 다섯 조로 구성하여 10분씩 면접을 진행하니 지금 드리는 지원 서류를 참고하시어 수요일 오전까지 다섯 조를 구성한 보고서를 저에게 주십시오. 그리고 2명의 면접위원님께 목요일 오전에 면접진행에 대해 말씀드려 미리 일정조정을 완료해주시기 바랍니다.

① 면접은 10분씩 진행된다.
② 은경 씨는 수요일 오전까지 보고서를 제출해야 한다.
③ 면접은 금요일 오후에 10명을 대상으로 실시된다.
④ 인·적성검사 합격자는 본인이 몇 조인지 알 수 있다.
⑤ 은경 씨는 면접위원님께 면접진행에 대해 말씀드려야 한다.

10 다음 기사를 읽고 필리핀 EPS 센터에 근무 중인 S대리가 취할 행동으로 적절하지 않은 것은?

> 최근 필리핀에서 한국인을 노린 범죄행위가 기승을 부리고 있다. 외교부 보고에 따르면 최근 5년간 해외에서 우리 국민을 대상으로 벌어진 살인 사건이 가장 많이 발생한 국가가 필리핀인 것으로 나타났다. 따라서 우리나라는 자국민 보호를 위해 한국인 대상 범죄 수사를 지원하는 필리핀 코리안 데스크에 직원을 추가 파견하기로 했다.

① 저녁에 이루어지고 있는 필리핀 문화 교육 시간을 오전으로 당겨야겠군.
② 우리 국민이 늦은 시간에 혼자 다니지 않도록 해야겠어.
③ 주필리핀 한국대사관과 연결하여 자국민 보호 정책을 만들 수 있도록 요청해야겠어.
④ 경찰과 연합해서 우리 국민 보호에 더 신경을 써야겠네.
⑤ 우리나라에 취업하기 위해 들어오는 필리핀 사람들에 대한 규제를 강화해야겠어.

01 다음 중 갈등에 대한 설명으로 옳은 것은?

① 의사소통의 폭을 줄이면서, 서로 접촉하는 것을 꺼리게 된다.

② 갈등이 없으면 항상 의욕이 상승하고, 조직성과가 높아진다.

③ 승리하기보다는 문제를 해결하는 것을 중시한다.

④ 목표달성을 위해 노력하는 팀은 갈등이 없다.

⑤ 갈등은 부정적인 요소만 만든다.

02 다음 중 직장생활에서 인간관계를 잘 유지하는 방법에 대한 설명으로 가장 적절하지 않은 것은?

① 상사나 동료의 의견에 일단 수긍을 하는 자세를 보인다.

② 업무능력보다는 인간관계가 더 중요하다는 점을 명심한다.

③ 적극적인 마인드를 가지고 업무에 임하고 자신을 강하게 어필할 수 있도록 한다.

④ 상대방에게 호감을 줄 수 있도록 항상 웃는 얼굴로 대한다.

⑤ 동료가 일이 많으면 내 일이 아니더라도 도와준다.

03 다음 중 훌륭한 팀워크를 유지하기 위한 기본요소로 적절하지 않은 것은?

① 팀원 간 공동의 목표의식과 강한 도전의식을 가진다.

② 팀원 간에 상호신뢰하고 존중한다.

③ 서로 협력하면서 각자의 역할에 책임을 다한다.

④ 팀원 개인의 능력이 최대한 발휘되는 것이 핵심이다.

⑤ 강한 자신감으로 상대방의 사기를 드높인다.

※ 다음 글을 읽고 이어지는 질문에 답하시오. [4~6]

나는 H산업에 입사한 지 석 달 정도 된 신입사원 A이다. 우리 팀에는 타 팀원들과 교류가 거의 없는 선임이 한 명 있다. 다른 상사나 주변 동료들이 그 선임에 대해 주로 좋지 않은 이야기들을 많이 한다. 나는 그냥 그런 사람인가보다 하고는 특별히 그 선임과 가까워지려는 노력을 하지 않았다.

그러던 어느 날 그 선임과 함께 일을 할 기회가 생겼다. 사실 주변에서 들어온 이야기들 때문에 같이 일을 하는 것이 싫었지만 입사 석 달 차인 내가 그 일을 거절할 수는 없었다. 그런데 일을 하면서 대화를 나누게 된 선임은 내가 생각했던 사람과는 너무나 달랐다. 그 선임은 주어진 일도 정확하게 처리했고, 마감기한도 철저히 지켰다. 그리고 내가 어려워하는 듯한 모습을 보이면 무엇이 문제인지 지켜보다가 조용히 조언을 해 주었다. 그 이후로 나는 그 선임에게 적극적으로 다가갔고 이전보다 훨씬 가까운 사이가 되었다.

오늘은 팀 전체 주간회의가 있었던 날이었다. 회의가 끝난 후 동료들 몇 명이 나를 불렀다. 그리고는 그 선임과 가깝게 지내지 않는 것이 좋을 것이라고 일러주며, 주변에서 나를 이상하게 보는 사람들이 생기기 시작했다는 말도 들려 주었다. 내가 경험한 그 선임은 그렇게 나쁜 사람이 아니었는데, 주변 사람들은 내가 그 선임과 함께 어울리는 것을 바라지 않는 눈치였다. 나는 이런 상황이 한 개인의 문제로 끝나는 것이 아니라 우리 팀에도 그다지 좋지 않은 영향을 미칠 것이라는 생각이 들었다.

04 다음 중 신입사원 A가 선임과 가까워지게 된 핵심적인 계기는 무엇인가?

① 상대방에 대한 이해
② 사소한 일에 대한 관심
③ 진지한 사과
④ 언행일치
⑤ 칭찬하고 감사하는 마음

05 다음 중 신입사원 A가 지금의 상황이 팀의 효과성을 창출하는 데에 좋지 않은 영향을 미칠 수 있다고 판단하게 된 근거는 무엇인가?

① 팀원들이 일의 결과에는 초점을 맞추지 않고 과정에만 초점을 맞추는 모습을 보였기 때문에
② 팀 내 규약이나 방침이 명확하지 않으며, 일의 프로세스도 조직화되어 있지 않기 때문에
③ 개방적으로 의사소통하거나 의견 불일치를 건설적으로 해결하려는 모습을 보이지 않기 때문에
④ 팀이 더 효과적으로 기능할 수 있도록 팀의 운영 방식을 점검하려는 모습을 보이지 않기 때문에
⑤ 팀의 리더의 역할이 부족한 상황에서 리더가 역량을 공유하고 구성원 상호 간에 지원을 아끼지 않는 상황을 만들려고 하지 않기 때문에

06 다음과 같은 상황에서 팀워크를 개발하기 위해 가장 먼저 실행해볼 수 있는 팀워크 향상 방법은 무엇인가?

① 동료 피드백 장려하기
② 갈등을 해결하기
③ 창의력 조성을 위해 협력하기
④ 참여적으로 의사결정하기
⑤ 리더십 발휘하기

안심Touch

※ 다음 기사를 읽고 이어지는 질문에 답하시오. [7~9]

국제관광지 먹칠하는 '대중교통의 불친절'

여러 사람에게 교통서비스를 제공하는 대중교통은 무엇보다도 친절이 중요한 요소이다. 승객들에게 얼마나 친절하느냐에 따라 교통서비스의 질을 크게 좌우한다고 해도 과언이 아니다. 그런데 도내 대중교통의 불친절 사례가 잇따라 불거지고 있어 안타까움을 자아내고 있다.

본 보도에 따르면 지난주 오전 출근시간 Q시의 시외버스에서 기사와 승객 간 눈살을 찌푸리는 일이 벌어졌다. 기사가 버스에 막 오른 할머니에게 빨리 의자에 앉지 않는다고 고함을 쳤다. 할머니가 몸이 불편해서 빨리 움직일 수 없다고 받아치면서 시작된 승강이가 운행 중에도 20여 분 넘게 이어졌다. 다음날 같은 시간대 같은 노선버스에서는 기사가 관광객들을 일방적으로 몰아붙이는 일이 벌어졌다. 여행 가방을 든 20대 여성 2명이 운전기사의 도움 없이 짐칸에 가방을 밀어 넣느라 다소 시간이 소요되었다. 이에 기사는 관광객들에게 "빨리빨리 좀 하라."며 반말로 소리를 질렀고, 관광객들은 무슨 잘못을 저지른 것처럼 움츠러들었다.

최근 Q시 관광을 다녀간 J씨는 'Q시 다시는 가고 싶지 않습니다.'라는 제목으로 Q시 관광신문고에 민원을 제기했다. J씨는 "자유여행으로 버스를 이용했는데 목적지가 어디냐고 언성 높이면서 짜증을 부리고, 어떤 버스기사는 목적지를 늦게 대답했다고 노려보더라."며 불쾌했던 심정을 털어놨다. J씨는 또 "중앙선을 침범하면서 질주하는데 무슨 레이싱 게임을 하는 줄 알았다."고 버스의 위험한 질주를 고발하기도 했다. 실제로 Q시청 홈페이지 자유게시판과 관광신문고에는 버스기사의 불친절과 안전을 위협하는 행태를 고발하는 민원이 끊이지 않고 있다. 게다가 대중교통시설 만족도 조사에서도 운전기사 불친절 등의 불만족 요인이 높게 나타났다.

Q시는 한해 국내외 관광객 1,300만 명이 찾는 명실상부한 국제관광도시이다. 때문에, Q시에 오는 손님들에게 '친절'은 아무리 강조해도 지나침이 없다. 주인인 Q시민들이 친절하지 않으면 누가 친절히 응대하겠는가. 특히 대중교통의 친절도는 관광도시의 인상을 심어주는 데 상당한 영향을 미치게 된다. 따라서 Q시는 버스업체에 보조금을 지원할 때 친절도 부문도 적극 반영할 필요가 있다.

---

07 다음 기사의 사례에서 버스기사가 발휘해야 하는 태도로 적절하지 않은 것은?

① 고객에게 감사하는 마음으로 존중
② 예의를 갖추고 정중하게 대하는 것
③ 미소와 함께 신속하게 대응하는 것
④ 효율적인 업무처리를 통한 신속한 응대
⑤ 상대방을 이해하고 성실히 대하는 것

08 다음 중 기사의 친절도를 높이기 위한 직접적인 방안으로 볼 수 없는 것은?

① 서비스와 봉사의 중요성에 대한 교육
② 기사별 친절 서비스 지수 평가
③ 고객에게 서비스 만족도 평가
④ 공무원들의 책임감 증가
⑤ 평가에 따른 포상

09 Q시 내 대중교통 기사들의 고객 접점 서비스의 질 개선을 위해 조치를 취해야 하는 항목 중 거리가 먼 것은?

① 친절한 표정   ② 친절한 말투와 인사법
③ 깔끔한 유니폼   ④ 차량 에어컨 수리 및 교체
⑤ 편안하고 안전한 운전

10 다음은 헤밍웨이의 일화를 소개한 내용이다. 위스키 회사 간부가 헤밍웨이와 협상을 실패한 이유로 적절한 것은?

어느 날 미국의 한 위스키 회사 간부가 헤밍웨이를 찾아왔다. 헤밍웨이의 비서를 따라 들어온 간부는 헤밍웨이의 턱수염을 보고서 매우 감탄하며 말했다.
"선생님은 세상에서 가장 멋진 턱수염을 가지셨군요! 우리 회사에서 선생님의 얼굴과 이름을 빌려 광고하는 조건으로 4천 달러와 평생 마실 수 있는 술을 제공하려는데 허락해주시겠습니까?"
그 말을 들은 헤밍웨이는 잠시 생각에 잠겼다. 그 정도 조건이면 훌륭하다고 판단했던 간부는 기다리기 지루한 듯 대답을 재촉했다.
"무얼 그리 망설이십니까? 얼굴과 이름만 빌려주면 그만인데…."
그러자 헤밍웨이는 무뚝뚝하게 말했다.
"유감이지만 그럴 수 없으니 그만 당신의 회사로 돌아가 주시기 바랍니다."
헤밍웨이의 완강한 말에 간부는 당황해하며 돌아가버렸다. 그가 돌아가자 비서는 헤밍웨이에게 왜 허락하지 않았는지를 물었고, 헤밍웨이는 대답했다.
"그의 무책임한 말을 믿을 수 없었지. 얼굴과 이름을 대수롭지 않게 생각하는 회사에 내 얼굴과 이름을 빌려준다면 어떤 꼴이 되겠나?"

① 잘못된 사람과 협상을 진행하였다.
② 자신의 특정 입장만을 고집하였다.
③ 상대방에 대해 너무 많은 염려를 하였다.
④ 협상의 통제권을 갖지 못하였다.
⑤ 협상의 대상을 분석하지 못하였다.

01 다음 중 A대리가 자기개발을 설계할 때 고려해야 할 전략으로 적절하지 않은 것은?

① 주변의 직장동료, 부하직원 등 다양한 인간관계를 고려해 본다.
② 장기적인 목표뿐만 아니라 단기적인 목표를 함께 수립한다.
③ 장기적인 목표는 자신의 욕구, 가치, 적성, 흥미 등을 고려한다.
④ 현재 맡고 있는 직무를 고려한다.
⑤ 장·단기목표는 매우 구체적인 방법으로 계획한다.

02 다음 중 자기개발의 특징으로 적절하지 않은 것은?

① 평생에 걸쳐서 지속적으로 이루어지는 과정이다.
② 개발의 주체는 타인이 아닌 자기 자신이다.
③ 대부분의 사람들이 지향하는 바와 선호하는 방법은 동일하다.
④ 일과 관련하여 이루어지는 활동이다.
⑤ 보다 나은 삶을 위해 노력하는 사람이라면 누구나 해야 하는 것이다.

03 다음 중 성찰에 대한 설명으로 적절하지 않은 것은?

① 성찰은 창의적인 사고를 가능하게 한다.
② 성찰을 통해 현재의 부족한 부분을 알 수 있다.
③ 성찰은 신뢰감 형성에 도움을 준다.
④ 성찰은 지속적인 연습의 과정이다.
⑤ 성찰은 미래의 일에 영향을 주지 못한다.

04 A사원은 회사 내에서 성과가 좋은 D사원의 행동을 관찰해 보기로 하였다. 다음 중 A씨가 관찰한 D씨의 모습으로 옳지 않은 것은?

① 업무 성과가 좋은 상사를 롤모델로 삼고 관찰한다.
② 비슷한 업무를 묶어서 한꺼번에 처리한다.
③ 회사와 팀의 업무 지침을 지키며 업무를 수행한다.
④ 상사의 업무 방식과 동일한 방식으로 일한다.
⑤ 일을 미루지 않고 가장 중요한 일을 먼저 처리한다.

05 문 사장은 직원들의 자기 역량 강화 프로그램을 운영하기 위해 '자기개발계획서'를 작성하도록 하였다. 다음 중 자기개발계획서 작성이 가장 바르지 않은 사람은?

① A사원은 자신이 담당하고 있는 업무와 관련하여 필요한 역량이 무엇인지 분석하여 역량 강화를 위한 실천 계획을 수립하였다.
② B사원은 급변하는 조직 및 사회 환경에 빠르게 적응할 수 있도록 실현 가능성이 높은 1년 이내의 기간을 선정하여 자기개발계획을 수립하였다.
③ C사원은 목표를 수립한 후 자기 역량 강화를 위한 실천력을 높이기 위해 자기개발계획을 생활계획표 형태로 구체적으로 작성하였다.
④ D사원은 자신에게 요구되는 역량과 직장동료들과의 관계에 있어서 요구되는 항목으로 구분해 자기개발계획서를 작성하였다.
⑤ E사원은 자신의 현재 업무를 고려하여 10년 뒤의 장기목표를 설정하였고, 이를 달성하는 데 필요한 자격증 취득을 단기목표로 설정하였다.

06 다음 중 합리적인 의사결정 과정에 대한 설명으로 옳지 않은 것은?

① 가장 먼저 해야 할 일은 문제의 근원을 파악하는 것이다.
② 의사결정의 기준과 가중치를 정한다.
③ 의사결정에 필요한 정보를 되도록 많이 수집한다.
④ 의사결정을 위한 가능한 모든 대안을 찾는다.
⑤ 의사결정 기준에 따라 대안의 장단점을 분석・평가한다.

07 인사팀 L부장은 올해 입사한 신입사원을 대상으로 자기개발을 해야 하는 이유에 대하여 이야기하려고 한다. 다음 중 L부장이 해야 할 말로 옳지 않은 것은?

① 자기개발을 통해 자신의 장점을 유지하고, 한 분야에서 오랫동안 업무를 수행할 수 있어요.
② 직장생활에서의 자기개발은 업무의 성과를 향상시키는 데 도움이 됩니다.
③ 자기개발은 자신이 달성하고자 하는 목표를 설정하여 성취하는 데 큰 도움을 줄 수 있습니다.
④ 자기개발을 하게 되면 자신감이 상승하고, 삶의 질이 향상되어 보다 보람된 삶을 살 수 있어요.
⑤ 자기개발은 주변 사람들과 긍정적인 인간관계를 형성하는 데 도움이 됩니다.

08 A회사 외식사업부 상품개발팀에 소속되어 있는 D사원은 자신만이 가지고 있는 능력을 팀원들에게 홍보하고자 한다. 이때, D사원이 자신을 홍보하기 위해 활용할 수 있는 전략으로 적절하지 않은 것은?

① 외식 동호회 및 미식 연구 동아리에 가입하여 인적 네트워크를 형성한다.
② 자신이 개발한 메뉴가 곧 자신을 홍보하는 것이므로 메뉴 개발에 몰두한다.
③ 개인 블로그를 만들어 자신의 실무적인 지식과 업무경험에 대한 자료를 꾸준히 게시한다.
④ 자신이 개발한 대표 메인메뉴와 디저트메뉴를 정리하여 포트폴리오를 제작한다.
⑤ 기존의 전형적인 명함과 달리 음식 사진을 넣은 자신만의 명함을 만든다.

09 다음은 교육팀에서 근무하는 L사원이 직장동료에게 자신에 대한 평가결과를 이야기하는 내용이다. L사원의 자기개발 실패 원인으로 가장 적절한 것은?

> "이번 회사에서 사원평가를 했는데 나보고 자기개발능력이 부족하다고 하네. 6시 퇴근시각에 바로 퇴근을 하더라도 집이 머니까 도착하면 8시이고, 바로 씻고 저녁 먹고 잠깐 쉬면 금방 10시야. 방 정리하고 설거지하면 어느새 11시가 되는데, 어느 틈에 자기개발을 하라는 건지 이해도 잘 안 되고 답답하기만 해."

① 자기중심적이고 제한적인 사고
② 현재하고 있는 일을 지속하려는 습성
③ 자신의 주장과 반대되는 주장에 대한 배척
④ 자기개발 방법에 대한 정보 부족
⑤ 인간의 욕구와 감정의 작용

10 다음 정의에 따른 경력개발 방법으로 적절하지 않은 것을 〈보기〉에서 고르면?

〈정의〉

경력개발은 개인이 경력목표와 전략을 수립하고 실행하며 피드백하는 과정으로 직업인은 한 조직의 구성원으로서 조직과 함께 상호작용하며, 자신의 경력을 개발해 나간다.

보기

㉠ 영업직에 필요한 것은 사교성일 수도 있지만, 무엇보다 사람에 대한 믿음과 성실함이 기본이어야 한다고 생각한다. 영업팀에서 10년째 근무 중인 나는 인맥을 쌓기 위해 오랜 기간 인연을 지속한 사람들을 놓치지 않으려고 노력하였다. 시대에 뒤떨어지지 않기 위해 최신 IT 기기 및 기술을 습득하고 있다.

㉡ 전략기획팀에서 근무하고 있는 나는 앞으로 회사의 나아갈 방향을 설정하는 업무를 주로 하고 있다. 따라서 시대의 흐름을 놓쳐서는 안 된다. 나의 이러한 감각을 배양하기 위해 전문 서적을 탐독하고, 경영환경 변화에 대한 공부를 끊임없이 하고 있다.

㉢ 나는 지난달부터 체력단련을 위해 헬스를 하고 있다. 자동차 동호회 활동을 통해 취미활동도 게을리하지 않는다.

㉣ 직장생활도 중요하지만, 개인적인 삶을 풍요롭게 할 필요가 있다. 회사는 내가 필요한 것과 내 삶을 윤택하게 하는 데 도움을 주는 요소이다. 그러므로 회사 내의 활동이나 모임 등에 집중하기보다는 나를 위한 투자(운동, 개인학습 등)에 소홀하지 않아야 한다.

① ㉠, ㉡
② ㉠, ㉢
③ ㉡, ㉢
④ ㉡, ㉣
⑤ ㉢, ㉣

01 우리나라의 정직성 수준을 나타내는 사례로 보기에 적합하지 않은 것은?

① 융통성이란 이유로 정해진 규칙을 잘 지키는 사람은 고지식하다고 하는 사람들이 많이 있다.

② 부정직한 사람이 정치인도 되고, 기업인도 되고, 성공하는 일이 비일비재하다.

③ 교통신호를 위반해도 크게 양심의 가책을 느끼지 않는다.

④ 거짓말하는 사람은 이 땅에 발도 못 붙일 정도로 가혹하게 처벌한다.

⑤ 정직하면 손해 본다고 생각하는 사람들이 많이 있다.

02 당신은 부산교통공사의 교육담당자이며, 전 직원들을 대상으로 진행할 직업윤리 강의에 인용할 기업 사례를 모집하고 있다. 다음 중 올바른 직업윤리 준수의 긍정적 사례로 언급하기에 적절하지 않은 것은?

① 뇌물·리베이트가 없는 M사

② 부당 이익의 3배를 물어야하는 T사

③ 전관우대를 중시하는 W사

④ 쉬운 윤리강령 앞에 평등한 G사

⑤ 사내 성희롱 교육을 하는 Z사

03 다음은 부산교통공사 신입사원 간의 대화이다. 대화 중 일반적인 직업의 의미로 적절하지 않은 것은?

① 예솔 : 나는 부산교통공사에 들어와서 너무 행복해. 월급을 안 받아도 여기서 직업을 유지하고 싶어.

② 대영 : 부산교통공사 사원은 나에게 첫 직업이야. 직업을 위해 모든 노력을 다 하겠어.

③ 종우 : 지금까지 내가 거친 직업은 너무 짧은 시간 동안 해왔던 것이라서 직업이라고 말하기 어려워. 이제는 부산교통공사에서 지속적으로 내 직업을 유지하고 싶어.

④ 다연 : 내 직업이 나뿐만 아니라 우리 사회를 위해서도 활용되었으면 좋겠어.

⑤ 미림 : 내 능력을 활용하여 가족의 생계를 책임지고 있어. 앞으로도 계속 하고 싶어.

04 다음 중 정직과 신용을 구축하기 위한 지침으로 적절하지 않은 것은?

① 신뢰는 축적되는 것이므로 정직과 신용의 자산을 매일 조금씩이라도 쌓아가야 한다.

② 정직한 이미지에 해가 되지 않도록 잘못한 것은 감출 수 있는 한 감추도록 한다.

③ 개인적인 인정에 치우쳐 부정직한 것에 눈감지 않도록 한다.

④ 부정직한 관행은 인정하지 않는다.

⑤ 사소한 것이라도 나 하나쯤이라는 생각을 하지 않는다.

05 다음 중 직장 내에서 정직성에 어긋나는 사례로 적절한 것은?

① 몸이 힘든 날에도 근태를 엄격히 준수한다.

② 업무 처리에서 발생한 실수를 있는 그대로 상사에게 보고하였다.

③ 점심시간을 15분 늦게 시작했기 때문에 정해진 시간보다 15분 늦게 들어왔다.

④ 급한 일이 생겨도 사적인 용건에 회사 전화를 쓰지 않는다.

⑤ 동료의 부정행위를 보면 상사에게 보고한다.

06 다음 중 성실에 대한 설명으로 옳지 않은 것은?

① '성실은 어디에나 통용되는 유일한 화폐이다.'라는 말은 성실의 중요함을 나타낸다.

② '병풍과 장사는 약간 구부려야 잘 선다.'라는 말은 성실한 태도로 많은 돈을 벌 수 있음을 나타낸다.

③ '진인사대천명'이라는 말은 인간으로서 자신이 할 수 있는 모든 노력을 경주해야 한다는 뜻으로, 성실의 중요성을 나타낸다.

④ 성실이란 근면한 태도와 정직한 태도 모두와 관련이 되어 있다.

⑤ '지성감천'이라는 말은 노력하면 좋은 결과를 낼 수 있다는 말이다.

07 다음 중 책임에 대한 설명으로 옳은 것은?

① 막강한 권력을 가졌다면 책임을 회피해도 된다.

② 모든 일을 책임지기 위해서는 그 상황을 회피하는 것이 최고이다.

③ 책임이란 모든 결과는 나의 선택으로 말미암아 일어났다고 생각하는 태도이다.

④ 책임을 지기 위해서는 책임소재를 명확히 해야 하기 때문에 일단 모든 경우를 의심하는 자세를 가져야 한다.

⑤ 가족을 보호해야 할 책임이 있기 때문에 누가 가족에게 해를 끼쳤으면 책임지고 복수해야 한다.

안심Touch

08 직장에서의 이메일 예절에 대한 다음 설명 중 올바른 것은?

① 진희 : 팀장님께 급한 이메일을 보내느라 받는 사람과 보내는 사람을 적지 않았어.
② 연우 : 답메일을 할 때 지난번 받은 메일을 포함하지 않고 새로 이메일을 작성했어.
③ 서경 : 메일을 쓸 때 뭐라고 제목을 넣어야 할지 몰라서 그냥 제목을 생략했어.
④ 소라 : 받는 사람이 내용을 쉽게 파악할 수 있도록 필요한 내용을 포함하면서 간략하게 메일을 작성했어.
⑤ 주신 : 잘 아는 상사에게 보내는 메일이어서 인사는 생략했어.

※ 다음 상황을 읽고 이어지는 질문에 답하시오. [9~10]

A과장은 성격이 활달하고 사교적이다. 회사 일뿐만 아니라 사회 활동에도 무척 적극적이다. 그래서 가끔 지인들이 회사 앞으로 찾아오곤 하는데, 이때 A과장은 인근 식당에서 지인들에게 식사를 대접하며 본인 이름으로 결제를 하고는 했다.
그러던 어느 날 A과장은 경영지원팀 C팀장에게 한 가지 지적을 받게 되었다. 회사 인근 식당에서 지나치게 많은 식대가 A과장 이름으로 결제가 되었는데, 도대체 회사 직원 몇 명과 같이 저녁 식사를 했기에 그렇게 많은 비용이 나왔냐는 것이었다. A과장은 본부원 30명에 가까운 인원이 그날 야근을 해서 식대가 많이 나온 거라며 거짓으로 둘러댔다.
그리고 얼마 후 회사 감사팀에서 출퇴근 명부와 식대를 비교해 보니 A과장의 말이 거짓임이 밝혀졌다. A과장은 징계를 면할 수 없었고, 결국 견책의 징계를 받게 되었다.

09 다음 중 A과장에게 요구되는 태도로 가장 적절한 것은?

① 매사에 심사숙고하려는 태도
② 늘 정직하게 임하려는 태도
③ 단호하게 의사결정을 내리는 태도
④ 공사 구분을 명확히 하는 태도
⑤ 항상 최선을 다하는 태도

10 다음 중 A과장에게 요구되는 태도 중 정직에 대한 설명으로 올바르지 않은 것은?

① 사람은 혼자서는 살아갈 수 없으므로, 다른 사람과의 신뢰가 필요하다.
② 정직한 것은 성공을 이루게 되는 기본 조건이 된다.
③ 말이나 행동이 사실과 부합된다는 신뢰가 없어도 사회생활을 하는 데 별로 지장이 없다.
④ 신뢰를 형성하기 위해 필요한 규범이 정직이다.
⑤ 바른 사회생활은 정직에 기반을 둔 신뢰가 있어야 한다.

일반상식 실전모의고사

01 다음 정부 주요 인사 중 국회의 인사청문회 대상이 아닌 것은?

① 합참의장
② 감사원장
③ 국세청장
④ 비서실장

02 윤창호법에 대한 설명으로 옳지 않은 것은?

① 법안을 발의 요청한 국민권익위원장의 이름을 땄다.
② 신규 법안이 아닌 기존 법안의 개정법이다.
③ 음주운전 2회 적발 시 처벌할 징역형을 규정하고 있다.
④ 음주운전 판단 기준이 강화되었다.

03 다음 중 국가의 형태와 관련된 단어에 대한 설명으로 옳지 않은 것은?

① 국가의 3요소 : 국민, 영토, 주권
② 간접민주정치 : 대의민주주의라고도 한다.
③ 대통령의 권한 : 긴급명령권과 조약비준권을 지녔다.
④ 숙의민주주의 : 다수결의 원리를 존중하나 그 전에 사회 구성원의 충분한 합의를 거치는 의사결정 방식이다.

04 지방자치단체에 대한 설명 중 틀린 것은?

① 모든 지방자치단체장 임기는 4년이다.
② 서울시장과 세종시장은 장관급 대우를 받아 국무회의에 참석할 수 있다.
③ 특례시는 기초자치단체로 구분된다.
④ 지방자치단체장은 3번까지 연임할 수 있다.

05 법률은 시행 이후에 성립하는 사실에 대해서만 효력을 발휘한다는 원칙은?

① 일사부재의의 원칙　　　　　　② 명확성의 원칙

③ 법률우위의 원칙　　　　　　　④ 법률불소급의 원칙

06 다음 중 법률 용어에 대한 설명이 잘못된 것은?

① 불문법 : 판례법, 관습법, 조리법 등이 있다.

② 산업재산권 : 특허권, 저작권, 디자인권, 상표권 등이 있다.

③ 선거의 4원칙 : 공정선거, 비밀선거, 평등선거, 직접선거가 있다.

④ 신원권 : 죽은 가족을 대신해서 억울함을 밝혀주는 제도이다.

07 테러단체와 공식적인 연계가 없으며 훈련을 받지 않은 자생적 테러리스트를 가리키는 용어는?

① 킬 체인(Kill Chain)

② 앵그리 버드(Angry Bird)

③ 외로운 늑대(Lone Wolf)

④ 고독한 군중(Lonely Crowd)

08 다음 중 한국이 통화스와프를 맺고 있는 국가는 어디인가?

① 러시아　　　　　　　　　　　② 일 본

③ 캐나다　　　　　　　　　　　④ 영 국

09 1980년대 미국에서 처음 등장한 신조어로, 경기침체 후 잠시 회복기를 보이다가 다시 침체에 빠지는 이중침체 현상을 뜻하는 경제용어는?

① 더블딥　　　　　　　　　　　② 트리플위칭

③ 스톡옵션　　　　　　　　　　④ 거품경제

10 다음 현상과 가장 관련 있는 재화는 무엇인가?

> 쌀의 가격이 올랐는데 사람들은 식비 여건상 사치재인 고기 소비를 줄이고 그래도 비교적 싼 쌀을 더 사먹을 수밖에 없게 되었다.

① 기펜재   ② 열등재

③ 보완재   ④ 경험재

11 소수의 투자자들을 비공개로 모집하여 주로 위험성이 높은 파생금융상품에 공격적으로 투자해 고수익을 추구하여 최대 이익을 얻을 수 있는 펀드는?

① 모태펀드   ② ELS펀드

③ 헤지펀드   ④ 인덱스펀드

12 국채의 상환 기간을 유예하는 것은?

① 디폴트   ② 모라토리엄

③ 리프로파일링   ④ 로폴리틱스

13 '압축성장'이라고도 번역되며, 기업 · 국가 등이 경제적으로 비약적으로 성장하는 것을 가리키는 용어는 무엇인가?

① 뱅크사인   ② 퀀텀점프

③ 핀테크   ④ 델파이

14 자본금 100억원, 1주당 액면금액 5,000원, 법인세 전 이익 20억원, 법인세율이 40%일 때 1주당 손익(EPS)은 얼마인가?

① 300원   ② 400원

③ 500원   ④ 600원

15 다음 중 제품의 수명주기별 마케팅 특징이 잘못 서술된 것은?

① 도입기 : 신제품이 선을 보이고 마케팅 활동은 제품의 존재를 알려야 하기에 많은 투자를 필요로 한다.

② 성장기 : 소비자들이 제품에 대해서 어느 정도 알게되었고, 판매도 오른다.

③ 성숙기 : 자사 제품을 경쟁 제품과 구별되도록 한다.

④ 쇠퇴기 : 몇몇 회사는 시장을 떠나고, 남은 회사들은 가격을 높인다.

16 미국, 캐나다, 멕시코 3개 국가가 관세와 무역장벽을 폐지하고 자유무역권을 형성한 협정을 무엇이라 하는가?

① USMCA 협정

② 케네디 라운드

③ 제네바 관세 협정

④ 우루과이 라운드

17 노동 가능 인구가 줄어들고 부양 인구가 늘어나면서 인구부양력이 한계에 이르러 경제가 침체되는 현상을 무엇이라 하는가?

① 인구보너스(Demographic Bonus)

② 인구플러스(Demographic Plus)

③ 인구센서스(Demographic Census)

④ 인구오너스(Demographic Onus)

18 다음 중 '자존감 부족'으로 인해 발생하는 현상과 가장 거리가 먼 것은?

① 번아웃 증후군　　　　　　　　② 가면 증후군

③ 살리에리 증후군　　　　　　　④ 리셋 증후군

19 저작권과 관련된 다음 용어에 대한 설명으로 옳지 않은 것은?

① 저작인격권 : 사망 후에도 저작권법에 의해 보호되는 인격권

② 카피레프트 : 무단 사용과 불법복제에 반대하는 운동

③ 세계지적재산권기구 : 유엔 산하의 기구로 전 세계의 지식 재산권을 보호한다.

④ 베른협약 : 저작권의 보호 기간을 50년으로 규정했다.

20 도시의 급격한 팽창으로 대도시의 교외가 무질서·무계획적으로 발전하는 현상은?

① 스프롤 현상　　　　　　　　　② 메디치 효과

③ 링겔만 효과　　　　　　　　　④ 노멀크러시

21 고령화-고령-초고령사회를 구분하는 65세 이상 노인의 비율은?(UN 기준)

① 7% － 10% － 14%

② 7% － 14% － 20%

③ 7% － 10% － 16%

④ 7% － 14% － 21%

22 철저한 개인주의적 사고를 말하며, 자신에게 손해가 없다면 비록 그것이 타인과 사회에 악영향을 끼친다 하더라도 관심을 갖지 않는 현상은?

① 디터미니즘　　　　　　　　　② 노라이즘

③ 노비즘　　　　　　　　　　　④ 쇼비니즘

23 컴퓨터 장치에 대한 다음 설명 중 틀린 것은?

① USB : 휘발성 메모리장치이다.
② RAM : 주기억장치이다.
③ CPU : 중앙처리장치이다.
④ 메인보드 : 펌웨어로 구성되어 있다.

24 '그리드 패리티(Grid Parity)'의 기준이 되는 발전 방식은 무엇인가?

① 화력발전   ② 수력발전
③ 태양력발전   ④ 원자력발전

25 프리즘을 통과한 빛은 색이 띤다. 이런 현상은 빛의 어떤 작용에 의한 것인가?

① 빛의 분산   ② 빛의 산란
③ 빛의 투과   ④ 빛의 전반사

26 '데이터 마이닝'과 가장 관련 있는 IT 기술은 무엇인가?

① 빅데이터   ② 딥 러닝
③ 머신러닝   ④ 인공지능

27 "과학의 발전은 점진적이 아니라 패러다임의 교체에 의해 혁명적으로 이루어진다"고 주장하며 이 변화를 '과학혁명'이라 명명한 과학철학자는?

① 칼 포퍼   ② 토마스 쿤
③ 한스 라이헨바흐   ④ 프랜시스 베이컨

28 다음 중 LNG(Liquefied Natural Gas)에 대한 설명으로 틀린 것은?

① 폭발 위험이 비교적 낮다.
② 주성분은 메탄(CH_4)이다.
③ LPG보다 운반이 편리하다.
④ LPG보다 액화시키기 어렵다.

29 다음 중 음운현상의 성격이 나머지와 다른 것 하나는?

① 국민[궁민]
② 천리[철리]
③ 굳이[구지]
④ 국화[구콰]

30 다음 중 공부와 가장 관련 있는 사자성어는 무엇인가?

① 한우충동(汗牛充棟)
② 망운지정(望雲之情)
③ 타산지석(他山之石)
④ 맥수지탄(麥秀之嘆)

31 나이를 나타내는 한자어의 연결이 올바르지 않은 것은?

① 환갑(還甲) : 61세
② 약관(弱冠) : 20세
③ 고희(古稀) : 70세
④ 지학(志學) : 50세

안심Touch

32 다음 중 띄어쓰기의 원칙에 맞게 사용된 문장은?

① 네 말을 듣고 보니 그럴듯하다.
② 변덕이 죽 끓 듯다.
③ 구름에 달 가 듯 가는 나그네
④ 죽일듯이 달려들었다.

33 다음 중 밑줄 친 내용의 맞춤법이 옳은 것은?

① 버스 정류장이 <u>가까와진다</u>.
② 오늘 사장님께서 <u>앞가름마</u>를 하셨다.
③ 나는 그가 <u>가든지 오든지</u> 상관하지 않았다.
④ 오늘 아침에 <u>강남콩</u>을 심었다.

34 다음 외래어 표기법 중 잘못 표기된 것은?

① Pierrot - 피에로
② Contents - 콘텐츠
③ Outlet - 아웃렛
④ Mozart - 모짜르트

35 다음 순우리말 단위어 중 '오징어 한 축'과 같은 수는?

① 바늘 한 쌈   ② 배추 한 접
③ 김 한 톳   ④ 북어 한 쾌

36 영화를 제작하기에 앞서 제작과정에 필요한 부분을 상세하게 서술한 것을 무엇이라 하는가?

① 트리트먼트   ② 시놉시스
③ 트레일러   ④ 필모그래피

37 다음 중 한국 예술가에 대한 설명으로 옳지 않은 것은?

① 이중섭 : 대향(大鄉)이라는 호를 지녔다.
② 김홍도 : 신윤복, 장승업과 함께 삼원(三園)이라 불렸다.
③ 안견 : 몽유도원도를 그렸다.
④ 나혜석 : 한국 최초의 서양화가이다.

38 화려한 색으로 환상적인 생물을 표현하는 멕시코의 민속 조각 예술을 무엇이라 하는가?

① 두들링   ② 도슨트
③ 알레브리헤   ④ 아라베스크

39 원반 양면에 이어지는 그림을 그리고 원반 모서리 양쪽 끝에 고무줄을 연결하여 원반을 뒤집듯이 회전시켜 만드는 애니메이션을 무엇이라 하는가?

① 소마트로프   ② 페르소나
③ 재패니메이션   ④ 셀 애니메이션

40 우리나라 최초의 사립박물관인 보화각을 설립한 인물은?

① 손병희   ② 전형필
③ 오세창   ④ 고희동

41 다음 중 일반적으로 금관악기로 분류되지 않는 서양악기는 무엇인가?

① 튜 바   ② 플루트
③ 트럼펫   ④ 유포니엄

42 캐나다의 문화비평가 마셜 맥루한이 제시한 개념으로서 풍부한 정보 전달량을 지녔고, 정보를 수용하는 이의 낮은 참여가 요구되는 미디어는?

① 침묵의 나선   ② 프라이밍 미디어

③ 핫미디어   ④ 퍼블릭 액세스

43 다음 중 신석기시대의 특징이 아닌 것은?

① 귀족과 평민 등의 계급이 뚜렷이 분화되었다.

② 빗살무늬 토기를 사용하였다.

③ 농경문화가 나타나기 시작하였다.

④ 강가나 평지에 움막을 짓고 모여 살았다.

44 한반도 북부에 3세기까지 존재했던 옥저의 풍습으로 틀린 것은?

① 여러 부족사회로 나뉘었던 군장 국가였다.

② 장례 문화로 가족 공동무덤과 무덤에서 뼈를 추슬러 안치하는 골장제가 있었다.

③ 신부가 신랑 집에서 어릴 때부터 살다가 혼인을 하는 민며느리 제도를 실시하였다.

④ 단궁, 과하마, 반어피 등의 특산물을 생산하였다.

45 신라의 화랑이 지키던 계율 세속오계(世俗五戒)를 지은 대사(大師)는?

① 원 광   ② 원 효

③ 의 상   ④ 자 장

46 고려를 건국한 태조 왕건과 관련한 설명으로 옳지 않은 것은?

① 춘궁기에 백성에게 곡식을 나누어 주고 추수한 후에 갚게 하는 흑창을 설치하였다.

② 호족과 정략결혼을 하거나 호족에게 성(姓)을 하사함으로써 호족을 포용하려 하였다.

③ 최승로의 시무 28조를 받아들여 유교 정치 이념을 바탕으로 통치 체제를 정비하였다.

④ 북진 정책의 걸림돌이자 발해를 멸망시킨 거란을 적대시하고, 청천강까지 영토를 확장하였다.

47 과전법에 대한 설명으로 옳지 않은 것은?

① 조선 세조 대까지 시행되다가 폐지되었다.
② 현직 관리에게만 수조지를 지급하는 제도이다.
③ 관리들에게 경기 지역의 땅만 지급되었다.
④ 신진사대부의 영향력 강화를 위해 실시되었다.

48 다음의 일본과 관련된 조약을 사건이 일어난 순서대로 배치한 것은?

㉠ 계해약조	㉡ 기유약조
㉢ 가쓰라-테프트밀약	㉣ 한일의정서

① ㉠-㉡-㉢-㉣
② ㉠-㉡-㉣-㉢
③ ㉡-㉠-㉣-㉢
④ ㉡-㉠-㉢-㉣

49 광복 이후의 역사와 관련한 다음 설명 중 옳지 않은 것은?

① 이북은 1945년 9월 건국준비위원회를 해체한 후 인민위원회를 조직했다.
② 1946년 7월 미군정의 지원 아래 우익의 김규식과 좌익의 여운형을 중심으로 좌우합작위원회가 개최됐다.
③ 북한은 1948년 2월 조선인민군을 창설하고, 8월 총선거로 구성된 최고인민회의에서 헌법을 채택했다.
④ 남한은 김구와 이승만이 참여한 가운데 1948년 5월 한반도 역사상 최초로 총선거를 치렀다.

50 다음 중 시기상 가장 나중에 일어난 것은?

① 반민족행위처벌법 폐지
② 서울아시안게임
③ 5·18민주화운동
④ 1·21 김신조 무장공비사건

안심Touch

※ 귀하는 이번달 내로 모든 사무실의 복합기를 ★★복합기로 교체하라는 지시를 받았다. 모든 사무실의 복합기를 교체하였지만, 추후 문제가 생길 것을 대비해 신형 복합기의 문제 해결법을 인트라넷에 게시하였다. 이어지는 질문에 답하시오. **[1~2]**

〈문제 해결법〉

Q. 복합기가 비정상적으로 종료됩니다.

A. 제품의 전원 어댑터가 전원 콘센트에 정상적으로 연결되었는지 확인하십시오.

Q. 제품에서 예기치 못한 소음이 발생합니다.

A. 복합기의 자동 서비스 기능으로 프린트 헤드의 수명을 관리할 때에 제품에서 예기치 못한 소음이 발생할 수 있습니다.
   ▲ 참고
   • 프린트 헤드의 손상을 방지하려면, 인쇄하는 동안에는 복합기를 끄지 마십시오.
   • 복합기의 전원을 끌 때에는 반드시 전원 버튼을 사용하고, 복합기가 정지할 때까지 기다린 후 전원을 끄십시오.
   • 잉크 카트리지를 모두 올바르게 장착했는지 확인합니다.
   • 잉크 카트리지가 하나라도 없을 경우, 복합기는 프린트 헤드를 보호하기 위해 자동으로 서비스 기능을 수행할 수 있습니다.

Q. 복합기가 응답하지 않습니다(인쇄되지 않음).

A. 1. 인쇄 대기열에 걸려 있는 인쇄 작업이 있는지 확인하십시오.
      • 인쇄 대기열을 열어 모든 문서 작업을 취소한 다음 PC를 재부팅합니다.
      • PC를 재부팅한 후 인쇄를 다시 시작합니다.
   2. ★★소프트웨어 설치를 확인하십시오.
      • 인쇄 도중 복합기가 꺼지면 PC 화면에 경고 메시지가 나타납니다.
      • 메시지가 나타나지 않을 경우 ★★소프트웨어가 제대로 설치되지 않았을 수 있습니다.
      • ★★소프트웨어를 완전히 제거한 다음 다시 설치합니다. 자세한 내용은 [프린터 소프트웨어 삭제하기]를 참고하십시오.
   3. 케이블 및 연결 상태를 확인하십시오.
      • USB 케이블이 복합기와 PC에 제대로 연결되었는지 확인합니다.
      • 복합기가 무선 네트워크에 연결되어 있을 경우 복합기와 PC의 네트워크 연결 상태를 확인합니다.
      • PC에 개인 방화벽 소프트웨어가 설치되어 있는지 확인합니다.

- 개인 소프트웨어 방화벽은 외부 침입으로부터 PC를 보호하는 보안 프로그램입니다.
- 방화벽으로 인해 PC와 복합기의 통신이 차단될 수 있습니다.
- 복합기와 통신이 문제가 될 경우에는 방화벽을 일시적으로 해제하십시오. 해제 후에도 문제가 발생하면 방화벽에 의한 문제가 아닙니다. 방화벽을 다시 실행하십시오.

Q. 인쇄 속도가 느립니다.

A. 1. 인쇄 품질 설정을 확인하십시오.
   - 인쇄 품질(해상도)이 최상 및 최대 DPI로 설정되었을 경우 인쇄 품질이 향상되나 인쇄 속도가 느려질 수 있습니다.
   2. 잉크 카트리지의 잉크 잔량을 확인하십시오.
   - 잉크 카트리지에 남아 있는 예상 잉크량을 확인합니다.
   - 잉크 카트리지가 소모된 상태에서 인쇄를 할 경우 인쇄 속도가 느려질 수 있습니다.
   - 위와 같은 방법으로 해결되지 않을 경우 복합기에 문제가 있을 수 있으므로, ★★서비스 센터에 서비스를 요청하십시오.

---

01 A사원은 ★★복합기에서 소음이 발생하자 문제 해결법을 통해 복합기의 자동 서비스 기능으로 프린트 헤드의 수명을 관리할 때 소음이 발생할 수 있다는 것을 알았다. A사원이 숙지할 수 있는 참고 사항이 아닌 것은?

① 프린트 헤드의 손상을 방지하려면, 인쇄하는 동안에는 복합기를 끄지 않는다.
② 복합기의 전원을 끌 때에는 반드시 전원 버튼을 사용하고, 복합기가 정지할 때까지 기다린 후 전원을 끈다.
③ 잉크 카트리지를 모두 올바르게 장착했는지 확인한다.
④ 프린트 헤드 정렬 및 청소를 불필요하게 실시하면 많은 양의 잉크가 소모된다.
⑤ 잉크 카트리지가 하나라도 없을 경우, 복합기는 프린트 헤드를 보호하기 위해 자동으로 서비스 기능을 수행하게 된다.

---

02 팀장에게 보고서를 제출하기 위해 인쇄를 하려던 Z사원은 보고서가 인쇄되지 않는다는 것을 알았다. Z사원이 복합기 문제를 해결할 수 있는 방안이 아닌 것은?

① 인쇄 작업이 대기 중인 문서가 있는지 확인한다.
② 복합기 소프트웨어를 완전히 제거한 다음 다시 설치한다.
③ USB 케이블이 복합기와 PC에 연결이 되어 있는지 확인한다.
④ 잉크 카트리지에 남아 있는 예상 잉크량을 확인한다.
⑤ 대기 문서를 취소한 후 PC를 재부팅한다.

안심Touch

03   다음 중 〈보기〉의 글이 들어갈 위치로 가장 적절한 곳은?

'아무리 퍼내도 쌀이 자꾸자꾸 차오르는 항아리가 있다면 얼마나 좋을까…' 가난한 사람들에게는 이런 소망이 있을 것이다. 신화의 세계에는 그런 쌀독이 얼마든지 있다. 세계 어느 나라 신화를 들추어 보아도 이런 항아리가 등장하지 않는 신화는 없다. (가) 신화에는 사람들의 원망(願望)이 투사(投射)되어 있다.

신화란 신(神)이나 신 같은 존재에 대한 신비롭고 환상적인 이야기, 우주나 민족의 시작에 대한 초인적(超人的)인 내용, 그리고 많은 사람이 믿는, 창작되거나 전해지는 이야기를 의미한다. 다시 말해 모든 신화는 상상력에 바탕을 둔 우주와 자연에 대한 이해이다. (나) 이처럼 신화는 상상력을 발휘하여 얻은 것이지만 그 결과는 우리 인류에게 유익한 생산력으로 나타나고 있다.

그런데 신화는 단순한 상상력으로 이루어지는 것이 아니라 창조적 상상력으로 이루어지는 것이며, 이 상상력은 또 생산적 창조력으로 이어졌다. 오늘날 우리 인류의 삶을 풍족하게 만든 모든 문명의 이기(利器)들은, 그것의 근본을 규명해 보면 신화적 상상력의 결과임을 알 수 있다. (다) 결국, 그것들은 인류가 부단한 노력을 통해 신화를 현실화한 것이다. 또한 신화는 고대인들의 우주 만물에 대한 이해로 끝나지 않고 현재까지도 끊임없이 창조되고 있고, 나아가 신화 자체가 문학적 상상력의 재료로 사용되는 경우도 있다.

신화적 사유의 근간은 환상성(幻想性)이지만, 이것을 잘못 이해하면 현실성을 무시한 황당무계한 것으로 오해하기 쉽다. (라) 그러나 이 환상성은 곧 상상력이고 이것이 바로 창조력이라는 점을 우리는 이해하지 않으면 안 된다. 그래서 인류 역사에서 풍부한 신화적 유산을 계승한 민족이 찬란한 문화를 이룬 예를 서양에서는 그리스, 동양에서는 중국에서 찾아볼 수 있다. 우리나라에도 규모는 작지만 단군·주몽·박혁거세 신화 등이 있었기에 우리 민족 역시 오늘날 이 작은 한반도에서 나름대로 민족 국가를 형성하여 사는 것이다. 왜냐하면 민족이나 국가에 대한 이야기, 곧 신화가 그 민족과 국가의 정체성을 확보해 주기 때문이다.

신화는 물론 인류의 보편적 속성에 기반을 두어 형성되고 발전되어 왔지만 그 구체적인 내용은 민족마다 다르게 나타난다. 즉, 나라마다 각각 다른 지리·기후·풍습 등의 특성이 반영되어 각 민족 특유의 신화가 만들어지는 것이다. (마) 그래서 고대 그리스의 신화와 중국의 신화는 신화적 발상과 사유에 있어서는 비슷하지만 내용은 전혀 다르게 전개되고 있다. 예를 들어 그리스 신화에서 태양은 침범 불가능한 아폴론 신의 영역이지만 중국 신화에서는 후예가 태양을 쏜 신화에서 볼 수 있듯이 떨어뜨려야 할 대상으로 나타나기도 하는 것이다.

> **보기**
>
> 오늘날 인류 최고의 교통수단이 되고 있는 비행기도 우주와 창공을 마음껏 날아보려는 신화적 사유의 소산이며, 바다를 마음대로 항해해 보고자 했던 인간의 신화적 사유가 만들어낸 것이 여객선이다. 이러한 것들은 바로 『장자(莊子)』에 나오는, 물길을 차고 높이 날아올라 순식간에 먼 거리를 이동한 곤붕(鯤鵬)의 신화가 오늘의 모습으로 나타난 것이라고 볼 수 있다.

① (가)　　　　　　　　　　② (나)
③ (다)　　　　　　　　　　④ (라)
⑤ (마)

04 다음 중 피벗 테이블에 대한 설명으로 옳지 않은 것은?

① 피벗 테이블 결과 표시는 동일한 시트 내에만 가능하다.
② 피벗 테이블로 작성된 목록에서 행 필드를 열 필드로 편집할 수 있다.
③ 피벗 테이블 작성 후에도 사용자가 새로운 수식을 추가하여 표시할 수 있다.
④ 피벗 테이블은 많은 양의 데이터를 손쉽게 요약하기 위해 사용되는 기능이다.
⑤ 피벗 테이블에서 필터 기능을 사용할 수 있다.

05 다음은 SWOT분석에 대한 설명과 유전자 관련 업무를 수행 중인 A사의 SWOT분석 자료이다. 자료를 참고하여 〈보기〉의 ㉠～㉢ 중 빈칸 A, B에 들어갈 내용으로 적절한 것은?

SWOT분석은 기업의 내부환경과 외부환경을 분석하여 강점(Strength), 약점(Weakness), 기회(Opportunity), 위협(Threat) 요인을 규정하고 이를 토대로 경영전략을 수립하는 기법으로, 미국의 경영컨설턴트인 앨버트 험프리(Albert Humphrey)에 의해 고안되었다.
• 강점(Strength) : 내부환경(자사 경영자원)의 강점
• 약점(Weakness) : 내부환경(자사 경영자원)의 약점
• 기회(Opportunity) : 외부환경(경쟁, 고객, 거시적 환경)에서 비롯된 기회
• 위협(Threat) : 외부환경(경쟁, 고객, 거시적 환경)에서 비롯된 위협

〈A사 SWOT분석 결과〉

강점(Strength)	약점(Weakness)
• 유전자 분야에 뛰어난 전문가로 구성 • _____A_____	• 유전자 실험의 장기화
기회(Opportunity)	**위협(Threat)**
• 유전자 관련 업체 수가 적음 • _____B_____	• 고객들의 실험 부작용에 대한 두려움 인식

> **보기**
>
> ㉠ 투자 유치의 어려움
> ㉡ 특허를 통한 기술 독점 가능
> ㉢ 점점 증가하는 유전자 의뢰
> ㉣ 높은 실험 비용

	A	B			A	B
①	㉠	㉣		②	㉡	㉠
③	㉠	㉢		④	㉡	㉢
⑤	㉢	㉣				

06 부산교통공사는 현재 모든 사원과 연봉 협상을 하는 중이다. 연봉은 전년도 성과지표에 따라서 결정된다. 직원들의 성과지표가 다음과 같을 때 가장 많은 연봉을 받을 직원은 누구인가?

〈성과지표별 가중치〉

(단위 : 원)

성과지표	수익 실적	업무 태도	영어 실력	동료 평가	발전 가능성
가중치	3,000,000	2,000,000	1,000,000	1,500,000	1,000,000

〈사원별 성과지표 결과〉

구분	수익 실적	업무 태도	영어 실력	동료 평가	발전 가능성
A사원	3	3	4	4	4
B사원	3	3	3	4	4
C사원	5	2	2	3	2
D사원	3	3	2	2	5
E사원	4	2	5	3	3

※ (당해 연도 연봉)=3,000,000원+(성과금)
※ 성과금은 각 성과지표와 그에 해당하는 가중치를 곱한 뒤 모두 더한다.
※ 성과지표의 평균이 3.5 이상인 경우 당해 연도 연봉에 1,000,000원이 추가된다.

① A사원 ② B사원
③ C사원 ④ D사원
⑤ E사원

07 다음은 동네 가게 주인 B씨에 대한 협상 사례이다. 다음 사례를 읽고 옆 가게 주인과 비교하여 B씨에게 나타나는 협상의 문제점으로 적절한 것을 고르시오.

B씨는 동네 가게 주인이다. 어느 날 한 청년이 헐레벌떡 들어와 "목이 마르니 콜라를 주세요."라고 말하였다. 하지만 며칠 동안 콜라 도매상이 들리지 않는 바람에 콜라가 다 떨어진 것을 확인한 B씨는 "죄송합니다. 지금 콜라가 다 떨어졌네요."하고 대답했다. 그러자 그 청년은 밖으로 나가더니 바로 옆 가게로 들어가는 것이 아닌가? B씨는 그 모습을 보고 옆 가게에도 도매상이 들리지 않았으니 청년이 빈손으로 나올 것이라고 예상했다. 하지만 예상과 달리 청년은 콜라 대신에 사이다를 가지고 나왔다. B씨는 어떻게 사이다를 팔았는지 궁금해서 옆 가게 주인에게 물어보자, 옆 가게 주인은 "난 그저 콜라가 없지만 사이다를 대신 마시는 것은 어떤지 물어본 걸세."하고 대답했다.

① 협상 당사자의 주장에 대해 적극적으로 경청하지 않았다.
② 협상에 대해 자신이 원하는 바에 대한 주장을 제시하지 못했다.
③ 협상을 위해 상대방이 제시하는 것을 일방적으로 수용하지 않았다.
④ 협상 당사자가 실제로 원하는 것을 확인하지 못했다.
⑤ 협상 당사자와의 인간관계를 중요하게 여기지 않았다.

08 다음 글을 바탕으로 할 때, 비판의 대상으로 적절하지 않은 것은?

> 우리나라를 비롯한 아시아의 대만, 홍콩, 싱가포르 등의 신흥 강대국들은 1960년대 이후 수출주도형 성장전략을 국가의 주요한 성장전략으로 활용하면서 눈부신 경제성장을 이루어 왔다. 이러한 수출주도형 성장전략은 신흥 강대국들의 부상을 이끌면서, 전 세계적인 전략으로 자리매김을 하였으며, 이의 전략을 활용하고자 하는 국가가 나타나면서 그 효과에 대한 인정을 받아온 측면이 존재하였다. 기본적으로 수출주도형 성장전략은 수요가 외부에 존재한다는 측면에서 공급중시 경제학적 관점을 띠고 있다고 볼 수 있다. 이는 수출주도형 국가는 물품을 생산하여 수출하면, 타 국가에서 이를 소비한다는 측면에서 공급이 수요를 창출한다고 하는 '세이의 법칙(Say's Law)'과 같은 맥락으로 설명될 수 있다. 고전학파 – 신고전학파로 이어지는 주류경제학에서의 공급중시 경제학에서는 기업부분의 역할을 강조하면서 이를 위해 민간 부문의 지속적인 투자의식 고취를 위한 세율인하 등 규제완화에 주력하여 왔던 측면이 있다.

① 외부의 수요에 의존하기 때문에 국가 경제가 변동하는 영향이 너무 커요.
② 외부 의존성을 낮추고 국내의 수요에 기반한 안정적 정책마련이 필요해요.
③ 내부의 수요를 증대시키는 것이 결국 기업의 투자활동으로 촉진될 수 있어요.
④ 내부의 수요 증대는 고용 및 투자의 증가를 유발할 수 있어요.
⑤ 내부의 수요를 증대시키기 위해 물품을 생산하여 공급하는 것이 중요해요.

09 다음 글의 내용이 어떤 주장을 비판하는 논거일 때, 적절한 것은?

> '모래언덕'이나 '바람'같은 개념은 매우 모호해 보인다. 작은 모래 무더기가 모래언덕이라고 불리려면 얼마나 높이 쌓여야 하는가? 바람이 되려면 공기는 얼마나 빨리 움직여야 하는가?
> 그러나 지질학자들이 관심이 있는 대부분의 문제 상황에서 이런 개념들은 아무 문제없이 작동한다. 더 높은 수준의 세분화가 요구될 만한 맥락에서는 그때마다 '30m에서 40m 사이의 높이를 가진 모래언덕'이나 '시속 20km와 시속 40km 사이의 바람'처럼 수식어구가 달린 표현이 과학적 용어의 객관적인 사용을 뒷받침한다.
> 물리학 같은 정밀과학에서도 사정은 비슷하다. 물리학의 한 연구 분야인 저온물리학은 저온현상, 즉 초전도 현상을 비롯하여 절대온도 0K인 −273.16℃ 부근의 저온에서 나타나는 흥미로운 현상들을 연구한다. 그렇다면 정확히 몇 도부터 저온인가? 물리학자들은 이 문제를 놓고 다투지 않는다. 때로는 이 말이 헬륨의 끓는점(−268.6℃)과 같은 극저온 근방을 가리키는가 하면, 질소의 끓는점(−195.8℃)이 기준이 되기도 한다.
> 과학자들은 모호한 것을 싫어한다. 모호성은 과학의 정밀성을 훼손할 뿐만 아니라 궁극적으로 과학의 객관성을 약화하기 때문이다. 그러나 모호성에 대응하는 길은 모든 측정의 오차를 0으로 만드는 데 있는 것이 아니라 대화를 통해 그 상황에 적절한 합의를 하는 데 있다.

① 과학의 정확성은 측정기술의 정확성에 달려 있다.
② 물리학 같은 정밀과학에서도 오차는 발생하기 마련이다.
③ 과학의 발달은 과학적 용어체계의 변화를 유발할 수 있다.
④ 과학적 언어의 객관성은 그 언어가 사용되는 맥락 속에서 확보된다.
⑤ 과학적 언어의 객관성은 용어의 엄밀하고 보편적인 정의에 의해서만 보장된다.

※ 기획전략팀에서는 사무실을 간편히 청소할 수 있는 새로운 청소기를 구매하였다. 기획전략팀의 B대리는 새 청소기를 사용하기 전에 제품설명서를 참고하였다. 다음 설명서를 읽고 이어지는 질문에 답하시오. **[10~12]**

〈사용 설명서〉

1. 충전

- 충전 시 작동 스위치 2곳을 반드시 꺼주십시오.
- 타 제품의 충전기를 사용할 경우 고장의 원인이 되오니 반드시 전용 충전기를 사용하십시오.
- 충전 시 충전기에 열이 느껴지는 것은 고장이 아닙니다.
- 본 제품에는 배터리 보호를 위하여 과충전 보호회로가 내장되어 있어 적정 충전시간을 초과하여도 배터리는 심한 손상이 없습니다.
- 충전기의 줄을 잡고 뽑을 경우 감전, 쇼크, 발화 및 고장의 원인이 됩니다.
- 충전하지 않을 때는 전원 콘센트에서 충전기를 뽑아 주십시오. 절연 열화에 따른 화재, 감전 및 고장의 원인이 됩니다.

2. 이상발생 시 점검 방법

증상	확인사항	해결 방법
스위치를 켜도 청소기가 작동하지 않는다면?	• 청소기가 충전잭에 꽂혀 있는지 확인하세요. • 충전이 되어 있는지 확인하세요. • 본체에 핸디 청소기가 정확히 결합되었는지 확인하세요. • 접점부(핸디, 본체)를 부드러운 면으로 깨끗이 닦아주세요.	청소기에서 충전잭을 뽑아주세요.
사용 중 갑자기 흡입력이 떨어진다면?	• 흡입구를 커다란 이물질이 막고 있는지 확인하세요. • 먼지 필터가 막혀 있는지 확인하세요. • 먼지통 내에 오물이 가득 차 있는지 확인하세요.	이물질을 없애고 다시 사용하세요.
청소기가 멈추지 않는다면?	• 스틱 손잡이 / 핸디 손잡이 스위치 2곳 모두 꺼져 있는지 확인하세요. • 청소기 본체에서 핸디 청소기를 분리하세요.	
사용시간이 짧다고 느껴진다면?	10시간 이상 충전하신 후 사용하세요.	
라이트가 켜지지 않는다면?	• 청소기 작동 스위치를 ON으로 하셨는지 확인하세요. • 라이트 스위치를 ON으로 하셨는지 확인하세요.	
파워브러쉬가 작동하지 않는다면?	머리카락이나 실 등 이물질이 감겨있는지 확인하세요.	청소기 전원을 끄고 이물질 제거 후 전원을 켜면 파워브러쉬가 재작동하며 평상시에도 파워브러쉬가 멈추었을 때는 전원 스위치를 껐다 켜시면 브러쉬가 재작동합니다.

10 사용 중 충전으로 인한 고장이 발생한 경우, 그 원인에 해당하지 않는 것은?

① 충전 시 작동 스위치 2곳을 모두 끄지 않은 경우
② 충전기를 뽑을 때 줄을 잡고 뽑은 경우
③ 충전하지 않을 때 충전기를 계속 꽂아 둔 경우
④ 적정 충전시간을 초과하여 충전한 경우
⑤ 타 제품의 충전기를 사용한 경우

11 B대리는 청소기의 전원을 껐다 켬으로써 청소기의 작동 불량을 해결하였다. 어떤 작동 불량이 발생하였는가?

① 청소기가 멈추지 않았다.
② 사용시간이 짧게 느껴졌다.
③ 파워브러쉬가 작동하지 않았다.
④ 사용 중 흡입력이 떨어졌다.
⑤ 라이트 불이 켜지지 않았다.

12 청소기에 이물질이 많이 들어있을 때 나타날 수 있는 증상은?

① 사용시간이 짧아진다.
② 라이트가 켜지지 않는다.
③ 스위치를 켜도 청소기가 작동하지 않는다.
④ 충전 시 충전기에서 열이 난다.
⑤ 사용 중 갑자기 흡입력이 떨어진다.

13 다음 중 스프레드 시트의 [창] – [틀 고정]에 대한 설명으로 옳지 않은 것은?

① 셀 포인터의 이동에 상관없이 항상 제목 행이나 제목 열을 표시하고자 할 때 설정한다.
② 제목 행으로 설정된 행은 셀 포인터를 화면의 아래쪽으로 이동시켜도 항상 화면에 표시된다.
③ 제목 열로 설정된 열은 셀 포인터를 화면의 오른쪽으로 이동시켜도 항상 화면에 표시된다.
④ 틀 고정을 취소할 때에는 반드시 셀 포인터를 틀 고정된 우측 하단에 위치시키고 [창] – [틀 고정 취소]를 클릭해야 한다.
⑤ 틀 고정은 첫 행만을 고정하도록 설정할 수 있다.

14 다음 시트에서 [C2:C5] 영역을 선택하고 선택된 셀들의 내용을 모두 지우려고 할 때, 결과가 다르게 나타나는 것은?

	A	B	C	D	E
1	성명	출석	과제	실기	총점
2	박경수	20	20	55	95
3	이정수	15	10	60	85
4	경동식	20	14	50	84
5	김미경	5	11	45	61

① 키보드의 [Back Space] 키를 누른다.

② 마우스의 오른쪽 버튼을 눌러서 나온 바로가기 메뉴에서 [내용 지우기]를 선택한다.

③ [홈] – [편집] – [지우기] 메뉴에서 [내용 지우기]를 선택한다.

④ 키보드의 [Delete] 키를 누른다.

⑤ [홈] – [편집] – [지우기] 메뉴에서 [모두 지우기]를 선택한다.

15 김 부장은 영업부서의 리더로서 팀원들의 자기개발이 필요함을 느끼고 있다. 따라서 면담을 통해 현재 어떻게 자기개발을 하고 있는지 알아보았다. 다음 중 잘못된 자기개발 방법을 사용하는 사람은 누구인가?

① A사원은 자신이 목표하는 것을 달성하기 위해 회사 동료들과의 사적인 인간관계를 멀리하고 혼자만의 공부시간을 갖고 있다.

② B사원은 자신의 영업노하우를 향상시키기 위해 도움이 될 수 있는 강연, 특강 등을 수시로 찾아서 본다.

③ C사원은 영업부에서 주어진 자신의 업무를 수행하면서 자신의 업무에 있어서 성패 요인을 분석하기 위해 자료를 데이터화하고 있다.

④ D사원은 빠르게 변화하는 회사정책에 뒤처지지 않기 위하여 수시로 회사와 관련된 자료를 수집하고 정보를 확보하여 업무에 활용하고 있다.

⑤ E사원은 회사에서 업무 성과가 뛰어난 상사를 역할 모델로 설정하여 상사의 업무 처리 방식 등을 관찰하고 있다.

16 A대리는 자신의 자리를 정리하는 중에 언제 사용했는지 모르는 달력을 발견하였다. 중요한 날에 동그라미를 많이 칠했었는지 구멍이 뚫려서 그 다음 장 혹은 그 이후에 있는 숫자가 보이게 되었다. 다음 중 이 달력과 관련하여 판단한 것으로 옳지 않은 것은?

- 달력은 용수철로 묶여진 것으로 앞뒤로 자유롭게 넘길 수 있으며, 12월 달력에서 다음 장으로 넘기면 고정 받침대가 있다.
- 현재 펼쳐진 장에는 일요일에 해당하는 날과 6일(국경일)이 빨간색으로 표시되어 있다.
- 달력에 표시된 공휴일은 삼일절, 어린이날, 현충일, 광복절, 개천절, 크리스마스뿐이다.
- 달력의 해당 연도는 윤년이 아니다.

일	월	화	수	목	금	토
1	2	3	4	5	6	7
8	9	10	11	⑦	13	14
15	16	⑮	18	19	⑲	21
22	23	24	㉒	26	27	28
29	30					

① 현재 펼쳐진 달은 5월이 아니다.
② ⑮가 원래 속해 있는 달은 7월이다.
③ ⑦이 원래 속해 있는 달은 현재 펼쳐진 달의 2개월 후이다.
④ ⑲가 원래 속해 있는 달은 홀수 달뿐이다.
⑤ ㉒가 원래 속해 있는 달은 ⑮가 속해 있는 달의 3개월 후이다.

17 워드프로세서의 커서 이동키에 대한 설명으로 옳은 것은?

① [Home] : 커서를 현재 문서의 맨 처음으로 이동시킨다.
② [End] : 커서를 현재 문단의 맨 마지막으로 이동시킨다.
③ [Back Space] : 커서를 화면의 맨 마지막으로 이동시킨다.
④ [Page Down] : 커서를 한 화면 단위로 하여 아래로 이동시킨다.
⑤ [Alt]+[Page Up] : 커서를 파일의 맨 처음으로 이동시킨다.

18 국내 금융그룹의 SWOT분석 결과가 다음과 같을 때, 분석 결과에 대응하는 전략과 그 내용이 올바르게 짝지어진 것은?

〈국내 금융그룹 SWOT분석〉

〈S(강점)〉	〈W(약점)〉
• 탄탄한 국내 시장 지배력 • 뛰어난 위기관리 역량 • 우수한 자산건전성 지표 • 수준 높은 금융 서비스	• 은행과 이자수익에 편중된 수익구조 • 취약한 해외 비즈니스와 글로벌 경쟁력 • 낙하산식 경영진 교체와 관치금융 우려 • 외화 자금 조달 리스크
〈O(기회)〉	〈T(위협)〉
• 해외 금융시장 진출 확대 • 기술 발달에 따른 핀테크의 등장 • IT 인프라를 활용한 새로운 수익 창출 • 계열사 간 협업을 통한 금융 서비스	• 새로운 금융 서비스의 등장 • 은행의 영향력 약화 가속화 • 글로벌 금융사와의 경쟁 심화 • 비용 합리화에 따른 고객 신뢰 저하

① SO전략 : 해외 비즈니스TF팀 신설로 상반기 해외 금융시장 진출 대비
② ST전략 : 금융 서비스를 다방면으로 확대해 글로벌 경쟁사와의 경쟁에서 우위 차지
③ WO전략 : 국내의 탄탄한 시장점유율을 기반으로 핀테크 사업 진출
④ WT전략 : 국내금융사의 우수한 자산건전성 지표를 홍보하여 고객 신뢰 회복
⑤ WT전략 : 해외 금융시장 진출을 확대하여 안정적인 외화 자금 조달을 통한 위기관리

19 다음 중 자아인식에 대한 설명으로 옳지 않은 것은?

① 대표적인 방법은 표준화된 검사를 활용하는 것이다.
② 자신의 직업에 대한 흥미를 파악하는 것이 포함된다.
③ 일과 관련된 경험을 관리하는 것이다.
④ 자기개발의 가장 처음 단계에서 이루어지는 것이다.
⑤ 다른 사람과의 커뮤니케이션을 통해 확인할 수 있다.

20 다음은 부산교통공사 디자인팀의 주간회의록이다. 자료에 대한 내용으로 옳은 것은?

〈주간회의록〉

회의일시	2021-04-05(월)		부서	디자인팀	작성자	D사원
참석자	A과장, B주임, C사원, E사원					
회의안건	1. 개인 주간 스케줄 및 업무 점검 2. 2021년 회사 홍보 브로슈어 기획					

	내용			비고		
회의내용	1. 개인 스케줄 및 업무 점검 　• A과장 : 브로슈어 기획 관련 홍보팀 미팅, 　　　　　외부 디자이너 미팅 　• B주임 : 신제품 SNS 홍보 이미지 작업, 　　　　　회사 영문 서브페이지 2차 리뉴얼 작업 진행 　• C사원 : 2021년도 홈페이지 개편 작업 진행 　• E사원 : 4월 사보 편집 작업 2. 2021년도 회사 홍보 브로슈어 기획 　• 브로슈어 주제 : '신뢰' 　　– 창립 10주년을 맞아 고객의 신뢰로 회사가 성장했음을 강조 　　– 한결같은 모습으로 고객들의 지지를 받아왔음을 기업 이미지 　　　로 표현 　• 20페이지 이내로 구성 예정			• 4월 8일 AM 10:00 　디자인팀 전시회 관람 • 4월 5일까지 홍보팀에서 　2021년도 브로슈어 최종 　원고 전달 예정		

	내용		작업자	진행일정		
결정사항	브로슈어 표지 이미지 샘플 조사		C사원, E사원	2021-04-05 ~ 2021-04-06		
	브로슈어 표지 시안 작업 및 제출		B주임	2021-04-05 ~ 2021-04-09		

특이사항	다음 회의 일정 : 4월 12일 • 브로슈어 표지 결정, 내지 1차 시안 논의

① 부산교통공사는 외부 디자이너에게 브로슈어 표지 이미지 샘플을 요청하였다.

② 디자인팀은 이번 주 금요일에 전시회를 관람할 예정이다.

③ A과장은 이번 주에 내부 미팅, 외부 미팅을 모두 할 예정이다.

④ E사원은 이번 주에 4월 사보 편집 작업만 하면 된다.

⑤ C사원은 2021년도 홈페이지 개편 작업을 완료한 후, 브로슈어 표지 이미지 샘플을 조사할 예정이다.

21 다음은 지역별 컴퓨터 업체들의 컴퓨터 종류별 보유 비율에 대한 자료이다. 다음 자료에 대한 설명으로 옳지 않은 것은?(단, 대수는 소수점 이하 첫째 자리에서, 비율은 소수점 이하 둘째 자리에서 반올림한다)

〈컴퓨터 종류별 보유 비율〉

(단위 : %)

구분		전체 컴퓨터 대수(대)	데스크톱	노트북	태블릿 PC	PDA	스마트폰	기타
지역별	서울	605,296	54.5	22.4	3.7	3.2	10.0	6.2
	부산	154,105	52.3	23.7	3.8	1.7	5.2	13.3
	대구	138,753	56.2	26.4	3.0	5.1	5.2	4.1
	인천	124,848	62.3	21.6	1.0	1.0	12.1	2.0
	광주	91,720	75.2	16.1	2.5	0.6	5.6	–
	대전	68,270	66.2	20.4	0.8	1.0	4.5	7.1
	울산	42,788	67.5	20.5	0.6	–	3.8	7.6
	세종	3,430	91.5	7.0	1.3	–	–	0.2
	경기	559,683	53.7	27.2	3.3	1.1	10.0	4.7
	강원	97,164	59.2	12.3	4.0	0.5	18.9	5.1
	충북	90,774	71.2	16.3	0.7	1.9	5.9	4.0
	충남	107,066	75.8	13.7	1.4	0.4	0.7	8.0
	전북	88,019	74.2	12.2	1.1	0.3	11.2	1.0
	전남	91,270	76.2	12.7	0.6	1.5	9.0	–
	경북	144,644	45.1	6.9	2.1	3.0	14.5	28.4
	경남	150,997	69.7	18.5	1.5	0.2	0.4	9.7
	제주	38,964	53.5	13.0	3.6	–	12.9	17.0
전국		2,597,791	59.4	20.5	2.7	1.7	8.7	7.0

① 서울 업체가 보유한 노트북 수는 20만 대 미만이다.
② 전국 컴퓨터 보유 대수 중 스마트폰의 비율은 전국 컴퓨터 보유 대수 중 노트북 비율의 30% 미만이다.
③ 대전과 울산 업체가 보유하고 있는 데스크톱 보유 대수는 전국 데스크톱 보유 대수의 6% 미만이다.
④ PDA 보유 대수는 전북이 전남의 15% 이상이다.
⑤ 강원 업체의 태블릿 PC 보유 대수보다 경북의 노트북 보유 대수가 6천 대 이상 많다.

22 다음 워크시트의 데이터 입력에 관한 설명 중 옳은 것은?

① 숫자와 문자가 혼합된 데이터가 입력되면 문자열로 입력된다.
② 문자 데이터는 기본적으로 오른쪽으로 정렬된다.
③ 날짜 데이터는 자동으로 셀의 왼쪽으로 정렬된다.
④ 수치 데이터는 셀의 왼쪽으로 정렬된다.
⑤ 시간 데이터는 세미콜론(;)을 이용하여 시, 분, 초를 구분한다.

23 농한기인 1 ~ 2월에 자주 발생하는 영농기자재 고장을 방지하고자 영농기자재 관리 방법에 대한 매뉴얼을 작성하여 농가에 배포하였다. 매뉴얼에 따라 영농기자재를 바르게 관리한 것은?

<table>
<tr><td colspan="3" align="center">〈매뉴얼〉</td></tr>
<tr><td>월</td><td>기계종류</td><td>내용</td></tr>
<tr><td rowspan="3">1월</td><td>트랙터</td><td>(보관 중 점검)
• 유압실린더는 완전상승 상태로 함
• 엔진 계통의 누유점검(연료탱크, 필터, 파이프)
• 축전지 보충충전</td></tr>
<tr><td>이앙기</td><td>(장기보관 중 점검)
• 본체의 누유, 누수 점검
• 축전지 보관 상태 점검, 보충충전
• 페인트가 벗겨진 부분에는 방청유를 발라 녹 발생 방지
• 커버를 씌워 먼지, 이물질에 의한 부식 방지</td></tr>
<tr><td>콤바인</td><td>(장기보관 중 점검)
• 회전부, 작동부, 와이어류에 부식방지를 위해 오일 주입
• 각부의 누유 여부 점검
• 스프링 및 레버류에 부식방지를 위해 그리스를 바름</td></tr>
<tr><td rowspan="3">2월</td><td>트랙터</td><td>(사용 전 점검)
• 팬벨트 유격 10mm 이상 시 발전기 고정 볼트를 풀어 유격 조정
• 냉각수량 – 외기온도에 알맞은 비중의 부동액 확인(40% 확인)
• 축전지액량 및 접속상태, 배선 및 각종 라이트 경고등 점검, 충전상태 점검
• 좌우 브레이크 페달 유격 및 작동 상태 점검</td></tr>
<tr><td>이앙기</td><td>(장기보관 중 점검)
• 누유 · 누수 점검
• 축전지 보충충전
• 녹이 발생된 부분은 녹을 제거하고 방청유를 바름</td></tr>
<tr><td>콤바인</td><td>(장기보관 중 점검)
• 엔진을 회전시켜 윤활시킨 후, 피스톤을 압축상사점에 보관
• 각 회전부, 작동부, 와이어류에 부식방지를 위해 오일주입
• 스프링 및 레버류에 부식방지를 위해 그리스를 바름</td></tr>
</table>

① 1월에 트랙터의 브레이크 페달 작동 상태를 점검함

② 2월에 장기보관 중이던 이앙기에 커버를 씌워 먼지 및 이물질에 의한 부식을 방지함

③ 1 ~ 2월 모두 이앙기에 부식방지를 위해 방청유를 바름

④ 트랙터 사용 전에 유압실린더와 엔진 누유 상태를 중점적으로 점검함

⑤ 장기보관 중인 콤바인을 꺼낸 후, 타이어 압력을 기종별 취급설명서에 따라 점검함

24 다음은 K학교의 성과급 기준표이다. 표에 제시된 기준들을 적용해 K학교 교사들의 성과급 배점을 계산하고자 할 때, 〈보기〉의 A ~ E교사 중 가장 높은 배점을 받을 교사는?

〈성과급 기준표〉

항목	평가 사항	배점 기준		배점
수업지도	주당 수업시간	24시간 이하	14점	20점
		25시간	16점	
		26시간	18점	
		27시간 이상	20점	
	수업 공개 유무	교사 수업 공개	10점	10점
		학부모 수업 공개	5점	
생활지도	담임 유무	담임교사	10점	10점
		비담임교사	5점	
담당업무	업무 곤란도	보직교사	30점	30점
		비보직교사	20점	
경력	호봉	10호봉 이하	5점	30점
		11 ~ 15호봉	10점	
		16 ~ 20호봉	15점	
		21 ~ 25호봉	20점	
		26 ~ 30호봉	25점	
		31호봉 이상	30점	

※ 수업지도 항목에서 교사 수업 공개, 학부모 수업 공개를 모두 진행했을 경우 10점으로 배점하며, 수업 공개를 하지 않았을 경우 배점은 없다.

보기

구분	주당 수업시간	수업 공개 유무	담임 유무	업무 곤란도	호봉
A교사	20시간	–	담임교사	비보직교사	32호봉
B교사	29시간	–	비담임교사	비보직교사	35호봉
C교사	26시간	학부모 수업 공개	비담임교사	보직교사	22호봉
D교사	22시간	교사 수업 공개	담임교사	보직교사	17호봉
E교사	25시간	교사 수업 공개, 학부모 수업 공개	비담임교사	비보직교사	30호봉

① A교사
② B교사
③ C교사
④ D교사
⑤ E교사

25 다음은 A회사의 성과급 지급 기준에 대한 자료이다. 甲대리가 받은 성과평가 등급이 아래와 같다면, A회사 성과급 지급 기준에 따라 甲대리가 받게 될 성과급은 얼마인가?

〈甲대리 성과평가 등급〉

실적	난이도평가	중요도평가	신속성
A등급	B등급	D등급	B등급

〈A회사 성과급 지급 기준〉

■ 개인 성과평가 점수

실적	난이도평가	중요도평가	신속성	총점
30	20	30	20	100

■ 각 성과평가 항목에 대한 등급별 가중치

성과평가 등급	가중치
A등급(매우 우수)	1
B등급(우수)	0.8
C등급(보통)	0.6
D등급(미흡)	0.4

■ 성과평가 결과에 따른 성과급 지급액

구분	성과급 지급액
85점 이상	120만 원
75점 이상 85점 미만	100만 원
65점 이상 75점 미만	80만 원
55점 이상 65점 미만	60만 원
55점 미만	40만 원

① 40만 원
② 60만 원
③ 80만 원
④ 100만 원
⑤ 120만 원

안심Touch

26 다음 상황에서 K주임이 처리해야 할 업무 순서로 가장 옳은 것은?

안녕하세요, K주임님. 언론홍보팀 L대리입니다. 다름이 아니라 이번에 공사에서 진행하는 '소셜벤처 성장지원사업'에 관한 보도 자료를 작성하려고 하는데, 디지털소통팀의 업무 협조가 필요하여 연락드렸습니다. 디지털소통팀 P팀장님께 K주임님이 협조해주신다는 이야기를 전해 들었습니다. 자세한 요청 사항은 회의를 통해서 말씀드리도록 하겠습니다. 혹시 내일 오전 10시에 회의를 진행해도 괜찮을까요? 일정 확인하시고 오늘 내로 답변 주시면 감사하겠습니다. 일단 회의 전에 알아두시면 좋을 것 같은 자료는 메일로 발송하였습니다. 회의 전에 미리 확인하셔서 관련 사항 숙지하시고 회의에 참석해주시면 좋을 것 같습니다. 아! 그리고 오늘 2시에 홍보실 각 팀 팀장 회의가 있다고 하니, P팀장님께 꼭 전해주세요.

① 팀장 회의 참석 – 익일 업무 일정 확인 – 메일 확인 – 회의 일정 답변 전달
② 팀장 회의 참석 – 메일 확인 – 익일 업무 일정 확인 – 회의 일정 답변 전달
③ 팀장 회의 일정 전달 – 메일 확인 – 회의 일정 답변 전달 – 익일 업무 일정 확인
④ 팀장 회의 일정 전달 – 익일 업무 일정 확인 – 회의 일정 답변 전달 – 메일 확인
⑤ 팀장 회의 일정 전달 – 익일 업무 일정 확인 – 메일 확인 – 회의 일정 답변 전달

27 직무 전결 규정상 전무이사가 전결인 '과장의 국내출장 건'의 결재를 시행하고자 한다. 박기수 전무이사가 해외출장으로 인해 부재중이어서 직무대행자인 최수영 상무이사가 결재하였다. 이와 관련하여 바르지 않은 것끼리 묶인 것은?

ㄱ. 최수영 상무이사가 결재한 것은 전결이다.
ㄴ. 공문의 결재표상에는 '과장 최경옥, 부장 김석호, 상무이사 전결, 전무이사 최수영'이라고 표시되어 있다.
ㄷ. 박기수 전무이사가 출장에서 돌아와서 해당 공문을 검토하는 것은 후결이다.
ㄹ. 전결사항은 부재중이더라도 돌아와서 후결을 하는 것이 원칙이다.

① ㄱ, ㄴ ② ㄱ, ㄹ
③ ㄱ, ㄴ, ㄹ ④ ㄴ, ㄷ, ㄹ
⑤ ㄱ, ㄴ, ㄷ, ㄹ

28 A항공사는 현재 신입사원을 모집하고 있으며, 지원자격은 다음과 같다. 다음 〈보기〉의 지원자 중 A항공사 지원자격에 부합하는 사람은 모두 몇 명인가?

〈A항공사 대졸공채 신입사원 지원자격〉

- 4년제 정규대학 모집대상 전공 중 학사학위 이상 소지한 자(졸업예정자 지원 불가)
- TOEIC 750점 이상인 자(국내 응시 시험에 한함)
- 병역필 또는 면제자로 학업성적이 우수하고, 해외여행에 결격사유가 없는 자
  ※ 공인회계사, 외국어 능통자, 통계 전문가, 전공 관련 자격 보유자 및 장교 출신 지원자 우대

모집분야		대상 전공
일반직	일반관리	• 상경, 법정 계열 • 통계 / 수학, 산업공학, 신문방송, 식품공학(식품 관련 학과) • 중국어, 러시아어, 영어, 일어, 불어, 독어, 서반아어, 포르투갈어, 아랍어
	운항관리	• 항공교통, 천문기상 등 기상 관련 학과 - 운항관리사, 항공교통관제사 등 관련 자격증 소지자 우대
전산직		• 컴퓨터공학, 전산학 등 IT 관련 학과
시설직		• 전기부문 : 전기공학 등 관련 전공 - 전기기사, 전기공사기사, 소방설비기사(전기) 관련 자격증 소지자 우대 • 기계부문 : 기계학과, 건축설비학과 등 관련 전공 - 소방설비기사(기계), 전산응용기계제도기사, 건축설비기사, 공조냉동기사, 건설기계기사, 일반기계기사 등 관련 자격증 소지자 우대 • 건축부문 : 건축공학 관련 전공(현장 경력자 우대)

보기

지원자	지원분야	학력	전공	병역사항	TOEIC 점수	참고사항
A	전산직	대졸	컴퓨터공학	병역필	820점	• 중국어, 일본어 능통자이다. • 해외 비자가 발급되지 않는 상태이다.
B	시설직 (건축부문)	대졸	식품공학	면제	930점	• 건축현장 경력이 있다. • 전기기사 자격증을 소지하고 있다.
C	일반직 (운항관리)	대재	항공교통학	병역필	810점	• 전기공사기사 자격증을 소지하고 있다. • 학업 성적이 우수하다.
D	시설직 (기계부문)	대졸	기계공학	병역필	745점	• 건축설비기사 자격증을 소지하고 있다. • 장교 출신 지원자이다.
E	일반직 (일반관리)	대졸	신문방송학	미필	830점	• 소방설비기사 자격증을 소지하고 있다. • 포르투갈어 능통자이다.

① 1명
② 2명
③ 3명
④ 4명
⑤ 없음

29 다음은 옷을 파는 A씨가 손님인 B씨를 상대로 협상하는 과정을 나타낸 것이다. 다음 협상 과정에 대한 설명으로 적절하지 않은 것은?(단 A씨가 원하는 옷 판매금액은 최소 5만 원이다)

> B씨 : 이 옷은 얼마인가요?
>
> A씨 : 네, 이 옷은 현재 8만 원입니다.
>
> B씨 : 너무 비싸네요. 조금 할인해주시면 안될까요?
>
> A씨 : 안됩니다. 저희도 남는 게 없어요.
>
> B씨 : 6만 원에 주시면 안 될까요? 너무 마음에 들어서요.
>
> A씨 : 7만 원에 드릴게요. 더 이상은 안 됩니다. 이 옷 정말 한 벌 남은 거에요.
>
> B씨 : 조금만 더 안 될까요? 부탁드릴게요.
>
> A씨 : 이거 참. 정말 손님께 너무 잘 어울릴 거 같아서 드리는 거에요. 그럼 6만 5천 원만 주세요.
>
> B씨 : 네 좋아요. 감사합니다!

① A씨의 협상전략은 상호 교환적인 양보전략으로 볼 수 있다.

② A씨는 B씨로 하여금 특별한 대우를 받았다고 느끼게 하였다.

③ A씨는 B씨의 제안을 일방적으로 수용하였다.

④ A씨는 B씨의 양보를 이끌어 내는 데 성공하였다.

⑤ A씨는 매우 중요한 것을 양보하는 것처럼 협상하였다.

30 다음은 오렌지 하나 때문에 다투고 있는 두 딸을 위한 A씨의 협상 방법을 보여주는 사례이다. 사례에서 나타나는 A씨의 협상 방법에 대한 문제점은 무엇인가?

> 어느 날 A씨의 두 딸이 오렌지 하나를 가지고 서로 다투고 있었다. A씨는 두 딸에게 오렌지를 공평하게 반쪽으로 나눠주는 것이 가장 좋은 해결책인 듯해서 반으로 갈라 주었다. 하지만 A씨는 두 딸의 행동에 놀라고 말았다. 오렌지의 반쪽을 챙긴 큰 딸은 알맹이는 버리고 껍질만 챙겼으며, 작은 딸은 알맹이만 먹고 껍질은 버린 것이다. 두 딸에게 이유를 물어보니 제빵학원에 다니는 큰 딸은 오렌지 케이크를 만들기 위해 껍질이 필요했던 것이고, 작은 딸은 오렌지 과즙이 먹고 싶어서 알맹이를 원했던 것이다. 결과적으로 A씨의 해결책은 두 딸 모두에게 만족하지 못한 일이 되어버렸다.

① 협상당사자들에게 친근하게 다가가지 않았다.

② 협상에 대한 갈등 원인을 확인하지 않았다.

③ 협상의 통제권을 확보하지 않았다.

④ 협상당사자의 특정 입장만 고집하였다.

⑤ 협상당사자에 대해 너무 많은 염려를 하였다.

31 공사는 올해 4분기 성과급을 지급하고자 한다. 성과급 지급 기준과 김 대리의 성과평가가 다음과 같을 때, 김 대리가 4분기에 지급받을 성과급으로 알맞은 것은?

〈성과급 지급 기준〉

• 성과급은 직원의 성과평가 점수에 따라 지급한다.
• 성과평가는 항목별 다음과 같은 비율로 구성되어 있다.

구분	성과평가				
	분기실적	직원평가	연수내역	조직기여도	계
일반직	70%	30%	20%	10%	100%
	총점의 70% 반영				
특수직	60%	40%	20%	30%	100%
	총점의 50% 반영				

• 각 평가등급에 따른 가중치

(단위 : 점)

구분	분기실적	직원평가	연수내역	조직기여도
최우수	10	10	10	10
우수	8	6	8	8
보통	6	4	5	6
미흡	4	2	3	4

• 성과평가 점수에 따른 성과급 지급액

점수구간	성과급 지급액	
	일반직	특수직
8.4 이상	120만 원	150만 원
7.6 이상 8.4 미만	105만 원	115만 원
6.8 이상 7.6 미만	95만 원	100만 원
6.0 이상 6.8 미만	80만 원	85만 원
6.0 미만	65만 원	75만 원

〈성과평가〉

구분	부서	분기실적	직원평가	연수내역	조직기여도
김 대리	시설관리(특수직)	우수	최우수	보통	보통

① 105만 원
② 115만 원
③ 100만 원
④ 95만 원
⑤ 75만 원

32 A기업은 설을 맞이하여 6차산업 우수제품 특판 행사에서 직원 선물을 구매하려고 한다. 총무부인 B사원은 상품 명단을 공지하여 부서별로 상품을 하나씩 선택하게 하였다. 상품 선택 결과가 아래와 같을 때, A～C의 가격을 포함한 주문총액을 구하면?

〈6차산업 우수제품 추석맞이 특판〉

H자원개발원에서는 우수 6차산업 제품 판매 촉진을 위해 전국 6차산업 인증 사업자 협회와 함께 2021년 설맞이 '6차산업 우수제품 특판 행사'를 진행합니다.

대한민국 정부가 인증한 6차산업 경영체가 지역의 농산물을 이용해 생산하여, 신선하고 믿을 수 있는 제품입니다.

이번 행사에는 선물용 세트 12종(흑삼, 한과 등)을 시중 판매 가격 대비 최대 40% 이상 할인된 가격으로 판매하니 많은 주문 바랍니다.

- 주문기간 : 2021년 1월 9일(수) ～ 2021년 1월 23일(수)
- 주문방법 : 상품 주문서 작성 후 이메일 또는 팩스 발송

구분	상품명	구성	단가 정상가(원)	단가 할인율
1	흑삼 에브리진생	흑삼농축액 스틱형(10ml×10포×3입)	75,000	34%
2	하루절편	흑삼절편 200g(20g×10입)	45,000	12%
3	천지수인고	배·도라지·생강 농축액(240g×3입)	120,000	40%
4	도자기꿀	500g	80,000	40%
5	한과 선물세트	찹쌀유과 700g(콩, 백년초, 쑥)	28,000	26%
6	슬로푸드 선물세트	매실액기스 500ml＋감식초 500ml	28,000	29%

※ 할인율 적용 시 10원 단위 이하는 절사한다.

〈부서별 상품주문 현황〉

구분	상품명	개수	가격
총무	하루절편	10개	396,000원
마케팅	슬로푸드 선물세트	13개	A
영업	도자기꿀	8개	384,000원
인사	흑삼 에브리진생	16개	B
기술	한과 선물세트	9개	C

① 1,230,000원
② 1,235,700원
③ 1,236,900원
④ 2,015,000원
⑤ 2,015,700원

33 C가 계획 수행에 성공하지 못한 이유로 올바르지 않은 것은?

> K은행 신입사원 C는 회사 일도 잘하고 싶고 업무 외의 자기개발에도 욕심이 많다. 그래서 업무와 관련한 자격증을 따기 위해서 3개의 인터넷 강의도 등록하였고, 체력관리를 위해 피트니스 센터에도 등록하였으며, 친목을 다지기 위해 본인이 동호회도 만들었다. 그러나 의욕에 비해 첫 주부터 자격증 강의도 반밖에 듣지 못했고, 피트니스 센터에는 2번밖에 가지 못했다. 동호회는 자신이 만들었기 때문에 빠질 수가 없어서 참석했지만 C는 수행하지 못한 다른 일 때문에 기분이 좋지 않다. 단순히 귀찮아서가 아니라 회사 회식도 빠지기 난감했고, 감기에 걸려 몸도 좋지 않았기 때문인데 계획이 문제인지 본인이 문제인지 C는 고민이 많아졌다.

① 자기실현에 대한 욕구보다 다른 욕구가 더 강해서
② 자기합리화를 하려는 인간의 제한적인 사고 때문에
③ 자기개발에 대한 구체적인 방법을 몰라서
④ 내 · 외부 요인 때문에
⑤ 투자할 수 있는 시간에 비해 계획이 과해서

34 H는 외국어능력을 키우기 위해서 영어학원에 등록을 했다. 그런데 몸이 안 좋거나 다른 약속이 생겨서 뜻대로 참석하지 못하고 있다. H의 자기개발을 방해하는 요인과 비슷한 사례는?

① A는 외국계 회사로 이직했다. 이직 후 A는 이전과는 다른 회사 분위기에 적응하느라 2주째 동호회에 나가지 못하고 있다.
② 신입사원 B는 직장 선배에게 회사 일도 중요하지만 개인적인 능력개발도 중요하다는 이야기를 들었다. 하지만 B는 어디서부터 어떤 것을 시작해야 할지 혼란스럽다.
③ C는 주말마다 봉사활동을 다니고 있지만 잦은 회식과 과음으로 최근엔 봉사활동에 나가지 못하고 있다.
④ D는 입사한 지 5년이 지났지만 아직 자신이 잘하는 일이 무엇인지 알 수 없어 고민이다.
⑤ E는 대기업에서 근무하고 있지만 하고 있는 업무가 적성에 맞지 않아 고민이다. 그렇다고 적성에 맞는 일을 찾아가기에는 너무 늦은 것 같다.

35 민우가 접시에 담겨 있는 과자의 반을 먹었다. 지우는 민우가 먹고 남은 과자의 반을 먹었고, 이어서 경태가 남아있는 과자의 $\frac{1}{4}$ 을 먹었다. 마지막으로 수인이와 진형이가 남아있는 과자를 똑같이 나누어 먹었는데, 진형이가 3개의 과자를 먹었다면 민우가 먹기 전 처음 접시에 있었던 과자는 몇 개인가?

① 28개   ② 30개
③ 32개   ④ 34개
⑤ 36개

36 신입사원 A씨는 회사에 입사한 후 자신의 능력을 높은 업무성과를 통해 발휘하고 싶다는 생각이 들었다. 그래서 A씨는 앞으로 회사생활에서의 행동전략을 세웠다. 〈보기〉의 A씨가 세운 행동전략 중 올바른 것을 모두 고르면?

> **보기**
>
> ㉠ "그날 할 일은 바로바로 처리해야겠다."
> ㉡ "회사에서 일을 잘한다고 소문이 난 B대리님이 어떻게 일하시는지 살펴보고 참고해봐야겠다."
> ㉢ "다른 사람들이 일하는 방법을 보고 그 방법대로만 일해야겠다."
> ㉣ "회사의 업무지침은 참고만 하고 나에게 맞는 업무지침을 세워야겠다."

① ㉠   ② ㉠, ㉡
③ ㉠, ㉡, ㉢   ④ ㉠, ㉡, ㉢, ㉣
⑤ ㉡, ㉢, ㉣

※ A씨는 올해 퇴직금(4,000만 원) 중간 정산을 받아 S은행에 예금을 넣고자 한다. 다음 S은행에서 제공하는 예금상품을 보고 이어지는 질문에 답하시오. **[37~38]**

구분	기간	기본이율(연)	App 경유 가입 시 이율(연)
단리예금상품	3년	7%	9%
복리예금상품	3년	10%	12%

37 예금을 복리로 넣을 때와 단리로 넣을 때의 만기 시 받는 금액의 차이는?(단, 기본이율로 계산한다)

① 464만 원   ② 468만 원
③ 484만 원   ④ 489만 원
⑤ 498만 원

38 A씨가 단리예금상품에 퇴직금을 예치하고자 한다. App을 경유해 가입할 경우, 기본이율과 비교하여 만기 시 얼마의 이득을 더 얻을 수 있는가?

① 200만 원   ② 220만 원
③ 240만 원   ④ 260만 원
⑤ 270만 원

39 다음은 J기술원 소속 인턴들의 직업선호 유형 및 책임자의 관찰 사항에 대한 자료이다. 아래 자료를 참고할 때, 소비자들의 불만을 접수해서 처리하는 업무를 맡기기에 가장 적절한 인턴은 누구인가?

〈직업선호 유형 및 책임자의 관찰 사항〉

구분	유형	유관 직종	책임자의 관찰 사항
A인턴	RI	DB개발, 요리사, 철도기관사, 항공기 조종사, 직업군인, 운동선수, 자동차 정비원	부서 내 기기 사용에 문제가 생겼을 때 해결방법을 잘 찾아냄
B인턴	AS	배우, 메이크업 아티스트, 레크리에이션 강사, 광고기획자, 디자이너, 미술교사, 사회복지사	자기주장이 강하고 아이디어가 참신한 경우가 종종 있었음
C인턴	CR	회계사, 세무사, 공무원, 비서, 통역가, 영양사, 사서, 물류전문가	무뚝뚝하나 잘 흥분하지 않으며, 일처리가 신속하고 정확함
D인턴	SE	사회사업가, 여행안내원, 교사, 한의사, 응급구조요원, 스튜어디스, 헤드헌터, 국회의원	부서 내 사원들에게 인기가 있으나 일처리는 조금 늦은 편임
E인턴	IA	건축설계, 게임기획, 번역, 연구원, 프로그래머, 의사, 네트워크엔지니어	분석적이나 부서 내에서 잘 융합되지 못하고, 겉도는 것처럼 보임

① A인턴   ② B인턴
③ C인턴   ④ D인턴
⑤ E인턴

40 최근 라면시장이 마이너스 성장한 것으로 나타남에 따라 S라면회사에 근무하는 K대리는 신제품 개발 이전 라면 시장에 대한 환경분석과 관련된 보고서를 제출하라는 과제를 받았다. 아래 K대리가 작성한 SWOT 분석 중 기회요인에 작성될 수 있는 내용이 아닌 것은?

강점	약점
- 식품그룹으로서의 시너지 효과 - 그룹 내 위상, 역할 강화 - A제품의 성공적인 개발 경험	- 유통업체의 영향력 확대 - 과도한 신제품 개발 - 신상품의 단명 - 유사상품의 영역침범 - 경쟁사의 공격적인 마케팅 대응 부족 - 원재료의 절대적 수입 비중

기회	위협
	- 저출산, 고령화로 취식인구 감소 - 소득증가 - 언론, 소비단체의 부정적인 이미지 이슈화 - 정보의 관리, 감독 강화

① 1인 가구의 증대(간편식, 편의식)   ② 1인 미디어의 먹방 인기
③ 조미료에 대한 부정적 인식 개선   ④ 난공불락의 N사
⑤ 세계화로 인한 식품 시장의 확대

41 제시된 사례 중에서 성격이 다른 하나를 고른 것은?

① A씨는 유제품 제조판매업체의 영업팀에서 근무하고 있다. 매일같이 남들보다 1시간 일찍 출근해 A씨가 하는 일은 바로 중국어 공부이다. 중국의 유제품시장을 공략하기 위해 A씨는 퇴근 후에도 2시간씩 중국어 공부에 매진한다.

② B씨는 증권회사의 부동산금융부에서 투자전문가로 근무하고 있다. B씨는 부동산 트렌드를 알기 위해 분기마다 열리는 부동산 포럼에 참여하며 관련 정보를 익히고 있다.

③ C씨는 대기업의 IT연구개발팀에서 근무하고 있다. C씨는 출근 후 자신의 일과를 우선순위에 맞게 꼼꼼히 검토하는 일로 하루를 시작한다. 업무를 마친 뒤에는 오늘 하루의 업무 내용을 피드백하며 부족한 점이 무엇이었는지 다시 한번 면밀히 살펴본다.

④ D씨는 건설회사의 토목팀에서 현장시공기사로 근무하고 있다. 국토개발분야 토목사업에 관심이 많은 D씨는 요즘 관련된 자격증 공부를 업무와 병행하고 있다.

⑤ E씨는 출판사 편집부의 교열팀에서 근무하고 있다. E씨는 틈틈이 사내교육프로그램인 이러닝 (e-Learning)을 활용해 자신의 업무 능력을 개발하는 데 노력하고 있다.

42 직장에서는 지위체계에 따라 상사가 있고, 더욱 지위가 높은 임원급이 있는가 하면, 같은 시기에 직장에 들어온 동료가 있다. 또한 부하직원도 있고, 협력회사 및 고객도 있다. 직장 내 다양한 인간관계 속에서 직업인이 지켜야 할 예절로서 적절하지 않은 내용은?

① 외부 인사와 첫인사로 악수를 할 때는 서로의 이름을 말하고 간단한 인사 몇 마디를 주고받는 정도의 시간 안에 끝내야 한다.

② 비즈니스상의 소개를 할 때는 직장 내에서의 서열과 나이, 성별을 고려해야 한다.

③ 명함을 교환할 때는 하위에 있는 사람이 먼저 꺼내는데 상위자에 대해서는 왼손으로 가볍게 받치는 것이 예의이며, 동위자·하위자에게는 오른손으로만 쥐고 건넨다.

④ 전화를 받을 때는 전화벨이 3~4번 울리기 전에 받고 자신이 누구인지를 즉시 말한다.

⑤ 휴대폰 이용 시 지나친 SNS의 사용은 업무에 지장을 주므로 휴식시간을 이용한다.

43 다음 중 올바른 인사 예절에 대한 설명으로 적절하지 않은 것은?

① 상대에게 맞는 인사를 전한다.

② 인사는 내가 먼저 한다.

③ 상대의 입을 바라보고 하는 것이 원칙이다.

④ 인사말을 크게 소리 내어 전한다.

⑤ 기분에 따라 인사의 자세가 다르면 안 된다.

44 다음 글에서 〈보기〉가 들어갈 가장 알맞은 곳은?

글을 잘 짓는 사람은 병법을 잘 알고 있는 것이로다. 글자는 말하자면 군사요, 뜻은 말하자면 장수에 해당한다.

제목은 적국이요, 전거(典據)로 삼을 지식은 전장(戰場)의 보루(堡壘)와 같다. 글자를 묶어서 구로 만들고 구를 합해서 문장을 이루는 것은 대열을 짓고 진을 짜는 것과 같으며, 운을 가다듬어 소리를 내고 수사로써 빛을 내는 것은 북과 종을 울리고 깃발을 펄럭이는 것과 같은 것이다. (가) 전투를 잘하는 사람에게는 버릴 군사가 없고 글을 잘 짓는 사람에게는 쓰지 못할 글자가 없다. 만약에 적당한 장수만 얻는다면 괭이, 자루, 막대기만 든 농군이 날래고 사나운 군사가 될 수 있다. (나) 마찬가지로 나름대로 이치를 담고만 있다면 집안에서 나누는 일상 대화도 교과서에 실을 수 있고 아이들 노래와 속담도 훌륭한 고전의 사전에 넣을 수 있다. (다) 그러므로 글이 정교하지 못한 것이 글자의 탓은 아니다.

글 지을 줄 모르는 사람이 속으로 아무런 요량도 없이 갑자기 글 제목을 만났다고 하자. 겁결에 산 위의 풀과 나무에 지레 걸려 넘어지듯 눈앞의 붓과 먹이 다 결딴나고, 머릿속에 기억하고 외우던 문자조차 쓸모없이 흩어져서 남는 것이 없으리라. 그래서 글을 짓는 사람의 걱정은 언제나 제풀에 갈팡질팡 길을 잃고 요령(要領)을 잡지 못하는 데 있는 것이다. (라) 길을 잃어버리고 나면 한 글자도 어떻게 쓸 줄 모르는 채 더디고 까다로움만을 고되게 여기게 되고, 글의 전체 핵심을 잡지 못하면 겹겹으로 꼼꼼히 둘러싸 놓고서도 글이 허술하게 된다. (마) 한 마디의 말만 가지고도 요점을 찌르며 나가면 마치 적의 아성(牙城)으로 감쪽같이 쳐들어가는 격이요, 단 한 구절의 말만 가지고도 핵심을 끌어낸다면 마치 적의 힘이 다 할 때를 기다렸다가 드디어 그 진지를 함락시키는 것과 같다. 글 짓는 묘리(妙理)는 바로 이와 같아야 최상이라 할 수 있다.

보기

비유해 말하자면 아무리 맹장이라도 군대가 제 길을 잃어버릴 때에는 최후의 운명을 면치 못하며, 적의 움직임을 파악하지 못하면 아무리 물샐 틈 없이 포위한 때에라도 적이 빠져 도망칠 틈이 있는 것과 같다.

① (가)   ② (나)
③ (다)   ④ (라)
⑤ (마)

45 다음 글의 주제로 가장 적절한 것은?

우주 개발이 왜 필요한가에 대한 주장은 크게 다음 세 가지로 구분할 수 있다. 먼저 칼 세이건이 우려하는 것처럼 인류가 혜성이나 소행성의 지구 충돌과 같은 재앙에서 살아남으려면 지구 이외의 다른 행성에 식민지를 건설해야 한다는 것이다. 소행성의 지구 충돌로 절멸한 공룡의 전철을 밟지 않기 위해서 말이다. 여기에는 자원 고갈이나 환경오염과 같은 전 지구적 재앙에 대비하자는 주장도 포함된다. 그 다음으로 우리의 관심을 지구에 한정한다는 것은 인류의 숭고한 정신을 가두는 것이라는 호킹의 주장을 들 수 있다. 지동설, 진화론, 상대성 이론, 양자역학, 빅뱅 이론과 같은 과학적 성과들은 인류의 문명뿐만 아니라 정신적 패러다임의 변화에 지대한 영향을 끼쳤다. 마지막으로 우주 개발의 노력에 따르는 부수적인 기술의 파급 효과를 근거로 한 주장을 들 수 있다. 실제로 우주 왕복선 프로그램을 통해 산업계에 이전된 새로운 기술이 100여 가지나 된다고 한다. 인공심장, 신분확인 시스템, 비행추적 시스템 등이 그 대표적인 기술들이다. 그러나 우주 개발에서 얻는 이익이 과연 인류 전체의 이익을 대변할 수 있는가에 대해서는 쉽게 답할 수가 없다. 역사적으로 볼 때 탐사의 주된 목적은 새로운 사실의 발견이라기보다 영토와 자원, 힘의 우위를 선점하기 위한 것이었기 때문이다. 이러한 이유로 우주 개발에 의심의 눈초리를 보내는 사람들도 적지 않다. 그들은 우주 개발에 소요되는 자금과 노력을 지구의 가난과 자원 고갈, 환경 문제 등을 해결하는 데 사용하는 것이 더 현실적이라고 주장한다.

과연 그 주장을 따른다고 해서 이러한 문제들을 해결할 수 있는가? 인류가 우주 개발에 나서지 않고 지구 안에서 인류의 미래를 위한 노력을 경주한다고 가정해보자. 그렇더라도 인류가 사용할 수 있는 자원이 무한한 것은 아니며, 인구의 자연 증가를 막을 수 없다는 문제는 여전히 남는다. 지구에 자금과 노력을 투자해야 한다고 주장하는 사람들은 지금 당장은 아니더라도 언젠가는 이러한 문제들을 해결할 수 있다는 논리를 펼지도 모른다. 그러나 이러한 논리는 우주 개발을 지지하는 쪽에서 마찬가지로 내세울 수 있다. 오히려 인류가 미래에 닥칠 문제를 해결할 수 있는 방법은 지구 밖에서 찾게 될 가능성이 더 크지 않을까?

우주를 개발하려는 시도가 최근에 등장한 것은 아니다. 인류가 의식을 갖게 되면서부터 우주를 꿈꾸어 왔다는 증거는 세계 여러 민족의 창세신화에서 발견된다. 수천 년 동안 우주에 대한 인류의 꿈은 식어갈 줄 몰랐다. 그리고 그 결과가 오늘날의 우주 개발이라는 현실로 다가온 것이다. 이제 인류는 우주의 시초를 밝히게 되었고, 우주의 끄트머리를 바라볼 수 있게 되었으며, 우주 공간에 인류의 거주지를 만들 수 있게 되었다. 우주 개발을 해야 할 것이냐 말아야 할 것이냐는 이제 문제의 핵심이 아니다. 우리가 선택해야 할 문제는 우주 개발을 어떻게 해야 할 것인가이다. "달과 다른 천체들은 모든 나라가 함께 탐사하고 이용할 수 있도록 자유지역으로 남아 있어야 한다. 어느 국가도 영유권을 주장할 수는 없다."라는 린든 B. 존슨의 경구는 우주 개발의 방향을 일러주는 시금석이 되어야 한다.

① 우주 개발의 한계 ② 지구의 당면 과제
③ 우주 개발의 정당성 ④ 친환경적인 지구 개발
⑤ 우주 개발 기술의 발달

46 현재 시각은 오전 11시이다. 오늘 중 마쳐야 하는 다음 네 가지의 업무가 있을 때 업무의 우선순위는 어떻게 되는가?(단, 업무시간은 오전 9시부터 오후 6시까지이며, 점심시간은 12시부터 1시간이다)

업무 내용	처리 시간
ㄱ. 기한이 오늘까지인 비품 신청	1시간
ㄴ. 오늘 내에 보고해야 하는 보고서 초안을 작성해 달라는 부서장의 지시	2시간
ㄷ. 가능한 빨리 보내 달라는 인접 부서의 협조 요청	1시간
ㄹ. 오전 중으로 고객에게 보내기로 한 자료 작성	1시간

① ㄱ - ㄴ - ㄷ - ㄹ   ② ㄴ - ㄷ - ㄹ - ㄱ
③ ㄷ - ㄴ - ㄹ - ㄱ   ④ ㄴ - ㄱ - ㄷ - ㄹ
⑤ ㄹ - ㄴ - ㄷ - ㄱ

47 다음 중 올바른 갈등해결방법으로 옳은 것을 〈보기〉에서 모두 고르면?

> **보기**
> ㉠ 사람들이 당황하는 모습을 보는 것은 되도록 피한다.
> ㉡ 사람들과 눈을 자주 마주친다.
> ㉢ 어려운 문제는 피하지 말고 맞선다.
> ㉣ 논쟁을 통해 해결한다.
> ㉤ 어느 한쪽으로 치우치지 않는다.

① ㉠, ㉡, ㉣   ② ㉠, ㉢, ㉤
③ ㉡, ㉢, ㉣   ④ ㉡, ㉢, ㉤
⑤ ㉢, ㉣, ㉤

48 국제문화를 접할 때, 완전히 다른 문화 환경이나 새로운 사회 환경을 접함으로써 감정의 불안을 느끼거나 무엇을 어떻게 해야 하는지 모르는 판단의 부재 상태에 놓일 수 있는데, 이를 문화충격이라고 한다. 다음 중 문화충격을 예방하는 방법으로 적절하지 않은 것은?

① 다른 문화 환경에 대한 개방적인 태도를 갖도록 한다.
② 자신이 속한 문화를 기준으로 다른 문화를 평가하지 않도록 한다.
③ 새롭고 다른 것을 경험하는 데 적극적인 자세를 취하도록 한다.
④ 새로운 사회 환경 적응을 위해서 자신의 정체성은 포기하도록 한다.
⑤ 다른 문화에 대한 정보를 미리 습득하도록 한다.

49 다음은 J시, K시의 연도별 예산현황을 나타낸 자료이다. 다음 중 자료에 대한 설명으로 옳지 않은 것은?

〈J시, K시의 연도별 예산현황〉

(단위 : 백만 원)

구분	J시			K시		
	합계	일반회계	특별회계	합계	일반회계	특별회계
2017년	1,951,003	1,523,038	427,965	1,249,666	984,446	265,220
2018년	2,174,723	1,688,922	485,801	1,375,349	1,094,510	280,839
2019년	2,259,412	1,772,835	486,577	1,398,565	1,134,229	264,336
2020년	2,355,574	1,874,484	481,090	1,410,393	1,085,386	325,007
2021년	2,486,125	2,187,790	298,335	1,510,951	1,222,957	287,994

① J시의 전체 예산액이 증가한 시기에는 K시의 전체 예산액도 증가했다.
② J시의 일반회계 예산액은 항상 K시의 일반회계 예산액보다 1.5배 이상 더 많다.
③ 2019년 K시의 특별회계 예산액은 J시의 특별회계 예산액의 절반 이상이다.
④ 2020년 K시 전체 예산액에서 특별회계 예산액의 비중은 25% 이상이다.
⑤ J시와 K시의 일반회계의 연도별 증감은 같지 않다.

50 다음은 워드프로세서의 기능을 설명한 것이다. (가), (나)에 들어갈 용어를 바르게 나열한 것은?

워드프로세서의 기능 중 자주 쓰이는 문자열을 따로 등록해 놓았다가, 필요할 때 등록한 준말을 입력하면 본말 전체가 입력되도록 하는 기능을 ___(가)___ (이)라고 하고, 본문에 들어가는 그림이나 표, 글상자, 그리기 개체, 수식에 번호와 제목, 간단한 설명 등을 붙이는 기능을 ___(나)___ (이)라고 한다.

	(가)	(나)
①	매크로	캡션달기
②	매크로	메일머지
③	스타일	메일머지
④	상용구	캡션달기
⑤	스타일	캡션달기

51 다음 글의 내용을 그래프로 바르게 옮긴 것은?

2020년을 기준으로 신규 투자액은 평균 43.48백만 원으로 나타났으며, 유지보수 비용으로는 평균 32.29백만 원을 사용한 것으로 나타났다. 반면, 2021년 예상 투자액의 경우 신규투자는 10.93백만 원 감소한 ㉠원으로 예상하였으며, 유지보수 비용의 경우 0.11백만 원 증가한 ㉡원으로 예상하고 있다.

①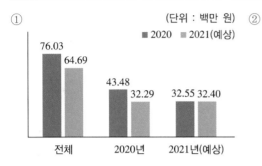

②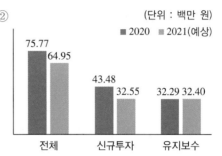

③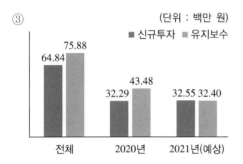

④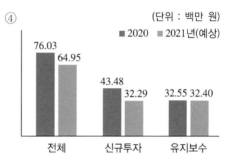

⑤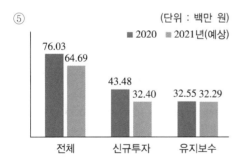

52 (가), (나)의 사례에 대한 상대방 설득방법으로 적절하지 않은 것은?

> (가) A사의 제품은 현재 매출 1위이며 소비자들의 긍정적인 평판을 받고 있다. A사는 이 점을 내세워 B사와 다음 신제품과 관련하여 계약을 맺고 싶어 하지만 B사는 A사의 주장을 믿지 않아 계약이 보류된 상황이다. A사는 최근 신제품에 필요한 기술을 확보하고 있는 B사가 꼭 필요한 협력업체이기 때문에 고심하고 있다.
>
> (나) 플라스틱을 제조하는 C사는 최근 테니스 라켓, 욕조, 배의 선체 등 다양한 곳에 사용되는 탄소섬유강화플라스틱 사업의 전망이 밝다고 생각하여 탄소섬유를 다루는 D사와 함께 사업하길 원하고 있다. 하지만 D사는 C사의 사업 전망에 대해 믿지 못하고 있는 상황이어서 사업은 보류된 상태이다.

① (가)의 경우 매출 1위와 관련된 데이터를 시각화하여 B사가 직접 보고 느끼게 해주는 게 좋을 것 같아.

② (나)의 경우 호혜관계를 설명하면서 D사가 얻을 수 있는 혜택도 설명해 주는 게 좋겠어.

③ (가)의 경우 A사 제품을 사용한 소비자들의 긍정적인 후기를 B사에게 보여주는 것은 어때?

④ (가)의 경우 B사에게 대기업인 점을 앞세워서 공격적으로 설득하는 것이 좋겠어.

⑤ (나)의 경우 D사에게 탄소섬유강화플라스틱의 효과에 대해 공동 평가할 수 있는 기회를 주는 것은 어때?

53 다음 사례를 읽고 A씨의 행동을 미루어 볼 때, 어떤 피드백을 주는 것이 가장 적절한가?

> A씨는 2년 차 직장인이다. 그러나 같은 날 입사했던 동료들과 비교하면 좋은 평가를 받지 못하고 있다. 요청받은 업무를 진행하는 데 있어 마감일을 늦추는 일이 허다하고, 주기적인 업무도 누락하는 경우가 많기 때문이다. 그 이유는 자신이 앞으로 해야 할 일에 대해서 계획을 수립하지 않고 즉흥적으로 처리하거나 주변에서 급하다고 요청이 오면 그제야 하기 때문이다. 그로 인해 본인의 업무뿐만 아니라 주변 사람들의 업무도 늦어지거나 과중되는 결과를 낳아 업무의 효율성이 떨어지게 되었다.

① 업무를 진행할 때 계획적으로 접근한다면 좋은 평가를 받을 수 있을 거야.

② 너무 편한 방향으로 업무를 처리하면 불필요한 낭비가 발생할 수 있어.

③ 시간도 중요한 자원 중의 하나라는 인식이 필요해.

④ 자원관리에 대한 노하우를 쌓는다면 충분히 극복할 수 있어.

⑤ 업무와 관련하여 다른 사람들과 원활한 소통을 한다면 낭비를 줄일 수 있어.

54 다음 상황에서 팀장의 지시를 적절히 수행하기 위하여 오 대리가 거쳐야 할 부서명을 순서대로 나열한 것은?

> 오 대리, 내가 내일 출장 준비 때문에 무척 바빠서 그러는데 자네가 좀 도와줘야 할 것 같군. 우선 박 비서한테 가서 오후 사장님 회의 자료를 좀 가져다주게나. 오는 길에 지난주 기자단 간담회 자료 정리가 되었는지 확인해 보고 완료됐으면 한 부 챙겨오고. 다음 주에 승진자 발표가 있을 것 같은데 우리 팀 승진 대상자 서류가 잘 전달되었는지 그것도 확인 좀 해 줘야겠어. 참, 오후에 바이어가 내방하기로 되어 있는데 공항 픽업 준비는 잘 해 두었지? 배차 예약 상황도 다시 한번 점검해 봐야 할 거야. 그럼 수고 좀 해 주게.

① 기획팀 – 홍보팀 – 총무팀 – 경영관리팀
② 비서실 – 홍보팀 – 인사팀 – 총무팀
③ 인사팀 – 법무팀 – 총무팀 – 기획팀
④ 경영관리팀 – 법무팀 – 총무팀 – 인사팀
⑤ 회계팀 – 경영관리팀 – 인사팀 – 총무팀

55 다음 중 악수 예절에 대한 설명으로 옳지 않은 것은?

① 악수는 왼손으로 하는 것이 원칙이다.
② 상대의 눈을 보지 않고 하는 악수는 실례이다.
③ 손끝만 내밀어 악수하지 않는다.
④ 상대가 악수를 청할 경우, 남성은 반드시 일어서서 받는다.
⑤ 악수할 때 여성의 경우 장갑을 벗지 않아도 된다.

56 다음 〈조건〉에 따라 오피스텔 입주민들이 쓰레기를 배출한다고 할 때, 다음 중 옳지 않은 것은?

> **조건**
> • 5개 동 주민들은 모두 다른 날에 쓰레기를 버린다.
> • 쓰레기 배출은 격일로 이루어진다.
> • 5개 동 주민들은 A동, B동, C동, D동, E동 순서대로 쓰레기를 배출한다.
> • 규칙은 A동이 첫째 주 일요일에 쓰레기를 배출하는 것으로 시작한다.

① A와 E는 같은 주에 쓰레기를 배출할 수 있다.
② 10주 차 일요일에는 A동이 쓰레기를 배출한다.
③ A동은 모든 요일에 쓰레기를 배출한다.
④ 2주에 걸쳐 쓰레기를 2회 배출할 수 있는 동은 두 개 동이다.
⑤ B동이 처음으로 수요일에 쓰레기를 버리는 주는 8주 차이다.

※ 다음 상황을 읽고 이어지는 질문에 답하시오. [57~58]

김 대리는 K재단의 학자금대출부 소속이다. 어느 날 학자금대출 받은 것을 상환해야 하는데 전산오류로 상환이 이루어지지 않고 있다는 고객의 다급한 전화를 받게 되었다. 상환이 미뤄지면 추가적인 이자가 발생하는 등 고객 입장에서는 여러 가지 손해가 발생할 수 있는 사안이라 고객은 굉장히 예민한 상태로 전화 상담을 이어갔다. 일단 고객에게 사과하고 상황을 확인하여 처리한 후 다시 연락드리기로 하고 전화를 종료하였다. 김 대리는 해당 건을 해결하기 위해 관련 시스템 담당자에게 전화를 했으나 담당자는 지금 급한 업무 처리중이라 바쁘니 나중에 다시 전화를 달라고 말하고는 서둘러 전화를 끊으려고 한다. 김 대리는 상대방의 일방적인 태도에 다소 화가 났지만 더 얘기를 해봐야 상황이 달라지지 않을 것이라 생각하곤 알겠다고 말한 뒤 전화를 끊었다.

57 윗글과 같은 상황에서 김 대리가 선택한 협상전략은 어느 것인가?

① 서로 잘 되어 모두 좋은 결과를 얻을 수 있도록 하는 협력전략
② 내가 직면하고 있는 문제를 해결하기 위해 상대방은 조금 손해를 봐도 괜찮다는 강압전략
③ 서로 힘든 상황이니 나도 손해를 감수하고, 상대방도 손해를 감수하는 선에서 타협하는 회피전략
④ 내가 처한 상황보다 상대방이 처한 상황이 더 급한 것 같으니 내가 손해를 보겠다는 유화전략
⑤ 자신이 상대방보다 힘에 있어서 우위를 점유하므로 자신의 이익을 극대화하기 위한 공격적 전략

58 초조하게 기다릴 고객 생각에 김 대리는 다시 시스템 담당자를 설득하여 빨리 일을 처리하기로 마음먹었다. 김 대리가 '사회적 입증 전략'을 활용해서 담당자를 설득하기로 하였다면, 가장 적절한 발언은 어느 것인가?

사회적 입증이란 어떤 과학적인 논리보다 동료나 사람들의 행동을 통해 상대방을 설득하는 협상 스킬이다.

① 많이 바쁘신가 보네요. 너무 죄송하지만 제가 지금 연락드린 사안도 워낙 긴급을 요하는 사안이라 잠시만 시간을 내주셨으면 좋겠습니다.
② 고객 민원이 시스템 장애에 대한 부분인데 이 문제를 해결해줄 분은 담당자님밖에 안 계시네요. 바쁘시겠지만 지금 꼭 처리 부탁드립니다.
③ 민원이 원만히 해결되지 않아서 고객만족도 조사에서 나쁜 점수를 받게 되면 팀원들로부터 부정적인 피드백을 받게 되실 겁니다.
④ 제 민원인의 문제를 먼저 해결해주시면 서비스 만족도 조사에서 담당자님이 좋은 점수를 받을 수 있게 도와드리겠습니다.
⑤ 이번 민원이 매우 중요한 사항이어서 담당자님이 민원을 먼저 해결해 주시면 제가 담당자님의 일을 도와드리겠습니다.

※ 다음 지시문을 읽고 이어지는 질문에 답하시오. [59~60]

> ### 〈더글러스와 보잉의 대결〉
>
> 항공기 제작회사인 더글러스와 보잉사는 최초의 대형 제트 여객기를 이스턴 항공사에 팔기 위해 경합을 벌이고 있었다.
>
> 이스턴 항공사의 사장인 에디 레켄베커는 도날드 더글러스 사장에게 편지를 하여 더글러스사가 DC-8 항공기에 대해 작성한 설계 명세서나 요구 조건은 보잉사와 매우 흡사한 반면 소음방지 장치에 대한 부분은 미흡하다고 전했다.
>
> 그리고 나서 마지막으로 레켄베커는 더글러스사가 보잉사보다 더 우수한 소음방지 장치를 달아주겠다는 약속을 할 수가 있는지 물어보았다.
>
> 이에 대해 더글러스는 다음과 같은 편지를 보냈다.
>
> ---
>
> To. 이스턴 항공사의 에디 레켄베커
>
> 우리 회사의 기술자들에게 조회해 본 결과, 소음방지장치에 대한 약속은 할 수 없음을 알려드립니다.
>
> From. 더글러스사의 도날드 더글러스
>
> ---
>
> 레켄베커는 이 같은 내용의 답신을 보냈다.
>
> ---
>
> To. 더글러스사의 도날드 더글러스
>
> 나는 당신이 그 약속을 할 수 없다는 것을 알고 있었습니다.
>
> 나는 당신이 얼마나 정직한지를 알고 싶었을 뿐입니다.
>
> 이제 1억 3천 5백만 달러 상당의 항공기를 주문하겠습니다.
>
> 마음 놓고 소음을 최대한 줄일 수 있도록 노력해주십시오.
>
> ---

59 더글러스가 만약 레켄베커의 요청에 대해 기술적 검토를 해본 후에 불가능함을 알고도 할 수 있다고 답장을 보냈다면 직업윤리 덕목 중 어떤 덕목에 어긋난 행동이 되는가?

① 책임의식, 전문가의식   ② 소명의식, 전문가의식

③ 직분의식, 천직의식   ④ 천직의식, 소명의식

⑤ 봉사의식, 직분의식

60 더글러스가 윗글처럼 답장을 함으로써 얻을 수 있는 가치는 무엇인가?

① 눈앞의 단기적 이익   ② 명예로움과 양심

③ 매출 커미션   ④ 주위의 부러움

⑤ 승리감

PART

6

정답 및 해설

01 의사소통능력

01	02	03	04	05	06	07	08	09	10
④	②	④	①	①	④	①	④	②	④

01 정답 ④

문맥상 '요구'보다는 '적용'이 더 적절하므로 수정하지 않는다.

02 정답 ②

빈칸 뒤에 민화는 필력보다 소재와 그것에 담긴 뜻이 더 중요한 그림이었다는 설명을 통해 민화는 작품의 기법보다 작품의 의미를 중시했음을 알 수 있다. 따라서 빈칸에 들어갈 문장은 ②가 가장 적절하다.

03 정답 ④

〈보기〉는 수열에너지에 기반을 두어 융·복합 클러스터 조성사업(K – Cloud Park)을 시행했을 때 기대효과를 말하고 있다. 따라서 융·복합 클러스터 조성사업(K – Cloud Park)을 소개하고 있는 문장과 사례를 소개하고 있는 문장 사이에 위치해야 한다.

04 정답 ①

제시문은 음악을 쉽게 복제할 수 있는 환경이 되었는데 이를 비판하는 시각이 등장했음을 소개하고, 비판적 시각에 대한 반박을 하면서 미래에 대한 기대를 나타내는 내용의 글이다. 따라서 '(C) 음악을 쉽게 변모시킬 수 있게 된 환경 → (A) 음악 복제에 대한 비판적인 시선의 등장 → (D) 이를 반박하는 복제품 음악의 의의 → (B) 복제품으로 새롭게 등장한 전통에 대한 기대' 순서로 연결되어야 한다.

05 정답 ①

제시된 글에서 정보화 사회의 문제점으로 다루고 있는 것은 '정보 격차'로, 글쓴이는 지식과 정보에 접근할 수 없는 사람들이 소득을 얻는 데 불리할 수밖에 없다고 주장한다. 이때

정보가 상품화됨에 따라 정보를 둘러싼 불평등은 더욱 심화될 것이라고 전망하고 있다. 인터넷이나 컴퓨터 유지비 측면에서의 격차 발생은 글쓴이의 주장을 강화시키는 것으로, 이 문제에 대한 반대 입장이 될 수 없다.

06 정답 ④

제시된 글은 우리나라 최초의 순수 전투용 함선인 판옥선의 해전술에 대해 이야기하고 있다. 판옥선은 접전을 막고 우리의 장기인 궁시에 의한 공격효율을 높이기 위해 만들어졌으며, 2층 구조로 유리한 위치에서 적군을 공격할 수 있었다.

07 정답 ①

세 번째 문단에서 전통적인 궁술이 포격으로 발전하였을 뿐만 아니라 사정거리도 월등히 길다고 하였으므로 지문 내용과 일치하지 않는다.

08 정답 ④

'일부 과학자'들은 목재를 친환경 연료로 바라보지 않고 있으며, 마지막 문장에서 이들은 배출량을 줄이는 것이 아니라 배출하지 않는 방법을 택해야 한다고 말한다. 따라서 ④가 적절하다.

09 정답 ②

오답분석

① 그녀는 8년째 도서관에서 일한다.
③ 생활비를 줄이기 위해 휴대폰을 정지시켰다.
④ 동생에게 돈을 송금했다.
⑤ 제시문에서 확인할 수 없다.

10 정답 ④

스마트시티 전략은 정보통신기술을 적극적으로 활용하여 도시의 혁신을 이끌고 도시 문제를 해결하는 것으로 볼 수 있다. ④는 물리적 기반시설 확대의 경우로 정보통신기술의 활용과는 거리가 멀다.

02 수리능력

01	02	03	04	05	06	07	08	09	10
⑤	⑤	④	②	④	①	②	④	④	②

01 정답 ⑤

• 관리직의 구직 대비 구인률 : $\dfrac{993}{2,951} \times 100 ≒ 34\%$

• 음식서비스 관련직의 구직 대비 취업률 : $\dfrac{458}{2,936} \times 100 ≒ 16\%$

따라서 둘의 차이는 약 18%p이다.

02 정답 ⑤

영업원 및 판매 관련직의 구직 대비 취업률은 $\dfrac{733}{3,083} \times 100 ≒ 24\%$이므로 25% 이하이다.

03 정답 ④

• 15 ~ 19세 : $\dfrac{265}{2,944} \times 100 ≒ 9.0\%$ • 20 ~ 29세 : $\dfrac{4,066}{6,435} \times 100 ≒ 63.2\%$

• 30 ~ 39세 : $\dfrac{5,831}{7,519} \times 100 ≒ 77.6\%$ • 40 ~ 49세 : $\dfrac{6,749}{8,351} \times 100 ≒ 80.8\%$

• 50 ~ 59세 : $\dfrac{6,238}{8,220} \times 100 ≒ 75.9\%$ • 60세 이상 : $\dfrac{3,885}{10,093} \times 100 ≒ 38.5\%$

따라서 경제활동 참가율은 40 ~ 49세가 가장 높고, 15 ~ 19세가 가장 낮으며 그 차이는 80.8-9.0=71.8%p이다.

04 정답 ②

L사의 가습기 B와 H의 경우 모두 표시지 정보와 시험 결과에서 아파트 적용 바닥면적이 주택 적용 바닥면적보다 넓다.

오답분석
① W사의 G가습기 소음은 33.5dB(A)로, C사의 C가습기와 E가습기보다 소음이 더 크다.
③ D가습기와 G가습기의 실제 가습능력은 표시지 정보보다 더 나음을 알 수 있다.
④ W사의 D가습기는 시험 결과, 표시지 정보보다 미생물 오염도가 덜함을 알 수 있다.
⑤ L사의 H가습기는 시험 결과, 표시지 정보보다 소비전력의 전력 소모가 덜함을 알 수 있다.

05 정답 ④

2018년 전문·관리직 종사자 구성비는 50% 미만이다.

06 정답 ①

6월 11일 전체 라면 재고량을 x개라고 하면 A, B업체의 6월 11일 라면 재고량은 각각 $0.1x$개, $0.09x$개이므로 6월 15일 A, B업체의 재고량을 구하면 다음과 같다.

• A업체 : $0.1x+300+200-150-100=0.1x+250$
• B업체 : $0.09x+250-200-150-50=0.09x-150$

6월 15일에는 A업체의 재고량이 B업체보다 500개가 더 많으므로 $0.1x+250=0.09x-150+500$

$\therefore x=10,000$

07 정답 ②

[해당 연도의 특정 발전설비 점유율(%)]$=\dfrac{(\text{특정 발전설비})}{(\text{전체 발전설비})}\times100$이다.

• 2019년 점유율 : $\dfrac{17,716}{76,079}\times100 ≒ 23.3\%$

• 2018년 점유율 : $\dfrac{17,716}{73,370}\times100 ≒ 24.1\%$

$\therefore 24.1-23.3=0.8\%\text{p}$

08 정답 ④

2019년 석탄은 전체 발전량의 $\dfrac{197,917}{474,211}\times100 ≒ 42\%$를 차지했다.

09 정답 ④

제시된 자료의 원자력 소비량 수치를 보면 증감을 거듭하고 있는 것을 확인할 수 있다.

오답분석

① 2009년 석유 소비량을 제외한 나머지 에너지 소비량의 합을 구하면 $54.8+30.4+36.7+5.3=127.2$백만 TOE이다. 즉, 석유 소비량인 101.5백만 TOE보다 크다. 2010 ~ 2018년의 석유 소비량을 제외한 나머지 에너지 소비량을 구해 석유 소비량과 비교하면, 석유 소비량이 나머지 에너지 소비량의 합보다 적음을 알 수 있다.

② 석탄 소비량은 2009 ~ 2015년까지 지속적으로 상승하다가 2016년 감소한 뒤 2017년부터 다시 상승세를 보이고 있다.

③ 제시된 자료를 보면 기타 에너지 소비량은 지속적으로 증가하고 있다.

⑤ 2018년 LNG 소비량은 2017년보다 감소했으므로 옳지 않다.

10 정답 ②

5월 10일의 가격을 x원이라고 하고, x값을 포함하여 평균을 구하면 다음과 같다.

$\dfrac{400+500+300+x+400+550+300}{7}=400 \rightarrow x+2,450=2,800$

$\therefore x=2,800-2,450=350$

03 문제해결능력

01	02	03	04	05	06	07	08	09	10
③	③	④	②	③	③	④	④	③	④

01 정답 ③

2주 차 9일의 경우 오전에 근무하는 의사는 A와 B, 2명임을 진료스케줄에서 확인할 수 있다.

오답분석

① 2 ~ 3주 차에 의사 A는 당직 3번으로 가장 많은 당직근무를 한다.
② 스케줄을 통해 의사 D는 8월 2일부터 11일까지 휴진임을 확인할 수 있다.
④ 광복절은 의사 A, B, E 3명이 휴진함으로써 1 ~ 3주 차 동안 가장 많은 의사가 휴진하는 날이다.
⑤ 3주 차 오전에 근무를 가장 많이 하는 의사는 5번 근무를 하는 C와 D이다.

02 정답 ③

8월 9일은 오전에 의사 A가 근무하는 날이므로 예약날짜로 적절하다.

오답분석

① 8월 3일은 1주 차에 해당된다.
②·④·⑤ 의사 A가 오전에 근무하지 않는다.

03 정답 ④

지하철에는 D를 포함한 두 사람이 타는데, B가 탈 수 있는 교통수단은 지하철뿐이므로 지하철에는 D와 B가 타며, 둘 중 한 명은 라 회사에 지원했다. 또한, 어떤 교통수단을 선택해도 지원한 회사에 갈 수 있는 E는 버스와 택시로 서로 겹치는 회사인 가 회사를 지원했음을 알 수 있다. 한편, A는 다 회사를 지원했고 버스나 택시를 타야 하는데, 택시를 타면 다 회사에 갈 수 없으므로 A는 버스를 탄다. 따라서 C는 나 또는 마 회사를 지원했음을 알 수 있으며, 택시를 타면 갈 수 있는 회사 중 가 회사를 제외하면 버스로 갈 수 있는 회사와 겹치지 않으므로, C는 택시를 이용한다.

04 정답 ②

세 도시를 방문하는 방법은 ABC=60, BCD=80, CDE=80, CEF=60, ACF=70, ABD=80, BDE=110, DEF=100, AEF=80, BCE=70, ABF=90, CDF=100, ACD=70, ACE=50, BCF=90 총 15가지 방법이다. 이 중 80km를 초과하지 않는 방법은 BDE, DEF, CDF, BCF, ABF를 제외한 10가지 방법이다.

05 정답 ③

신입사원이 서류를 제출해야 할 장소는 창문을 등지고 기둥에서 왼쪽으로 돈 뒤 오른쪽에 위치한 C이다.

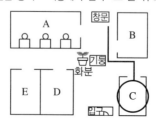

06 정답 ③

첫 번째 조건에 따라 주거복지기획부가 반드시 참석해야 하므로 네 번째 조건의 대우에 의해 산업경제사업부는 참석하지 않는다.

- 노사협력부가 참석하는 경우

  세 번째 조건의 대우에 따라 인재관리부는 참석하지 않으며, 다섯 번째 조건에 따라 공유재산관리부도 불참하고, 공유재산개발부는 참석할 수도 있고 참석하지 않을 수도 있다.

  즉, 주거복지기획부, 노사협력부, 공유재산개발부가 주간 회의에 참석할 수 있다.

- 공유재산관리부가 참석하는 경우

  두 번째 조건에 따라 공유재산개발부도 참석하며, 다섯 번째 조건에 따라 노사협력부는 참석하지 않고, 인재관리부는 참석할 수도 있고 참석하지 않을 수도 있다.

  즉, 주거복지기획부, 공유재산관리부, 공유재산개발부, 인재관리부가 주간 회의에 참석할 수 있다.

따라서 이번 주 주간 회의에 최대 4개의 부서가 참석한다.

07 정답 ④

돌이는 이미 한 주에 세 번 상담받기로 예약되어 있고, 철이와 순이는 그 다음날인 금요일에 예약이 있다. 따라서 목요일 13 ~ 14시에 상담을 받을 수 있는 사람은 영이이다.

08 정답 ④

오답분석

ㄴ. 사용하지 않은 성분을 강조함으로써 제1항 제3호에 해당한다.

ㄹ. 질병 예방에 효능이 있음을 나타내어 제1항 제1호에 해당한다.

09 정답 ③

제1항 제2호에 의해 과대광고가 아니다.

10 정답 ④

오염물질 배출사업소 중 부적합 사업소는 2배 중과하므로 $1m^2$당 500원의 세금을 내야 한다.

오답분석

① 7월 31일까지 접수를 하지 않을 경우 본세에 무신고 가산세 20%가 가산된다.

② 7월 1일 기준 사업장 연면적 $330m^2$ 초과하여 운영하는 개인 및 법인 사업주는 신고를 해야 한다.

③ 주민세(재산분) 신고서, 임대차 계약서, 건축물사용 내역서를 작성하여 제출해야 한다.

⑤ 위택스에 가입하면 신고와 납부업무를 위택스에서 동시에 처리할 수 있다.

04 자원관리능력

01	02	03	04	05	06	07	08	09	10
④	④	③	④	①	④	⑤	④	③	③

01 정답 ④

$20 \times 10 = 200$부이며, $200 \times 30 = 6,000$페이지이다. 이를 활용하여 업체당 인쇄비용을 구하면 다음 표와 같다.

구분	페이지 인쇄 비용	유광표지 비용	제본 비용	할인을 적용한 총 비용
A	$6,000 \times 50 = 30$만 원	$200 \times 500 = 10$만 원	$200 \times 1,500 = 30$만 원	$30 + 10 + 30 = 70$만 원
B	$6,000 \times 70 = 42$만 원	$200 \times 300 = 6$만 원	$200 \times 1,300 = 26$만 원	$42 + 6 + 26 = 74$만 원
C	$6,000 \times 70 = 42$만 원	$200 \times 500 = 10$만 원	$200 \times 1,000 = 20$만 원	$42 + 10 + 20 = 72$만 원 → 200부 중 100부 5% 할인 → (할인 안한 100부 비용)+(할인한 100부 비용) $= 36 + (36 \times 0.95) = 70$만 2천 원
D	$6,000 \times 60 = 36$만 원	$200 \times 300 = 6$만 원	$200 \times 1,000 = 20$만 원	$36 + 6 + 20 = 62$만 원
E	$6,000 \times 100 = 60$만 원	$200 \times 200 = 4$만 원	$200 \times 1,000 = 20$만 원	$60 + 4 + 20 = 84$만 원 → 총비용 20% 할인 $84 \times 0.8 = 67$만 2천 원

따라서 가장 저렴한 비용으로 인쇄할 수 있는 업체는 D인쇄소이다.

02 정답 ④

C부장은 목적지까지 3시간 내로 이동하여야 한다. 택시를 타고 대전역까지 15분, 열차대기 15분, KTX / 새마을호 이동시간 2시간, 환승 10분, 목포역에서 물류창고까지 택시 20분이 소요된다. 따라서 총 3시간이 걸리므로 적절하다. 비용은 택시 6,000원, KTX 20,000원, 새마을호 14,000원, 택시 9,000원으로 총 49,000원이다. 출장지원 교통비 한도 이내이므로 적절하다.

오답분석
① · ② · ⑤ 이동시간이 3시간이 넘어가므로 적절하지 않다.
③ 이동시간은 3시간 이내이지만, 출장지원 교통비 한도를 넘기 때문에 적절하지 않다.

03 정답 ③

A, B, C, D, E의 승진점수를 계산하면 다음과 같다.

승진후보자	실적평가점수	동료평가점수	혁신사례점수	이수교육	합계
A	34	26	22	다자협력	$82 + 2 = 84$
B	36	25	18	혁신역량	$79 + 3 = 82$
C	39	26	24	–	89
D	37	21	23	조직문화, 혁신역량	$81 + 2 + 3 = 86$
E	36	29	21	–	86

2순위로 동점인 D와 E 중에 실적평가점수가 더 높은 D가 선발된다. 따라서 승진자는 C와 D이다.

04 정답 ④

변경된 승진자 선발 방식에 따라 A, B, C, D, E의 승진점수를 계산하면 다음과 같다.

승진후보자	실적평가점수	동료평가점수	혁신사례점수	이수교육	합계
A	34	26	33	다자협력	93+2=95
B	36	25	27	혁신역량	88+4=92
C	39	26	36	–	101
D	37	21	34.5	조직문화, 혁신역량	92.5+2+4=98.5
E	36	29	31.5	–	96.5

승진점수가 가장 높은 두 명은 C와 D이므로 이 두 명이 승진한다.

05 정답 ①

오답분석

② 입사확정번호는 2000년 이후 입사자부터 적용되므로 1998년도 입사인 L부장은 사원번호를 알 수 없다.
③ 연수 취소는 가능하나 취소 후에 차수 연수는 듣지 못하기 때문에 적절하지 않다.
④ D사원의 연수 일정은 2019년 3월 10일이다. 일정 변경은 연수 시작 7일 전까지 가능하므로 6일 전인 3월 4일에는 일정 변경 신청을 할 수 없다.
⑤ E과장의 사원번호 중 입사연도에 해당하는 앞자리 두 개가 09이므로 2009에 입사한 것을 알 수 있다.

06 정답 ④

C와 G는 부서코드와 오류번호가 틀렸다. C는 마케팅 부서이므로 1325573, G는 지원 부서이므로 1620379가 올바른 사원번호이다. F는 오류번호가 틀렸다. 오류번호 연산법에 따라 사원번호를 더하면 25이며, 20보다 크고 30보다 작으므로 25-20=5이다. 따라서 1715565가 올바른 사원번호이다.

07 정답 ⑤

비효율적 일중독자들의 특징
• 가장 생산성이 낮은 일을 가장 오래 하는 경향이 있다.
• 최우선 업무보다는 가시적인 업무에 전력을 다하는 경향이 있다.
• 자신이 할 수 있는 일은 다른 사람에게 맡기지 않는 경향이 있다.
• 위기 상황에 과잉 대처하는 경향이 있다.
• 작은 일을 크게 부풀리거나 과장한다.

08 정답 ④

오답분석

① 시간, ② 인적자원, ③ · ⑤ 자금

09 정답 ③

회사별 점심시간, 종교활동시간 및 업무시간을 시차를 고려해 정리하면 다음과 같다.

국가 \ 한국시각	7am	8am	9am	10am	11am	12pm	1pm	2pm	3pm	4pm	5pm	6pm
A사 (서울)			■	■	■		■	■	■	■	■	
B사 (시드니)	■	■	■		■	■	■	■	■	■		
C사 (두바이)								■	■	■		
D사 (모스크바)									■	■	■	

따라서 화상회의 가능 시각은 한국시간으로 오후 3시 ~ 오후 4시이다.

10 정답 ③

11월 21일의 팀미팅은 워크숍 시작시간 전 오후 1시 30분에 끝나므로 3시에 출발 가능하며, 22일의 일정은 없다. 따라서 11월 21 ~ 22일이 워크숍 날짜로 가능하다.

오답분석

① 11월 9 ~ 10일 : 다른 팀과 함께하는 업무가 있는 주이므로 워크숍 불가능
② 11월 18 ~ 19일 : 19일은 주말이므로 워크숍 불가능
④ 11월 28 ~ 29일 : E대리가 휴가이므로 모든 팀원 참여 불가능
⑤ 11월 29 ~ 30일 : 말일이므로 워크숍 불가능

05 정보능력

01	02	03	04	05	06	07	08	09	10
②	③	②	①	①	④	③	③	⑤	③

01 정답 ②

도형 선택 후 [Shift] 버튼을 누르고 도형을 회전시키면 15°
간격으로 회전시킬 수 있다.

02 정답 ③

유효성 검사에서 제한 대상을 목록으로 설정을 했을 경우, 드
롭다운 목록의 너비는 데이터 유효성 설정이 있는 셀의 너비
에 의해 결정된다.

03 정답 ②

1차 자료	단행본, 학술지와 학술지 논문, 학술회의자료, 연구보고서, 학위논문, 특허정보, 표준 및 규격자료, 레터, 출판 전 배포자료, 신문, 잡지, 웹 정보자원 등
2차 자료	사전, 백과사전, 편람, 연감, 서지데이터베이스 등

04 정답 ①

구글에서 특정 확장자만 검색하고 싶을 때는 '검색어+
filetype:파일확장자' 또는 'filetype:파일확장자+검색어'와
같은 형태로 입력하면 해당 파일만 찾을 수 있다.

05 정답 ①

오른쪽 워크시트를 보면 데이터는 '김'과 '철수'로 구분이 되
어 있다. 왼쪽 워크시트의 데이터는 '김'과 '철수' 사이에 기호
나 탭, 공백 등이 없으므로 각 필드의 너비(열 구분선)를 지정
하여 나눈 것이다.

06 정답 ④

시간 데이터는 세미콜론(;)이 아니라 콜론(:)으로 시, 분, 초를
구분한다.

07 정답 ③

세탁기 신상품의 컨셉이 중년층을 대상으로 하기 때문에 연령
에 따라 자료를 분류하여 중년층의 세탁기 디자인 선호도에
대한 정보가 필요하다.

08 정답 ③

피벗 테이블의 셀에 메모를 삽입한 경우 데이터를 정렬하여도
메모는 피벗 테이블의 셀에 고정되어 있다.

09 정답 ⑤

「=SUM(합계를 구할 처음 셀:합계를 구할 마지막 셀)」으로
표시해야 한다. 판매수량과 추가판매를 더하는 것은 비연속
적인 셀을 더하는 것이지만 연속하는 영역을 입력하고 ','로
구분해준 뒤 다음 영역을 다시 지정해주면 되므로 「=
SUM(B2:B5,C2,C5)」이 옳다.

10 정답 ③

[A1:B4] 영역으로 차트를 만들었기 때문에 [A5:B5]는 차트
의 원본데이터 범위가 아니므로 자동추가되지 않는다.

06 기술능력

01	02	03	04	05	06	07	08	09	10
③	③	⑤	④	③	④	②	②	④	③

01 정답 ③

공공연해진 야근 문화와 이로 인한 과로사는 작업 관리상 원인에 속한다. 작업 관리상 원인에는 안전 관리 조직의 결함, 안전 수칙 미지정, 작업 준비 불충분, 인원 배치 및 작업 지시 부적절 등이 있다.

오답분석
① 충분하지 못한 OJT는 산업 재해의 기본적 원인 중 교육적인 원인이지만, 제시된 기사의 산업 재해 원인으로는 적절하지 않다.
② 노후화된 기기의 오작동으로 인한 작업 속도 저하는 산업 재해의 기본적 원인 중 기술적 원인에 속하고, 기기의 문제로 작업 속도가 저하되면 야근을 초래할 수 있지만, 제시된 기사의 산업 재해 원인으로는 적절하지 않다.
④ 작업 내용 미저장, 하드웨어 미점검 등은 산업 재해의 직접적 원인 중 불안전한 행동에 속하며, 야근을 초래할 수 있지만, 제시된 기사의 산업 재해 원인으로는 적절하지 않다.
⑤ 시설물 자체 결함, 복장·보호구의 결함은 산업 재해의 직접적 원인 중 불안전한 상태에 속하며, 제시된 기사의 산업 재해 원인으로는 적절하지 않다.

02 정답 ③

기술은 과거에는 Know-how의 개념이 강했지만, 시간이 지나면서 현대적 기술은 Know-why와 결합하는 방법으로 진행되고 있다.

03 정답 ⑤

벤치마킹은 비교대상에 따라 내부·경쟁적·비경쟁적·글로벌 벤치마킹으로 분류되며, 네스프레소는 뛰어난 비경쟁 기업의 유사 분야를 대상으로 벤치마킹하는 비경쟁적 벤치마킹을 하고 있다. 비경쟁적 벤치마킹은 아이디어 창출 가능성은 높으나 가공하지 않고 사용하면 실패할 가능성이 높다.

오답분석
① 내부 벤치마킹
②·③ 글로벌 벤치마킹
④ 경쟁적 벤치마킹

04 정답 ④

하인리히의 법칙은 큰 사고로 인해 산업 재해가 일어나기 전에 작은 사고나 징후인 '불안전한 행동 및 상태'가 보인다는 주장이다.

05 정답 ③

안마의자 사용설명서에서 설치 시에 등받이와 다리부를 조절할 경우를 대비하여 제품의 전방 50cm, 후방 10cm 이상 여유 공간을 두라고 설명하고 있다. 따라서 후방을 벽면에 밀착할 수 있는 장소를 고려하는 것은 적절하지 않다.

06 정답 ④

④의 그림은 안마의자의 움직이는 부위에 손가락이 끼어 다칠 수 있다는 내용을 담고 있다. 제품설명서의 '안전을 위한 주의사항'에서 7번째 사항을 보면 같은 내용이 있으며, '경고' 수준의 주의를 필요로 한다는 것을 알 수 있다.

오답분석
① 사용 중에 잠들지 말라는 의미를 가진 그림이다. 이는 '주의' 수준에 해당한다.
② 사용 중에 음료나 음식을 섭취하지 말라는 의미를 가진 그림이다. 이는 '주의' 수준에 해당한다.
③ 사용 시간은 1회 20분을 권장한다는 의미를 가진 그림이다. 이는 '주의' 수준에 해당한다.
⑤ 제품 안쪽에 휴대폰 등의 물건을 빠뜨리지 않도록 주의하라는 의미를 가진 그림이다. 이는 '주의' 수준에 해당한다.

07 정답 ②

임펠러 날개깃이 피로 현상으로 인해 결함을 일으킬 수 있다고 하였기 때문에 기술적 원인에 해당된다. 기술적 원인에는 기계 설계 불량, 재료의 부적합, 생산 공정의 부적당, 정비·보존 불량 등이 있다.

오답분석
① 작업 관리상 원인 : 안전 관리 조직의 결함, 안전 수칙 미제정, 작업 준비 불충분, 인원 배치 및 작업 지시 부적당 등
③ 교육적 원인 : 안전 지식의 불충분, 안전 수칙의 오해, 경험이나 훈련의 불충분과 작업관리자의 작업 방법의 교육 불충분, 유해 위험 작업 교육 불충분 등

08 　정답 ②

기술은 '노하우(Know-how)'를 포함한다. 즉, 기술을 설계하고, 생산하고, 사용하기 위해 필요한 정보, 기술, 절차를 갖는 데 노하우(Know-how)가 필요한 것이다.

09 　정답 ④

주의사항에서 유산소 운동의 효과를 가져올 수 있는 운동 시간에 대해 안내된 바가 없으므로 ④는 안내문의 내용으로 적절하지 않다.

10 　정답 ③

볼트와 너트 체결부분이 느슨해지면 제품에서 소음이 발생할 수 있으므로 모든 부분을 다시 조여주어야 한다.

07 조직이해능력

01	02	03	04	05	06	07	08	09	10
⑤	②	④	③	②	④	⑤	①	④	⑤

01 　정답 ⑤

조직체계 구성요소 중 규칙 및 규정은 조직의 목표나 전략에 따라 수립되며, 조직구성원들의 활동범위를 제약하고 일관성을 부여하는 기능을 하고 인사규정·총무규정·회계규정 등이 있다.

오답분석

① 조직목표 : 조직이 달성하려는 장래의 상태로, 대기업, 정부부처, 종교단체를 비롯하여 심지어 작은 가게도 달성하고자 하는 목표를 가지고 있다. 조직의 목표는 미래지향적이지만 현재 조직행동의 방향을 결정해주는 역할을 한다.
② 경영자 : 조직의 전략, 관리 및 운영활동을 주관하며, 조직구성원들과 의사결정을 통해 조직이 나아갈 바를 제시하고 조직의 유지와 발전에 대해 책임을 지는 사람이다.
③ 조직문화 : 조직이 지속되게 되면서 조직구성원들 간의 생활양식이나 가치를 서로 공유하게 되는 것을 말한다. 이는 조직구성원들의 사고와 행동에 영향을 미치며 일체감과 정체성을 부여하고 조직이 안정적으로 유지되게 한다.
④ 조직구조 : 조직 내의 부문 사이에 형성된 관계로 조직목표를 달성하기 위한 조직구성원들의 상호작용을 보여준다.

02 　정답 ②

각종 위원회 위원 위촉에 관한 전결규정은 없으므로 정답은 ②가 된다. 단, 대표이사의 부재중에 부득이하게 위촉을 해야 하는 경우가 발생했다면 차하위자(전무이사)가 대결을 할 수는 있다.

03 　정답 ④

조직목표의 기능
• 조직이 존재하는 정당성과 합법성 제공
• 조직이 나아갈 방향 제시
• 조직 구성원의 의사결정의 기준
• 조직구성원 행동수행의 동기유발
• 수행평가 기준
• 조직설계의 기준

04 정답 ③

제시된 표는 직무평가의 방법 중 서열법에 해당한다. 서열법은 기업 내의 각 직무에 대해 상대적인 숙련·노력·책임·작업조건 등의 요소를 기준으로 종합적으로 판단하여 전체적으로 순위를 매기는 방법이다. 이 방법은 과학적인 방법은 아니며, 직무간의 차이가 명확하거나 평가자가 모든 직무를 잘 알고 있을 경우에만 적용이 가능하다.

[오답분석]
① 점수법
② 분류법
④ · ⑤ 요소비교법

05 정답 ②

싱가포르는 중국계(74.1%), 말레이계(13.4%), 인도계(9.2%), 기타(3.3%)의 다민족 국가로 그에 맞는 비즈니스 에티켓을 지켜야 한다. 말레이계, 인도계 등은 이성끼리 악수를 하지 않는 편이며, 싱가포르 현지인은 시간관념이 매우 철저하므로 약속 시간을 엄수하고 일을 진행하기 전 먼저 약속을 잡는 것이 바람직하다.

06 정답 ④

홈페이지 운영 등은 정보사업팀에서 한다.

[오답분석]
① 감사실(1개)과 11개의 팀으로 되어 있다.
② 예산기획과 경영평가는 전략기획팀에서 관리한다.
③ 경영평가(전략기획팀), 성과평가(인재개발팀), 품질평가(평가관리팀) 등 다른 팀에서 담당한다.
⑤ 감사실을 두어 감사, 부패방지 및 지도점검을 하게 하였다.

07 정답 ⑤

품질평가에 대한 관련민원은 평가관리팀이 담당하고 있다.

08 정답 ①

베트남 사람들은 매장에 직접 방문해서 구입하는 것을 더 선호하므로 인터넷, TV광고와 같은 간접적인 방법의 홍보를 활성화하는 것은 신사업 전략으로 적절하지 않다.

09 정답 ④

인·적성검사 합격자의 조 구성은 은경 씨가 하지만 합격자에게 몇 조인지 미리 공지하는지는 알 수 없다.

10 정답 ⑤

필리핀에서 한국인을 대상으로 범죄가 이루어지고 있다는 것은 심각하게 고민해야 할 사회문제이지만, 그렇다고 우리나라로 취업하기 위해 들어오려는 필리핀 사람들을 막는 것은 적절하지 않은 행동이다.

08 대인관계능력

01	02	03	04	05	06	07	08	09	10
①	②	④	①	③	②	④	④	④	⑤

01 정답 ①

갈등이 발생하면 서로에 대해 이해하지 않고, 배척하려는 성향이 있기 때문에 갈등 당사자 간에 의사소통이 줄어들고, 접촉하려 하지 않는 경향이 생긴다.

[오답분석]
② 조직의 갈등은 없거나 너무 낮으면 조직원들의 의욕이 상실되고, 환경변화에 대한 적응력도 떨어지고 조직성과는 낮아지게 된다.
③ 갈등이 승리를 더 원하게 만든다.
④ 목표달성을 위해 노력하는 팀이라면 갈등은 항상 있게 마련이다.
⑤ 갈등은 새로운 해결책을 만들어주는 기회가 될 수 있다.

02 정답 ②

직장생활은 일이기 때문에 업무능력이 더 중요하다. 업무능력이 떨어지면 인간관계를 잘하는 것은 큰 의미가 없다. 직장생활에서 업무능력이 좋으면, 인간관계에서도 큰 영향을 미친다.

03 정답 ④

팀워크는 개인의 능력이 발휘되는 것도 중요하지만 팀원들 간의 협력이 더 중요하다. 팀원 개개인의 능력이 최대치일 때, 팀워크가 가장 뛰어난 것은 아니다.

04 정답 ①

대인관계는 이해와 양보의 미덕을 기반으로 이루어진다. 신입사원 A는 팀원들과 교류가 없는 선임과 같이 일을 하면서 그를 이해하게 되고 적극적으로 다가가면서 관계가 가까워졌다.

05 정답 ③

신입사원 A는 다른 팀원들이 선임과 개방적으로 의사소통을 하지도 않고, 건설적으로 해결하려는 모습을 보여주고 있지 않기 때문에 팀의 좋은 영향을 미치지 못할 것이라고 판단하고 있다.

06 정답 ②

선임과 다른 팀원들 사이에서 갈등이 일어나 팀워크가 저해되고 있는 경우이므로 갈등을 해결해서 팀워크를 개발해야 한다. 갈등은 시간이 지남에 따라 점점 더 커지기 때문에 바로 해결하는 것이 좋으며, 팀원들의 갈등이 발견되면 제3자로 중재하는 것이 해결에 도움이 된다.

07 정답 ④

제시된 사례는 버스기사의 불친절로 인해 승객이 불쾌함 등을 느꼈다는 내용이므로 버스기사가 발휘해야 하는 태도로 '효율적인 업무처리를 통해 신속한 응대'는 적절하지 않다.

08 정답 ④

버스 기사는 공무원이 아니기 때문에 공무원들의 책임감 증가를 직접적인 방안으로 볼 수 없다.

09 정답 ④

고객과 접점 서비스의 질 개선에 대해 묻고 있기 때문에 '차량 에어컨 수리 및 교체'는 이와 관련해서 조치를 취해야 할 부분과 거리가 멀다.

10 정답 ⑤

마지막 헤밍웨이의 대답을 통해 위스키 회사 간부가 협상의 대상인 헤밍웨이를 분석하지 못하였음을 알 수 있다. 헤밍웨이의 특징, 성격 등을 파악하고 헤밍웨이로 하여금 신뢰감을 느낄 수 있도록 협상을 진행하였다면 협상의 성공률은 올라갔을 것이다.

안심Touch

09 자기개발능력

01	02	03	04	05	06	07	08	09	10
⑤	③	⑤	④	②	③	①	②	⑤	⑤

01 정답 ⑤

자기개발을 설계하기 위해서는 명확하고 구체적인 방법으로 계획해야 하나, 장기목표일 경우는 때에 따라서 구체적인 방법을 계획하는 것이 어렵거나 바람직하지 않을 수 있다. 따라서 ⑤는 전략으로 적절하지 않다.

02 정답 ③

자기개발은 개별적인 과정으로 자기개발을 통해 지향하는 바와 선호하는 방법 등은 사람마다 다르다. 따라서 자신에 대한 이해를 바탕으로 자신을 둘러싼 환경의 변화를 예측하고, 자신에게 적합한 목표와 그에 따른 자기개발 전략이나 방법을 선정해야 한다.

03 정답 ⑤

성찰을 통해 일을 마친 후 자신이 잘한 일과 개선할 점 등은 무엇인지 깊이 생각해 봄으로써 앞으로 다른 일을 해결해 나가는 데 필요한 노하우를 축적할 수 있다. 따라서 ⑤는 적절하지 않다.

04 정답 ④

업무 수행 성과를 높이기 위해서는 다른 사람과 다른 방식으로 일해야 한다. 의외로 다른 사람들이 발견하지 못한 더 좋은 해결책을 발견하거나 창의적인 방식으로 보다 쉽게 일을 처리하여 업무의 성과를 높일 수 있을 것이다.

05 정답 ②

B사원의 경우 실현 가능성이 높은 1년 이내의 계획은 세웠으나, 장기 목표를 별도로 수립하지 않았다. 급변하는 사회에 적응하기 위해서는 먼 미래를 예측할 수 있는 준비와 목표를 설정하는 것이 중요하므로 자기개발에 대한 계획을 수립할 때는 장·단기목표를 모두 세워야 한다.

06 정답 ③

합리적인 의사결정을 위해서는 필요한 정보를 수집해야 하나, 정보를 너무 많이 수집할 경우에는 시간이나 비용의 소모가 크기 때문에 적절히 수집할 필요가 있다.

07 정답 ①

자기개발은 한 분야에서 오랫동안 업무를 수행하도록 돕는 것이 아니라 끊임없이 변화하는 환경에 적응하도록 돕는다.

08 정답 ②

자기개발을 통해서 능력을 신장시키고 다른 사람과 차별성을 가지더라도 이에 대한 홍보를 하지 않으면 다른 사람들이 알아봐 주지 못한다. 따라서 D사원이 메뉴 개발에만 몰두하는 것은 자신을 홍보하기 위한 전략으로 적절하지 않다.

09 정답 ⑤

L사원이 자기개발을 하지 못하는 이유는 자기실현에 대한 욕구보다 인간의 기본적인 생리적 욕구를 더 우선적으로 여기기 때문이다.

10 정답 ⑤

ⓒ의 체력단련이나 취미활동은 정의에서 언급하는 개인의 경력목표로 볼 수 없다. ⓔ의 경우 직장생활보다 개인적 삶을 중요시하고 있으므로 조직과 함께 상호작용하며 경력을 개발해 나가야 한다는 경력개발의 정의와 일치하지 않는다. 따라서 ⓒ과 ⓔ은 정의에 따른 경력개발 방법으로 적절하지 않다.

10 직업윤리

01	02	03	04	05	06	07	08	09	10
④	③	①	②	③	②	③	④	②	③

01 정답 ④

거짓말하는 사람에게 가혹하게 처벌하는 것은 정직하지 않으면 치러야 할 대가를 강화하는 것으로 정직성 수준을 높이려는 사례에 해당된다.

02 정답 ③

전관우대는 전에 일하던 사람을 우대하는 것으로 공정성에서 위배되는 행동이다. 따라서 전관우대를 중시하는 것은 직업윤리 준수의 긍정적 사례로 언급하기에 적절하지 않다.

03 정답 ①

일반적 직업의 의미에서 직업은 경제적 보상을 받는 일이므로 예술인의 이야기는 적절하지 않다.

오답분석

일반적 직업의 의미
• 직업은 경제적 보상을 받는 일이다.
• 직업은 노력이 소용되는 일이다.
• 직업은 계속적으로 수행하는 일이다.
• 직업은 사회적 효용성이 있는 일이다.
• 직업은 생계를 유지하는 일이다.

04 정답 ②

잘못된 것을 감추기 시작하면 점점 상황이 악화될 수 있고, 거짓이 밝혀질 수도 있다. 잘못한 것을 밝히는 것이 더 큰 잘못을 막고 정직과 신용을 구축할 수 있는 방법이다.

05 정답 ③

직장에서의 근태를 지키는 것은 정직성에서 중요한 부분이다. 근태를 지키지 않으면 정직성에 어긋날 뿐더러 신용도 쌓을 수 없다. 점심시간을 지키는 것은 근태에 해당하므로 사적으로 시간을 더 쓰는 것은 정직성에 어긋난다.

06 정답 ②

'병풍과 장사는 약간 구부려야 잘 선다.'는 말은 융통성이 없이 성실하고 올곧기만 하면 목적을 완수하기에 어렵다는 뜻으로 쓰인다. 목적의 달성을 위해 부정적인 것을 감수해야 한다는 말이기 때문에 성실에 대한 설명으로 옳지 않다.

07 정답 ③

오답분석

① 막강한 권력을 가지고 있다고 하더라도 "모든 일의 책임은 내가 진다."라는 태도가 필요하다.
② 회피는 문제해결의 대안이 될 수 없다. 상황을 있는 그대로 받아들이는 것이 책임지는 태도이다.
④ 책임감은 삶을 긍정적으로 바라보는 태도가 바탕이 되기 때문에 모든 경우를 의심하는 자세를 책임이라 보는 것은 옳지 않다.
⑤ 책임이 성립되기 위해서는 행위를 하는 자가 사회의 윤리적 규범을 받아들일 것, 행위가 자유로운 의지에 따른 결정일 것, 행위의 결과가 당연히 예측되어야 할 것 등이 있다. 따라서 복수는 책임에 대한 설명으로 옳지 않다.

08 정답 ④

받는 사람이 이해하기 쉽게 이메일을 작성하는 것은 올바른 이메일 예절이다.

오답분석

① 이메일에는 보내는 사람과 받는 사람의 이름이 포함되어야 한다.
② 답메일을 할 때는 메일을 받는 사람이 어떤 내용에 관한 것인지를 쉽게 파악할 수 있도록 지난번 받은 메일의 내용을 포함하는 것이 좋다.
③ 이메일에는 제목이 포함되어야 한다.
⑤ 메일작성은 공적인 업무이기 때문에 예절을 갖춰야 한다. 메일에는 간단하게라도 첫인사와 마지막 인사를 작성하는 것이 예의이며, 특히 타 부서로 보낼 때는 주의해야 한다.

09 정답 ②

A과장은 회사 직원이 아닌 지인들과 인근 식당에서 식사를 하고, C팀장이 지적을 하자 거짓으로 둘러댄 것이 들키면서 징계를 받았다. 따라서 늘 정직하게 임하려는 태도가 가장 적절하다.

10 정답 ③

사회생활에 있어 신뢰가 기본이 되기 때문에 신뢰가 없으면 사회생활에 지장이 생긴다.

01 일반상식 실전모의고사

01	02	03	04	05	06	07	08	09	10
④	①	③	②	④	③	③	③	①	①
11	12	13	14	15	16	17	18	19	20
③	②	②	④	④	①	④	④	②	①
21	22	23	24	25	26	27	28	29	30
②	③	①	③	①	①	②	③	③	①
31	32	33	34	35	36	37	38	39	40
④	①	③	④	④	①	④	③	①	②
41	42	43	44	45	46	47	48	49	50
②	③	①	④	①	③	②	②	④	②

01 정답 ④

인사청문회
인사청문회는 사법부 혹은 행정부의 요인을 임명할 때 국회가 인사의 비위사실, 도덕성을 검증하는 과정이다. 인사청문회 대상 중 국무총리, 헌법재판소장, 대법원장, 감사원장, 대법관에 대해서는 국회의 동의 없이 임명할 수 없으나 국무위원, 방통위장, 국정원장, 공정위장, 금융위장, 인권위장, 국세청장, 한은총재, 특별감찰관, KBS사장, 검찰총장, 경찰청장, 합참의장, 대통령·대법원 선출 헌법재판관, 중앙선관위위원에 대해서는 청문 기한이 끝날 경우 국회 임명동의안 없이 임명할 수 있다. 비서실장, 민정수석 등 청와대 비서실 인사들은 인사청문회 대상이 아니다.

02 정답 ①

윤창호법
2018년 12월 7일 국회 의결된 음주운전자에 대한 처벌 강화를 다룬 도로교통법 개정안이다. 윤창호는 법안 발의의 사회적 합의를 촉발시킨 음주운전 교통사고 사건의 피해자로 사고 수일 후 안타깝게 사망했다. 음주운전 2회 적발 시 2년 이상, 5년 이하 징역이나 1,000만원 이상 2,000만원 이하의 벌금을 부과한다. 음주운전 판단 기준과 면허 정지 기간 또한 강화되었다.

03 정답 ③

대한민국의 대통령은 긴급명령권, 국군통수권, 조약체결권, 국민투표부의권, 법령집행권, 외교권 등을 지니고 있다. 조약의 비준동의는 국회의 권한이다.

04 정답 ②

서울시장은 장관급 대우를 받아 국무위원으로서 국무회의에 참석할 수 있다. 세종시·광역시 시장과 각 도지사 등 광역자치단체장은 차관급 대우를 받는다.

05 정답 ④

법률불소급의 원칙
법이 시행 이후에 성립하는 사실에만 적용되어 효력을 발휘하고, 과거의 사실에는 소급적용할 수 없다는 원칙이다. 소급입법금지원칙이라고도 한다. 법률의 기본원칙으로서 유효하게 취득했던 권리나 당시에는 적법했던 행위를 사후에 제정된 법으로써 침해·박탈하지 않도록 하는 것이 목적이다.

06 정답 ③

선거의 4원칙은 보통선거, 비밀선거, 평등선거, 직접선거이다. 보통선거란 투표권에 연령, 범죄 외의 제한을 두지 않는 것이다.

07 정답 ③

외로운 늑대(Lone Wolf)
테러단체와 공식적 연계가 없으며 직접 훈련을 받지 않았지만 테러단체의 사상에 감화되어 생긴 자생적 테러리스트로 지난 2016년 6월 12일 미국 올랜도 총기 난사 사건이 대표적이다.

08 정답 ③

통화스와프
일정한 시점에 한쪽의 요청이 있을 경우 각국의 통화를 교환해줄 것을 약속하는 것이다.

한국의 통화스와프 현황(2022년 3월 기준)
- 캐나다 : 무기한(규모 무제한)
- 미국 : 2021년 9월 만기(600억달러 규모)
- 중국 : 2025년 10월 만기(590억달러 규모)
- 스위스 : 2026년 3월 만기(106억달러 규모)
- UAE : 2022년 4월 만기(54억달러 규모)
- 말레이시아 : 2023년 2월 만기(47억달러 규모)
- 호주 : 2023년 2월 만기(81억달러 규모)
- 인도네시아 : 2023년 3월 만기(100억달러 규모)
- 태국 치앙마이 이니셔티브(미국 달러) : 무기한(384억달러 규모)
- 터키 : 2024년 8월 12일 만기(20억달러 규모)

09 정답 ①

더블딥(Double Dip)
경기가 침체국면에서 회복할 조짐을 보이다가 다시 침체국면으로 빠져드는 현상을 말한다. 두 번의 침체의 골을 거쳐 회복기에 접어들기 때문에 W자형 경제구조라고도 불린다.

10 정답 ①

재화의 종류
- 정상재 : 소득이 증가했을 때 수요가 증가하는 재화
- 열등재 : 소득이 증가했을 때 수요가 감소하는 재화
- 경제재 : 희소성과 경제적 가치가 있는 것
- 자유재 : 사용 가치는 있으나 무한한 것
- 대체재 : 한 재화의 가격이 오를 경우 대신 소비되는 것
- 보완재 : 함께 소요되는 경향이 있는 재화
- 기펜재 : 가격이 오를수록 소비량이 상승하는 열등재로, 쌀값이 오르면 사람들이 고기 소비량을 줄이고 쌀을 더 먹게 되는 현상에서 기인한 것이다.
- 공공재 : 공공기관에 의해 공급되는 비경합적 재화
- 경험재 : 수술, 공연처럼 직접 경험하기 전에는 가치판단이 어려우나 경험 뒤 반복 소비가 일어나기 힘든 재화

11 정답 ③

헤지펀드(Hedge Fund)
투자 위험 대비 고수익을 추구하는 투기성 자본으로, 투자 자격이 제한되어 있다.

모태펀드(Fund of Funds)
기업에 투자하는 것이 아닌 투자 중인 개별 펀드에 투자하여 위험은 감소시키고 수익을 낸다.

ELS펀드(Equity Linked Securities Funds)
원금 보장이 가능한 채권 등에 투자금의 대부분을 넣고 소액으로는 주가지수나 개별 종목에 투자하여 소액 부분에서 손해를 보더라도 채권 등에서 만회할 수 있는 투자이다.

인덱스펀드(Index Fund)
주가지표 변동과 동일한 투자 성과를 내기 위해 구성된 투자 방식이다. 증권시장의 장기적 성장 추세를 전제로 한다.

12 정답 ②

모라토리엄
국가의 대외 채무에 대한 지불유예 선언을 의미한다.

디폴트
채무불이행으로서 정부가 외국에서 빌려온 차관을 지속적으로 갚지 못하는 상황에서 지불 불가를 선언하는 것이다.

13 정답 ②

퀀텀점프
양자학에서 전자의 주기변경 시 그 움직임이 설명되지 않는 것과 관련해 경제학에서 어떤 기업이나 국가가 동향을 파악할 새도 없이 비약적으로 성장하는 것을 가리킨다.

14 정답 ④

- 법인세 전 이익×법인세율=법인세(20억×0.4=8억)
- 법인세 전 이익−법인세=당기순이익(20억−8억=12억)
- 자본금÷1주당 액면금액=발행주수(100억÷5,000=200만)
- 당기순이익÷주식수=1주당 손익(12억÷200만=600원)

15 정답 ④

제품수명주기
- 도입기 : 신제품이 처음 시장에 선을 보이면서 시작된다. 이 시기의 마케팅 활동은 소비자들과 중간상인들에게 제품의 존재와 제품의 이점을 알리는 데 중점을 두게 되며, 광고와 판매 촉진에 많은 투자를 한다.
- 성장기 : 소비자들이 제품에 대해서 어느 정도 알게 되었고, 그 제품을 취급하는 점포도 늘었기 때문에 판매가 급속히 증가한다.
- 성숙기 : 자사 제품의 독특한 점을 부각시켜 자사 제품이 경쟁 제품과 구별되도록 하는 데 주안점을 둔다.
- 쇠퇴기 : 이미 극대화된 경쟁으로 판매 부진과 이익 감소를 겪음에 따라 많은 회사들이 시장을 떠나고, 남은 회사들도 광고와 판매 촉진비를 줄이게 된다.

16 정답 ①

USMCA(북미자유무역협정)
미국·캐나다·멕시코가 기존의 북미무역협정(NAFTA)을 대체하기 위해 합의한 협정이다. 2018년 10월 1일에 3국이 합의했다. 교역규모가 1조 2,000억달러에 이르며 2020년 7월 1일에 발효됐다. 핵심 자동차부품의 역내 원산지비율 규정을 강화하고 자동차 노동자 임금을 인상하는 것 등이 주요 내용이다.

17 정답 ④

인구오너스
일할 수 있는 젊은 세대인 생산가능인구(15~64세)의 비중이 하락하면서 사회의 인구부양력이 줄어드는데 노년층은 늘어나고, 이로 인해 경제 성장세가 둔화되는 현상을 가리킨다. 인구보너스는 전체인구에서 생산가능인구가 차지하는 비중이 높아지는 것을 가리킨다. 유년인구와 고령인구 비율이 낮은 상황을 인구센서스라 한다.

18 정답 ④

리셋 증후군
리셋 버튼만 누르면 처음부터 다시 시작할 수 있는 것처럼 착각하는 현상을 가리킨다. 이처럼 생각하는 일부 청소년층이 극단적인 범죄를 일으켜 물의를 빚기도 한다.

19 정답 ②

카피레프트
저작권(Copyright)에 반대되는 개념으로 지식재산권이 계층 격차 확대를 불러올 것이라 주장하여 정보의 공유를 옹호하는 입장이다.

20 정답 ①

스프롤 현상
급격한 경제성장과 발전에 따라 무계획적인 주택 건설과 공장·도로 건설, 환경오염, 교통난 심화 등 여러 문제가 발생하는 현상이다. 국제적으로도 스프롤 현상이 심각하게 진행 중이며 특히 뉴욕, 로스앤젤레스, 홍콩 등이 심각하다. 우리나라에서는 1970년대부터 스프롤 현상이 문제가 되기 시작했다.

21 정답 ②

고령사회
노인문제가 심각하게 대두된다. 대한민국은 현재 고령사회에 접어들었다. UN의 기준에 따르면 65세 이상 노인이 전체 인구의 7% 이상을 차지하면 고령화사회(Aging Society), 14% 이상을 차지하면 고령사회(Aged Society), 20% 이상을 차지하면 초고령사회(Super-aged Socity)로 구분한다.

22 정답 ③

노비즘
철저한 개인주의에 인한 사고로 다른 사람이나 사회에 손해가 된다 하더라도, 자신에게 피해가 없다면 무관심한 현상을 말한다. 이웃집이나 공공장소에 쓰레기를 버리는 것은 괜찮지만, 나의 집 앞에 버리는 것은 용납하지 못하는 현상이 노비즘이라 할 수 있다.

23 정답 ①

USB
플래시 메모리 기술을 이용한 비휘발성 메모리장치이다. 전기적으로 데이터를 지우고 다시 쓸 수 있어 보조기억장치로 쓰인다.

24 정답 ③

그리드 패리티
그리드 패리티는 대체에너지가 화석연료의 발전과 동일한 수준의 발전 가격 경쟁력을 가지는 시점을 가리킨다. 아직 원자력 외에 그리드 패리티를 달성한 대체에너지는 없다.

25 정답 ①

빛의 분산
빛이 다른 매질로 옮겨갈 때 파장에 따라 굴절률이 바뀌어 분리되는 현상이다. 프리즘의 원리이기도 하다. 프리즘을 통과한 빛 중 파장이 낮은 푸른빛은 심하게 굴절되고 파장이 높은 붉은빛은 조금 굴절되어 빛이 분리되어 보이는 것이다.

26 정답 ①

데이터 마이닝
통계학적 관점에서 데이터를 찾고 통계상에 나타나는 현상과 흐름을 파악하는 것이다. 빅데이터 기술에 활용된다.

빅데이터
인터넷 등의 발달로 방대한 데이터가 쌓이는 것, 그리고 데이터 처리기술의 발달로 디지털 환경에서 만들어지는 방대한 데이터를 분석해 그 의미를 추출하고 경향을 파악하는 것이다.

27 정답 ②

패러다임
미국의 과학철학자 토마스 쿤은 '패러다임'이라는 새로운 개념을 고안해냈다. 그에 따르면 과학의 발전은 패러다임의 교체에 의해 혁명적으로 이루어진다.

28 정답 ③

LPG는 액화하기 쉽고 운반이 편리하며 비용이 저렴하다. 반면, LNG는 메탄을 주성분으로 하며 폭발 위험이 낮으나 액화가 어려워 비싸다.

29 정답 ③

①, ②, ④는 자음동화에 따른 변화이고(④의 경우 자음동화의 일종인 자음축약) ③은 구개음화이다.

자음동화
두 형태소의 결합 시 자음과 자음이 만나 영향을 받으면서 같은 성질의 음소로 바뀌는 현상

구개음화
'ㄷ, ㅌ' 받침 뒤에 종속적 관계를 가진 '-이(-)'나 '-히-'가 올 적에는 'ㅈ, ㅊ'으로 소리 나더라도 'ㄷ, ㅌ'으로 적는다.

30 정답 ①

한우충동(汗牛充棟)
수레에 실으면 소가 땀을 흘리고, 집에 쌓으면 대들보까지 닿게 된다는 뜻으로 읽은 책이 많은 것을 비유한 말

망운지정(望雲之情)
객지에 나온 자식이 고향의 부모를 그리는 정을 가리키는 말

타산지석(他山之石)
다른 사람의 하찮은 언행도 자기의 지덕(智德)을 쌓는 데 도움이 됨

맥수지탄(麥秀之嘆)
조국이 멸망한 것을 한탄한다는 뜻

31 정답 ④

주요 연령 한자어
15세 지학(志學), 20세 약관(弱冠), 30세 이립(而立), 40세 불혹(不惑), 50세 지명(知命), 60세 이순(耳順), 61세 화갑(華甲)·환갑(還甲)·회갑(回甲), 70세 고희(古稀), 80세 팔순(八旬), 99세 백수(白壽)

32 정답 ①

'듯하다 - 듯 하다'
'듯'은 어간 뒤에 올 경우 붙여 쓰고 관형형 뒤에 올 경우 띄어 쓴다. 어간의 뒤에 올 경우 뒤의 '하다'와 붙여 쓰는 것이 허용된다. '죽일 듯이'에서 '-일'은 '-할, -는'처럼 용언을 관형화하는 어미이므로 뒤의 '듯'은 띄어 쓴다. 보듯, 가듯처럼 용언 뒤에 '듯'이 올 경우 붙여 쓰고 뒤에 '하다'가 올 경우 '끓듯하다'처럼 붙여 쓰는 것이 허용된다. '그럴듯하다'가 '제법 훌륭하다'의 의미라면 한 단어로 쓰는 것이 맞으나 단순히 '그럴 것 같다'의 의미라면 띄어 쓰되 붙여 쓸 수 있다.

33 정답 ③

든 or 던
'하든 말든'과 같이 일의 여부를 나타내는 것은 '-든'이고 '가던 것을 말았다'와 같이 과거의 일을 나타내는 것은 '-던'이다.

-지 or 지, -시 or 시, -간 or 간
'너를 본 지 오래다'와 같이 언제로부터 얼마간의 시간이 지난 경우에는 '지'를 띄어 쓰며, '하지 않다'와 같이 행동을 지칭할 때 붙여 쓴다. '시'는 '중요시 한다'와 같이 그것을 어떻게 여긴다라는 뜻으로 쓸 땐 붙여 쓰며, '그를 발견할 시 즉각 신고'와 같이 무엇을 할 때를 나타낼 땐 띄어 쓴다. '간'은 '3일간'과 같이 시간 뒤에서 그 시간 동안 만큼이란 뜻으로 쓸 땐 붙여 쓰며, '영희와 철수 간'과 같이 무언가의 사이를 나타낼 때는 띄어 쓴다. 다만 '남녀간, 국가간'과 같이 자주 쓰는 말에는 붙여 쓸 수 있다.

34 정답 ④

자주 나오는 외래어 표기
Mozart : 모차르트, Catholic : 가톨릭, Guarantee : 개런티, Globe : 글로브, Gips : 깁스, Nylon : 나일론, Nonsense : 난센스, Narration : 내레이션, Dynamic : 다이내믹, Documentary : 다큐멘터리, License : 라이선스, Rock'n'roll : 로큰롤, Mystery : 미스터리, Barbecue : 바비큐, Chandelier : 샹들리에, Accent : 악센트, Conte : 콩트, Concours : 콩쿠르, Propose : 프러포즈, Hotchkiss : 호치키스

안심Touch

35 정답 ④

오징어 한 축은 오징어 20마리를 말한다. 북어 한 쾌는 북어 20마리이다. 바늘 한 쌈은 24개, 배추 한 접은 100개, 김 한 톳은 100장을 말한다.

36 정답 ①

트리트먼트는 영화 제작에서 연출·줄거리·극의 흐름 등을 서술한 것이다.

37 정답 ④

나혜석은 일제강점기 활동한 한국 최초의 여성 서양화가이다. 한국 최초의 서양화가는 고희동이다.

38 정답 ③

알레브리헤

환상적이고 비현실적인 생물에 다채로운 색감을 입힌 멕시코의 조각 예술로 1936년 페드로 리나레스에 의해 창시되었다. 2007년부터 알레브리헤 퍼레이드(Alebrije Parade)가 매년 개최되기도 한다.

39 정답 ①

소마트로프

원반 양쪽에 이어지는 그림을 그리고 탄력 있는 줄을 원반 모서리 양쪽 끝에 연결해 손으로 잡아당기며 그림을 넘긴다. 그림은 계속해서 교차되어 애니메이션을 만들어낸다.

40 정답 ②

전형필

1906년 일제강점기 서울에서 출생한 간송 전형필 선생은 일본 유학 후 민족의 정기를 지키기 위해서는 우리의 전통문화가 단절되지 않도록 해야 한다고 생각했다. 부호가에서 태어난 그는 상속받은 막대한 유산을 우리나라의 전통문화예술품을 수집하는데 쏟아 부었고, 1938년 우리나라 최초의 사립미술관인 보화각을 설립했다.

41 정답 ②

금관악기

피스톤이나 로터리 혹은 슬라이드 구조를 이루며 음을 조절하는 악기를 금관악기로 분류한다. 트럼펫, 호른, 튜바, 유포니엄 등이 있다.

목관악기

각각의 키에 음이 정해져 있는 방식의 악기이다. 플루트, 색소폰, 오보에, 클라리넷, 리코더, 바순 등이 있다. 과거에는 주로 목재로 만들었으나 현대에 와서 다른 재질로 만드는 경우가 많다.

42 정답 ③

문화비평가 마셜 맥루한은 저서 〈미디어의 이해〉를 통해 핫미디어와 쿨미디어라는 개념을 제시했다. 정보량이 많지만 참여를 요구하지 않는 것을 핫미디어, 참여를 요구하지만 정보량이 적은 것을 쿨미디어라고 설명했다. 예를 들어 사진·라디오는 핫미디어, TV·만화책은 쿨미디어라고 할 수 있다. 사진이나 라디오처럼 직접적이고 분명하게 전달되는 정보들은 정보 수신자가 이에 관여하거나 정보의 빈틈을 메울 여지가 없다. 그러나 TV나 만화책 등은 정보를 수신하는 이들의 적극적인 참여를 이끌어내 더 많은 정보를 재생산할 수 있다.

43 정답 ①

신석기시대에는 농경문화가 시작되었으며, 동굴에서 벗어나 움막을 짓고 사는 특징을 보인다. 도구로는 간석기와 빗살무늬 토기를 사용했다. 계급사회의 특징이 나타나는 것은 청동기시대부터이다.

44 정답 ④

옥저

한반도 북부에 있었던 부족국가로 위만 조선과 한사군의 공격을 받아 축소되어 고구려에 편입되었다. 민며느리제, 골장제, 가족 공동무덤 등의 풍속이 있었다.

동예

단궁·과하마·반어피 등의 특산물을 생산하였으며, 책화·족외혼 등의 풍습과 10월에 무천이라는 행사가 있었다. 옥저와 동예는 비슷한 시기에 건국되었다 멸망한 것으로 추정된다.

45 정답 ①

원광은 신라 진평왕 대의 승려이다. 〈여래장경사기〉, 〈대방등여래장경소〉의 저술을 남겼으며, 세속오계를 지어 화랑에 정신적 지침을 전수했다.

46 정답 ③

고려 태조(왕건)은 고려를 건국한 시조로 불교를 장려하여 연등회·팔관회 등의 불교 행사를 장려했으며, 흑창을 설치하여 민생을 안정시켰다. 왕권강화책으로 정략결혼과 사성정책, 역분전 정책을 시행하였다. 최승로의 시무 28조를 받아들이고 유교정치이념의 통치체계를 정비한 왕은 고려 6대 임금 성종(981~997)이다.

47 정답 ②

과전법은 고려 공양왕 대부터 조선 초까지 시행된 토지제도이다. 전·현직 관리에게 토지를 지급하여 당사자가 사망하면 휼양전과 수신전 등으로 친족·유족이 사망할 때까지 수조권이 이어지게 하였다. 권문세족의 토지 몰수와 함께 신진사대부의 경제력 강화를 위해 실시되었다. 관리들이 지방에서 세력을 키울 것을 우려하여 경기 지역의 땅만 분배하였으며, 세조대에 직전법으로 대체되었다. ②는 직전법에 대한 내용이다.

48 정답 ②

계해약조
조선 세종 대에 대마도주의 요구를 받아들여 부산포, 제포, 염포를 개방하였고(1426), 이후 제한된 범위 내에서 왜와 무역을 허락하는 계해약조가 체결되었다(1443).

기유약조
조선 광해군 대에 대마도주와 기유약조를 체결하여 임진왜란으로 끊겼던 국교가 재개되었고 부산에 왜관이 설치되었다(1609).

한일의정서
1904년 대한제국은 외교적 중립을 선언하였으나, 일본은 강제로 한일의정서를 체결하여 한반도 내에 군사를 배치하였다.

가쓰라-테프트밀약
일본은 한일의정서(1904)와 제1차 한일협약(1904)을 맺은 뒤 러시아와 포츠머스조약을 맺고 조선을 복속했다. 그리고 일본은 미국과 접촉해 미국이 필리핀을 식민지화하고, 일본이 한반도를 지배하는 것을 상호 묵인한다는 가쓰라-테프트밀약을 맺었다(1905).

49 정답 ④

제1대 총선거
UN 총회에서 결의된 남북한 총선거가 소련의 거부와 북한의 독자정부 수립으로 불가능해지자, 1948년 2월 유엔 소총회에서 남한만의 선거를 결의한 후 제1대 총선거를 치렀다. 이 총선거에는 김구와 김규식 등의 남북 협상파와 좌익 세력이 불참했다.

건국준비위원회
일제의 패색이 짙어지자 여운형은 일본인의 안전 귀국을 담보로 일본으로부터 행정권과 치안권을 넘겨받았다. 건국 준비 위원회가 전국적으로 결성되어 일제가 물러난 뒤 소요사태가 생기지 않도록 안정화하였다. 하지만 남북에 소련과 미국이 들어오면서 영향력을 상실했다.

좌우합작위원회
해방 이후 좌우 대립이 격화되면서 분단의 위기감을 느낀 중도파 세력들은 여운형, 김규식을 중심으로 좌우합작위원회를 수립하였다(1946). 좌우합작위원회는 좌우합작 7원칙을 합의하여 제정하였다.

50 정답 ②

서울아시안게임
1986년 서울에서 열린 아시안 게임이다. 이전 1970년에도 서울은 아시안게임 개최지로 선정되었으나, 1968년 김신조 무장공비 사건 등으로 치안이 위험해져 무산되었다.

반민족행위처벌법
제헌 국회에서 1948년 제정한 친일 행위자에 대한 처벌 및 재산 환수를 위한 특별법이다. 1949년 실질적인 활동이 끝났으며 1951년 폐지되었다.

5·18민주화운동
1980년 신군부의 집권과 시위 진압에 맞서 광주 지역의 시민들이 시민군을 결성하여 대항한 운동이다.

02 NCS 실전모의고사

01	02	03	04	05	06	07	08	09	10	11	12	13	14	15	16	17	18	19	20
④	④	③	①	④	①	④	⑤	⑤	④	③	⑤	④	①	①	④	④	②	③	③
21	22	23	24	25	26	27	28	29	30	31	32	33	34	35	36	37	38	39	40
②	①	③	④	③	④	①	⑤	③	②	③	⑤	③	③	③	②	③	③	③	④
41	42	43	44	45	46	47	48	49	50	51	52	53	54	55	56	57	58	59	60
③	②	③	⑤	③	⑤	④	④	④	④	②	④	①	②	①	②	④	③	①	②

01 　정답　 ④

④에 대한 내용은 문제 해결법에 나와 있지 않다.

02 　정답　 ④

④는 인쇄 속도가 느릴 때 해결할 수 있는 방안이다.

03 　정답　 ③

〈보기〉는 '인간이 발명한 문명의 이기(利器), 즉 비행기나 배 등은 결국 인간의 신화적 사유의 결과물이다.'로 요약할 수 있다. (다)의 앞부분에서 '문명의 이기(利器)의 근본은 신화적 상상력'이라 했고, 〈보기〉가 그 예에 해당하기 때문에 〈보기〉가 들어가기에 적절한 곳은 (다)이다.

04 　정답　 ①

피벗 테이블 결과 표시는 다른 시트에도 가능하다

05 　정답　 ④

ⓒ 특허를 통한 기술 독점은 기업의 내부 환경으로 볼 수 있다. 따라서 내부 환경의 강점(Strength) 사례이다.
ⓒ 점점 증가하는 유전자 의뢰는 기업의 외부 환경(고객)으로 볼 수 있다. 따라서 외부 환경에서 비롯된 기회(Opportunity) 사례이다.

[오답분석]
㉠ 투자 유치의 어려움은 기업의 외부 환경(거시적 환경)으로 볼 수 있다. 따라서 외부 환경에서 비롯된 위협(Threat) 사례이다.
㉣ 높은 실험 비용은 기업의 내부 환경으로 볼 수 있다. 따라서 내부 환경의 약점(Weakness) 사례이다.

06 　정답　 ①

사원별 성과지표의 평균을 구하면 다음과 같다.
• A사원 : $(3+3+4+4+4) \div 5 = 3.6$
• B사원 : $(3+3+3+4+4) \div 5 = 3.4$
• C사원 : $(5+2+2+3+2) \div 5 = 2.8$
• D사원 : $(3+3+2+2+5) \div 5 = 3$
• E사원 : $(4+2+5+3+3) \div 5 = 3.4$

즉, A사원만 당해 연도 연봉에 1,000,000원이 추가된다.

각 사원의 당해 연도 연봉을 구하면 다음과 같다.

- A사원 : 300만 원+(3×300만 원)+(3×200만 원)+(4×100만 원)+(4×150만 원)+(4×100만 원)+100만 원=33,000,000원
- B사원 : 300만 원+(3×300만 원)+(3×200만 원)+(3×100만 원)+(4×150만 원)+(4×100만 원)=31,000,000원
- C사원 : 300만 원+(5×300만 원)+(2×200만 원)+(2×100만 원)+(3×150만 원)+(2×100만 원)=30,500,000원
- D사원 : 300만 원+(3×300만 원)+(3×200만 원)+(2×100만 원)+(2×150만 원)+(5×100만 원)=28,000,000원
- E사원 : 300만 원+(4×300만 원)+(2×200만 원)+(5×100만 원)+(3×150만 원)+(3×100만 원)=31,500,000원

따라서 가장 많은 연봉을 받을 직원은 A사원이다.

07 정답 ④

옆 가게 주인과 달리 B씨는 청년이 겉으로 원하는 것(콜라)만 확인하고, 실제로 원하는 것(갈증 해결)을 확인하지 못했다.

08 정답 ⑤

수출주도형 성장전략은 수요가 외부에 존재한다는 측면에서 공급중시 경제학적 관점을 띠고 있다. 따라서 수요가 외부에 존재한다는 점과 공급을 중시하는 점에 대해 비판할 수 있다. ⑤에서 내부의 수요를 증대시키는 것은 비판의 입장이지만, 수요 증대를 위해 물품 생산의 공급을 강조하는 것은 비판의 내용이 아니다.

09 정답 ⑤

제시문은 '과학적 용어'에 대한 글이다. 제시문에서는 모래언덕의 높이, 바람의 세기, 저온의 온도를 사례로 들어 과학자들은 모호한 것은 싫어하지만 대화를 통해 상황에 적절한 합의를 도출한다고 설명하고 있다. 따라서 과학적 용어가 엄밀하고 보편적인 정의에 의해 객관성이 보장된다는 ⑤가 주장에 대한 비판적 논거로 적절하다.

10 정답 ④

본 제품에는 배터리 보호를 위하여 과충전 보호회로가 내장되어 있어 적정 충전시간을 초과하여도 큰 손상이 없으므로 고장의 원인으로 적절하지 않다.

11 정답 ③

청소기 전원을 끄고 이물질 제거 후 전원을 켜면 파워브러쉬가 재작동하며 평상시에도 파워브러쉬가 멈추었을 때는 전원 스위치를 껐다 켜면 재작동한다.

12 정답 ⑤

흡입구를 커다란 이물질이 막고 있거나, 먼지 필터가 막혀 있거나, 먼지통 내에 오물이 가득 차 있을 경우에는 사용 중 갑자기 흡입력이 떨어지게 된다.

13 정답 ④

틀 고정을 취소할 때는 셀 포인터의 위치와 상관없다.

안심Touch

14 정답 ①

블록을 잡고 [Back Space] 키를 누르면 '20'만 지워진다.

오답분석
②·③·④·⑤ 블록 부분이 다 지워진다.

15 정답 ①

주변 사람들과 긍정적인 인간관계를 형성하기 위해서는 자기개발이 필요하며, 자기개발계획을 설계할 때는 인간관계를 고려해야 한다. 이처럼 자기개발에 있어서 인간관계는 중요한 요소이므로 회사 동료들과의 인간관계를 멀리하고 자기개발에 힘쓰는 A사원의 자기개발 방법은 적절하지 않다.

16 정답 ④

우선 주어진 조건 중에 6일이 빨간색으로 표시되어 있다고 하였으므로 현재 펼쳐진 달력은 6월(현충일 6월 6일)이라는 것을 알 수 있다. 구멍이 뚫린 19일이 어느 달인지 알아보려면 다음과 같은 규칙으로 확인할 수 있다.
1) 규칙
   현재 6월 달력에서 1일이 일요일일 때 19일은 '3행 5열'이다. 구하고자 하는 구멍이 뚫린 위치는 '3행 6열'이므로 6월보다 하루 뒤로 밀린 달을 찾으면 된다. 즉, 1일이 월요일인 달을 확인하면 된다.
2) 월별 일수(6월 이후)
   • 30일인 달 : 9월, 11월
   • 31일인 달 : 7월, 8월, 10월, 12월
3) 각 월 1일의 요일
   7월 1일=6/30(월)+1일=화요일
   8월 1일=7/1(화)+(7일×4+3)=금요일
   9월 1일=8/1(금)+(7일×4+3)=월요일
   10월 1일=9/1(월)+(7일×4+2)=수요일
   11월 1일=10/1(수)+(7일×4+3)=토요일
   12월 1일=11/1(토)+(7일×4+2)=월요일
   따라서 1일이 월요일인 달은 9월과 12월이 있으므로, 홀수 달뿐이라는 판단은 옳지 못하다.

오답분석
① 현재 펼쳐진 달은 6월이므로 5월이 아니라는 판단은 옳다.
② 6월을 기준으로 15일은 '3행 1열'에 위치하고 있고, 구하고자 하는 구멍이 뚫린 15일은 '3행 3열'에 위치하고 있으므로 6월보다 이틀이 밀린 달을 찾으면 된다. 즉, 1일이 화요일인 달을 찾으면 7월이다.
③ 6월 7일과 구멍이 뚫린 7일은 5일이 차이가 난다. 즉, 1일이 금요일인 달을 찾으면 8월이다.
⑤ 구멍이 뚫린 22일이 수요일이므로, 1일이 수요일인 달을 찾으면 10월이다. 이때, ②로부터 구멍이 뚫린 15일이 속해 있는 달이 7월임을 알았으므로 3개월 차이가 난다.

17 정답 ④

오답분석
① [Home] : 커서를 행의 맨 처음으로 이동시킨다.
② [End] : 커서를 행의 맨 마지막으로 이동시킨다.
③ [Back Space] : 커서 앞의 문자를 하나씩 삭제한다.
⑤ [Alt]+[Page Up] : 커서를 한 쪽 앞으로 이동시킨다.

18 정답 ②

수준 높은 금융 서비스를 통해 글로벌 경쟁에서 우위를 차지하는 것은 강점을 이용해 글로벌 금융사와의 경쟁 심화라는 위협을 극복하는 ST전략이다.

오답분석
① 해외 비즈니스TF팀을 신설해 해외 금융시장 진출을 확대하는 것은 글로벌 경쟁력이 낮다는 약점을 극복하고 해외 금융시장 진출 확대라는 기회를 활용하는 WO전략이다.
③ 탄탄한 국내 시장점유율이 국내 금융그룹의 핀테크 사업 진출의 기반이 되는 것은 강점을 통해 기회를 살리는 SO전략이다.
④ 우수한 자산건전성 지표를 홍보하여 고객 신뢰를 회복하는 것은 강점으로 위협을 극복하는 ST전략이다.
⑤ 외화 자금 조달 리스크가 약점이므로 기회를 통해 약점을 보완하는 WO전략이다.

19 정답 ③

일과 관련된 경험을 관리하는 것은 자아인식이 아닌 경력관리에 해당하는 것으로, 경력계획을 준비하고 실행하며 피드백하는 과정을 의미한다.

20 정답 ③

A과장의 개인 스케줄 및 업무 점검을 보면 홍보팀, 외부 디자이너와의 미팅이 기재되어 있다. 즉, A과장은 이번 주에 내부 미팅과 외부 미팅을 할 예정이다.

21 정답 ②

전국 컴퓨터 대수 중 스마트폰 비율은 8.7%로, 전체 컴퓨터 대수 중 노트북 비율의 30%인 $20.5 \times 0.3 ≒ 6.15\%$ 이상이다.

오답분석
① 서울 업체가 보유한 노트북 수는 $605,296 \times 0.224 ≒ 135,586$대이므로 20만 대 미만이다.
③ 대전 업체가 보유한 데스크톱 수는 $68,270 \times 0.662 ≒ 45,195$대, 울산은 $42,788 \times 0.675 ≒ 28,882$대이고, 전국 데스크톱 대수는 $2,597,791 \times 0.594 ≒ 1,543,088$대이다. 따라서 대전과 울산 업체가 보유한 데스크톱이 전체에서 차지하는 비율은 $\dfrac{45,195 + 28,882}{1,543,088} \times 100 ≒ 4.8\%$이므로 옳은 설명이다.
④ PDA 보유 대수는 전북이 $88,019 \times 0.003 ≒ 264$대이며, 전남의 15%인 $91,270 \times 0.015 \times 0.15 ≒ 205$개 이상이므로 옳은 설명이다.
⑤ 강원 업체의 태블릿 PC 대수는 $97,164 \times 0.04 ≒ 3,887$대이고, 경북의 노트북 대수는 $144,644 \times 0.069 ≒ 9,980$대이다. 따라서 경북의 노트북 보유 대수가 강원의 태블릿 PC 보유 대수보다 $9,980 - 3,887 = 6,093$대 더 많다.

22 정답 ①

숫자와 문자가 혼합된 데이터는 문자열로 입력되며, 문자 데이터와 같이 왼쪽으로 정렬된다.

오답분석
② 문자 데이터는 기본적으로 왼쪽으로 정렬된다.
③ 날짜 데이터는 자동으로 셀의 오른쪽으로 정렬된다.
④ 수치 데이터는 셀의 오른쪽으로 정렬된다.
⑤ 시간 데이터는 세미콜론(;)이 아니라 콜론(:)을 사용한다.

23 정답 ③

1 ~ 2월 이앙기 관리방법에 모두 방청유를 발라 녹 발생을 방지하는 내용이 있다.

[오답분석]
① 트랙터의 브레이크 페달 작동 상태는 2월의 점검 목록이다.
② 이앙기에 커버를 씌워 먼지 및 이물질에 의한 부식을 방지하는 것은 1월의 점검 목록이다.
④ 트랙터의 유압실린더와 엔진 누유 상태의 점검은 트랙터 사용 전 점검이 아니라 보관 중 점검 목록이다.
⑤ 매뉴얼에 없는 내용이다.

24 정답 ④

성과급 기준표를 적용한 A ~ E교사에 대한 성과급 배점을 정리하면 다음과 같다.

구분	주당 수업 시간	수업 공개 유무	담임 유무	업무 곤란도	호봉	합계
A교사	14점	-	10점	20점	30점	74점
B교사	20점	-	5점	20점	30점	75점
C교사	18점	5점	5점	30점	20점	78점
D교사	14점	10점	10점	30점	15점	79점
E교사	16점	10점	5점	20점	25점	76점

따라서 D교사가 가장 높은 배점을 받게 된다.

25 정답 ③

甲대리의 성과평가 등급을 통해 개인 성과평가 점수에 가중치를 적용하여 점수로 나타내면 다음과 같다.

실적	난이도평가	중요도평가	신속성	총점
30×1=30	20×0.8=16	30×0.4=12	20×0.8=16	74

따라서 甲대리는 80만 원의 성과급을 받게 된다.

26 정답 ④

K주임이 가장 먼저 해야 하는 일은 오늘 2시에 예정된 팀장 회의 일정을 P팀장에게 전달해야 하는 것이다. 다음으로 내일 진행될 언론홍보팀과의 회의 일정에 대한 답변을 오늘 내로 전달해달라는 요청을 받았으므로 먼저 익일 업무 일정을 확인 후 회의 일정에 대한 답변을 전달해야 한다. 이후 회의 전에 미리 숙지해야 할 자료를 확인하는 것이 적절하다. 따라서 K주임은 ④의 순서로 업무를 처리하는 것이 가장 옳다.

27 정답 ①

최수영 상무이사가 결재한 것은 대결이다. 대결은 결재권자가 출장, 휴가, 기타 사유로 상당기간 부재중일 때 긴급한 문서를 처리하고자 할 경우 결재권자의 차하위 직위의 결재를 받아 시행하는 것을 말한다. 대결 시에는 기안문의 결재란 중 대결한 자의 란에 '대결'을 표시하고 서명 또는 날인한다. 결재표는 다음과 같다.

담당	과장	부장	상무이사	전무이사
아무개	최경옥	김석호	대결 최수영	전결

28 정답 ⑤

- A : 해외여행에 결격사유가 있다.
- B : 지원분야와 전공이 맞지 않다.
- C : 대학 재학 중이므로 지원이 불가능하다.
- D : TOEIC 점수가 750점 이상이 되지 않는다.
- E : 병역 미필로 지원이 불가능하다.

따라서 A ~ E 5명 모두 지원자격에 부합하지 않는다.

29 정답 ③

6만 원에 사고자 했던 B씨의 제안에 대해 협상을 통해 6만 5천 원에 거래하였음을 볼 때, ③은 적절하지 않은 설명이다.

[오답분석]

① A씨의 협상전략은 자신의 양보만큼 상대방의 양보도 요구하는 상호 교환적인 양보전략으로 볼 수 있다.
② 한 벌 남은 옷이라는 점과 손님에게 잘 어울려서 싸게 드린다는 점으로 B씨로 하여금 특별한 대우를 받았다고 느끼게 하였다.
④ 6만 원에 사고 싶어했던 B씨와 6만 5천 원에 거래를 성사시키면서 B씨의 양보를 이끌어 내는 데 성공했다고 볼 수 있다.
⑤ 한 벌 남은 옷이라는 점을 내세우면서 자신에게 중요한 것을 양보하는 것처럼 협상했다고 볼 수 있다.

30 정답 ②

A씨는 두 딸이 오렌지를 왜 원하는지에 대한 갈등 원인을 확인하지 못해 협상에 실패한 것으로 볼 수 있다. 즉 협상하기 전에 이해당사자들이 가지는 갈등 원인을 파악해야 하는 것이다.

31 정답 ③

김 대리는 특수직에 해당되므로 성과평가 구성 중 특수직 구분에 따른다.
김 대리에 대한 평가등급에 따라 가중치와 구성비를 고려한 항목별 점수는 다음과 같다.

구분	분기실적	직원평가	연수내역	조직기여도	총점
점수	$0.6 \times 8 = 4.8$	$0.4 \times 10 = 4.0$	$0.2 \times 5 = 1.0$	$0.3 \times 6 = 1.8$	$4.4 + 1.0 + 1.8 = 7.2$
	$\{0.5 \times (4.8 + 4.0)\} = 4.4$				

따라서 김 대리는 6.8 이상 7.6 미만 구간에 해당되므로, 100만 원의 성과급을 지급받게 된다.

32 정답 ⑤

- 슬로푸드 선물세트 : $28,000 \times 0.71 = 19,880 \rightarrow 19,800$원($\because$ 10원 단위 이하 절사)
  - 마케팅부 주문금액(A) : $19,800 \times 13 = 257,400$원
- 흑삼 에브리진생 : $75,000 \times 0.66 = 49,500$원
  - 인사부 주문금액(B) : $49,500 \times 16 = 792,000$원
- 한과 선물세트 : $28,000 \times 0.74 = 20,720 \rightarrow 20,700$원($\because$ 10원 단위 이하 절사)
  - 기술부 주문금액(C) : $20,700 \times 9 = 186,300$원

따라서 A기업의 주문총액은 $396,000 + 257,400 + 384,000 + 792,000 + 186,300 = 2,015,700$원이다.

33 정답 ③

C가 계획을 제대로 실천하지 못한 이유는 직장에 다니고 있기 때문에 개인 시간에 한계가 있는데 그에 비해 계획이 과했기 때문이다 (⑤). 그리고 다른 욕구를 이기지 못한 것도 원인이다. 몸이 아파서(내부), 회사 회식에 빠지기 어려워서(외부), 즉 쉬고 싶은 욕구와 다른 사람과 어울리고 싶은 욕구가 계획 실천 욕구보다 강했다(①·④). 이때 C는 자신에게는 그럴 만한 이유가 있었다고 생각했을 것이다(②).

하지만 자기개발에 대한 구체적인 방법을 몰라서 계획을 실천하지 못한 것은 아니다. 업무와 관련한 자격증 강의 듣기, 체력 관리, 친목 다지기 등 계획 자체는 꽤 구체적으로 세웠기 때문이다.

34 정답 ③

자기개발을 방해하는 장애요인
- 욕구와 감정
- 제한적인 사고
- 문화적인 장애
- 자기개발 방법의 무지

H의 자기개발을 방해하는 장애요인은 욕구와 감정이다. 이와 비슷한 사례는 회식과 과음으로 인해 자기개발을 못한 C이다.

35 정답 ③

맨 처음 접시에 있었던 과자의 개수를 x라고 하면, 먹은 과자개수와 먹고 난 후 남은 과자개수는 다음과 같다.

구분	먹은 과자개수	남은 과자개수
민우	$\frac{1}{2}x$	$\frac{1}{2}x$
지우	$\frac{1}{2}x \times \frac{1}{2} = \frac{1}{4}x$	$\frac{1}{2}x - \frac{1}{4}x = \frac{1}{4}x$
경태	$\frac{1}{4}x \times \frac{1}{4} = \frac{1}{16}x$	$\frac{1}{4}x - \frac{1}{16}x = \frac{3}{16}x$
수인과 진형	$\frac{3}{16}x = 6$개	0

따라서 처음 접시에 있었던 과자개수는 $\frac{3}{16}x = 6 \rightarrow x = 32$개이다.

36 정답 ②

업무수행 성과를 높이기 위한 행동전략
- 자기자본이익률(ROE)을 높인다. : 자기자본이익률이란 경영자가 기업에 투자된 주주의 자본을 사용해 어느 정도 이익을 올리고 있는가를 나타내는 지표이며, 이는 기업의 당기순이익을 자기 자본으로 나눠 구한다.
- 일을 미루지 않는다. : 일을 하나둘 미루고 급하게 처리하다 보면 어느새 다른 일도 지속적으로 밀리게 되고, 일을 처리하는 데 최선을 다하지 못하게 된다. 따라서 해야 할 일이 있다면 지금 바로 하는 습관을 들여야 한다.
- 업무를 묶어서 처리한다. : 직업인들이 하는 일은 비슷한 속성을 가진 경우가 많다. 따라서 한 번 움직일 때 여러 가지 일을 한 번에 처리해서 같은 곳을 반복해서 가지 않도록 경로를 단축시킨다.
- 다른 사람과 다른 방식으로 일한다. : 다른 사람이 일하는 방식과 다른 방식으로 생각하다 보면, 의외로 창의적인 방법을 발견할 수도 있으며 업무의 성과도 높일 수 있다.
- 회사와 팀의 업무 지침을 따른다. : 회사와 팀의 업무 지침은 변화하는 환경 속에서 그 일의 전문가들에 의해 확립된 것이므로 기본적으로 지켜야 할 것은 지켜야 한다.
- 역할 모델을 설정한다. : 직장에서 가장 일을 잘한다고 평가받는 사람을 찾아 주의 깊게 살펴보고 그 사람을 참고하도록 노력해보자.

37 정답 ③

• 단리예금상품 : $4,000+4,000×0.07×3$년$=4,840$만 원
• 복리예금상품 : $4,000×(1+0.1)^3=5,324$만 원
따라서 두 예금상품의 금액차이는 $5,324-4,840=484$만 원임을 알 수 있다.

38 정답 ③

기본이율과 앱 이용 이율일 때의 단기예금상품의 금액 차이는 두 경우 모두 원금이 동일하기 때문에 이자금액의 차이와 같다.
따라서 $4,000×0.09×3-4,000×0.07×3=240$만 원임을 알 수 있다.

39 정답 ③

A ~ E인턴들 중에 소비자들의 불만을 접수해서 처리하는 업무를 맡기기에 가장 적절한 인턴은 C인턴이다. 잘 흥분하지 않으며, 일처리가 신속하고 정확하다고 '책임자의 관찰 사항'에 명시되어 있으며, 직업선호 유형은 'CR'로 관습형·현실형에 해당된다. 따라서 현실적이며 보수적이고 변화를 좋아하지 않는 유형으로 소비자들의 불만을 들어도 감정적으로 대응하지 않을 성격이기 때문에 C인턴이 이 업무에 가장 적합하다.

40 정답 ④

기회는 외부환경요인 분석에 속하므로 회사 내부를 제외한 외부의 긍정적인 면으로 작용하는 것을 말한다. 따라서 ④는 외부의 부정적인 면으로 위협요인에 해당되며, 나머지 ①·②·③·⑤는 외부환경의 긍정적인 요인으로 볼 수 있어 기회요인에 속한다.

41 정답 ③

자기개발은 자아인식, 자기관리, 경력개발로 나누어진다.
③은 자기관리에 해당하고 ①·②·④·⑤는 경력개발에 해당한다.

42 정답 ②

업무상으로 소개를 할 때는 직장 내에서의 서열과 나이를 고려한다. 이때 성별은 고려의 대상이 아니다.

43 정답 ③

인사는 상대의 입이 아니라 눈을 바라보고 하는 것이 원칙이다.

44 정답 ⑤

〈보기〉의 핵심 개념은 맹장이라도 길 찾기가 중요하다는 것이다. (마)의 앞에서 '길을 잃어버리는 것'을 '전체의 핵심을 잡지 못하는 것'으로 비유한 내용을 찾을 수 있다. (마) 뒤의 내용 역시 요점과 핵심의 중요성을 강조하고 있으므로 〈보기〉는 (마)에 들어가야 한다.

45 정답 ③

제시문에서는 인류의 발전과 미래에 인류에게 닥칠 문제를 해결하기 위해 우주 개발이 필요하다는, 우주 개발의 정당성에 대해 논의하고 있다.

46 정답 ⑤

특별한 상황이 없는 한, 개인의 단독 업무보다는 타인·타 부서와 협조된 업무를 우선적으로 처리해야 한다. 현재 시각이 오전 11시이므로 오전 중으로 처리하기로 한 업무를 가장 먼저 처리해야 한다. 따라서 오전 중으로 고객에게 보내기로 한 자료 작성(ㄹ)을 가장 먼저 처리한다. 다음으로 오늘까지 처리해야 하는 업무 두 가지(ㄱ, ㄴ) 중 비품 신청(ㄱ)보다 부서장이 지시한 부서 업무 사항을 먼저 처리하는 것이 적절하다. 따라서 '고객에게 보내기로 한 자료 작성 – 부서 업무 사항 – 인접 부서의 협조 요청 – 단독 업무인 비품 신청' 순서로 업무를 처리해야 한다.

47 정답 ④

올바른 갈등해결방법
• 다른 사람의 입장을 이해하고 당황하는 모습을 자세하게 살핀다.
• 어려운 문제는 피하지 말고 맞선다.
• 자신의 의견을 명확하게 밝히고 지속적으로 강화한다.
• 사람들과 눈을 자주 마주친다.
• 마음을 열어놓고 적극적으로 경청한다.
• 타협하려 애쓴다.
• 어느 한쪽으로 치우치지 않는다.
• 논쟁하고 싶은 유혹을 떨쳐낸다.
• 존중하는 자세로 사람들을 대한다.

48 정답 ④

새로운 사회 환경을 접할 때는 개방적 태도를 갖는 동시에 자신의 정체성을 유지하도록 해야 한다.

49 정답 ④

2020년 K시의 전체 예산액 중 특별회계 예산이 차지하는 비율은 $\frac{325,007}{1,410,393} \times 100 ≒ 23.0\%$로 25% 이상이 아니다.

오답분석
① 두 도시는 매년 전체 예산액이 증가하고 있다.
② J시의 일반회계 예산액은 항상 K시의 일반회계 예산액보다 1.5배 이상이다.
③ 2019년 K시의 특별회계 예산액 264,336백만 원은 J시의 특별회계 예산액의 절반인 486,577백만 원×0.5≒243,289백만 원보다 높으므로 옳은 설명이다.
⑤ J시의 일반회계는 매년 증가하였지만, K시의 일반회계는 2020년도에 감소하였다.

50 정답 ④

(가)는 상용구 기능을, (나)는 캡션달기 기능을 설명하고 있다.

51 정답 ②

지문의 내용을 보고 2021년 신규투자액은 43.48-10.93=32.55백만 원, 유지보수 비용은 32.29+0.11=32.40백만 원임을 알 수 있다.
그래프의 기준을 보고 알맞은 금액이 표시되었는지 따져 봐야 하며, 알맞은 그래프는 ②이다.

① 그래프의 막대가 정확히 무엇을 뜻하는지 모른다.
③ 2020년도 신규투자와 유지보수가 섞여 나왔다.
④ 2020년 유지보수와 2021년 신규투자가 섞여 나왔다.
⑤ 2021년 신규투자와 유지보수가 섞여 나왔다.

52 정답 ④

강압전략에 대한 설명이다. A사에 필요한 기술을 확보한 B사에게 대기업인 점을 내세워 공격적으로 설득하는 것은 적절하지 않은 설득방법이다.

오답분석
① See - Feel - Change 전략으로 A사의 주장을 믿지 않는 B사를 설득시키기에 적절한 전략이다.
② 호혜관계 형성 전략으로 서로에게 도움을 주고받을 수 있는 점을 설명하여 D사를 설득시키는 적절한 전략이다.
③ 사회적 입증 전략으로 A사의 주장을 믿지 못하는 B사를 설득시키는 적절한 전략이다.
⑤ 협력전략의 전술 중 하나로 C사의 사업전망을 믿지 못하는 D사에게 공동 평가를 통해 신뢰를 형성시킬 수 있는 적절한 전략이다.

53 정답 ①

A씨의 행동을 살펴보면, 무계획적인 업무처리로 인하여 일이 늦어지거나 누락되는 경우가 많다는 것을 알 수 있다. 이러한 행동에 대해서 적절한 피드백으로는 업무를 계획적으로 진행하라는 맥락인 ①이 적절하다.

54 정답 ②

우선, 박 비서에게 회의 자료를 받아와야 하므로 비서실을 들러야 한다. 다음으로 기자단 간담회는 대외 홍보 및 기자단 상대 업무를 맡은 홍보팀에서 기자단 간담회 자료를 정리할 것이므로 홍보팀을 거쳐야 하며, 승진자 인사 발표 소관 업무는 인사팀이 담당한다고 볼 수 있다. 또한, 회사의 차량 배차에 관한 업무는 총무팀과 같은 지원부서의 업무로 보는 것이 타당하다.

55 정답 ①

악수는 오른손으로 하는 것이 원칙이다.

56 정답 ②

11주 차까지 쓰레기 배출 가능한 요일을 표로 정리하면 다음과 같다.

구분	일	월	화	수	목	금	토
1주 차	A		B		C		D
2주 차		E		A		B	
3주 차	C		D		E		A
⋮	⋮	⋮	⋮	⋮	⋮	⋮	⋮
8주 차		A		B		C	
9주 차	D		E		A		B
10주 차		C		D		E	
11주 차	A		B		C		D

따라서 10주 차 일요일에는 어떠한 동도 쓰레기를 배출하지 않으며, 11주 차 일요일에 A동이 다시 쓰레기를 배출할 수 있다.

57   정답   ④

유화전략은 상대방과의 우호관계를 중시하며 그 우호관계를 지속하기 위해서 자신의 입장이나 이익보다는 상대방의 이익과 입장을 고려하여 상대방에게 돌아갈 결과에 더 큰 관심을 가지고 상대방의 주장에 순순히 따르는 전략이다. 김 대리는 시스템 담당자의 입장과 이익을 고려하고 있기 때문에 유화전략을 선택하였다.

58   정답   ③

사회적 입증이란 사람은 과학적 이론보다 자신의 동료나 이웃의 말이나 행동에 의해서 쉽게 설득된다는 것으로 팀원들로부터 부정적인 피드백을 받게 된다고 동료의 행동을 통해 설득하는 발언이 '사회적 입증 전략'으로 가장 적절하다.

59   정답   ①

직업윤리 덕목은 다음과 같다.
• 소명의식 : 나에게 주어진 일이라 생각함. 반드시 해야 하는 일
• 천직의식 : 태어나면서 나에게 주어진 재능
• 직분의식 : 내 자아실현을 통해 사회와 기업이 성장할 수 있다는 자부심
• 책임의식 : 책무를 충실히 수행하고 책임을 다하는 태도
• 전문가의식 : 자신의 일이 누구나 할 수 있는 것이 아니라 해당 분야의 지식과 교육을 바탕으로 성실히 수행해야만 가능한 것이라고 믿고 수행하는 태도
• 봉사의식 : 소비자에게 내가 한 일로 인해 행복함을 주도록 해야 한다.
따라서 책임의식과 전문가의식에 어긋난 행동이다.

60   정답   ②

더글러스는 소음방지 장치를 약속할 수 없다고 하면서 이스턴 항공사와 계약을 못해 매출로 인한 단기적 이익 및 주변의 부러움을 포기하였지만, 직업윤리를 선택함으로써 명예로움과 양심을 얻었다.

좋은 책을 만드는 길
독자님과 함께하겠습니다.

도서나 동영상에 궁금한 점, 아쉬운 점, 만족스러운 점이
있으시다면 어떤 의견이라도 말씀해 주세요.
SD에듀는 독자님의 의견을 모아 더 좋은 책으로 보답하겠습니다.

www.sdedu.co.kr

2022 광주광역시 공공기관 통합채용 최신상식 + 일반상식 + NCS

개정3판1쇄 발행	2022년 05월 04일 (인쇄 2022년 04월 11일)
초 판 발 행	2019년 10월 15일 (인쇄 2019년 09월 20일)
발 행 인	박영일
책 임 편 집	이해욱
저 자	SD적성검사연구소
편 집 진 행	김준일 · 김은영 · 남민우 · 김유진
표지디자인	김도연
편집디자인	배선화 · 윤준호
발 행 처	(주)시대고시기획
출 판 등 록	제10-1521호
주 소	서울시 마포구 큰우물로 75 [도화동 538 성지 B/D] 9F
전 화	1600-3600
팩 스	02-701-8823
홈 페 이 지	www.sdedu.co.kr
I S B N	979-11-383-2374-1 (13320)
정 가	20,000원

공기업 전공필기 분야의 독보적인
베스트셀러!

공기업 전공필기 시리즈로 공부하고 합격하자!

공기업 경제학 핵심공략

공기업 경영학 핵심공략

공기업 행정학 핵심공략

※ 도서의 이미지 및 구성은 변동될 수 있습니다.

공기업 전공시험의 최적대비서

[핵심이론]
단기간에 전반적 체계를 잡아주는 핵심이론 수록

[대표유형문제]
최신 출제유형을 빠르게 파악할 수 있는 대표유형문제 수록

[최종모의고사]
완벽한 최종점검을 위해 최신기출로 구성된 전공필기시험 최종모의고사 수록

신문으로 공부하는
말랑말랑 시사상식 시리즈

어려운 상식키워드를 쉬운 설명과 출제 기사로 말랑말랑하게 공부하자!

시사상식 종합편
- 각 분야 155개 키워드를 쉽고 재밌게 정리
- 읽으면서 정리하는 신문 공부법 노하우 전수

시사상식 청소년
- 사고를 넓히는 시사상식으로 대입·토론 최적화
- 선생님도 훔쳐보는 시사상식의 모든 것

시사상식 경제·경영
- 시사 경제·경영 상식을 자연스레 암기
- 경제 키워드와 기초 경제학 이론까지 함께 공부

시사상식 한국사
- 어디서도 볼 수 없었던 한국사 이야기들이 가득!
- 한국퀴즈협회가 만든 최적의 한국사 도서

센스 있는 지성인이 되고 싶다면?

빈틈없이 상식을 채워주는 필수 잇템으로 상식 마스터!

뇌가 섹시해지는
꿀잼상식퀴즈
- 청소년부터 직장인까지 누구에게나 유용한 상식 퀴즈!
- 평소 찾기 힘들지만 알아두면 도움이 되는 문제를 분야별로 수록!
- 각종 퀴즈대회를 섭렵할 수 있는 절호의 기회

하루 30개씩 한 달 PLAN
하루상식
- 하루하루 쌓아 한 달이면 상식 완전 정복!
- 취업 및 각종 시험에 필요한 상식 핵심 공략!
- 최신 이슈, '핫이슈 시사상식' 수록

※ 도서의 이미지 및 구성은 변동될 수 있습니다.

이슈&시사상식

다양하고 알찬 구성, 부담 없는 가격과 매달 산뜻한 모습!
이슈&시사상식으로 '상식의 맥'도 잡고 '취업'도 뽀개자!

1년 정기구독 신청 시
10% 할인

~~120,000원~~

108,000원

6개월 정기구독 신청 시
10% 할인

~~60,000원~~

54,000원

정기구독 시 배송료(2,500원) 무료!

이슈&시사상식 무료동영상 제공

정기구독
신청 및
문의방법

❖고객센터 : 1600-3600
❖상담시간 : 평일 9:00~18:00(주말·공휴일 휴무)
❖SD에듀(www.sdedu.co.kr)에서도 신청 가능
❖주문 시 몇 월호부터 받아보실 것인지 말씀해 주시기 바랍니다.
❖구독 중 주소지 변경 시에도 반드시 고객센터로 연락주시기 바랍니다.